MEGA-AMEAÇAS

NOURIEL ROUBINI

MEGA-AMEAÇAS

Dez perigosas tendências que ameaçam
nosso futuro e como sobreviver a elas

Tradução
Maria de Fátima Oliva do Coutto

Revisão técnica
Andreia Marques Duarte

CRÍTICA

Copyright © Nouriel Roubini, 2022
Copyright © Editora Planeta do Brasil, 2023
Copyright da tradução © Maria de Fátima Oliva do Coutto, 2023
Todos os direitos reservados.
Título original: *Megathreats: Ten Dangerous Trends that Imperil our Future, and How to Survive Them*

Preparação: Tiago Ferro
Revisão: Fernanda Guerriero Antunes e Carmen T. S. Costa
Revisão técnica: Andreia Marques Duarte
Diagramação: Negrito Produção Editorial
Capa: Lewis Csizmazia
Adaptação de capa: Renata Spolidoro e Emily Macedo
Imagens de capa: MirageC/Getty Images e Shutterstock

Dados Internacionais de Catalogação na Publicação (CIP)
Angélica Ilacqua CRB-8/7057

Roubini, Nouriel
    Mega-ameaças: dez perigosas tendências que ameaçam nosso futuro e como sobreviver a elas / Nouriel Roubini; tradução de Maria de Fátima Oliva do Coutto; revisão técnica de Andreia Marques Duarte. – São Paulo: Planeta do Brasil, 2023.
    352 p.

ISBN 978-85-422-2337-8
Título original: Megathreats: Ten Dangerous Trends that Imperil our Future, and How to Survive Them

1. Ciências sociais 2. Economia I. Título II. Couto, Maria de Fátima Oliva do Coouto III. Duarte, Andreia Marques

23-4344   CDD 300

Índice para catálogo sistemático:
1. Ciências sociais

 Ao escolher este livro, você está apoiando o manejo responsável das florestas do mundo

2023
Todos os direitos desta edição reservados à
EDITORA PLANETA DO BRASIL LTDA.
Rua Bela Cintra 986, 4º andar – Consolação
São Paulo – SP – CEP 01415-002
www.planetadelivros.com.br
faleconosco@editoraplaneta.com.br

*Para meus pais, Djalil e Rachel,
e meus irmãos Niki, Davide e Sabrina.*

SUMÁRIO

Prefácio 11

Parte I. Endividamento, demografia e políticas perigosas

Capítulo 1 – A mãe de todas as crises de endividamento 19
Capítulo 2 – Falências públicas e privadas 41
Capítulo 3 – A bomba-relógio demográfica 61
Capítulo 4 – A armadilha do dinheiro fácil e o ciclo de
  expansão e contração................................ 75
Capítulo 5 – A Grande Estagflação a caminho 107

Parte II. Catástrofes financeiras, comerciais, geopolíticas, tecnológicas e ambientais

Capítulo 6 – Colapso das moedas e instabilidade financeira 135
Capítulo 7 – O fim da globalização?..................... 169
Capítulo 8 – A ameaça da inteligência artificial 195
Capítulo 9 – A nova Guerra Fria 221
Capítulo 10 – Um planeta inabitável?.................... 251

Parte III. Esse desastre pode ser evitado?

Capítulo 11 – Destino sombrio 279
Capítulo 12 – Um futuro mais "utópico"? 301
Epílogo. 309

Agradecimentos 315
Notas 319

PREFÁCIO

Diariamente enfrentamos riscos de toda natureza. Alguns são de certo modo insignificantes. Existe a chance de errar e, ainda assim, seguir adiante como se nada tivesse acontecido. Caso eu invista US$ 100 em ações ordinárias, posso me dar ao luxo de perder parte ou o total da quantia. Contudo, se os riscos têm a probabilidade de causar prejuízos graves e duradouros, nós os chamamos de ameaças. Comprar uma casa de praia com vista para o mar à beira de um penhasco eleva as apostas no grau de ameaça. Mudanças climáticas, tempestades e erosões na base do penhasco colocam em risco um investimento muito maior – e, quem sabe, minha vida, se eu for tolo o bastante para assistir ao processo de erosão até que atinja os alicerces da minha construção.

Decisões individuais influenciam o nosso destino. Escolhas tornam-se mais complicadas quando envolvem riscos coletivos ou a vida em sociedade – domínio dos formuladores e gestores de políticas governamentais. Deve um país entrar em guerra? Deve um governo salvar uma indústria? Devem os formuladores e gestores de políticas governamentais aplicar um imposto alto sobre a emissão de carbono a fim de reduzir os efeitos da mudança climática global? Para resoluções dessa magnitude, é limitado o poder de decisão dos indivíduos, embora elas possam trazer sérias consequências para cada um de nós. Basta observar a crise financeira de 2008 ou a desastrosa resposta às pandemias – como vimos acontecer durante a pandemia de Covid-19 – para constatar o quanto políticas equivocadas drenam as contas bancárias e põem em perigo os meios de subsistência e a vida de milhões de pessoas.

As respostas coletivas são bem mais complicadas que as individuais. Às vezes, é difícil tomar uma decisão quando formuladores e gestores de políticas governamentais discordam e se desentendem, em âmbito nacional ou internacional.

Como economista, estudo os riscos e as suas consequências. Em 2006, assisti à subida do valor dos imóveis a patamares estratosféricos, aos perigosos índices de financiamento e ao número excessivo de construções. Casas novas imploravam por compradores. Avisei que, em breve, uma bolha histórica explodiria e precipitaria uma recessão global e uma crise financeira. Dizer isso em espaços públicos não contribuiu para a conquista de amigos. Críticos debochados me apelidaram de "Dr. Apocalipse". Não levaram em consideração meus apelos urgentes à cautela. No momento em que os acontecimentos previstos ganharam vida, culminando na crise financeira mundial, os preços dos imóveis despencaram nos Estados Unidos (e em outros países que apresentavam bolhas no mercado imobiliário), com reverberações pelo mundo afora tanto para instituições financeiras quanto para economias.

Riscos e ameaças espreitam por toda parte. Alguns, contudo, aproximam-se devagar e outros nem sequer representam tanto perigo. Uns dos mais perigosos são também os mais lentos, o que torna especialmente difícil gerar uma resposta coletiva. Neste livro, chamo a atenção para as maiores ameaças que enfrentamos em nosso planeta, quer se aproximem de modo lento, quer não; quer nos atinjam em curto espaço de tempo; quer o façam a médio prazo. Eu as denomino "mega-ameaças" e as defino como problemas graves capazes de causar imensos prejuízos e miséria, impossíveis de serem solucionados rápida ou facilmente.

Não uso o termo *mega-ameaça* para me referir, em específico, a conflitos armados, ainda que guerras provoquem miséria desmedida, como a recente e brutal invasão da Ucrânia por parte da Rússia bem o demonstrou. Guerras acontecem desde que a história foi escrita, senão antes; algumas são locais; outras, mundiais; algumas duram pouco; outras se arrastam anos a fio. No entanto, conflitos armados não representam um novo desafio, e evitar guerras não é minha especialidade, ainda que também considere as mega-ameaças geopolíticas capazes de levar à guerra entre grandes potências e causar grave impacto humano, econômico e financeiro. As mega-ameaças com que de fato mais me preocupo são as econômicas, financeiras, políticas, geopolíticas, comerciais, tecnológicas, sanitárias e climáticas abrangentes. Algumas, como as geopolíticas, podem ter como consequência guerras frias e, cedo ou tarde, destrutivas guerras quentes. Escrevi este livro por acreditar que estamos enfrentando dez delas, em escala tão gigantesca e premente, que precisamos olhar o futuro com clareza e agir com o objetivo de evitar que elas nos destruam.

Memórias esmorecem, em especial no que diz respeito a inquietações econômicas. À exceção de um punhado de interrupções desde a Segunda Guerra Mundial, o mundo presenciou um extenso período de crescente riqueza, prosperidade, paz e produtividade. Ao longo dos últimos setenta e cinco anos, gozamos de relativa estabilidade. As recessões foram, com raras exceções, de pouca duração. As inovações tecnológicas melhoraram nossa qualidade de vida. Não vivenciamos guerras abertas entre grandes potências. Cada geração, na maioria das nações, atingiu um padrão de vida melhor que o das gerações de seus pais e avós.

Infelizmente, esse longo período de relativa prosperidade não deve se prorrogar por muito tempo. Enfrentamos uma fase de mudança na qual passaremos de um período de certa estabilidade para uma era de acentuada instabilidade, conflito e caos. Estamos diante de mega-ameaças jamais enfrentadas – porém, interconectadas.

Cambaleamos agora à beira de um precipício; a terra treme sob nossos pés. No entanto, a maioria ainda supõe que o futuro será parecido com o passado. Trata-se de um erro colossal. Novos sinais de alerta parecem claros e eloquentes. Os riscos econômicos, financeiros, tecnológicos, comerciais, políticos, geopolíticos, sanitários e ambientais metamorfosearam-se em algo muito maior. Bem-vindo à era das mega-ameaças: elas vão alterar o mundo que julgávamos conhecer.

Precisamos aprender a viver em estado de alerta máximo. As certezas econômicas e geopolíticas consideradas garantidas no passado – da estabilidade no emprego a um planeta sustentável e saudável, no qual grande parte das doenças infecciosas havia sido debelada, e onde reinava a paz entre as grandes potências rivais – estão desaparecendo. As décadas do pós-guerra e seu desenvolvimento econômico e prosperidade crescente, interrompidas apenas por um breve período pela estagflação e recessões de curto prazo, correm sérios riscos de ceder lugar a crises econômicas e financeiras sem precedentes desde a Grande Depressão. Essas crises serão ainda agravadas pela mudança climática, pelo colapso demográfico, pelas políticas nacionalistas restritivas do comércio e da migração, pela competição global entre a China (e seus aliados revisionistas, tais como Rússia, Irã e Coreia do Norte) e os Estados Unidos e seus aliados, e uma revolução tecnológica sem precedentes, que eliminará um número muito maior de empregos em menor espaço de tempo.

Este livro explora as dez principais mega-ameaças prestes a nos atingir. Reuni-las em um único lugar revela como se sobrepõem e se reforçam. Há ligações entre acumulação de dívida e armadilhas do endividamento, dinheiro fácil e crise financeira, inteligência artificial (IA) e automatização nos locais de trabalho, desglobalização, confrontos geopolíticos entre grandes potências, inflação e estagflação, desvalorização da moeda, desigualdade de rendas e populismo, pandemias globais e mudança climática. Cada uma compromete nossa capacidade de resolver todas as demais. Uma única ameaça já soa estressante. A ocorrência de dez mega-ameaças a um só tempo é muito mais alarmante.

Depois de examinar cada ameaça em seu respectivo capítulo, considerarei nossas perspectivas coletivas para conseguirmos sobreviver. Alerta de spoiler: sem uma tremenda sorte, crescimento econômico quase sem igual e improvável cooperação global, essa história não vai acabar bem. Estamos atolados até o pescoço.

Somos autores do nosso destino. Muitas das mega-ameaças mencionadas neste livro são frutos de ações que, em determinado período, pareciam soluções para problemas específicos: desregulamentação financeira equivocada e políticas macroeconômicas não convencionais, industrialização com grandes emissões de carbono, terceirização de empregos industriais, desenvolvimento da inteligência artificial e fortalecimento da China, o que possibilitou que esse país competisse em termos globais, dentre outros.

A fim de combater as mega-ameaças discutidas nestas páginas, devemos descartar premissas bastante apreciadas. Não podemos pressupor que a automatização de certos trabalhos conduzirá a novas e melhores atividades em outros postos, como muitas vezes aconteceu no passado. Não podemos pressupor que a redução das alíquotas de impostos, a liberalização do comércio e a redução de normas estimularão uma força econômica capaz de gerar benefícios para todos. Nossa sobrevivência pode depender de subordinar a liberdade individual ao bem comum, nacional e mundial. O fracasso em restaurar o crescimento sustentável e inclusivo pode nos levar de volta à Era das Trevas, quando interesses competitivos incentivaram infindáveis conflitos nacionais e mundiais, sem gerar benefício algum a quem quer que fosse.

Ainda que este livro compreenda uma perspectiva de médio prazo para a chegada das mega-ameaças que põem em risco nosso futuro nas próximas duas décadas, essas ameaças já começavam a se manifestar de modo claro em 2022: o retorno dos riscos de estagflação em economias desenvolvidas, à medida que a inflação avançava drasticamente e o risco de aumento da recessão crescia. A fragilidade financeira e o risco de inadimplência de muitas entidades soberanas com alto grau de endividamento e de atores do setor privado, à medida que os bancos centrais aumentavam as taxas de juros visando ao combate à inflação. O mercado de ações em baixa em termos globais e o estouro de numerosas bolhas de ativos, inclusive a de criptomoedas, quando a era do dinheiro fácil começava a reverter. A persistente conversa e prática de desglobalização e fragmentação da economia mundial; a invasão da Ucrânia pela Rússia e o perigo desse conflito se alastrar em termos geográficos e de maneira nada convencional; o rufar dos tambores anunciando uma nova guerra fria entre os Estados Unidos (e seus aliados ocidentais) e a China (e seus vigorosos aliados – Rússia, Irã e Coreia do Norte), e as crescentes tensões entre os Estados Unidos e a China no que diz respeito a Taiwan; as grandes secas e ondas de calor da Índia e do Paquistão até a África Subsaariana e o oeste dos Estados Unidos, consequências da mudança climática global cada dia mais grave; o desaquecimento do crescimento chinês e o risco de forte desaceleração, dada sua equivocada política de tolerância zero contra a Covid; uma pandemia global, ainda não controlada em muitas nações mais pobres, capaz de sofrer novas mutações e gerar outras variantes; o risco da insegurança energética, da fome e até mesmo da inanição dada a alta dos preços dos alimentos, da energia e de outras mercadorias. Eram todos sinais nefastos de um futuro bem pior e perigoso na década à nossa frente. De fato, na primavera de 2022, Kristalina Georgieva, diretora-geral do sempre vigilante Fundo Monetário Internacional (FMI), e duas colegas declararam alarmadas que a economia mundial estava à beira do que "talvez fosse o maior teste desde a Segunda Guerra Mundial" e que "enfrentamos uma *confluência de calamidades* em potencial".[1]

Eu bem que preferia soar otimista quanto a nossas perspectivas futuras e anunciar que as ações vão subir e os lucros crescer; os salários e empregos estarão em alta e as nações florescerão quando a paz e a democracia se expandirem pelo mundo afora; o crescimento sustentável e inclusivo emergirá; e os acordos globais estabelecerão regras justas e aceitas por e para todos. Gostaria de prever tudo isso, mas não posso. A mudança está a caminho, gostem ou não. As mega-ameaças que enfrentamos vão remodelar nosso mundo. Caso queira sobreviver, melhor não ser pego de surpresa.

PARTE I
ENDIVIDAMENTO, DEMOGRAFIA E POLÍTICAS PERIGOSAS

CAPÍTULO 1

A MÃE DE TODAS AS CRISES DE ENDIVIDAMENTO

Vivi, estudei e tentei resolver crises financeiras por quatro décadas, tanto como acadêmico quanto em momentos cruciais, como formulador de políticas no governo dos Estados Unidos. Algumas crises ficaram confinadas a uma única região. Outras varreram o planeta. Algumas deixaram poucos vestígios. Outras devastaram setores econômicos inteiros e afetaram profundamente milhões de vidas. Ninguém deveria pretender ter todas as respostas para um problema tão complexo como administrar políticas econômicas, mas uma coisa eu aprendi: a experiência não é boa professora. Continuamos repetindo os mesmos e persistentes erros. Repetidas vezes, a política de dinheiro fácil e o entusiasmo inflam bolhas; repetidas vezes, elas estouram. O Papa-Léguas era capaz de farejar o cheiro de dinamite em embrulhos de presente. Por que nós não somos? Não importa se a culpa é da embalagem ou da natureza humana, a pior crise financeira jamais vista está diante de nossos narizes, como se tivéssemos esquecido de cada uma de suas predecessoras.

Um dos países que deveriam ter aprendido com as lições do passado é a Argentina. Em 2020, o governo argentino decretou a moratória pela quarta vez desde 1980, a nona em sua história. Em agosto de 2020, o ministro da Economia do país anunciou um acordo com os já exaustos credores. O prazo de vencimento da dívida foi prorrogado e os pagamentos de juros, reduzidos horas antes de a terceira maior economia da América do Sul estar pronta a concluir as negociações.

A esperança nunca morre nos países em busca de tentar evitar a catástrofe financeira. "Que possamos nunca mais penetrar nesse labirinto [de endividamento], por favor", declarou, na ocasião, o presidente Alberto Fernández. Ao prometer a redução à metade da dívida argentina, no decorrer da década seguinte, o presidente assinalou que o governo faria todos os esforços necessários para manter a combalida economia viável. Agradeceu aos governadores das províncias e aos membros do Congresso que o apoiavam; agradeceu ao papa Francisco e aos líderes da Alemanha, França, Espanha, Itália e do México. Como o *Financial Times* noticiou, ele declarou: "Nada disso foi fácil, mas se há algo que nós, argentinos, sabemos fazer, é nos levantarmos quando caímos".[1]

Foi a típica bravata que líderes políticos adoram proclamar diante da adversidade. No entanto, a Argentina – e o mundo – está longe de superar a crise atual. O país continua enfrentando o fato de ter cerca de US$ 300 bilhões em dívida pública, quase o mesmo valor de seu Produto Interno Bruto (PIB) em 2020. A inflação assolou o país durante a crise da Covid-19 – e depois dela –, e a previsão da taxa de inflação para 2022 supera os 50%.

A cada dia, o mundo inteiro começa a ficar cada vez mais parecido com a Argentina. Tanto a dívida pública de governos quanto a dívida privada de corporações, instituições financeiras e famílias já se encontravam fora de controle *antes* de os gigantescos gastos em resposta à pandemia de Covid-19 vencerem. Nos Estados Unidos, o pacote de ajuda no total de US$ 1,9 trilhão para controlar a pandemia aprovado em 2021, somado às duas colossais medidas de incentivos aprovadas durante a gestão Trump, acrescentou US$ 4,5 trilhões à dívida pública do país, desde 2019. Isso "representaria o mais audacioso ato de política de estabilização macroeconômica na história dos Estados Unidos". No início de 2021, Lawrence Summers, ex-secretário do Tesouro, em artigo no *The Washington Post*, expressou acertadamente sua preocupação com o fato de tamanho e excessivo estímulo superaquecer a economia e gerar a alta da inflação.[2] Pouco depois, a administração Biden planejou de imediato outros US$ 3 a 4 trilhões em gastos nas áreas social e de infraestrutura que seriam, apenas em parte, financiados por impostos mais elevados. Por sorte, uma única parcela de tal despesa adicional em larga escala foi aprovada.

As respostas à Covid-19 afrouxaram qualquer simulacro de austeridade da dívida, independentemente do partido ou da coalizão no poder. A Europa mal consegue lidar com o problema. "Essas dívidas [europeias] alcançam patamares jamais vistos desde a Segunda Guerra Mundial", publicou o *The New York Times* em fevereiro de 2021.[3] Em muitos países europeus, a dívida cresce tão rápido que supera em muito o tamanho das economias nacionais.

Segundo dados do Instituto Internacional de Finanças (IIF), no final de 2021, a dívida global – pública e privada – ultrapassava em muito 350% do PIB global, e segue em alta e rápida escalada por décadas (220% do PIB em 1999), atingindo o pico depois da crise da Covid-19.[4] A razão dívida/PIB nunca chegou perto desse patamar em economias avançadas ou mercados emergentes. A dívida dos Estados Unidos equipara-se à média mundial. A atual proporção da dívida pública e privada em relação ao PIB é bem superior à do auge do endividamento durante a Grande Depressão e mais que o dobro do patamar de quando os Estados Unidos saíram da Segunda Guerra Mundial e entraram em um período de vigoroso crescimento.

Essa tendência acentuada acionou um contundente alerta do IIF, responsável pelo acompanhamento da dívida global. "Se o acúmulo da dívida mundial continuar a crescer ao ritmo médio dos últimos quinze anos, nossas estimativas sugerem que a dívida global pode exceder US$ 360 trilhões até 2030 – US$ 85 trilhões acima dos níveis atuais."[5] Isso elevaria o índice do endividamento global a mais de *quatro* vezes a produção global, o que sufocaria o crescimento econômico em razão dos substanciais custos do pagamento das dívidas.

Um mundo habitável e avançado exige patamares de dívidas que possam ser pagas pelos países sem asfixiar o crescimento. Um governo tem um patamar de dívida saudável quando pode aumentá-la durante recessões (com o intuito de impulsionar o crescimento e acabar com a recessão) e quitá-la com a retomada do crescimento. Um governo tem um patamar de dívida insalubre se não há chances reais de quitá-la. Quando isso acontece e uma crise da dívida eclode, países, regiões, e até mesmo o mundo como um todo, podem enfrentar recessões que viram a economia do avesso. Nos casos em que o pagamento das dívidas vence, os governos não dispõem de boas opções. As soluções drásticas disponíveis – desvalorização da moeda e corte na rede de segurança social, por exemplo – costumam gerar todo tipo de consequências inesperadas, inclusive quebras do mercado, populismo autoritário e até mesmo a silenciosa venda de tecnologias de mísseis e armas nucleares para os licitantes mais corruptos.[6]

"Não se constata esse ritmo do acúmulo da dívida global desde 2016", alertou o IFF, em relatório publicado em novembro de 2020 no *Weekly Insight*, intitulado: "Mais dívida, mais confusão". Em outras palavras, a crise já estava a caminho. A pandemia apenas a acelerou.[7]

Ainda que a razão dívida/PIB seja mais alta em economias avançadas, os mercados emergentes enfrentam dificuldades de modo mais rápido. A Argentina não chega a ser um país com endividamento excessivo, de acordo com o padrão para economias emergentes. Sua dívida privada é de apenas um terço do PIB, ou seja, comparativamente saudável. No entanto, como mostram os registros, a dívida contraída em moeda estrangeira prejudicou sua capacidade de atender aos empréstimos internacionais e pagá-los. A Argentina indexara sua moeda, o peso, ao dólar americano e, quando sua economia descarrilhou em 2001, enquanto a economia americana permanecia sólida, sua moeda desabou. Em consequência, sofreu uma enorme pressão para quitar seus empréstimos feitos em moeda estrangeira. E uma nova crise de endividamento paira no ar. Em economias avançadas, enquanto isso, os níveis de endividamento são extraordinários: já alcançaram 420% do PIB e continuam avançando. O tsunami a caminho não poupará a China, país onde o crescimento econômico, alimentado pelo crédito, erigiu uma montanha de dívidas da altura do Himalaia: cerca de 330% do PIB.

É verdade: por décadas e séculos sobrevivemos a bolhas financeiras e mudanças econômicas. Conforme mencionei, testemunhei inúmeras crises de endividamento ao longo dos últimos quarenta anos e, em todos os casos, os países ou as regiões se recuperaram. No entanto, os leitores que supõem que crises chegam e vão embora – deixando cicatrizes, na pior das hipóteses – desta vez estão enganados. Adentramos um novo território. Com o crescimento da renda global em declínio, na maioria dos cenários previsíveis, tanto países quanto corporações, bancos e famílias devem mais do que podem pagar. A dívida administrável, quando as taxas de juros eram zero ou negativas, se tornará insustentável, pois os bancos centrais agora têm de aumentar em muito suas políticas de taxas a fim de combater a inflação. Desta vez, estamos correndo rumo a um ponto de inflexão que modificará a vida tanto dos que emprestam quanto a dos que pedem empréstimos, sejam agentes públicos ou privados, sejam prudentes ou perdulários. A mãe de todas as crises de endividamento pode chegar nesta ou na próxima década.

O atual dilema tem um sabor de *déjà-vu*. Na primavera de 2006, o setor imobiliário nos Estados Unidos se esbaldou. Casas eram vendidas como pães quentes a qualquer comprador cuja respiração pudesse embaçar um espelho. Pouco importava se seu patrimônio ou renda o desqualificava para pagar a hipoteca. As casas encontraram compradores na expectativa de que os preços crescentes acabariam salvando os mutuários que gastavam mais do que podiam. Em minha opinião, parecia uma bolha, como afirmei na ocasião.

Naquele ano, compareci a uma conferência em Las Vegas cujo tema era a securitização de hipotecas. Por mais tóxicas e temerárias, as hipotecas subprime estavam bem ali, à vista, para quem as quisesse ver. Minha pesquisa demonstrou que débito barato e exigências para crédito nada rigorosas canalizavam o dinheiro para uma bolha imobiliária. Depois da conferência, aluguei um carro e fui visitar o Vale da Morte, uma paisagem abaixo do nível do mar, de aparência lunar, onde garimpeiros de ouro costumavam morrer aos montes sob o sol escaldante do verão enquanto cavavam em busca do precioso metal reluzente. A caminho, descobri um vale da morte projetado pelo homem que aguçou minhas preocupações quanto ao endividamento.

A estrada saindo de Las Vegas cortou uma recentíssima comunidade. Uma casa nova atrás da outra, todas vazias, em grandes lotes. Nem uma alma viva nelas. Não se viam luzes acesas. Nenhum carro. Nenhuma família. A "comunidade" era um túmulo, e não a cidade com a qual as incorporadoras devem ter sonhado. A cobiça temerária havia produzido aquela bolha habitacional: o mesmo motivo que no clássico filme *Ouro e maldição*, de Von Stroheim, leva os dois protagonistas a lutarem até a morte no deserto do Vale da Morte.

Não obstante a clara evidência de que uma bolha imobiliária conduzia mutuários e mutuantes ao perigo, os supostos especialistas ignoravam qualquer receio. Bati na mesma tecla poucos meses depois num discurso de abertura a economistas, em um evento patrocinado pelo FMI.

Na ocasião, os aumentos no preço do petróleo e certa flexibilização nos preços de casas eram visíveis, mas não dramáticos em excesso. Contudo, alertei para uma enorme crise financeira à espreita, do outro lado de uma bolha imobiliária. Decerto, o resultado seria a inadimplência no pagamento de hipotecas residenciais, o que aniquilaria tanto quem fizera empréstimos quanto os investidores que se bandearam para pacotes que agrupavam títulos lastreados em hipotecas de risco. Enquanto a maioria dos especialistas apostava nos títulos de primeira linha de agências de classificação mirando em conflitos de interesse, eu previ prejuízos de centenas de bilhões de dólares para os fundos de hedge, bancos de investimento, bancos comerciais, instituições financeiras importantes e boquiabertos proprietários de casas.

Desci do palco ao som de aplausos mornos. O moderador da mesa disse em voz alta: "Acho que vamos precisar de uma bebida forte". Isso provocou risadas da audiência cética. O palestrante seguinte comentou que minhas previsões não usavam modelos matemáticos. Rejeitou minha análise como meros palpites de um pessimista contumaz.

Em fevereiro de 2007, voltei a externar minha preocupação em um encontro anual no Fórum Mundial Econômico (WEF, em inglês) de Davos, Suíça, cujo tema era o panorama global. A negação ainda vigorava. O presidente do Federal Reserve Bank (Fed),* Ben Bernanke, confirmou a necessidade de uma correção no mercado imobiliário, porém descartou quaisquer desastrosos efeitos de propagação. Ele não antevia crises financeiras, muito menos uma ameaça sistêmica ao sistema bancário. Discordei, com todo respeito, advertindo que deveríamos nos preparar para uma jornada turbulenta e uma crise financeira não apenas nos Estados Unidos, mas global. Até onde sei, contribuí para a mudança de algumas opiniões. Forneci munição a meus críticos para me apelidarem de "Dr. Apocalipse", alcunha que ignora minha fé incontestável no capitalismo progressivo e inclusivo quando o bom senso, as boas políticas e os princípios morais prevalecem.

O modo como fui acolhido confirmou que mesmo os especialistas de grande expressão presentes em Davos só conseguem enxergar o

---

* Banco Central dos Estados Unidos, conhecido apenas como Federal Reserve ou pela sigla Fed. [N.R.]

problema quando já é tarde demais. Isso é fruto de uma clássica distorção do raciocínio humano – quase ninguém quer imaginar o pior. Somos otimistas por natureza. Pessoalmente, considero o *zeitgeist* anual em Davos um indicador contrário do futuro. Se todos no grupo de participantes de Davos acreditam que algo ocorrerá – bom ou ruim, não importa –, é grande a chance de estarem errados.

O consenso de pensamento de grupo impera entre as elites mundiais. O mesmo evento me proporcionou outra oportunidade de expressar minha perspectiva oposta ao consenso. Minha segunda apresentação em Davos investigava o futuro da União Monetária Europeia (UME) de olho nos riscos à frente. Meus colegas palestrantes, Jean-Claude Trichet, presidente do Banco Central Europeu (BCE) na época, e o ministro da Economia italiano, Giulio Tremonti, expressaram sua confiança em uma união monetária sólida e sustentável. Minha avaliação foi bem menos otimista que a dos demais. Enfatizei o extremo perigo do excesso de endividamento e da perda da competitividade de alguns membros da união, o que poderia fragmentar a Zona do Euro.

Caso o lento crescimento combinado aos grandes déficits comerciais e déficits fiscais prosseguisse, adverti, Itália, Grécia, Espanha e Portugal enfrentariam uma assustadora crise de endividamento no final da década. Meus comentários visivelmente perturbaram o ministro da Economia italiano. Apresentado como alguém que compartilharia a perspectiva norte-americana, lembrei ao público que nasci na Turquia e cresci em Milão, Itália. E ali estava eu dizendo ao ministro da Economia da Itália que meu país de adoção correria, com o passar do tempo, imenso risco de enfrentar um colapso financeiro. Antes de chegar à conclusão, ele não aguentou mais. "Roubini", gritou, "volte para a Turquia!" As mídias chamaram seu descontrole de "O chilique de Tremonti".

Três anos depois, a Grécia pediu moratória e os outros PIIGS (Portugal, Itália, Irlanda, Grécia e Espanha) mergulharam em uma grave crise financeira. Dois anos se passaram antes de a Grécia adotar severas restrições de dívida. Àquela altura, o país reestruturou e reduziu seu déficit público ao mesmo tempo que recebeu um pacote de ajuda de € 200 bilhões da Comissão Europeia, do BCE e do FMI, apelidados de Troika.

A Grécia sobreviveu a essa crise a duras penas – mas isso foi apenas o prelúdio. A Itália tinha uma dívida pública dez vezes maior, o que a tornou grande demais para falir e grande demais para ser resgatada. A Zona do Euro pode sobreviver sem a Grécia. Contudo, perder a Itália, a terceira maior economia europeia, decretaria o fim dos sonhos dos planejadores da Zona do Euro.

No início de 2007-2008, a Grande Crise Financeira eclodiu nos Estados Unidos, dessa vez originada pelo excessivo endividamento dos consumidores. Proprietários de residências ficaram inadimplentes, bancos definharam e faliram, mercados de ações despencaram, ativos desapareceram, credores entraram em pânico, empresas fecharam e empregos evaporaram. Os bancos centrais se uniram às autoridades do Tesouro e aos executivos da indústria bancária para estancar a sangria.

Ninguém gosta de ver a vasta desarticulação e a dor gerada. Eu não me alegro com a constatação de que meus prognósticos apocalípticos não falharam. O economista que me convidara para a apresentação ao FMI disse em 2006 que eu parecia um louco. Ao voltar, dois anos depois, para dar uma palestra, com os preços das casas em queda livre em todos os Estados Unidos e os financiadores de hipoteca em perigo, ele disse que fui saudado como um profeta.

Depois de tantas reviravoltas e pródigos dedos apontados, seria razoável supor que mudamos nosso comportamento. A dívida, porém, é sedutora demais.

Países, corporações e famílias contraem empréstimos, seja para investir, seja para consumir. O investimento em novo capital público ou privado é revertido em coisas duradouras. Ao usar a dívida pública, países investem em portos, estradas, pontes e outras infraestruturas. No setor privado, corporações investem em maquinário, software e computadores a fim de produzir mais bens e serviços. Famílias fazem empréstimos para investir em casas ou educação. Fazer empréstimo para investir pode ser coerente, desde que o retorno do investimento seja mais alto que o custo do seu financiamento. Ao contrair empréstimos para consumir, em contrapartida, usa-se a dívida para quitar contas ou déficits recorrentes que deviam ser cobertos pela receita operacional.

A experiência ensina uma regra de ouro a quem contrai empréstimos prudentes, públicos e privados: pegue empréstimos para investir, não para consumir. Em princípio, os empréstimos para consumir são mais arriscados que os para investir. Quando os empréstimos servem para cobrir, em termos persistentes, gastos em função de salários congelados, déficits de orçamento, itens discricionários ou despesas de viagem, os tomadores de empréstimos estão começando a percorrer uma estrada escorregadia e acidentada que pode conduzir à falência.

No entanto, contrair vultosas dívidas para comprar bens supervalorizados também impõe riscos pesados. Nada produz mais depressa bolhas espumosas de ativos do que dinheiro barato jorrando no mercado. Por exemplo, caso um tomador de empréstimos afoito gaste bilhões em uma rede de fibra óptica quando os preços estão nas alturas, os dirigentes podem se convencer de que estão investindo no futuro. A não ser que uma receita antecipada possa quitar a dívida, ainda assim esses investimentos podem causar prejuízos às empresas ou até tirá-las do mercado. Como muitos aprenderam depois do surgimento das primeiras fibras ópticas, os investimentos em ativos inflados com excessiva alavancagem e dinheiro fácil resultam em bolhas especulativas acompanhadas, logo em seguida, de explosões e quedas.

O padrão de expansão e retração foi bem relatado em *Ilusões populares e a loucura das massas*, publicado originalmente em 1841. No livro, o escocês Charles Mackay investigou a tendência do ser humano de correr alucinado em busca de lucros rápidos, tendência que remonta à mania por bulbos de tulipa, cujos preços equivaliam, no século XVII, aos de residências na Holanda.

Crises financeiras e de dívida irrompem não apenas em economias emergentes, frágeis por natureza. A história financeira das décadas recentes está recheada de crises econômicas e financeiras em economias desenvolvidas. Quando a falta de bom senso toma de assalto os investidores, a dívida age como um anabolizante.

Sempre empreendemos movidos por nobres intenções. Ao desvincular o preço do dólar americano do preço do ouro, em 1971, o governo Nixon permitiu a flutuação do dólar como moeda baseada na demanda do mercado e facilitou o financiamento de volumosos déficits fiscais e comerciais alimentados pela Guerra do Vietnã. O padrão-ouro tinha sido estabelecido ao fim da Segunda Guerra Mundial para salvaguardar a estabilidade monetária global. A decisão de Nixon trouxe benefícios a curto prazo, mas riscos a longo prazo. As cinco décadas a partir desse marco testemunharam vicissitudes paralisantes em economias avançadas (sem mencionar as dos mercados emergentes): a estagflação nos anos 1970; a bolha imobiliária que resultou em crises bancárias, em virtude da poupança e dos empréstimos, nos anos 1980; a crise bancária escandinava no início dos anos 1990; a crise do Mecanismo Europeu de Taxas de Câmbio (MTC) em 1992; a grande estagnação e deflação japonesa a partir dos anos 1990, depois do colapso de sua bolha imobiliária; a brutal derrocada, em 1998, do fundo de hedge Long-Term Capital Management (LTCM),* apesar de ter sido fundado por dois vencedores do Nobel; o boom da internet e seu subsequente estouro e inadimplências corporativas no início dos anos 2000; a bolha do crédito imobiliário que, ao estourar, deu início, em 2007, à Crise Financeira Global; a crise na Zona do Euro no início de 2010; e, claro, a crise em 2020 em decorrência da Covid-19. Cada ciclo resultou em mais dívidas públicas e privadas.

Fui exposto pela primeira vez a uma crise da dívida de extensão mundial quando trabalhava para o FMI em 1984, meu primeiro estágio de férias de verão em Washington, enquanto fazia meu ph.D. em Harvard. O endividamento excessivo sufocava os países da América Latina, que investiram grandes somas para modernizar sua infraestrutura e aumentar os gastos governamentais durante o boom do petróleo. Em Nova York e Londres, o musical da Broadway *Evita*, adaptação livre da vida da segunda mulher do ditador argentino Juan Perón, lotava os teatros. No mundo real, mais uma vez, a Argentina teria papel de destaque em uma crise de endividamento. A crise latino-americana eclodiu em 1982, mas suas sementes brotaram nos empréstimos excessivos feitos pelos governos da região nos anos 1970.

---

* Fundo de hedge que operou de 1994 a 1998, fundado por um grupo de renomados economistas e traders, incluindo Myron Scholes e Robert Merton, ambos ganhadores do Prêmio Nobel de Economia. Com sede em Greenwich, Connecticut, o fundo usou modelos matemáticos complexos para identificar e executar negócios de alto risco e alto retorno em uma variedade de mercados financeiros, incluindo títulos, moedas e derivativos. O LTCM administrou mais de US$ 100 bilhões em ativos e foi um dos maiores e mais bem-sucedidos fundos de hedge do mundo. No entanto, em 1998, sofreu enormes perdas devido aos seus investimentos em títulos russos, que entraram em default. [N.R.]

Nessa década, o preço do petróleo disparou em consequência de dois choques do petróleo induzidos por problemas geopolíticos em 1973 e 1979. Além disso, os especialistas não anteviram o fim da crescente demanda global por petróleo. Como as moedas da América Latina baseadas em commodities pareciam arriscadas para os investidores estrangeiros, os países com grandes fontes de petróleo (e até alguns na América Latina com limitadas exportações de energia) acumulavam dívidas soberanas imensas – para financiar gastos e investimentos do governo crescentes –, tomando empréstimos na moeda mais segura do mundo, o dólar americano. Um título ou empréstimo a ser pago em pesos pode perder o valor da noite para o dia em relação a um ponto de referência, em consequência da depreciação e da inflação. Um dólar hoje, por outro lado, vale um dólar amanhã. Quando o petróleo atingiu preços substanciais, todos prosperaram. Até 1980, as colossais receitas do petróleo ultrapassaram o crescente custo da dívida, cujo valor aumentava atrelado a uma taxa de referência flutuante. Num clima amigável, credores e devedores viviam no melhor dos mundos.

Entretanto, em 1980, as taxas de juros alcançaram assombrosos números de dois dígitos, estratégia implantada por Paul Volcker, presidente do Fed, a fim de combater a inflação derivada dos preços do petróleo nas alturas. Os pagamentos das dívidas em empréstimos em moeda estrangeira começaram a exceder os valores recebidos pelas exportações. A necessidade de pagar ou quitar a dívida estrangeira em dólares drenou as reservas de dólar nos mercados emergentes. Precisando com urgência de mais moeda norte-americana para manter os credores estrangeiros distantes, Argentina, México, Brasil e outros produtores de petróleo latino-americanos, em busca de soluções, se atolaram em mais dívidas e empréstimos.

Quando o preço do petróleo despencou, em 1982 – em função da profunda recessão nos Estados Unidos –, o jogo terminou. As economias petrolíferas empacaram, os déficits entre as nações da Organização dos Países Exportadores de Petróleo (Opep) aumentaram os endividamentos, e dívidas asfixiantes inflamaram o mercado. Os departamentos do Tesouro no mundo inteiro, em especial na América Latina, tentaram a todo custo obter dólares com o intuito de quitar o pagamento dos juros. As taxas de juros do dólar experimentaram uma ascensão meteórica. Chegada a data de vencimento das somas principais, países sem dinheiro ou acesso ao capital encontraram-se de mãos atadas. Multiplicaram-se os calotes. Credores sofreram duros golpes. Mercados globais fraquejaram. O FMI, instituição criada para solucionar crises, interveio e concedeu empréstimos emergenciais. No entanto, essa foi uma crise de endividamento inexpressiva, se comparada à Grande Recessão de 2008 e à mega-ameaça enfrentada neste momento, apesar de ter causado profundos danos na América Latina.

Por uma década, o crescimento sofreu uma interrupção nos anos 1980, a chamada "década perdida" de crescimento na América Latina. O aumento da inflação, a taxas de dois dígitos mensais, deflagrou a hiperinflação na Argentina. A estabilidade relativa só foi retomada nos anos 1990, quando os credores reduziram os empréstimos bancários a seus valores de face convertidos em novas obrigações ou a juros mais baixos.

Aos trancos e barrancos, países latino-americanos selaram a paz com credores. Em seguida, depois de uma breve pausa e uma crise da dívida externa no México em 1994-1995, o Leste Asiático apresentou uma nova e distinta forma de crise de endividamento em 1997-1998. Quatro economias antes saudáveis e bem-sucedidas na Ásia entraram em falência. Grande parte dos analistas ficou surpresa, pois a crise, típica dos mercados emergentes, encaixava-se nos moldes da América Latina: um aumento da dívida pública externa seguida pelo colapso da demanda por commodities fundamentais.

Na Ásia oriental, os déficits orçamentários e a dívida pública eram baixíssimos. A dívida soberana estava bem administrada. Os países pareciam estar fazendo tudo dentro dos conformes! Essas economias contavam com elevados índices de poupança e autoridades fiscais prudentes. Apelidados de "Tigres Asiáticos", Coreia do Sul, Malásia, Indonésia e Tailândia eram apontados como modelos da transformação econômica. Os Tigres fomentavam um grupo de companhias dinâmicas dotadas de alcance global – mas, como mais tarde se revelou, essas empresas abasteciam o próprio crescimento com níveis colossais de endividamento, não raras vezes em moeda estrangeira. A dívida privada pode ser tão destrutiva, ou até mais, que a pública.

Na época, eu tentava monitorar tanto o nível da dívida privada quanto o da pública. Na Universidade de Yale, da qual eu era membro, montei um website para rastrear notícias e análises fornecidas para milhares de acadêmicos, empresas e investidores. Os governos na Ásia oriental não eram tomadores perdulários de empréstimos, como todos podiam constatar. No entanto, corporações, incorporadoras imobiliárias e bancos, instigados por agendas governamentais obcecadas com o crescimento, insuflavam companhias saudáveis ou empresas imobiliárias a correr riscos excessivos e, por vezes, absorver empresas à beira da falência.

Para financiar a expansão, o setor privado buscou credores estrangeiros. Os mutuários em mercados emergentes ficaram sobrecarregados de ativos supervalorizados, muitos deles nos setores imobiliário e corporativo. Esses ativos voláteis produziam rendimentos na moeda local, mas exigiam pagamento, chovesse ou fizesse sol, em dólares e no iene japonês. O descompasso entre dólares e ienes de um lado e, do outro, por exemplo, a moeda da Tailândia, o baht, que foi responsável pela condenação desses investimentos especulativos. A queda logo arrastou não apenas os Tigres Asiáticos, mas bancos e investidores em todo o mundo.

Pressionados a incrementar as receitas provenientes da exportação, à medida que seus déficits comerciais aumentavam, os Tigres Asiáticos foram obrigados a autorizar que suas supervalorizadas moedas locais sofressem profunda depreciação, prática que leva à redução dos preços das exportações a fim de torná-las mais competitivas. Tal medida deslanchou um nivelamento por baixo: exigiu cada vez mais moedas locais para pagar os credores em dólares e ienes. O custo real da dívida em moeda estrangeira disparou vertiginosamente: muito acima das taxas de juros estabelecidas. Os tomadores de empréstimo faliram, arrastando os credores para o fundo do poço. A escassez no setor privado respingou no setor público, quando países esvaziaram os bolsos para contrabalançar os impostos perdidos e salvar empresas e bancos num contexto de déficits crescentes.

Enquanto acompanhava a crise da Ásia oriental em 1998, recebi um e-mail de Janet Yellen, presidente do Conselho de Consultores Econômicos da Casa Branca durante o governo Bill Clinton, no qual me convidava a ocupar um cargo vago no conselho.

A oportunidade de ajudar a formular políticas visando restaurar e reforçar a estabilidade econômica global foi bem-vinda. Passei os dois anos e meio seguintes em Washington, a princípio no conselho presidido por Yellen e, em seguida, no Departamento do Tesouro, como assessor no período em que Timothy Geithner e Larry Summers eram secretários. No cargo, lidamos com sucessivas crises financeiras radicadas no endividamento perdulário. Observamos crises abalarem a Rússia, o Paquistão, o Brasil, a Argentina, o Equador, a Turquia e o Uruguai, e até mesmo algumas economias desenvolvidas, quando o LTCM – o maior fundo de hedge dos Estados Unidos – quebrou em 1998, depois de a economia russa sofrer sua primeira recessão pós-soviética. Foi um aprendizado e tanto.

Mais uma vez me peguei acompanhando os eventos na Argentina. Em 1991, o país atrelou sua moeda ao dólar e o peso argentino passou a equivaler ao dólar americano. Credores deixaram de lado suas preocupações e reabriram os guichês de empréstimos estrangeiros, seguros de que o peso permaneceria estável. A Argentina não perdeu tempo: começou a acumular dívidas públicas. Enquanto trabalhava na Casa Branca e no Tesouro, de 1998 a 2000, gastei muitas horas a avaliar a situação da Argentina. Mantive exaustivos debates voltados para a conveniência de socorrer o país ou deixar que falisse. Sem enxergar outra solução, fiz campanha a favor da desvalorização da moeda, inadimplência e reestruturação, caminho tomado afinal pela Argentina em 2001.

Não culpo apenas a Argentina por suas desastrosas políticas econômicas. Os credores foram cúmplices quando uma sequência de choques externos negativos atingiu o país. Mercados emergentes costumam se meter em trapalhadas quando o Fed eleva as taxas de juros de maneira abrupta ou o preço dos bens de exportação desaba vertiginosamente – ou ambas as coisas. Nos tribunais internacionais, ao longo de uma década, prestei declarações tentando ajudar a Argentina a se defender de processos agressivos por parte de investidores abutres, depois da inadimplência em 2001.

Quando os formuladores e gestores de políticas públicas se mobilizam para resolver problemas, costumam preparar o terreno para crises futuras. Economistas ressaltam o "risco moral" – atalho para falências econômicas que induzem mutuários e investidores a mandar a cautela para o espaço. Por que se preocupar com riscos se outra pessoa será responsável por suas perdas? As decisões políticas têm muitas consequências inesperadas, e não apenas as hipotecas subprime, imbróglio que acabou desaguando na Crise Financeira Global de 2008.

Durante a crise de poupança e empréstimos dos anos 1980, quando os empréstimos imobiliários especulativos provocaram a falência de incontáveis instituições financeiras de pequeno porte, as agências reguladoras criaram a Resolution Trust Corporation (RTC), empresa do governo de gestão de ativos arriscados para venda a investidores com apetites vorazes por riscos. Compradores astutos vislumbraram retornos altos em arriscados empréstimos imobiliários e abocanharam as barganhas. Uma indústria de subprimes decolou. Mentes criativas em Wall Street começaram a tentar transformar pó em ouro. Com a precipitada bênção das agências de classificação de risco pagas pelos emissores de dívidas, o risco pareceu desvanecer. Esse modelo preparou o terreno para compradores de imóveis perderem o juízo na década seguinte, instigados por financiadores com poucos critérios e nenhum escrúpulo.

Façamos um breve avanço e analisemos a fase atual. Num primeiro momento, a crise da Covid-19 levou à pior recessão global desde a Segunda Guerra Mundial. A pandemia atingiu uma economia global já sobrecarregada com enormes endividamentos públicos e privados. Em economias avançadas, a resposta foi um afrouxamento monetário, fiscal e de crédito nada convencional, sob a presunção de que uma infusão de dinheiro poderia evitar, à maioria das famílias e empresas, os problemas causados pela queda nos rendimentos. Em termos de economia formal, esses mutuários eram ilíquidos, mas solventes.

Na expectativa de que a pandemia fosse debelada tão logo iniciadas as campanhas de vacinação, governos injetaram estupendas somas para ajudar negócios sem liquidez a manter as portas abertas. Contudo, surgiram imprevistos. Muitas empresas, tanto de pequeno quanto de grande porte, sofreram prejuízos. Em consequência, as dívidas públicas e privadas aumentaram. A solução exigiu ainda maior investimento nessas dívidas, facilitado pelos bancos centrais que imprimiam moeda (flexibilização quantitativa e facilitação de crédito) em um ritmo ainda mais acelerado do que na crise de 2008.

Aos países em desenvolvimento mais pobres faltava a capacidade de receber estímulos fiscais e monetários expressivos. Credores assoberbados aplicaram triagens financeiras que separaram os mutuários insolventes com grandes chances de falir dos mutuários sem liquidez com possibilidade de sobreviver graças a uma assistência mínima. Esse grupo necessitou de ajuda urgente para seguir adiante. Sem recursos para prover assistência ampla, mercados emergentes e economias em desenvolvimento mais pobres sofreram "depressões pandêmicas", que congelaram a atividade econômica formal. Credores globais registraram o impacto. Com efeito, 60% das economias de baixos rendimentos ainda sofrem de significativas vulnerabilidades em relação às dívidas. E, segundo as Nações Unidas, mais de setenta economias pobres em desenvolvimento podem enfrentar inadimplências nos próximos anos dadas as confluências das calamidades que atualmente as atingem.[8]

Alguns governos e agências internacionais permitem aos países mais pobres suspenderem a quitação das dívidas. Credores privados em geral reagiram contra a solicitação de reduzir suas reivindicações. Propostas competitivas aumentaram a capacidade de empréstimo do FMI e de outros credores multilaterais globais para conceder empréstimos subsidiados a economias frágeis com alto risco de crise de endividamento. As economias emergentes e em desenvolvimento vulneráveis permaneceram frágeis em 2021 e 2022, mesmo com a retomada do crescimento econômico global, depois da severa recessão em virtude da Covid-19. Muitos desses países não dispunham de sistemas de saúde desenvolvidos e lhes faltou acesso a vacinas baratas. Sem suficiente credibilidade nos mercados financeiros para afrouxar suas políticas monetárias e fiscais, seus altos níveis de endividamento intensificaram-se quando uma parcela do PIB de suas receitas afundou.

Em 2022, a alta nos preços de energia, commodities e alimentos atingiu as economias emergentes e em desenvolvimento que não exportavam commodities. O espectro da escassez de alimentos, da desnutrição e mesmo da fome assombra dezenas de milhões de pobres em economias frágeis em desenvolvimento. O risco da inadimplência definitiva aumentou, tendo início no Chade, na Etiópia, no Sri Lanka, na Somália e na Zâmbia. Conforme alertou David Malpass, presidente do Banco Mundial, em abril de 2022:

> Os países em desenvolvimento estão enfrentando múltiplas crises sobrepostas, incluindo a pandemia, a inflação crescente, a invasão

da Ucrânia pela Rússia, os grandes desequilíbrios macroeconômicos e a escassez de fornecimento de energia e alimentos. Isso vem causando profundas inversões na redução da pobreza, educação, saúde e igualdade de gênero.[9]

Economias avançadas com amplos recursos deixaram o risco correr solto. Um novo sinal de alerta soou em 2021, quando pretensos investidores contraíram dívidas para comprar ações da GameStop, uma empresa varejista física de videogames prejudicada pela compra de jogos on-line. Graças à alavancagem fornecida por um serviço de negociação de ações on-line, as ações da empresa subiram muito acima dos patamares que os ganhos poderiam justificar. Motivo: derrotar os *short sellers*,* cuja estratégia apontou para o fracasso da GameStop.

Esse foi um cenário de "expansão e retração" de bolha em miniatura. Uma bolha de endividamento abastecida por uma bolha de ativo insustentável. Quando as ações da GameStop e de outras empresas voltaram ao planeta Terra, pequenos investidores sofreram perdas assombrosas. Na verdade, muitas ações meme – ações de uma empresa que ganhou status de cult graças às mídias sociais – perderam em 2022 mais de 70% de seu valor de 2021, inflado em função de uma bolha. Um ciclo similar de "expansão e retração" aconteceu em 2021-2022 em relação às criptomoedas, outra classe de ativos sem valor intrínseco, cuja bolha foi motivada pelo frenesi de especuladores varejistas tomados pelo *fear of missing out* (FOMO). Muitos especialistas descartaram esses episódios por considerá-los acontecimentos efêmeros e irracionais. Mas podemos ignorar o fato de que o governo dos Estados Unidos havia acabado de enviar cheques para milhões de adultos norte-americanos? Foi com esse tipo de negócio que alguns deles gastaram o dinheiro? Milhões faziam negociações diárias e apostavam suas parcas economias em ações meme ou ativos de criptomoeda sem qualquer valor comprovado. Isso não ajudou nem os especuladores, nem a economia, como formuladores e gestores de políticas públicas pretendiam. O dinheiro deles simplesmente evaporou no ar rarefeito, deixando atrás de si dívidas e um moletom

---

* *Short sellers*, no jargão do mercado, são investidores que apostam na queda das ações. [N.T.]

comemorativo com a imagem do presidente do Fed retratado como Jesus Cristo, cercado de um halo de luz dourado, como publicado pelo *Times*. "No lugar da Bíblia, o evangelho em sua mão anuncia: 'Recessão cancelada, as ações só sobem'."[10]

Democratizar as finanças facilitando o acesso e diminuindo o custo do crédito abre comportas que, raras vezes, recebem o exame merecido. No início dos anos 2000, consumidores se apressaram em comprar casas com débito barato. Autópsias detalhadas lotam as seiscentas páginas do "Financial Crisis Inquiry Report"* e muitos outros relatos. No momento, graças às taxas baixas e aos aplicativos de compras semelhantes a videogames, investidores desinformados têm novos motivos e meios de contrair empréstimos promovendo ações fora de seu alcance com valor intrínseco e criptomoedas sem valor intrínseco. Assim como hipotecas de residências que só exigem uma assinatura, o novo convite para o desastre ilude pessoas de baixa renda, detentoras de bens escassos, empregos insatisfatórios e habilidades limitadas. E o mais estranho: políticos da extrema-esquerda e da extrema-direita se uniram para dar aos mutuários deslumbrados mais corda para se enforcarem.

Qual papel desempenhará a "mãe de todas as crises de endividamento" na próxima década? Por mais que o mundo tenha mudado no último século, o passado nos oferece uma arrepiante janela voltada para o futuro.

Enquanto a Europa se esforçava para quitar as dívidas decorrentes da Primeira Guerra Mundial, em 1918 a gripe espanhola matou mais de 100 milhões de pessoas e afetou a produção econômica. No entanto, a euforia prosseguiu ao estilo dos Loucos Anos Vinte do século passado,** período de grande inovação econômica, financeira e tecnológica, na qual se incluem os primeiros rádios, fonógrafos, televisões, filmes falados, aspiradores de pó e automóveis produzidos em massa, bem como

---

* Relatório final da Comissão Nacional das Causas da Crise Financeira & Econômica nos Estados Unidos criada pelo Congresso norte-americano para investigar as causas da crise financeira de 2008. [N.T.]

** Os Loucos Anos Vinte se refere à década de 1920, período marcado por otimismo, revolução cultural, social e econômica, avanços tecnológicos e crescimento econômico, sobretudo nos Estados Unidos, no Canadá e na Europa Ocidental, que chegou ao fim com o início da Grande Depressão de 1929. [N.R.]

os sinais de trânsito elétricos. O crescente mercado de ações eclipsou sinais de bolhas financeiras, crédito excessivo e acumulação de dívidas. Como sabemos, a história acabou mal. Políticas econômicas equivocadas depois da Queda da Bolsa de 1929 levaram à Grande Depressão dos anos 1930.

A história pode não se repetir, mas costuma rimar. Não faltam sinais da aproximação de outros Loucos Anos Vinte. Os estímulos monetários tributários e de crédito expressivos alimentam bolhas de ativos financeiros nos mercados globais. A economia real, produtora de bens e serviços, parece preparada para prosperar por um tempo, alimentada pelo crescimento da dívida, em consequência de baixas taxas de juros, crédito amplo e enormes incentivos econômicos oferecidos pelos governos.

A festa vai continuar até a especulação imprudente se tornar insustentável, e chegará ao fim com o inevitável colapso das sensações de otimismo, fenômeno chamado "momento Minsky", em homenagem ao economista Hyman Minsky. É o que acontece quando observadores do mercado começam repentinamente a despertar e a se preocupar com a exuberância irracional. Uma vez alterada essa sensação, o crash é inevitável, quando bolhas de ativos e de créditos surgem e depois estouram.

Booms e bolhas sempre precedem estouros e quebras, mas desta vez a escala excede em muito todas as anteriores. Os mercados de economias avançadas e emergentes estão mais sobrecarregados de dívidas do que nunca. O crescimento potencial em economias avançadas é baixo, e o processo de recuperação depois da recessão da Covid-19 tem sido acidentado e tende a desacelerar ainda mais com o correr do tempo. Formuladores e gestores de políticas públicas exploraram todos os recursos em arsenais monetários e fiscais. Sobrou pouca pólvora seca. O próximo ato nesse drama econômico não será nada parecido com os demais.

Ninguém pode prever o que exatamente vai desencadear o novo choque, embora muitos mercados de ações, em baixa na primeira metade de 2022, tenham assinalado que a última bolha de ativos se aproximava do fim. Há vários candidatos: a explosão de uma gigantesca bolha de mercado como em 1929; um aumento repentino da inflação, o que forçará bancos centrais a apertarem a política monetária de modo draconiano, levando a um insustentável aumento nas taxas de juros; pandemias mais graves que a Covid-19, à medida que doenças zoonóticas, transmitidas por animais para seres humanos, se tornam mais frequentes e virulentas; uma crise de endividamento corporativo decorrente da restrição de crédito, quando as taxas de juro aumentarem; uma nova bolha imobiliária, acompanhada de seu consequente estouro arrasando proprietários de casas e credores; um choque geopolítico como a guerra entre Rússia e Ucrânia em 2022, mas em maior proporção e gravidade, levando a aumentos ainda mais significativos nos preços de commodities e na taxa de inflação; outros riscos geopolíticos; e a crescente possibilidade de outra recessão global alavancada pela confluência dos riscos citados. Alternativamente, podemos assistir à volta do protecionismo ou à ruptura entre os Estados Unidos e a China, caso os dois países se inclinem para uma colisão geopolítica. A Itália pode falir, dando início ao colapso da Zona do Euro. Populistas tomando o poder podem gerir mal suas economias, optando por políticas nacionalistas e acumulando mais endividamentos insustentáveis. A mudança climática global pode ser o ponto de virada, quando regiões do planeta Terra se tornem inabitáveis.

Quando um ou múltiplos choques desencadeiam graves recessões e crises financeiras, as respostas tradicionais capazes de as mitigar não estarão disponíveis. Na ausência de um mecanismo de apoio, a falência de unidades domiciliares altamente alavancadas, empresas, bancos e outras instituições financeiras devastarão poupanças e outros ativos, deixando apenas dívidas. Conceitos baseados em pressupostas riquezas desmoronarão. O que devemos, e não o que temos, governará nosso status.

Governos sob pressão terão menos chance de quitar dívidas quando as taxas de juros aumentarem. Bancos centrais terão de decidir se permitirão aos governos ruir ou, ao contrário, varrer as dívidas com um turno de inflação alta, uma forma de inadimplência relativa ao endividamento. Poderemos observar a princípio esse impacto na Zona do Euro, onde os países-membros não têm o próprio Banco Central para debelar crises monetárias locais.

Mercados emergentes com alto grau de endividamento e moedas fracas enfrentam consequências esmagadoras. Quando as exportações deixarem de gerar receita o suficiente para pagar credores estrangeiros, as moedas locais vão desvalorizar ou entrar em colapso. Caso essa queda livre faça com que a inflação doméstica prospere, enquanto as economias encolhem e as moedas são desvalorizadas, podemos esperar uma depressão econômica chamada "depressão inflacionária" por Ray Dalio, uma referência em fundos de hedge. Em vez de exportar bens ou commodities, mercados emergentes em dificuldade exportarão cidadãos à espera de uma vida melhor em outro lugar.

Mesmo a China é vulnerável a uma cadeia de inadimplências globais. Nas últimas décadas, o rápido crescimento do país manteve sua gigantesca dívida pública e privada sustentável. No entanto, a recente desaceleração no crescimento e o excesso de dívidas públicas – como no setor do mercado imobiliário, sobrecarregado de excessiva alavancagem e capacidade de produção – já indicaram que algumas importantes empresas imobiliárias estão à beira da inadimplência e da falência. Contudo, uma profunda recessão mundial encolheria os mercados de exportação da China e acionaria o protecionismo contra seus produtos, precipitando a China em uma recessão e crise de endividamento tão problemáticas quanto nos demais países.

Esse contágio atravessará fronteiras de um setor a outro. A política de estímulo monetário e fiscal adotada a partir da Grande Recessão pode atenuar seu progresso, mas estamos ficando sem balas monetárias e fiscais na agulha, e as instituições multinacionais e os países com débitos volumosos são mantidos sobre bases duvidosas. Negócios de pequeno porte e indivíduos terão de repensar suas prioridades econômicas para permanecerem viáveis. Governos vão restringir serviços básicos. Estamos atolados num poço fundo e a água não para de subir.

A crise de endividamento pode ser sem precedente, mas é apenas uma das mega-ameaças que avançam em nossa direção. O que acontece quando ela é agravada por políticas severas e falhas comportamentais, tanto públicas quanto privadas?

CAPÍTULO 2

FALÊNCIAS PÚBLICAS E PRIVADAS

Todos os mutuários felizes se parecem, poderia ter dito o autor de *Anna Kariênina*, Liev Tolstói, mas cada mutuário infeliz é infeliz à sua maneira. Mutuários que quitam suas dívidas seguem adiante. Mutuários infelizes, ao contrário, fracassam no cumprimento de suas obrigações por razões tão variadas quanto projetos malfadados que chegam ao fim quando ainda devem dinheiro.

Isso é verdade tanto para indivíduos quanto para governos. Quando governos nacionais oscilam à beira da inadimplência, precisam de mão firme para recuperar o equilíbrio. Esse estender de mão exige instituições públicas internacionais – tais como o FMI e o Banco Mundial – solidárias e sólidas o suficiente para absorverem as onerosas consequências econômicas equivocadas, as políticas errôneas, as decisões erradas e o azar. Não obstante o fato de a riqueza total no mundo ser agora imensamente superior à de qualquer época do passado, hoje é mais difícil encontrar ajuda robusta. As fontes de capital mais importantes – os governos das maiores potências – também estão sobrecarregadas de dívidas.

É possível curar as crises de endividamento, mas grande parte das soluções exige remédios fortes e excruciantes tratamentos de reabilitação. O socorro financeiro injeta dinheiro vital, mas em troca de concessões aterrorizantes. As reestruturações deslocam a mão de obra e destroem os investidores; e, ainda assim, podem não ter êxito. A inflação reduz o endividamento real ao longo do tempo, mas a poupança encolhe e os custos inflam. A tributação do capital pressiona os detentores de ativos reais e financeiros. A repressão financeira estende a conta a um setor financeiro perdulário, especialista em transferir o fardo aos outros. A austeridade soa prudente, até desencadear uma grave recessão. O crescimento econômico oferece a única solução bem-vinda, apesar de suas perspectivas serem tênues quando a dívida sufoca a iniciativa. Neste capítulo, vamos considerar sete estratégias e o motivo de muitas delas, longe de melhorarem, agravarem os problemas.

Resgates de agentes insolventes não podem restaurar a saúde econômica, assim como dois amigos sóbrios não podem deixar sóbrio um amigo embriagado ao colocá-lo em pé: em geral, socializar dívidas privadas insustentáveis leva a dívidas públicas insustentáveis. Basta considerar a Argentina, agora correndo o risco da quinta inadimplência desde 1980. Sucessivos acordos com credores restauraram o acesso do país aos mercados de capitais internacionais em cada uma das instâncias, no entanto prepararam o terreno para novas crises de endividamento. Ao socorrer a Argentina em 2016, o FMI alertou acerca de "desequilíbrios macroeconômicos disseminados, distorções microeconômicas e um contexto institucional fragilizado".[1]

Pulemos para outubro de 2020. Apenas dois meses depois de ter obtido um novo acordo com credores, uma autoridade do alto escalão relatou que a dívida pública da Argentina crescia na mesma proporção de seu PIB. Longe de melhorar, a taxa de risco soberano piorou. Essa alarmante tendência encorajou um economista argentino a alertar, no Fórum Oficial das Instituições Monetárias e Financeiras, que seu país estava "mais uma vez à beira da inadimplência".[2]

Em nossos dias, a Argentina é uma regra, não uma exceção. Déficits escancarados, balança de pagamentos desfavorável e um insaciável apetite por dívidas empurraram muitos países rumo à inadimplência. Pergunte às autoridades do Tesouro de nações como Grécia, Itália, Espanha, Líbano, Turquia, Equador, Etiópia, Chade, Zâmbia e Sri Lanka, só para citar alguns. No entanto, não descarte nenhum. Durante a administração do ex-presidente Donald Trump, ele próprio expôs publicamente a ideia da inadimplência como um modo rápido de eliminar a dívida nacional, como se os Estados Unidos fossem uma empresa imobiliária familiar de gestão desleixada e reputação nada imaculada.

Quero deixar bem claro: *Não sou contra dívidas*. Elas são úteis para financiar investimentos em casos em que economias saudáveis possuem moedas estáveis, proporções de dívida administráveis, balanças de pagamento favoráveis e rendas crescentes. Aumentar o resultado com base no produto interno público pode manter a dívida gerenciável. Quando as economias estão afinadas, as autoridades podem se concentrar em políticas de ajuste fino que estimulem o crescimento econômico. O débito prudente, combinado ao crescimento econômico, melhora as condições de vida hoje sem sobrecarregar as gerações futuras. Contrair dívidas em tempos difíceis, por exemplo, em períodos de recessão, pode trazer alívio e ser perfeitamente aceitável, caso os superávits fiscais primários (balanças orçamentárias livres de pagamento de juros) forem conduzidos em épocas tranquilas, com o intuito de estabilizar e reduzir a proporção das dívidas.

Um ambiente feliz prevaleceu por sete décadas depois da Segunda Guerra Mundial, que empurrou o mundo industrializado rumo à cooperação, e não ao conflito. O crescimento econômico robusto tirou países industrializados do gigantesco endividamento decorrente da guerra. Contudo, sob essa plácida superfície, no início dos anos 1970, os incentivos começaram a sofrer alterações. A princípio lentamente, o ritmo da mudança, sob o tão apregoado estandarte da globalização, começou a acelerar.

Mercados emergentes agora competem para produzir bens a preços mais baixos. Ao abraçar conceitos como *offshore*, empresas multinacionais correm atrás da redução de custos. Abandonam infraestruturas domésticas e transferem empregos para regiões onde os salários são mais baixos. Aumentar a riqueza em mercados emergentes tira milhões da pobreza e amplia as expectativas dos consumidores. Para acomodar a demanda, empresas em crescimento e países competitivos exploram mercados endividados.

À medida que o endividamento individual e familiar atinge somas estratosféricas, muitos trabalhadores em economias avançadas são vítimas da corrida global rumo a países que oferecem salários aviltantes. Em comunidades outrora prósperas, as rendas mais baixas impulsionam o crescimento de dívidas em cartões de crédito. Nos Estados Unidos, o saldo dos cartões de crédito supera o da poupança. A economia doméstica impulsiona a economia nacional. A redução da renda familiar diminui, por inúmeras razões, a cobrança de impostos. Os trabalhadores que já não ocupam cargos em tempo integral nem gozam de benefícios ficam encurralados entre o declínio do poder de compra e a subida dos gastos com saúde e educação. E todos temos consciência de que cidadãos que enfrentam dificuldades econômicas impõem maiores demandas de recursos municipais, estaduais e federais, pois o aumento da desigualdade da renda e da riqueza é um gatilho para o populismo político e econômico.

O crédito paga uma crescente parcela de comida, despesas domésticas, roupas, educação secundária e tudo mais que os consumidores desejam ou de que precisam. Dívidas municipais subsidiam escolas públicas e serviços locais enquanto os fundos do débito nacional priorizam desde o atendimento médico a navios de guerra. A dívida sobe cada vez mais, em todos esses níveis, sem evolução suficiente para quitar os juros e o principal.

Para incentivar o gasto dos consumidores, credores e reguladores afrouxam o acesso ao débito estudantil, aos cartões de crédito, às hipotecas e outras coisas mais. Banqueiros inventam novas e mais arriscadas maneiras de emprestar dinheiro. Seus incentivos encorajam os devedores a acumular um número cada vez maior de dívidas.

Reduzir o fosso entre a queda na renda e o aumento das aspirações do consumidor parece diferente quando se trata de economias europeias com pródigos programas de bem-estar social. Longe de encorajar os tomadores de empréstimos a dívidas privadas, fornecem um amplo leque de serviços públicos gratuitos ou subsidiados. A conta da assistência médica, de educação, aposentadoria, seguro-desemprego e bem-estar generoso recai nos balanços nacionais, e não nas famílias, pois não há impostos proporcionais para quitar essas despesas. Essas políticas, cujo objetivo é a conquista do voto dos eleitores, inflam os déficits orçamentários e a dívida pública mais rápido que os empréstimos do setor privado. Ainda que historicamente não se mostrem dispostos a arcar com o custo de benefícios sociais, os Estados Unidos jogaram a cautela para o espaço, logo depois da crise financeira global e da pandemia de Covid-19. Republicanos costumam reduzir taxas enquanto estão no poder e buscam harmonizá-las com cortes em programas de gastos e benefícios. Em geral, fracassam. Democratas, por sua vez, costumam pôr em execução generosos planos sociais sem, no entanto, elevar as taxas o suficiente para financiar tais planos. De um jeito ou de outro, a proporção da dívida pública e do resultado econômico nos Estados Unidos está alcançando a da Europa a passos largos.

Em nosso livro *Political Cycles and the Macroeconomy* [Ciclos políticos e a macroeconomia], eu e meu amigo, o falecido economista Alberto Alesina, exploramos o impacto do conflito partidário nas crises financeiras. Ao dissecar tendências da direita e da esquerda para inflar orçamentos antes de eleições, descobrimos que tal prática leva a grandes excessos orçamentários em economias industriais, não importando quem esteja no comando. Desde sua publicação, esse tipo de desvio se tornou bem mais pronunciado e grave.

É difícil saber qual atitude tomar para refrear o irresistível hábito de se coçar para aliviar a coceira de quem empresta e de quem toma emprestado. As taxas de juros altas costumavam provocar desaceleração nos mutuários. As baixas taxas de juros prolongadas apagaram, até recentemente, a severa lembrança da inflação de dois dígitos constatada pela última vez há quatro décadas. Poucos consumidores com menos de 60 anos recordam-se de tal conjuntura. Em 1981, compradores de casas assinaram contratos com taxas de hipoteca indexadas a 10%. Desde então, a amnésia se instalou. À medida que a inflação recuava, o comportamento voltado para a dívida barata começou a fazer eco com o bordão de Alfred E. Neuman, a mascote imprudente da revista *MAD*: "What, me worry?" [Quem, eu me preocupar?].

É importante o modo como agentes de governos e do setor privado lidam com os empréstimos. Os números absolutos são uma coisa, mas as ferramentas que produziram esses números são motivo para alarme. Três épicos descompassos compõem a situação na qual nos encontramos.

Os empréstimos a curto prazo feitos por agentes do governo ou do setor privado podem salvar alguns tostões graças às taxas de juros mais baixas do que empréstimos a longo prazo, mas com um custo em potencial bem mais alto. No advento de uma crise de liquidez, chegada a data de vencimento desses empréstimos, é mais difícil renegociá-los. O descompasso no prazo de vencimento (ou seja, passivos a curto prazo e ativos sem liquidez a longo prazo) pode ser fatal, como as empresas de Wall Street Bear Stearns e Lehman Brothers aprenderam em 2008. Quando os credores se recusam a substituir o prazo de pagamento de um empréstimo por um novo empréstimo, o resultado são famílias, empresas e governos sem o dinheiro necessário para prosseguir. A falta de liquidez pode ser corrigida com o auxílio de credores dispostos a refinanciar, em tempos de desespero, os devedores, ou de governos que vêm em socorro ao promover uma escassez temporária. No entanto, quando devedores com a corda no pescoço precisam vender ativos a preço de banana para pagar credores, a probabilidade é de não restar outra opção exceto a insolvência e a possível falência.

Contrair empréstimos em moeda estrangeira também pode parecer mais barato do que na moeda local com taxas de juros mais altas; porém, também nesse caso, se esconde uma armadilha traiçoeira. As taxas de câmbio atreladas a moedas estrangeiras, como ao dólar americano, aumentam o déficit comercial de mercados emergentes quando essa moeda está atrelada a um nível supervalorizado e/ou à queda dos preços das exportações – por exemplo, no caso em que o preço das commodities exportadas por essa pequena economia despenca. Então, caso essa moeda atrelada ao dólar americano entre em colapso, em função de um déficit comercial incompatível, a dívida em dólar de um mercado pequeno emergente assume proporções estupendas. Na realidade, se a Argentina pede empréstimos no exterior em dólares americanos e sua moeda sofre depreciação, o valor real dessa dívida em moeda estrangeira, expresso em moeda local – o peso argentino –, sofre um aumento colossal. A isso se dá o nome de efeito do desalinhamento cambial nos balanços patrimoniais. Esses desalinhamentos cambiais – contrair empréstimos em moeda estrangeira quando os ativos ou renda são em moeda corrente – tornam a vida insustentável em nações menos desenvolvidas. O valor da dívida denominada em moeda estrangeira e a quitação das dívidas atreladas inflam; mutuários com renda e bens em moeda local decretam falência.

O risco de estrutura de capital é o terceiro fator crucial a ser considerado pelos tomadores de empréstimo. Empresas costumam financiar novos investimentos com empréstimos ou venda de ações. O grau de alavancagem do capital pode, repentinamente, fazer a diferença quando uma empresa enfrenta dificuldades. Em fases prósperas, as empresas, em sua grande maioria, são capazes de suportar dívidas significativas. Diante de uma crise, contudo, essa dívida pode se tornar letal.

A razão dívida/ativos* exerce grande impacto nas famílias que ainda pagam juros em casas sobre as quais não auferem qualquer renda. A razão dívida/garantia hipotecária prudente mantém os pagamentos mensais da hipoteca viáveis. Desalinhamentos – com pouquíssimo patrimônio em um único investimento – convidam à insolvência em tempos difíceis, uma rude lição aprendida por muitos proprietários com patrimônio próximo a zero ou negativos, quando o mercado imobiliário ruiu em 2008.

Países, assim como empresas e famílias, devem se preocupar com o equilíbrio entre ativo e passivo. Quando os pagamentos no exterior de importações excedem as receitas internas provenientes de exportações, países registram déficits em contas-correntes. O déficit pode ser coberto com empréstimos, muitas vezes fornecidos por credores estrangeiros, ou por meio de investimento direto estrangeiro, que mais se assemelha a um capital do que a um financiamento de dívida. Ainda que os Tesouros gostem de reduzir os encargos com juros, eles costumam preferir as dívidas, pois os investimentos em capital estrangeiro prometem certo controle sobre seus recursos naturais, empresas estatais, redes elétricas e outros ativos e empresas privadas.

Mutuários privados maximizam a dívida por duas razões fundamentais. Assim como os Tesouros públicos, eles preferem manter seus ativos sob controle. Avaliações fiscais também os atraem para os financiadores, embora o acréscimo de dívidas gere riscos maiores. Outrora apontadas no topo do rating financeiro, ou seja, apresentavam índices de endividamento ultrabaixos, as classificações de crédito AAA perderam seu esplendor nas empresas sólidas, que preferem explorar as vantagens fiscais com o intuito de aumentar os lucros. Nos anos 1980, títulos com avaliações abaixo do "grau de investimento", conhecidos como *junk bonds*, ou títulos podres, aguçaram o apetite por pesadas cargas de dívida.

Como os mutuários aprendem, um empréstimo é um contrato. Juros devem ser pagos faça chuva ou faça sol, e as dívidas devem ser quitadas na data do vencimento ou refinanciadas com um novo empréstimo. Investimentos em ações, em contrapartida, recolhem uma parcela de dividendos que os emissores podem aumentar, diminuir ou eliminar,

---

*   Ou razão dívida/patrimônio. [N.R.]

dependendo do que as condições exigirem. O acúmulo de dívidas pode não alterar o valor de mercado de uma empresa, assim como o tamanho de uma hipoteca não altera o valor de uma casa, mas, ao empurrar proprietários de residências, empresas e países para o abismo da insolvência, os riscos de estrutura de capital têm enorme importância. Todos nós arcamos com os custos.

Desalinhamentos no vencimento, desalinhamentos de moedas e desalinhamentos de estrutura de capital exacerbam o risco de insolvência. Todos esses desalinhamentos possibilitam aos mutuários acúmulos de dívidas bem superiores às restrições de sua renda corrente e, de modo quase inevitável, que trilhem o caminho rumo a reestruturações e inadimplências.

A Crise Financeira Global de 2008 abalou credores e devedores, e deveria ter provocado uma revisão basilar dos potenciais riscos de dívidas altas. Houve quem se tornasse religioso, pelo menos por algum tempo. Papos furados de especialistas pregavam a importância de salvaguardas. Reguladores bancários apertaram as regras. As agências de classificação de riscos se tornaram mais transparentes. O Fed e outros bancos reguladores deram início a rodadas de "teste de estresse" para avaliar a resiliência dos principais bancos.

Proprietários de residências altamente endividados e bancos reduziram suas dívidas, seja por meio de poupança, seja pelo não cumprimento de parte de suas obrigações, mas outros agentes – governos, corporações, *shadow banks* (instituições financeiras que sofrem menos regulação que bancos) – começaram a emprestar cada vez mais. Em vez de reduzir o risco global, os formuladores de políticas e algumas parcelas do setor privado retomaram o velho e péssimo hábito de empréstimos excessivos.

Os geólogos sabem que as montanhas só conseguem chegar até a altura permitida pela gravidade antes de o peso acima do topo resultar em pedras rolando montanha abaixo. Um princípio similar deveria limitar a capacidade de endividamento. Infelizmente, não existe qualquer limite gravitacional correspondente para o comportamento humano. À medida que os níveis de dívidas sobem, apetites para riscos aumentam.

Todos somos capazes de avaliar riscos. Comparar taxas de juros entre dois títulos com vencimento na mesma data mostra a investidores qual o mais preocupante em termos de risco de inadimplência. Quanto maior o risco, maiores os juros ou rendimentos. Tendo em vista a pouca probabilidade de inadimplência do governo norte-americano, seus títulos e moeda oferecem rendimentos isentos de risco. Quem não pode se livrar de suas dívidas imprimindo dinheiro, ou seja, famílias, empresas, cidades, estados ou países, deve oferecer um rendimento mais alto para atrair investidores. A margem de lucro entre dois rendimentos – o empréstimo arriscado *versus* o seguro – sinaliza o risco de crédito, ou seja, o risco de inadimplência.

Vamos imaginar que uma empresa chamada MegaCorporation emita um título de dez anos com rendimento de 6%. Se um título do Tesouro norte-americano paga 2%, a margem de lucro é de quatro pontos percentuais. Isso significa que os investidores não estão dispostos a comprar os títulos da MegaCorp a não ser que seu retorno seja muito mais elevado que um título seguro do Tesouro. Quanto maior o *spread*,* mais o mercado expressa dúvidas acerca da solvência do título do emissor. Em vez de desestimular a demanda, as margens de lucro maiores atraem investidores em busca de retornos que compensem o risco de inadimplência. Quanto maiores as margens de lucro, maior o eventual risco de inadimplência.

Quando os *spreads* ficam muito altos – perto do nível de dois dígitos –, o mercado está declarando que os níveis de endividamento estão se tornando insustentáveis. Sem dúvida, a notícia aumenta a instabilidade. Se a MegaCorp já tinha centenas de milhões em dívidas, quando essa dívida vence, os credores podem aumentar as taxas de juros ou recusar novos empréstimos. À medida que a fragilidade prolifera, os credores se apavoram diante da ideia de emprestar a alguém sob o risco de aumentar os *spreads*. Uma vez iniciada a onda de pânico, ninguém mais consegue pisar no freio.

O que é verdade para a MegaCorp também é verdade para governos nacionais e países. E quando enfrentam crises de endividamento, tanto governos quanto empresas precisam escolher entre opções ruins.

---

* *Spread* é a diferença entre o rendimento de um título e uma taxa de juros de referência, como a do Tesouro norte-americano. [N.R.]

Em geral, o socorro financeiro por credores de última instância vem atrelado a compromissos. Gestores de corporações devem submeter gastos e alocações de capital a intenso escrutínio. Governos nacionais que, em sua maioria, pegam empréstimos com o Banco Mundial ou o FMI enfrentam severa "condicionalidade". Em troca de ajuda, devem assumir compromissos de austeridade fiscal e/ou reformas estruturais a fim de tornar as dívidas subjacentes mais sustentáveis.

Credores tentam distinguir entre empresas ou governos enfrentando apenas uma crise de liquidez temporária e empresas ou governos fundamentalmente pouco saudáveis e insolventes. Nesse caso, governos levam vantagem se comparados a empresas. Alguns são de fato grandes demais para falir, e é provável que o FMI os ajude de modo que evite efeitos sistêmicos nos mercados financeiros globais. No entanto, isso não significa a inexistência de muito risco e sofrimento envolvido em qualquer resgate, como estabelece a condicionalidade.

No caso de devedores insolventes, e não apenas sem liquidez, eles se transformam em zumbis, incapazes de voltar à vida, mesmo depois de receberem injeções de dinheiro. Zumbi é sinônimo de problema sério. "Os zumbis se agitam enquanto o Fed cria um problema de endividamento monstruoso", advertiu o *Sydney Morning Herald* em junho de 2020.[3] "Empresas zumbis estão escondendo verdades desagradáveis a respeito da economia global", publicou em março de 2020 o *Yahoo News*, site de pesquisa investigativa. O fluxo de caixa de quase 17% das 45 mil empresas públicas do mundo não foi suficiente para cobrir os custos dos juros por três anos até 2020, segundo dados da FactSet, empresa norte-americana que dispõe de soluções de informação e ferramentas de análise avançadas para atender a diferentes públicos do mercado financeiro.[4] Com efeito, tendo em vista os baixos custos dos empréstimos, graças às políticas nada convencionais dos bancos centrais, muitas corporações – já altamente endividadas – fizeram ainda mais empréstimos durante a crise gerada pela Covid-19 e se tornaram zumbis ainda mais potentes. O desmedido endividamento voltou a assombrá-las em 2022. O aperto da política monetária do Fed produziu acentuado aumento nos *spreads* que os títulos de "alto rendimento" pagavam por títulos seguros, aumentando assim os custos de empréstimos das empresas alavancadas dependentes dos títulos "podres". Em seguida, os calotes começaram a crescer.

Salvar zumbis não passa de mera operação para retardar a inevitável falência, o que só é bom para advogados, cujos honorários são cobrados por hora. Em determinado momento, só restará à MegaCorp a falência e a reestruturação. Tal processo pode ser doloroso para muitas empresas e trabalhadores. Nem todos são tratados de forma igualitária em uma reformulação típica. Credores cujo prazo de vencimento vem primeiro podem receber valores integrais, antes que a empresa se torne inadimplente. Os com menos influência e vencimentos a longo prazo são muitas vezes obrigados a aceitar apenas uma fração da quantia, aumentando assim sua exposição à insolvência.

Instala-se um ciclo de destruição. Bancos, empresas e famílias salvos da insolvência por seus governos apenas aumentam o tamanho da dívida pública – e colocam em risco o Estado. Por sua vez, em função da nova dívida pública de bancos, empresas e famílias, a nação em risco de inadimplência expõe o setor privado à falência. Esse ciclo de destruição animou a crise da Zona do Euro entre 2010 e 2015. Isso com uma dívida pública muito menor em seu balanço do que a existente depois da crise da Covid-19.

Resgates equivocados acarretam outro tipo de ameaça existencial. A situação em que os participantes do mercado assumem riscos com base na premissa de que alguém virá em seu socorro é chamada pelos economistas de "risco moral". Se você tem certeza de que será socorrido pelo governo caso faça uma aposta arriscada, por que não correr o risco? Quanto maior o risco, maior o potencial de retorno, e talvez não haja desvantagens. Caso vença a aposta, você fica com todas as fichas; se perder, alguém paga a conta e você pode apostar mais uma vez num outro dia. Uma vez fisgados os contribuintes, o risco moral privatiza os ganhos e socializa as perdas.

Ironicamente, há uma controversa (mas popular) solução para o problema de alto endividamento: contraia ainda *mais* dívidas, a fim de estimular o crescimento. Há mais de um século, economistas debatem os méritos da austeridade econômica *versus* o estímulo fiscal.

A chamada Escola Austríaca de Economia prefere uma solução fincada na austeridade quando dívidas e déficits estão altos. Em resumo:

gaste menos, poupe mais. Todas as famílias deviam acatar tal aviso: se puder cortar despesas para evitar estourar os cartões de crédito, você estará numa situação muito mais saudável. Quando se trata de governos, porém, as regras não são as mesmas aplicadas às famílias. Governos têm diferentes opções. Eles podem emitir títulos, bem como aumentar a oferta de dinheiro. Podem estimular a demanda.

Os discípulos do lendário economista inglês John Maynard Keynes são contra a Escola Austríaca. Usando como exemplo a Grande Depressão, economistas dessa linha advogam a causa de ressuscitar economias fracas com dinheiro emprestado. Os keynesianos argumentam que estímulos fiscais podem evitar depressões e insolvências dolorosas e desastrosas. Keynes reconheceu o paradoxo da parcimônia. Quando uma família prudente deve mais do que pode, ela corta despesas e aumenta ao máximo a poupança. No entanto, se todas as famílias apertam o cinto e poupam, retraindo, por conseguinte, a economia, a ausência coletiva de atividade econômica vai afundar o crescimento. Então, o governo deve agir como o esbanjador de última instância.

Em 2007, durante a Crise Financeira Global, o FMI alinhou-se aos membros da Escola Austríaca e insistiu na austeridade fiscal em países com dívidas excessivas. Para alguns observadores, FMI significaria "É Majoritariamente Fiscal",* abreviação para colocar um limite nos gastos durante o caos financeiro. Hoje, o consenso se deslocou para o outro extremo. Em tempos pós-Covid-19, a nova sabedoria convencional alardeia: gaste mais para sanar os problemas de dívidas. Caso contrário, acabará enfrentando uma recessão ainda pior e uma provável inadimplência.

A diferença entre os assessores de Biden e os de Obama em 2009 ilustra uma reviravolta nos Estados Unidos. As vozes mais altas em torno do presidente Obama aprovavam o fechamento das torneiras dos gastos como saída da Crise Financeira Global. A sabedoria prevalecente nas administrações de Trump e de Biden atribuía, ao gastar pouco demais, um perigo maior que gastar demais. Resultado: temos déficits

---

* A expressão é uma brincadeira com a sigla em inglês do Fundo Monetário Internacional: IMF. Portanto, IMF seria *It's Mostly Fiscal*. [N.T.]

orçamentários muito mais consistentes hoje do que depois da Crise Financeira Global.

Os Estados Unidos e várias outras economias estão dispostos a gastar e usar políticas monetárias nada convencionais – uma forma de resgate para reiniciar a atividade econômica. Um acrônimo adequado seria ZIRP (*zero interest rate policy*) [ou política de juro zero]. Uma política mais ampla sob o estandarte da flexibilização quantitativa ou crédito fácil, o que permite ao Fed injetar dinheiro na economia comprando dívidas públicas e privadas, e até dívidas classificadas abaixo do grau de investimento. Tais políticas tornam as taxas de curto e longo prazo mais baixas. Europa e o Japão implementaram o NIRP (*negative interest rate policies*) [ou políticas de taxa de juro negativa]. Em consequência, o equivalente à soma de US$ 18 trilhões em títulos do governo, com vencimentos em até dez anos na Europa e no Japão, teve um retorno nominal negativo em 2021: ou seja, os credores pagaram para quem pegou dinheiro emprestado. Em alguns países escandinavos, mesmo a taxa de juros para hipotecas domiciliares foi negativa.

Com certeza, as pródigas "notas de helicóptero"* lançadas neutralizaram o pior impacto de uma paralisação econômica. Advogados adoram falar das virtudes da Teoria Monetária Moderna, ou sua abreviação, TMM. A TMM parece ser o equivalente a governos com grandes e permanentes déficits fiscais graças à moeda emitida pelo Banco Central, uma variante extrema de facilitação quantitativa. Para céticos como o investidor Jim Rogers, preocupado com os efeitos corrosivos, TMM significa "Mais Dinheiro Hoje".**

Assim, como sempre desconfio do consenso de Davos a respeito de qualquer questão importante, desconfio do novo consenso que emerge em torno do TMM. Sem dúvida, compreendo que, quando as taxas se aproximam do zero ou são negativas, os governos podem aumentar os gastos e as dívidas e incentivar o crescimento econômico nacional sem

---

* Expressão cunhada pelo economista Milton Friedman (em inglês, *helicopter drops*). Designa a política monetária de distribuir, através do Banco Central, dinheiro diretamente a indivíduos ou famílias para estimular a economia. [N.R.]

** Brincadeira com a sigla em inglês da Teoria Monetária Moderna (MMT), que significaria *More Money Today*, cuja tradução é "Mais Dinheiro Hoje". [N.T.]

enfrentar custos de dívidas inflacionados. No entanto, esse pensamento mágico não pode durar para sempre. Os déficits crescentes hoje estão provocando a alta dos índices de endividamento, apesar das prevalecentes taxas de juros baixas.

Na ausência de um eficaz e duradouro patamar de crescimento econômico, algum tipo de acontecimento acabará por lançar a bolha da dívida pelo mundo. A pandemia de Covid-19 nos empurrou para perto do precipício. O próximo choque provavelmente nos jogará precipício abaixo.

Acabar com as dívidas soa como uma boa notícia para devedores, mas o problema é que destroem os credores também. Muitos deles hoje em dia são pessoas comuns com contas de poupança e 401(k).* A dívida pública do governo é de propriedade direta ou indireta das famílias – direta quando a poupança é feita em títulos do governo; indireta quando a poupança é depositada em bancos que compram títulos do governo. Se os bancos falirem ou o governo ficar inadimplente, como os bancos pagarão os depositantes? É o ciclo de destruição mais uma vez em ação.

Resolver problemas de dívidas com calote é uma atitude bastante feia. E causa muitas complicações. Primeiro você vê a contração do crédito. Em seguida, os bancos quebram. O crédito seca. Corporações pedem falência. Pessoas perdem empregos. Famílias perdem seus rendimentos e casas. Os mercados de valores são desvalorizados. A "mãe de todas as inadimplências" não é uma moratória bíblica boazinha na qual se apagam todas as dívidas. Vai ser terrível. Comparada à inadimplência e à reestruturação, é preferível a inadimplência quando o devedor – seja privado, seja público – está sem dinheiro, mas fundamentalmente sólido, isto é, ilíquido, mas não insolvente. Contudo, quando a insolvência paira no ar, a inadimplência e a reestruturação da dívida são opções inevitáveis. Os modos regulares de ordenar crises de dívida difíceis incluem cláusulas de ação coletiva que obrigam os credores a concordar com os termos de reestruturação aceitos pela maioria dos credores.

Os que têm altas somas em empréstimos com credores estrangeiros serão os que mais sentirão a dor no bolso. Eles podem brigar, pleitear e

---

* Plano de aposentadoria que permite ao colaborador usar parte de seu salário para investimentos de longo prazo e para o qual o empregador também contribui. [N.T.]

inovar com algum sucesso, mas não para sempre. Nações latino-americanas em dificuldades gozaram de uma pequena vitória, lá pelos idos da década de 1980, ao convencerem empresas como a Whirlpool a adquirir fatias de dívidas denominadas em dólar e, em seguida, trocá-lo pela moeda local acima de seu valor de mercado, um bom negócio tanto para a Whirlpool quanto para o Brasil, que precisava de dólares para quitar sua dívida estrangeira.

Nos atuais níveis da dívida, contudo, essas pequenas vitórias não passam de arrumar as cadeiras do deque num navio afundando. Quando mercados emergentes não podem honrar suas dívidas em moeda estrangeira, as opções desaparecem. Inevitáveis inadimplências impedem o acesso aos mercados globais de capital. Sem acesso ao capital, economias encolhem. A moeda local passa a não valer nada. "Imprimir" mais dinheiro é um convite à inflação e à hiperinflação. A pobreza prolifera. Os governos incapazes de cuidar de seu povo não aguentam muito tempo de pé. O caos abre a porta para promessas vazias feitas por líderes autoritários, armados com slogans populistas e milícias independentes.

As economias industrializadas não são invulneráveis, como repetidas vezes nos mostrou a história. Vale a pena observar que, em 1899, investidores cautelosos buscaram segurança em títulos de cem anos emitidos pela Dinastia dos Habsburgo, que governava o Império Austro-Húngaro. Quando o anarquista Gavrilo Princip assassinou o arquiduque austríaco Francisco Ferdinando, em junho de 1914, atentado que culminou na Primeira Guerra Mundial, os títulos soberanos dos Habsburgo ainda detinham o valor correspondente aos de outros títulos europeus. Em resumo, nenhum especialista viu o fim se aproximar. Em quatro anos, o Império dos Habsburgo deixou de existir. Duas décadas depois, as dívidas do pós-guerra e os pagamentos de indenização, que por pouco não asfixiaram a Alemanha, contribuíram para o início da Segunda Guerra Mundial.

Economias fortes que contraem empréstimos em moeda local têm opções indisponíveis para as nações emergentes que precisam de empréstimos em moeda estrangeira. Economias desenvolvidas podem evitar a inadimplência. Inicialmente, a emissão de mais moeda é capaz de reforçar a estabilidade econômica. Um belo dia, porém, esse remédio pode virar veneno. A inflação retorna e acaba degenerando em uma espécie de inadimplência, como discutiremos em mais detalhes no Capítulo 5. Assim como a inadimplência, a inflação transfere a riqueza de credores e poupadores para devedores e tomadores de empréstimos. Os Estados Unidos e outras economias desenvolvidas que contraem empréstimos na própria moeda não precisam enfrentar a inadimplência formal quando suas dívidas se tornam insustentáveis. Em vez disso, a inflação pode encolher o valor real de dívidas com taxas de juros fixadas no longo prazo, uma forma de inadimplência mais branda e suave.

Na realidade, a inflação transfere riqueza, pois a relação entre os preços dos títulos e suas taxas de juros, ou rendimento, assemelha-se a uma gangorra. Quando as taxas de juros sobem, os preços dos títulos descem, e vice-versa. Quando a inflação vem à tona, credores exigem taxas de juros mais altas. Um título de dez anos que paga 1% de juros aos investidores é menos atraente quando as taxas sobem. Por que ganhar 1% anos a fio quando outro título rende mais? Se eu emprestar a um governo a 2% por dez anos quando a inflação é de 1%, então o retorno real de meu investimento será de 1%. No entanto, se *ex-post* (depois do fato) a inflação passar para 10%, o retorno real será 8% *negativo*.

A sensibilidade para as taxas de juros governa a política monetária. Chegar ao topo de dívida elevada com taxas de juros baixas restringe a inclinação para elevar as taxas, um passo que faria com que o valor dos títulos caísse. Essas taxas baixas, porém, encorajam empréstimos e alavancagem inconsequentes, provocando um problema de endividamento maior no fim da linha.

Como alternativa, formuladores de políticas podem impor a "repressão financeira". O mecanismo é complexo, mas o ponto principal é que atende às orações dos políticos interessados em arrecadar fundos sem perder muitos votos. Governos orientam as grandes instituições financeiras a salvar pequenos negócios, famílias e até bancos desamparados. Isso equivale a um imposto furtivo do setor financeiro. A flexibilização das políticas monetária, fiscal e de crédito, bem como os pacotes de ajuda, atingiram um nível recorde em 2020. "Em última instância, isso será visto como o caminho para financiar todo tipo de aventura politicamente necessária, inclusive iniciativas socioambientais, pois garante aos governos nada além de um passivo contingente, caso os ativos fracassem", anunciou o *Financial Times*. "Uma solução antiga para tal problema de crédito seria então emprestar mais dinheiro para manter os devedores em dia tanto com os juros quanto com o principal. O balançar da árvore de dinheiro está apenas no comecinho."[5]

As soluções propostas para a crise do endividamento soariam completas sem que se apelasse para os impostos sobre a fortuna individual? Por mais fascinante que possa parecer para pessoas sem fortuna, os pontos negativos espreitam. Se as autoridades taxarem as fortunas acumuladas ou impuserem pesadas alíquotas sobre as rendas no topo da pirâmide, a evasão fiscal pode aumentar e, ainda assim, esses recursos não chegarão nem perto das somas necessárias para atenuar a carga do endividamento global. E aumentar as tributações dos salários a fim de reduzir os níveis de débito costuma ser politicamente inviável, quando muitos trabalhadores já vivem com rendas apertadas e pagam impostos altos.

Cada um dos remédios para atenuar o alto nível das dívidas traz o próprio custo: o paradoxo da parcimônia, o caos da inadimplência, o risco moral da ajuda financeira, os impostos sobre fortunas que prejudicam os ricos e podem acabar gerando menos investimentos de capital privado, os impostos salariais que atingem os mais vulneráveis e a inflação inesperada que varre a riqueza dos credores. Motivo pelo qual chegamos ao novo "consenso" da TMM, como se fosse um almoço grátis. Manter as taxas de juros baixas e continuar a acumular dívidas passou a ser o caminho de menor resistência e o modo mais brando de redistribuição da fortuna/renda de poupadores/credores para quem tem empréstimos/dívidas. No entanto, por definição, o dinheiro fácil alimenta mais dívidas. O dinheiro fácil também leva à inflação de ativos e, por fim, a bolhas. O acerto de contas chegará. Talvez na forma de um grande crash, na explosão da bolha, e desencadeará inadimplências, inflação ou até estagflação.

Do jeito que as coisas andam, as crises de dívida do passado não representam nem mesmo uma simples sombra se comparadas às crises à nossa espreita. Não queremos encarar a verdade; estamos todos num estado coletivo de negação. Não queremos apertar os cintos ou admitir que o futuro não reserva oportunidades de aumento de rendas, e muito menos aceitar que nosso poder de compra provavelmente diminuirá.

Gostaria que fosse diferente, mas a "mãe de todos os colapsos de endividamento" parece inevitável, seja através da inflação, seja da pura e simples inadimplência. Cabe a nós escolher qual veneno preferimos. Estamos correndo em sua direção em trilhos azeitados. Não podemos sucumbir à inércia ou presumir que vamos conseguir superar, como no passado, outra crise de endividamento. Desta vez, lamento informar, devemos esperar problemas muito mais graves.

Quem imagina que um colapso dessa magnitude apenas vai vitimar credores e devedores — bancos sofrerão, mas minha família sairá ilesa — deve se lembrar da quantidade de riscos mundo afora, não apenas econômicos e financeiros, mas também geopolíticos. As consequências das crises de endividamento ultrapassam o reino da economia. Na verdade, enquanto trabalhava no Conselho de Consultores Econômicos da Presidência dos Estados Unidos, no verão de 1998, participei de reuniões para lidar com a crise da dívida e a da inadimplência russa. Uma das reuniões transcorreu na Sala de Crise, localizada no subsolo da Casa Branca, sempre descrita nos programas de televisão como um *bunker* de alta tecnologia. Na realidade, trata-se de um porão decadente que há décadas não passa por uma reforma. O espaço seguro nos permitiu conversar com autoridades militares seniores. Todos mostraram preocupação com o fato de que a deterioração da Rússia poderia causar o desmembramento do país, o que, por sua vez, deixaria algumas de suas armas nucleares nas mãos de agentes mal-intencionados. Inadimplência e armas letais são sinônimo de alianças perigosas. E mais uma vez, em 2022, a Rússia e suas armas nucleares estiveram a um triz do calote da dívida externa em consequência das sanções que congelaram seus ativos em moeda estrangeira. Preocupações similares vieram à tona enquanto avaliávamos a opção de auxílio ao Paquistão em 1999, outro país dotado tanto de dívida externa assustadora quanto de armas nucleares. Em conjunto, o Tesouro dos Estados Unidos e o FMI ajudaram o Paquistão a evitar o colapso econômico e a reestruturar sua dívida externa, que continua em patamares precários até hoje.

A atenção às restrições geopolíticas me ajuda a combater o pensamento coletivo. O consenso em Wall Street esperava que a Grécia deixasse a União Europeia (Grexit) em 2015, em parte resultante dos conselhos do ministro das Finanças linha-dura Wolfgang Schäuble à chanceler Angela Merkel. O ministro alemão defendia a saída da Grécia da Zona do Euro e se mostrava contrário à renegociação da dívida. Segundo minha avaliação na direção oposta, um compromisso para evitar o Grexit seria acordado pela Grécia e a chamada Troika, formada pela Comissão Europeia, o BCE e o FMI. Acreditei que a Grécia contestaria as exigências da Troika, mas que a Alemanha não iria roer a corda e correr o risco de um colapso da união monetária. Foi isso o que ocorreu: a Grécia obteve um acordo de vultosos US$ 200 bilhões, com a Troika oferecendo em contrapartida austeridade e reformas. E assim o Grexit foi evitado.

Minhas análises fundamentam-se não apenas em elementos estritamente econômicos e financeiros, mas também, por exemplo, nas consequências geopolíticas quando milhões de refugiados se reuniram na Turquia, na fronteira com a Grécia, porta de entrada da Europa. Busco sinais otimistas e sinais perturbadores. Quem me chama de "Dr. Apocalipse" deixa de considerar que eu examino, com o mesmo rigor, tanto os pontos positivos quanto os negativos. Os otimistas e os pessimistas acham que sou do contra. Se me fosse dada a opção de escolher meu apelido, "Dr. Realista" seria mais apropriado.

Hoje, não importa para onde olharmos, veremos enormes montanhas de dívidas. Ainda assim, como um iceberg, muito mais dívidas implícitas repousam abaixo da superfície. Sabemos exatamente quanto dinheiro une credores e devedores. É impossível calcular o custo implícito de recuperar os planos de assistência de saúde dos idosos e os benefícios previdenciários, os da mudança climática, os de futuras pandemias globais e outros passivos não incluídos. Ainda que nossa crise de dívida fosse a única mega-ameaça a ser enfrentada, e nossos formuladores de políticas fossem tão sábios quanto Sólon, a situação já seria terrível. No entanto, é muito pior.

Todas as lições da história foram baseadas em um mundo de população em crescimento, com número crescente de mão de obra para ajudar economias locais a escapar de eventuais problemas. O que acontece quando o crescimento da população atinge o pico, a mão de obra encolhe e poucos trabalhadores sustentam uma população idosa? Esses passivos não financiados, ou obrigações de dívida sem fundos suficientes reservados para pagá-los, são a mega-ameaça que analisaremos a seguir.

CAPÍTULO 3

A BOMBA-RELÓGIO DEMOGRÁFICA

Durante a Grande Depressão, o mundo industrializado apresentava uma longa lista de problemas graves. O comércio havia sido praticamente interrompido. Contas deixaram de ser pagas. Negócios faliram. Instituições financeiras quebraram. A taxa de desemprego ultrapassou os 25%. Agricultores e proprietários de casas colocavam placas de venda em suas propriedades. A incerteza reinava. A fé perdida na prosperidade deu origem a regimes totalitários e militaristas na Alemanha, na Itália, na Espanha e no Japão, que, embora prometessem a grandeza, exterminaram direitos políticos e humanos. Nervosos com o estado das coisas, líderes norte-americanos valorizaram a estabilidade acima dos princípios democráticos há tempos vigentes. O senador William Borah, republicano de Idaho, propôs entregar "o poder ditatorial previsto na Constituição por certo período" a Franklin Roosevelt.[1]

Enquanto empresas de grande porte contraíam empréstimos para se manter no mercado, governos pediam empréstimos para alavancar a atividade econômica. Evidência A: o New Deal. Programas e mais programas injetaram dinheiro na economia. Construímos estradas e pontes, revitalizamos bancos, alimentamos os famintos e mobilizamos artistas para enriquecer nossa herança cultural.

Por mais desoladoras que fossem, em termos essenciais, nossas condições eram mais saudáveis quando as filas para sopa davam voltas nos quarteirões da cidade. Por quê? A economia global balançou, mas não caiu. O crash da Bolsa de Valores e pessoas famintas apagaram duas importantes vantagens quando comparadas aos dias atuais.

As nações industrializadas tinham dívidas baixas e muito espaço para o crescimento. Os Estados Unidos podiam conceder empréstimos e quitar o pagamento de credores ao aumentar a arrecadação de impostos. O Social Security, a previdência social instituída em 1935, e o Medicare, instituído em 1965, garantiam aos aposentados pensões e assistência médica. Desde que a população ativa continuasse a crescer, esses programas teriam fundos crescentes, embora o número de aposentados também aumentasse.

No entanto, esses mesmos programas viraram farrapos quando o curso demográfico mudou de rumo. Hoje, com a redução do crescimento, experimentamos o sufocante peso das contas vencidas para cobrir os gastos com a previdência social e a assistência médica. Nem sequer a Segunda Guerra Mundial criou tantas obrigações implícitas em relação ao resultado econômico. Nunca o fardo foi tão pesado, e continuamos a empurrá-lo montanha acima açoitados por um vento cortante.

Membros da geração X em seus quarenta ou cinquenta anos têm décadas de trabalho pela frente. Os pagamentos da previdência social dependem das condições do Old Age and Survivors Insurance (OASI) Trust Fund.* As projeções atuais anteveem insolvência – o fundo ficando sem ativos – em 2033, data antecipada em um ano pela crise de Covid-19.[2] Quem se aposentar depois dessa data poderá receber apenas 76% dos benefícios que lhe são devidos.[3] A aposentadoria dependerá basicamente de poupanças individuais, e isso é um péssimo agouro para os anos dourados. Com essa redução, o Fed acredita que cerca de quatro em cada dez norte-americanos não serão capazes de substituir um eletrodoméstico importante.[4] Pouco mais da metade da população dos Estados Unidos dispõe de até US$ 5 mil de poupança; um terço tem até US$ 1 mil.

Você já notou que a maioria esmagadora dos comerciais nos canais de TV a cabo como Fox News e CNBC é voltada para idosos? Anúncios oferecendo Viagra, analgésicos e suplementos para perda de cabelo

---

* Programa de benefícios federal responsável pelo pagamento de aposentadorias e pensões. [N.T.]

sinalizam uma coisa de forma muito clara: nossa armadilha demográfica chegou.

Um sinal de alerta vem soando há décadas, mas insistimos em ignorá-lo. Imagine acordar pessoas para lhes transmitir más notícias. Eis a minha função. Como economista antenado com as turbulências, não me resta alternativa. Estou coletando as provas e fazendo o máximo de barulho indesejável possível. Podemos ter dormido no ponto. Espero que um número suficiente de pessoas acorde, preste atenção, ligue os pontos e se prepare para as consequências.

Os Capítulos 1 e 2 analisaram a dívida explícita – ou seja, os contratos entre credores e tomadores de empréstimo. Contudo, outro tipo de dívida ofusca os financiamentos para a compra de carros, hipotecas de casas, empréstimos pessoais, cartões de crédito, empréstimos com garantia de imóvel, dívidas públicas, entre outras. A dívida oficial explícita, no entanto, é irrelevante se comparada à dívida *implícita*: todas as obrigações financeiras previsíveis em nosso futuro.

Grande parte da dívida implícita deriva de duas fontes básicas: o fornecimento de redes de segurança financeira para trabalhadores idosos e a mitigação das consequências destrutivas oriundas da mudança climática global. Este capítulo foca a primeira; o Capítulo 10 abrange a segunda.

Não existe dinheiro suficiente para cumprir as promessas financeiras feitas aos trabalhadores na ativa e o número inflado de aposentados em economias avançadas – e até mesmo em alguns mercados emergentes como China, Rússia e Coreia do Sul. Como pagaremos esses custos maciços que, por sinal, devem acomodar padrões de migração global? Aumentar impostos não é a solução do problema. Descontos nos salários dos trabalhadores na ativa para financiar aposentadorias e assistência médica de aposentados e dos que estão próximos da aposentadoria precisariam sofrer aumentos gigantescos, e ainda assim talvez não garantissem recursos suficientes para a assistência médica e a aposentadoria dos trabalhadores mais jovens quando chegasse a vez deles. Emitir moeda suficiente deflagará a inflação ou, quem sabe, a hiperinflação. Não cumprir as promessas assumidas com os aposentados e com os que estão próximos da aposentadoria – ou até mesmo aumentar a idade da aposentadoria – é um convite a tumultos políticos. Só existe uma alternativa para fechar a conta: contrair dívidas adicionais que jamais poderemos honrar. *Caveat emptor** — isso não vai acabar bem.

"A natureza abomina a velhice", escreveu Ralph Waldo Emerson quando a Revolução Industrial estava se iniciando. Observadores modernos estão chegando à mesma conclusão por motivos impossíveis de serem previstos pelo autor de *Autoconfiança*.

Muitos trabalhadores em economias avançadas estão se aproximando da idade avançada e da aposentadoria nos Estados Unidos, mas sobretudo no Japão e na Europa.

Não me incomoda envelhecer. Ninguém consegue escapar disso. No entanto, uma força de trabalho com número cada vez mais significativo de pessoas mais velhas desencadeia problemas em espiral em economias nas quais o crescimento atingiu o auge. O envelhecimento reduz a oferta de mão de obra e desacelera a produtividade enquanto o investimento em novas máquinas declina. As promessas financeiras — aposentadoria e assistência médica — desviam proporções crescentes da renda nacional para a população mais velha. À medida que os empregos são transferidos para o exterior e os robôs proliferam, economias avançadas empregam cada vez menos trabalhadores, a quem cabe sustentar um número maior de aposentados.

Caso a tendência continue, e não vejo motivo para isso não acontecer, podemos esquecer um futuro que dê continuidade a séculos de progresso social de uma geração para a seguinte. Em vez de as famílias jovens comprarem produtos e construírem ninhos, os contracheques dos trabalhadores na ativa terão como incumbência manter redes de segurança para a terceira idade. A redução das taxas de consumo e de poupança por parte das gerações mais jovens vai puxar o freio do crescimento econômico.

O prêmio Nobel Milton Friedman, um economista acirradamente avesso à intervenção governamental, soou um dos primeiros alertas. Nos idos de 1980, bradou contra uma crise iminente, quando ainda havia tempo para evitá-la.

---

* Expressão em latim que significa "Deixe o comprador ciente". [N.R.]

O que existe é um sistema no qual as pessoas pagam impostos hoje para remunerar os que recebem benefícios. Até o momento, essas pessoas receberam um valor atuarial muito superior ao que pagaram. Como temos uma crescente força de trabalho, salários mais altos são pagos. O imposto sobre os salários aumentou muito, mas o número de beneficiários está quase equiparado ao número de contribuintes. Por isso, a previdência social se encontra em situação financeira tão difícil. Por isso, a chamada reserva vem diminuindo gradativamente, e por isso há todo esse movimento para que o Congresso tome uma atitude a fim de tornar a previdência social financeiramente responsável.[5]

O mais desconcertante é que nada mudou, apesar das evidências que vêm se acumulando década após década mostrando que a ameaça é real. Em 2012, Laurence Kotlikoff e Scott Burns, autores de *The Clash of Generations* [O choque de gerações], calcularam a diferença, nos Estados Unidos, entre a dívida pública *oficial* e o *real* endividamento quando incluídos os passivos não financiados. A essa diferença deram o nome de gap fiscal. Na ocasião, determinaram que a dívida oficial era de US$ 11 trilhões.[6] A dívida real era de colossais US$ 211 trilhões. Eles soaram o alarme, mas os formuladores de políticas não tomaram nenhuma atitude.

Em geral, quando a dívida total é igual à produção econômica anual do país, ou PIB, os macroeconomistas se preocupam. Nos Estados Unidos de hoje, uma década depois da publicação de *The Clash of Generations*, o gap fiscal é *catorze vezes* superior ao PIB. E ainda mais surpreendente, descobriram que o gap fiscal "é 22 vezes superior à dívida oficial, que agora atrai a atenção de todos". Isso não é um bom presságio. "Se os Estados Unidos falirem e mergulharem no caos econômico e no conflito geracional", escreveram, "o mundo inteiro sofrerá as consequências, provavelmente de um jeito que nenhum de nós pode, ou quer, imaginar".[7]

É claro que as estimativas do gap fiscal são um tanto exageradas por não levarem em consideração o fato de que o PIB cresce com o passar do tempo. Muitas das obrigações a serem pagas dentro de décadas serão financiadas por esse PIB mais consistente. Ainda assim, tendo em vista o dimensionamento de rendas mais altas no futuro, o gap entre o que o governo prometeu e os recursos que terá quando a conta chegar é gigantesco, não importa o critério utilizado. E a economia norte-americana é mais saudável do que muitas outras. A situação em outros países é bem pior.

Gigantescos gaps fiscais fazem agora parte do cenário econômico global. "O envelhecimento é um fenômeno demográfico europeu", advertiu o Banco Mundial. Tomemos como exemplo a Polônia. Em 1950, metade da população tinha menos de 26 anos, ou seja, era ainda jovem. Hoje, a idade média se aproxima dos quarenta e se encontra a caminho dos 51 em 2050. A população grisalha também está encolhendo. A previsão para a Polônia é de 32 milhões de habitantes em 2050, ou seja, 6 milhões a menos do que em 1995.[8]

Bem antes do surgimento da Covid-19, pesquisadores do Banco Mundial previram que as mudanças demográficas na Polônia reduziriam em mais de um terço o PIB per capita no decorrer de uma década. O relatório indicou que o sistema previdenciário no país era uma das principais preocupações – apesar da total reestruturação feita uma década antes para reforçar sua capacidade. O relatório também anteviu o aumento de demanda por serviços de assistência social 24 horas por dia ao longo de períodos mais extensos, o que geraria significativos aumentos nos gastos. "As crianças nascidas na Polônia hoje têm grandes chances de viver até os cem anos", destacou o relatório. Nele também constava uma pergunta crucial não respondida: como pagar pelos serviços ampliados?

Em todas as nações desenvolvidas, estatísticas expõem um arriscado desequilíbrio. Uma crescente parcela da renda nacional é destinada a preservar o padrão de vida dos aposentados, e não a mão de obra jovem. A distorção piora a cada ano à medida que os salários e a mão de obra ativa encolhem e as obrigações destinadas aos idosos aumentam. Se a força de trabalho jovem ainda não se ressente de renunciar ao seu futuro para bancar aposentadorias, isso acabará ocorrendo. Basta dar uma olhada nas manchetes que revelam o conflito geracional entre jovens e velhos.[9]

Ao contrário de progredir, regredimos. Em 1960, havia cinco trabalhadores ativos para cada aposentado por idade ou por invalidez nos

Estados Unidos. A proporção recuou para menos de três para um em 2009 e a previsão é de dois para um em 2030, de acordo com a administração da previdência social.[10]

Apesar de dramática, a situação nos Estados Unidos não chega perto da constatada na Europa, graças à imigração que até recentemente contribuiu para o aumento da mão de obra no país. A população total norte-americana ainda não está decrescendo, apesar de as taxas de natalidade estarem bem abaixo da chamada taxa de fecundidade de 2,1 filhos por mulher. O contínuo influxo de imigrantes da Ásia e das Américas Central e Latina, bem como de outras regiões, colaborou para o aumento da população, ainda que de forma modesta. Contudo, um número maior de aposentados nos Estados Unidos vai inchar as folhas de pagamento da previdência social chegando a 73 milhões de beneficiários, quase o dobro do número em 2010. Hoje o valor dos passivos não financiados no futuro excede US$ 5 trilhões, mais de duas vezes e meia o valor do ambicioso plano de empregos anunciado em 2021 pela administração Biden.

O Japão tem uma das populações mais idosas do mundo; a taxa de natalidade é muito baixa e a expectativa de vida, muito alta. Antes da Covid-19, o governo japonês estimou que a renda na aposentadoria seria de apenas 61,7% do salário na ativa, tendo em vista o sistema de aposentadorias não financiado; estima-se que essa proporção aposentadoria/salário caia para 51% no final da década de 2040, podendo chegar, no pior dos cenários, a menos de 40% em 2050.[11] Em decorrência dos legados de programas abrangentes de assistência social, Europa e Japão terão que encarar as provas mais difíceis para atingir seus objetivos. O envelhecimento nessas regiões vem ocorrendo de modo mais acelerado que nos Estados Unidos, enquanto as promessas de pensões são muito mais generosas. As redes de segurança social, o sonho de trabalhadores da geração anterior, acumularão montanhas de dívidas nas atuais e futuras gerações.

Os Estados Unidos estão a pouca distância da Europa e do Japão numa corrida que não confere medalhas aos vencedores. O problema não se reduz à esfera do governo federal. Um cálculo decisivo da dívida implícita ressalta a diferença entre os ativos de todos os cinquenta estados, em termos coletivos em seus sistemas de aposentadoria, e o valor das dívidas acumuladas. Segundo a ONG Pew Charitable Trusts, o déficit coletivo nos fundos de pensão alcançou o recorde de US$ 1,2 trilhão.[12]

As aposentadorias dos funcionários dos governos estaduais representam apenas uma fração dos créditos para os cofres públicos. A isso acrescentemos os custos de aposentadoria e assistência médica para centenas de milhares de funcionários federais, estaduais e municipais, incluindo professores, e o aumento dos passivos não financiados sobe vertiginosamente. Falemos agora do setor privado. Os planos de aposentadoria com pagamentos fixos desapareceram em muitos setores, embora continuem sendo um problema – e o governo prometeu dar suporte por intermédio da Pension Benefits Guarantee Corporation. No momento, os planos não financiados do setor privado podem deixar os contribuintes pendurados em US$ 185 bilhões, e isso na melhor das hipóteses.

As despesas nacionais com saúde continuam subindo mais depressa que os planos de pensão e aposentadoria. Em 2020, os gastos com o Medicare, Medicaid, seguro privado, hospitais, serviços médicos e clínicos, custos extras e remédios prescritos cresceram quase 10%, ou seja, US$ 5,4 trilhões. Isso representa US$ 12.530,00 por pessoa, ou quase 20% do PIB norte-americano. O governo federal arcou com mais de um terço dessa soma estrondosa e as famílias, com um quarto. O Estado e as administrações locais foram responsáveis por pouco mais de 14%, de acordo com os centros do Medicare e do Medicaid.[13]

Essas pressões financeiras tendem a aumentar. Até o final de 2028, os gastos de assistência médica nacional devem crescer a uma taxa média anual superior a 5%. O ingresso de novos dependentes no sistema tem uma expansão projetada que tornará o Medicare muito mais dispendioso que os outros gastos nacionais de assistência médica.

No artigo "O crescimento nas listas de incapacidade da previdência privada: um desdobramento da crise fiscal", publicado em 2010 pelo Escritório Nacional de Pesquisa Econômica, David Autor e Mark Duggan expõem uma mina terrestre prestes a explodir ao revelarem que a previdência social assegura mais de 80% dos norte-americanos adultos jovens contra o risco de invalidez (incapacidade física ou transtorno mental), um número bem superior ao do passado.[14] Os autores atribuem a rápida expansão a três fatores: a legislação passou a conceder benefícios para trabalhadores com dor nas costas, artrite e doenças mentais. Ao ampliar os benefícios para esse tipo de problema, incentivaram os trabalhadores a solicitar benefícios. E o acentuado aumento da mão de obra feminina amplia o número de trabalhadores. Os autores observaram ainda que, quando os casos vão a julgamento, os pleiteantes são atendidos em 75% das ocasiões.

Portanto, os passivos não financiados decorrentes do sistema de planos de previdência social para idosos, por idade ou invalidez – aposentadoria, assistência médica, benefícios por invalidez e outros serviços –, são monumentais e fugiram do controle ao longo do tempo, em particular em economias avançadas, embora agora sejam também recorrentes em alguns mercados emergentes. Estima-se que, nas vinte maiores economias do mundo, os passivos não financiados ou com insuficiência de fundos para o pagamento de pensões e aposentadorias, segundo membros da Organização para a Cooperação e Desenvolvimento Econômico (OECD, na sigla em inglês), sejam da ordem de US$ 78 trilhões; estimativa restrita apenas a pensões e aposentadorias, sem a inclusão de assistência médica ou aposentadoria por invalidez.[15] Fica claro que a dívida implícita é uma bomba-relógio perigosa e uma grave mega-ameaça.

Resolver o dilema do envelhecimento da população incomoda políticos e formuladores de políticas. Nenhuma solução será capaz de agradar a todos, tampouco é possível garantir que soluções draconianas vão restaurar o equilíbrio. É inevitável a colisão entre interesses.

Todos os planos formulados para reduzir os custos implícitos abrangem alguma forma de inadimplência ou promessas a grupos influentes. Sem sombra de dúvida, não se pode privar os aposentados de benefícios dos quais se julgam merecedores. A American Association of Retired Persons (AARP),* com 38 milhões de membros, demonstrará claramente sua oposição a tal proposta. Aumentar a idade da aposentadoria é uma mina terrestre política.

---

* Organização focada em discutir questões que afetam pessoas com mais de cinquenta anos. [N.T.]

Alterar a idade para a aposentadoria seria injusto. Inúmeros dados mostram que os funcionários de colarinho-branco têm expectativa de vida mais alta que os de colarinho-azul, que, em média, começam a trabalhar antes dos vinte anos e morrem aos setenta. Por que estes deveriam subsidiar os funcionários de colarinho-branco, que concluem o ensino médio e superior na faixa dos vinte anos e têm mais probabilidade de receber os benefícios da Previdência Social por duas ou mais décadas? Como alternativa, o governo poderia aumentar os impostos de seus salários. É provável que os jovens reclamem, temendo uma perda de renda hoje e talvez um armário de mantimentos vazio na época da aposentadoria. Ao encolher os salários de trabalhadores, os empregadores poderiam ser pressionados a manter os assalariados, o que acabaria por reduzir os ganhos do setor corporativo.

Uma opção para resolver o problema dos fundos de aposentadoria seria adotar impostos mais altos para um grupo com poucos eleitores: os cidadãos mais ricos, que exercem sua influência nas legislaturas com generosas doações para campanhas. Taxar bilionários, em alguns círculos progressistas, é uma ideia atraente, mas também pode ser ineficaz ou até contraproducente. Receber, graças a impostos, centenas de bilhões de dólares de bilionários não cobriria o passivo implícito, da ordem de trilhões. E mais: ninguém dispõe de melhores contadores, capazes de encontrar brechas para subverter impostos pesados, que os bilionários. Bancar políticos amigáveis é uma atitude sempre popular. Se tudo mais der errado, tanto os bilionários contrários aos impostos mais altos quanto os favoráveis podem se transferir para novas jurisdições, reduzindo assim, ao invés de aumentar, as receitas para os governos.

Os passivos não financiados vão inflar à medida que mais trabalhadores estiverem aptos a se cercar da rede de segurança e da vontade política fraquejar. Domar a Previdência Social, conhecida como a terceira via da política, é tão perigoso que praticamente nenhum político ousa propor reduções.

Com o aumento da expectativa de vida e das novas tecnologias no setor médico, o que antes era um sonho de visionários se transformou em pesadelo. Economias avançadas criaram redes de segurança social quando muitos trabalhadores morriam antes de atingirem a idade de aposentadoria. Resolvemos esse problema a um preço jamais imaginado.

Aposentar-se aos 65 anos proporciona uma série de benefícios com duração de décadas a fio, e não há imposto que cubra os gastos da Previdência. No setor de assistência médica, os mais altos são destinados à tarefa de manter os idosos saudáveis. A questão volta a se impor: como pagaremos por todas essas contas? Esquivar-se da resposta transformou um problema visível em mega-ameaça volátil, capaz de explodir nas próximas duas décadas.

Cabe ainda observar que o envelhecimento piora qualquer passivo não financiado ao reduzir o crescimento potencial de um país. Na realidade, considerando qualquer tendência de crescimento de produtividade (resultado por trabalhador), uma população ativa menor reduz proporcionalmente o crescimento potencial. E mais: o crescimento produtivo pode cair com a idade. Muito do aumento da produtividade depende de investimentos em novo capital produtivo, mas a taxa de investimentos é reduzida quando há menos gente na ativa. Assim, mesmo o crescimento da produtividade pode cair ao longo do tempo quando se tem menos investimento. Não é de se estranhar que o Japão – a economia avançada com a maior taxa de idosos – tenha se deparado com a estagnação no crescimento durante grande parte deste século.

Então, como incentivar o potencial crescimento? Uma solução parcial seria acelerar a imigração de jovens.

Na verdade, com crescimento robusto e grande oferta de empregos, a imigração poderia solucionar parcialmente o problema do envelhecimento da população que assola as economias avançadas. Um maior número de jovens recebendo salários poderia contribuir com a Previdência Social e os fundos de assistência médica. Mais consumidores impulsionariam a demanda, estimulando o crescimento da renda, o que amenizaria as cargas de dívida implícitas.

Os imigrantes que chegavam aos Estados Unidos costumavam povoar as fábricas e as empresas de serviço, ávidas por trabalhadores talentosos e esforçados. O crescimento econômico foi alavancado por eles. A Estátua da Liberdade recebeu de braços abertos as massas cansadas, pobres e acabrunhadas do mundo que ansiavam por liberdade. Como os tempos mudaram... O movimento febril contra a imigração seria capaz de colocar uma nova placa na Estátua da Liberdade: "Não há vaga".

Como imigrante, odeio imaginar as portas fechadas. Para milhões de pessoas criadas em outros países, a América representava a terra da oportunidade. Cheguei em 1983 para dar continuidade aos meus estudos de graduação, mas o trabalho me manteve aqui como acadêmico, depois como formulador de políticas e, em seguida, como empresário, dono de uma consultoria especializada em economia. Essa consultoria cresceu e tem mais de cinquenta funcionários, muitos, como eu, imigrantes. Novos trabalhadores batem todos os recordes de criação de riqueza. Numa edição da *Forbes* de 2018, saiu estampada a seguinte manchete: "Nos Estados Unidos, 55% das startups no valor de bilhões de dólares têm um fundador imigrante".[16]

O economista Dani Rodrik defende políticas que encorajam as nações desenvolvidas a acolher bem os imigrantes. Por quê? Porque pesquisas conectam a imigração a taxas de crescimento econômico mais elevadas. A mão de obra especializada dirige-se para regiões onde o crescimento e a produtividade são mais fortes e os salários, mais altos. Imigrantes motivados se tornam empresários que abrem novos negócios, tendência visível, sobretudo, no lucrativo setor da alta tecnologia. Enquanto isso, imigrantes enviam rendas para seus países por transferências que ajudam a estabilizar essas economias. Resumo da ópera, diz Rodrik: a imigração livre tem impacto muito mais positivo no produto interno global que o comércio livre, as transferências de capital ou os serviços financeiros.

De acordo com a teoria econômica padrão, o livre-comércio contribui para a prosperidade global. O mesmo é verdade quanto à livre circulação de pessoas, graças a políticas de fronteiras abertas. Suponhamos que você tenha a opção de trabalhar em dois países. Um tem muitos trabalhadores e pouco capital. Os salários serão baixos. O outro país é mais avançado, tem muito capital e menos trabalhadores. Os salários serão mais altos. Quando a mão de obra pode circular livremente, os salários tendem a se equilibrar. Alguém com a mesma inteligência e qualificação nos Estados Unidos ou na Europa terá um salário quatro ou cinco vezes superior ao de alguém na Nigéria ou em Bangladesh. A pegadinha é que o salário médio em economias avançadas com salário inicial mais alto tenderá a cair; isso explica em parte a resistência a favor da imigração.

Ludwig von Mises, inspirador de gerações de austeros economistas da Escola Austríaca, e muitos políticos conservadores modernos abraçaram o conceito da imigração. Ao forçar as pessoas a suportar apertos econômicos, Von Mises defendeu que as barreiras para impedir a imigração acabaram levando a Europa à guerra.

No entanto, convencer os eleitores de economias avançadas a aceitar os imigrantes é uma tarefa árdua. Os motivos não são mistério para ninguém. Os salários estagnaram para trabalhadores com menos qualificações – tanto os de chão de fábrica quanto os prestadores de serviço – e a migração tende a reduzi-los ainda mais. Novos imigrantes representam encargos para os serviços públicos na forma de escolas, casas e assistência média, o que gera mais ressentimento. Migrantes de idiomas diferentes e pertencentes a culturas desconhecidas provocam retaliações sociais, sobretudo quando políticos nacionalistas, visando a propósitos eleitorais, os qualificam como perniciosos.

Antigamente, migrantes em busca de trabalho em outros países competiam por empregos com os nativos. Hoje em dia, competem com algoritmos. A inteligência artificial erige uma poderosa barreira moderna a fim de evitar a imigração. Quando robôs substituem funcionários em fábricas e escritórios, incluindo muitos com credenciais profissionais, imigrantes com alto nível de qualificação podem não encontrar trabalho e serão cada vez menos bem-recebidos, pois competem por empregos cada vez mais escassos. Em economias desenvolvidas, dado o envelhecimento da população, funcionários vêm sendo substituídos em número crescente por robôs e pela automatização.

No Japão, onde o trabalhador médio é mais velho que em qualquer outro lugar do mundo industrializado, a solução para o problema de envelhecimento da população não é a migração. Ao contrário, empresários japoneses aceleraram o processo de robótica e automatização. Não duvido que os empresários do mundo inteiro sigam o mesmo caminho e coloquem algoritmos para ocupar o lugar de humanos. Trabalhadores estrangeiros competindo por cada vez menos opções de empregos – à medida que aumenta o desemprego tecnológico – vão acelerar as reações adversas à imigração. Na realidade, as políticas de migração da administração de Biden acabaram não diferindo muito da administração nacionalista de Trump. Diante do fluxo de refugiados econômicos, climáticos e políticos da América Central, Biden restringiu sua entrada nos Estados Unidos. No entanto, como discutiremos em outros capítulos, o incipiente fluxo de potenciais migrantes de países pobres para os mais ricos vai engrossar nos próximos anos com a mudança climática global, a falência dos Estados e o acirramento da segurança pessoal, do subdesenvolvimento econômico e da pobreza. Infelizmente, portões e fronteiras estarão fechados para eles, não apenas no Japão, mas em um número cada vez maior nos Estados Unidos e na Europa.

O quadro é sombrio, lamento informar. Mesmo que países avançados possam absorver números sem precedentes de imigrantes, as promessas de aposentadoria e assistência social para a mão de obra mais velha se tornarão insustentáveis no futuro próximo. Tomadores de empréstimo públicos e privados competirão por fundos. Países que podem emitir moeda manterão as prensas a todo vapor. Outros vão falir de modo abrupto ou sofrer alta inflação, um convite ao caos social disseminador de conflitos e acelerador da emigração.

Como deveriam então agir os governos quando confrontados com todas essas pressões? Surge a tentação irresistível: bombear dinheiro. Despejar dinheiro para resolver qualquer problema. Facilitar empréstimos para consumidores. Aprovar projetos de lei autorizando governos a emprestar somas mais generosas. No Capítulo 4 investigaremos essa tentação clássica. Confrontados com níveis de dívida e desafios demográficos, a emissão de moeda visando baratear o crédito, e os ciclos de expansão e contração agora se constituem em mega-ameaças.

CAPÍTULO 4

A ARMADILHA DO DINHEIRO FÁCIL E O CICLO DE EXPANSÃO E CONTRAÇÃO

Para entender a origem das crises financeiras, faz-se necessário esquecer as dezenas de manchetes recentes que expõem a falta de critério das lideranças dos bancos centrais encarregados de manter a estabilidade econômica. Debates acalorados acerca dos recursos para controlar a inflação ou reduzir o desemprego rotineiramente se esquecem de uma triste verdade: os principais formuladores de políticas tornam inevitável a turbulência.

Quando, em 1951, a Parker Brothers lançou o jogo de tabuleiro Boom or Bust,* ambos os conceitos tinham boa repercussão. A economia global entrava num lendário período de expansão pós-Segunda Guerra Mundial, mas o Dow Jones Industrial Average ainda demoraria a retornar a seu auge, anterior à Grande Crise de 1929. Os participantes do jogo compravam e vendiam propriedades a preços sujeitos a notícias econômicas aleatórias. Uma jogada de dados mudava o cenário de boom para colapso – ou vice-versa. Vencia o jogador que não pedisse falência.[1]

Os jogadores não podiam prever um clima econômico que dependia de uma jogada de dados. O mundo real é infinitamente mais complexo, embora não forneça muitas dicas a respeito de ciclos de expansão e contração. Quando uma política monetária frouxa deixa o dinheiro muito barato por muito tempo, não é preciso ser nenhum Sherlock

---

* Semelhante ao Banco Imobiliário, com a diferença de que o valor de todos os imóveis aumenta ou diminui ao mesmo tempo. [N.T.]

Holmes para detectar o risco iminente de uma contração quando a bolha estourar. Atraídos por baixas taxas de juros, proprietários de imóveis residenciais empanturraram-se de dívidas para pagar suas contas. Tanto pessoas físicas quanto jurídicas contraíram grandes dívidas para adquirir ativos financeiros que não estavam de acordo com suas posses. Governos fazem empréstimos para financiar imensos déficits orçamentários. Bancos centrais imprimem moeda e afrouxam as restrições para a tomada de empréstimos. Reguladores marcam almoços cada vez mais demorados. Se esse comportamento não é um sinal do perigo à vista, não sei o que seria. Ainda assim, como registra a história, esse padrão é ignorado a maior parte do tempo, mesmo por especialistas.

Para ressuscitar as economias paralisadas pela Covid-19 e já chafurdadas em dívidas, o Fed, outros bancos centrais e formuladores de políticas fiscais deixaram de lado a cautela. Adotaram políticas monetárias, fiscais e de crédito muito mais frouxas do que as implementadas depois da Crise Financeira Global de 2008. Quais as inesperadas consequências quando o dinheiro fácil e a rolagem de dívidas proliferam entre quem assume riscos? Pergunte ao antigo mago das finanças Bill Hwang, cuja estratégia de portfólio parecia uma história recém-saída de 2008. Hwang virou manchete de todos os jornais quando a Archegos Capital Management entrou em colapso no início de 2021.

Essa implosão em Wall Street começou – mais uma vez – por subestimar os riscos. A Archegos realizou uma série de operações arriscadas em *swaps* de retorno total, nos quais uma das partes faz pagamentos atrelados a uma taxa prefixada e a outra faz pagamentos atrelados ao "retorno total" (variação da cotação mais proventos pagos) com base nos ganhos de renda e capital gerados por um ativo subjacente. Os *swaps* ajudam investidores agressivos a disfarçar posições de capital com excessiva alavancagem e que excedem os limites regulamentares. As margens perspicazes podem gerar lucros gordos, mas, quando essas posições de capital altas e bastante alavancadas desmontam de súbito, podem abalar o mercado.

A superexposição a ações do mercado tecnológico em queda na Ásia fez a Archegos buscar desesperadamente por ativos em abril de 2021. Uma tentativa de liquidar uma posição de capital alavancado com as ações do grupo de mídia ViacomCBS falhou em consequência da oferta excessiva. O grande número de ações inundando o mercado afetou o preço. As notícias voaram. Investidores de Wall Street emitiram chamadas de margem, exigindo o pagamento dos empréstimos de alto valor. A Archegos não podia atender à exigência. Os maiores bancos de investimento de Wall Street, a começar pelo Goldman Sachs, supostamente conseguiram recuperar parte do capital. "Essa suposta liquidação forçada desencadeou uma sangria", relatou a CNN.[2] Quando a bolha começou a murchar, a Archegos, presa na correnteza descendente, se afogou. Credores registraram perdas na casa dos bilhões de dólares.

Lá se foram por água abaixo as lições ensinadas pela Grande Recessão e as inúmeras inadimplências causadas. O colapso da Archegos figura como "um dos mais espetaculares em Wall Street", relatou o *Financial Times*.[3] Cinco dos maiores bancos do mundo tiveram que engolir perdas de mais de US$ 10 bilhões, sua penalidade pelo excesso de fé em uma bolha.

A Archegos está longe de ser a única jogadora a se encantar perdidamente pelo risco quando os custos dos empréstimos se tornaram baratíssimos. Sua derrocada chegou semanas depois da notícia de que os reguladores haviam liquidado a Greensill Capital, uma empresa de investimentos que propunha acordos de financiamento para startups de risco, abrangendo a fabricação de um submarino nuclear e a infraestrutura para peregrinações de muçulmanos a Meca, informou o *Wall Street Journal* aos leitores. "Embora muitas das mais absurdas ideias do sr. Greensill nunca tenham saído do papel, elas ilustram sua desmedida ambição e alta tolerância para investimentos ainda mais arriscados", noticiou o *Journal*.[4]

Um relatório da Bloomberg captou o inebriante clima quando a primeira onda de Covid-19 começou a retroceder. Ele descrevia um negociante de criptomoedas em Hong Kong cochilando em seu pufe, para conseguir aguentar o ritmo de dezoito horas de trabalho por dia lidando com ativos digitais enquanto uma gigantesca bolha se formava; um leilão "feroz" em Wellington, Nova Zelândia, onde os preços dos imóveis superaram suas avaliações históricas; e um gerente de uma empresa de fundos de hedge em Nova York avaliando as credenciais de um candidato a emprego de treze anos, que prometia o quádruplo de retorno de seu investimento. "O dinheiro barato, jorrando dos principais bancos centrais do mundo", noticiou a Bloomberg, "inflacionou os ativos e reformulou nossa maneira de poupar, investir e gastar."[5]

A essa mistura borbulhante acrescente-se uma nova moda: as Special Purpose Acquisition Company (SPAC) [Empresa com Propósito Especial de Aquisição]. Formadas sem interesse em um negócio específico, sua finalidade é captar recursos no mercado e, com o dinheiro levantado, adquirir empresas de bens ou serviços já existentes, ou se unir a elas.

"Ao longo do último ano, as SPACs, outrora consideradas um espetáculo à parte no mundo financeiro, se tornaram a força motor de mercados de capital e negociatas", publicou o *Financial Times* em maio de 2021. "As companhias do cheque em branco, respaldadas por investidores renomados de Wall Street, bem como por celebridades e estrelas dos esportes, levantaram somas de dinheiro de encher os olhos, criando uma reserva de capital de US$ 142 bilhões em busca de *targets*, ou alvos com quem se associar."[6]

Um dos negócios alardeados propunha a sociedade com a Momentus, uma companhia espacial SPAC. Lançada como "uma oportunidade única e imperdível" para investidores aplicarem no espaço sideral, a Momentus prometeu rendimentos superiores a US$ 4 bilhões em 2027, como noticiado no *Financial Times*. Os planos previam uma frota de veículos robóticos que atenderiam a grandes espaçonaves. Uma investigação da Comissão de Valores Imobiliários sobre o mérito das declarações cancelou o negócio e alertou os investidores a examinar com mais atenção todas as SPACs – ou procurar outro investimento.

Se um setor perde o fascínio, outro ocupa seu lugar. Investidores famintos por risco podem empanturrar-se sem descanso. "Uma nova geração de *day traders** em busca de emoção nos frenéticos sobe e desce de mercados reafirma seu predomínio, alavancando o valor de ações populares enquanto os preços das criptomoedas murcham", noticiou o *Financial Times* em maio de 2021. Um analista de fluxos de caixa no

---

* Indivíduos que compram e vendem instrumentos financeiros, como ações, opções, futuros e moedas, no mesmo dia de negociação, com o objetivo de lucrar com os movimentos de preços de curto prazo. Os *day traders* normalmente fecham todas as suas posições no final do dia de negociação e não mantêm nenhuma posição durante a noite. [N.R.]

varejo disse: "Antigamente, os *day traders* tendiam a focar em áreas ou setores de ação específicos. Mas a nova geração tende a 'girar em diferentes bolhas de ativos' nos mercados globais".[7]

O recorde histórico é claro como água: sempre que você tem um cassino lotado de dinheiro quase gratuito, o resultado é uma bolha volátil. Nenhum sinal é mais claro que o preço pago pelos investidores por ganhos esperados. O índice preço/lucro (P/L) é calculado dividindo-se o preço da ação de uma companhia pelo lucro da ação. Se a ação muda de mão por US$ 100 e a companhia pretende ganhar US$ 10 em cada ação, então a razão P/L é de dez para um. Ações de rápido crescimento apresentam índices P/L mais altos porque os investidores apostam no crescimento para obter retornos mais altos de seus investimentos, mas acontece que o crescimento futuro nunca é 100% seguro. Quanto maior o índice P/L, mais esperança – e mais risco. Por esse motivo, os índices têm enorme variação por setor.

Desde 1950, o índice P/L médio em todos os setores flutuou entre dez e vinte. Contudo, na euforia pós-Covid-19, as referências conhecidas pareciam insípidas. O índice S&P 500* subiu acima dos patamares anteriores à queda em 1929 e rivalizou com o da expansão das empresas pontocom em 2000, chegando a trinta pra um. Os índices no aquecido setor tecnológico atingiram patamares estratosféricos, na faixa de cinquenta pra um ou mais. Outro sinal vem de investimentos exóticos. Uma obra de arte digital foi vendida por US$ 65 milhões. Criptomoedas que não passavam de "moedas de merda", sem qualquer valor intrínseco, atingiram valores estratosféricos até 2021. O negócio de criptoativos, finanças descentralizadas (DeFi) e tokens não fungíveis (NFT) incutiu nos investidores otários o medo de perder um bom negócio, influenciados por especialistas desse faroeste sem leis. Uma empresa, cujo único ativo era uma delicatéssen em New Jersey de parca receita, chegou a alcançar o valor de mercado de US$ 100 milhões.[8] O preço dos imóveis acompanhou o ritmo quando moradores decidiram trocar o ambiente urbano por casas com quintais em bairros residenciais.

---

* O índice S&P 500 é uma carteira de ações de grandes empresas da Bolsa de Nova York e do Nasdaq e reúne ações das quinhentas maiores empresas dos Estados Unidos de vários setores. [N.T.]

O equivocado julgamento humano – como a "exuberância irracional" e a exposição excessiva a riscos – conecta a Grande Depressão, a crise de associações de poupança e empréstimo, a bolha pontocom e a crise financeira de 2008. É uma fraqueza que não podemos corrigir. Investidores já tiveram mais de três chances de aprender a conter suas tendências suicidas. No entanto, como diz o ditado, o sucesso em Wall Street exige dois componentes: mercado em alta e memória curta. Em vez de trilharmos o caminho da promoção da estabilidade, estamos outra vez rumando para o autoinfligido ciclo de altos e baixos, só que o castigo será pior que das outras vezes.

Com taxas de juro zero por muito tempo, mercados financeiros se tornaram cassinos nos quais o dinheiro grátis alimentou um ativo e uma bolha de crédito monstruosos. A flexibilização quantitativa e a facilitação de crédito reduziram os custos dos empréstimos para os tomadores de empréstimos públicos e privados. O estímulo fiscal excessivo manteve os zumbis vivos, escorando ações, em particular as tecnológicas e em crescimento, os preços de casas, os fundos de participações, as SPACs, os ativos em criptomoedas, as ações meme, os títulos do governo, os rendimentos altos e títulos de dívida corporativa, os instrumentos de crédito exóticos como as obrigações de empréstimo colateralizado, ou obrigações garantidas (CLOs), os bancos paralelos e os investimentos em fundos de hedge. As ajudas governamentais iniciadas em março de 2020 elevaram às alturas o preço de todo tipo de ativo.

A bolha melhorou no final de 2021. Esses pesados estímulos monetários, fiscais e de crédito levaram as taxas de inflação a níveis sem precedentes desde o início dos anos 1980. Os bancos centrais – a começar pelo Fed – a princípio agiram como se o aumento da inflação fosse temporário. Quando se revelou persistente, bancos centrais por fim apertaram os freios de que dispunham. Reduziram as flexibilizações quantitativas e de crédito e começaram a aumentar as taxas de juros.

Em 2020-2021, uma monstruosa bolha de ativos começou a estourar quando o dinheiro e os empréstimos com taxa zero se tornaram história. Em maio de 2022, os fundos de participação pública afundaram no território do mercado em baixa, período em que os preços desabaram mais de 20%. As ações de tecnologia e de crescimento estratosférico, antes incluídas no índice Nasdaq, implodiram. A derrocada engoliu o robusto grupo de empresas FAANG, formado por Facebook, Amazon, Apple, Netflix e Google. Mesmo as veneráveis ações com grande liquidez, as blue chips, encolheram.

As más notícias proliferaram. Ações meme perderam mais de dois terços em relação aos seus picos absurdos de 2021. O mercado de criptomoedas desfaleceu. O bitcoin despencou 70% em relação à sua alta histórica, ocorrida nos meses anteriores. O valor das criptomoedas mais frágeis caiu 80%, chegando a atingir patamares ainda mais baixos. As SPACs borbulhantes se pulverizaram e os negócios esfriaram. Os rendimentos dos títulos do governo norte-americano triplicaram para 3%. Os *spreads* de crédito acima e abaixo do grau de investimento sofreram aumentos acentuados, desequilibrando o mercado global de títulos, no qual estão alocados mais de US$ 100 trilhões.

No início de 2022, o Fed e outros bancos centrais por fim sinalizaram que a crescente inflação exigia uma política monetária muito mais rigorosa, o que retirou a tigela de ponche da festa.* Os preços dos ativos afundaram em resposta aos aumentos das taxas de juros com o intuito de conter a inflação. Quando as restrições monetárias fomentaram o medo da recessão, os preços dos ativos de risco despencaram.

Por mais que pareçam, macroeconomistas não são designers de jogos. Construímos modelos em grande escala, usando conceitos imaginários agregadores de todos os fatores que promovem a produção e o consumo, também conhecidos como oferta e demanda. Trabalhamos com variáveis como preços, impostos, salários e taxas de câmbio para ver o que acontece. Buscamos combinações que promovam crescimento ao mesmo tempo que driblamos calamidades surgidas de julgamentos errôneos e também do azar. Tentamos equilibrar a inflação proveniente de excessivos aumentos na oferta de dinheiro e a deflação que, por vezes, pode ser consequência de severas recessões e restrições de crédito. Monitoramos rendimentos de obrigações de longo e curto prazo ao acompanhar uma curva que nos informa as expectativas das taxas futuras. Observamos

---

* Menção a uma observação de William McChesney Martin, ex-presidente do Fed, de que a tarefa do Banco Central era "retirar a tigela de ponche" quando a festa estivesse começando. [N.T.]

dados em busca de indícios de que o baixo desemprego assinale inflação alta à frente. Como nos jogos de tabuleiro, as regras devem ser respeitadas. Ao contrário desses jogos, porém, as regras podem evoluir e as consequências são reais.

Expansões e retrações não ocorrem de modo aleatório. Infelizmente, a narrativa do senso comum a respeito delas, sabedoria aceita em muitos setores, é falha. Funciona assim: começamos com uma economia crescendo feliz e contente. Os fortes "espíritos animais" impulsionam os preços das ações em alta – até alguma coisa abrandar esse espírito animal. Depois de uma série de avisos insuficientes, segue-se o crash. É a insensatez das multidões, da exuberância ao pânico irracional. A ansiedade paralisa a demanda. As receitas corporativas desabam. Vários trabalhadores perdem os empregos. A recessão e a deflação espreitam. Sem forte intervenção de incentivo à demanda, a economia é arrastada numa espiral mortal.

Essa narrativa repousa em duas falhas relevantes. A primeira ignora, para início de conversa, as políticas monetárias e regulatórias míopes que, na verdade, encorajam os ciclos de expansão e retração. A segunda fracassa em avaliar as evoluções na economia global, capazes de derrotar as melhores intenções dos formuladores de políticas. A narrativa tradicional joga a culpa pelas crises estrada afora – não há muito a ser feito no que diz respeito à loucura das multidões. Contudo, essa ideia alimenta um superciclo de megadívidas que derrubará todas as nossas suposições acerca da preservação e do crescimento da prosperidade.

Quando recessões ou crises financeiras ocorrem, macroeconomistas sempre tentam afastar as economias de uma Grande Depressão. Ninguém quer ver a repetição do ocorrido nos anos 1930. Incontáveis filmes e livros documentaram aquela época terrível, desde as filas do pão e as corridas aos bancos até investidores arruinados atirando-se dos parapeitos das janelas em Wall Street. No léxico dos economistas, a Depressão viu a face mais horrorosa da deflação.

Não obstante a desestabilização dos mercados, a queda no mercado de ações em 24 de outubro de 1929, conhecida como Sexta-feira Sangrenta, marcou o início da Grande Depressão. Num segundo, fortunas viraram pó. Perdas acentuadas nas mais cobiçadas e valiosas ações *blue chips* prolongaram-se por uma semana. Investidores e consumidores atônitos adiaram as compras. A demanda agregada para todos os bens e serviços ruiu. As rendas declinaram e empresas fecharam postos de trabalho. Os salários diminuíram e, com eles, a demanda. Mais empregos sumiram. Empresas viáveis ficaram sem fluxo de caixa e faliram. Um crash transformou-se em depressão.

O crash não deveria ter provocado um fiasco de tamanha magnitude. Poderia ter se limitado a um evento no mercado de ações seguido de uma pequena recessão, caso as autoridades não tivessem privilegiado a austeridade. Em outras palavras, deixe a economia se virar sozinha. Nos Estados Unidos, Andrew Mellon, secretário do Tesouro na administração Hoover e proeminente banqueiro, liderou a resposta. Ele era favorável a deixar os consumidores, bancos e negócios enforcados falirem, permitindo que a deflação "limpasse" o sistema dos fracos. Na opinião de Mellon, instituições com déficits de caixa mereciam falir.

Desde então, formuladores de políticas aprenderam que podem intervir e ajudar a dinamizar o sistema econômico em caso de ameaça de crash e/ou recessão. Bancos centrais podem injetar dinheiro no sistema e o Congresso pode aumentar os gastos.

Poucas vezes, desde a Segunda Grande Guerra, a deflação atingiu as nações desenvolvidas. Por curtos intervalos, veio à tona nos Estados Unidos e na Europa. Apenas o Japão viveu uma deflação prolongada. Depois de 1990, sua economia estagnou por vinte anos, período lembrado como a Década Perdida. O crescimento murchou. O consumo enfraqueceu. A prosperidade da antiga economia robusta se exauriu. Os padrões de vida se achataram.

Cidadãos em economias saudáveis estão acostumados com a *in*flação. Preços sobem e contas aumentam todo ano. No entanto, esperamos que os salários, os rendimentos, a poupança e os investimentos aumentem no mínimo na mesma proporção. Quando isso ocorre, a inflação estende a mão amiga aos endividados.

Digamos que a inflação anual seja de 2%, meta a longo prazo para grande parte dos bancos centrais. Nesse caso, um dólar perde 2% do seu valor real todos os anos. O que equivale a precisar de dois centavos adicionais por ano para continuar com o capital inicial. Se a MegaCorp fizer um empréstimo de US$ 100 mil para a compra de novas máquinas, no final do ano o valor real da dívida cai para US$ 98 mil. Desde que o crescimento econômico da MegaCorp acompanhe a inflação, a dívida real continua encolhendo. Depois de dez anos com 2% de inflação ao ano, o poder real de compra do empréstimo cairia para menos de US$ 81 mil.

Agora imagine que a MegaCorp, o representante de todos os fornecedores, tenha concordado em pagar uma taxa de juros nominal de 3% para emprestar o dinheiro. Em termos concretos, a inflação compensa a taxa de juros nominal. A cada ano, a taxa de juros acrescenta 3% à dívida, mas a inflação subtrai 2%. Assim, a MegaCorp pode subtrair a taxa de inflação de sua taxa de juros para computar o custo econômico real do empréstimo. Nesse exemplo, o custo real do empréstimo subtrai 2% de 3%, resultando em 1% do custo real do empréstimo.

A inflação está em constante flutuação, é claro, mas o princípio é constante. Com um sólido crescimento da renda real e da inflação, os encargos da dívida sobre a renda diminuem, desde que a dívida não aumente mais rápido que o crescimento da renda nominal. Entretanto, a inflação não é uma panaceia para dívidas imponentes. Uma inflação acentuada pode eliminar a dívida de maneira mais rápida, mas ao custo de impor taxas de juros insustentáveis para novos tomadores de empréstimos e credores que precisam rolar suas dívidas.

A deflação funciona no sentido oposto. Cada dólar emprestado tem um valor real superior ao mesmo dólar a ser pago no futuro. O fenômeno conhecido como *deflação da dívida* abate os tomadores de empréstimos.

O valor real da dívida passa a ser *mais* pesado. Suponha que a MegaCorp pegue um empréstimo com taxas de juros a 3% e a deflação seja de 2%. Esqueça o golpe de sorte que a inflação proporciona. O custo real do empréstimo *adiciona* a taxa de juros à da deflação. O custo real dos empréstimos da MegaCorp chegaria a 5% ao ano, ou seja, o aumento quintuplicaria. De fato, as taxas de juros cairão ao longo do tempo, mas os mutuários que perdem seus empregos e as empresas com fluxo de caixa mais contraído em geral perdem a opção de refinanciamento a taxas mais baixas. As inadimplências pairam no ar. Milhões de pessoas enfrentaram esse cenário durante a Grande Depressão.

Franklin D. Roosevelt instaurou um novo regime ao assumir a presidência em março de 1933. "O país precisa, e, a não ser que eu me engane quanto a seu caráter, o país exige experimentação destemida e persistente", declarou Roosevelt. "Faz parte do senso comum escolher um método e tentá-lo: se falhar, admita francamente e tente outro. Mas, acima de tudo, tente alguma coisa."[9]

Com a demanda por bens e serviços a um triz da imobilização, o credor de última instância, Tio Sam, acabou por intervir. Roosevelt defendeu a aprovação de novas leis como parte do New Deal. Nenhuma delas mais ousada que a Lei de Recuperação Industrial Nacional (NIRA, na sigla em inglês), aprovada em 1933. A lei autorizou o órgão regulador federal a estabelecer preços, salários e cotas de produção e a coibir a formação de alianças entre empresas – medidas cujo objetivo era promover a retomada financeira.

Escapar da espiral deflacionária não se restringiu a ações regulatórias, algumas das quais acabaram sendo consideradas inconstitucionais pela Corte Suprema. As autoridades, nos Estados Unidos e em outras nações avançadas, tiveram que disponibilizar mais dinheiro afrouxando ou facilitando a oferta. Com mais dinheiro em circulação, sobrou mais para gastar: mais gastos lubrificaram a economia. Tio Sam imprimiu dinheiro e intensificou os empréstimos. Cada dólar impresso ou emprestado acabou pousando no bolso ou conta bancária de alguém. Em alguns círculos, essa medida monetária é um anátema, mas a maioria dos economistas concorda que o estímulo fiscal e monetário nos anos 1930 impediu a deflação devastadora.

A dolorosa lição foi clara, e John Maynard Keynes a explicou em *A teoria geral do emprego, do juro e da moeda*, seu épico tomo que moldou as estratégias econômicas de combate à deflação e à depressão. Ele endossou o colossal estímulo monetário e fiscal que pôs dinheiro nas mãos dos consumidores. Os gastos proporcionaram rendas para as empresas, que, por sua vez, contrataram mais mão de obra.

O valor de Keynes é inestimável, não resta dúvida, mas esquecemos com facilidade que a Depressão não foi um erro inocente surgido por acaso. Não é como se do nada as pessoas se tornassem pessimistas quanto ao futuro, parassem de gastar, o espírito animal desaparecesse e coisas ruins acontecessem.

E se o motivo de vivermos um monumental colapso na demanda não puder ser atribuído ao pessimismo espontâneo? Por que os indivíduos se tornariam pessimistas de repente? Porque a situação era propícia, em função da bolha de ativos e de crédito que levaram ao crash.

Nossa "casa econômica" não pegou fogo espontaneamente em 1929. Em termos metafóricos, estávamos fumando na cama e demasiado confiantes. Durante os Loucos Anos Vinte – a era posterior à pandemia de gripe mortal de 1918 –, o mercado de ações atingiu níveis recordes. Alguns líderes previram a abundância perene. Quando John Brooks, um permanente colaborador da coluna Annals of Finance da *New Yorker*, descreveu os anos 1920 e 1930 em seu "verdadeiro drama de Wall Street", ele deu o seguinte título ao artigo: "Era uma vez em Golconda". Golconda era uma região lendária na Índia onde todo visitante enriquecia.[10]

A demanda elevou os preços das ações e todos quiseram participar. Havia também uma bolha de crédito: pessoas compravam carros, casas e eletrodomésticos a crédito, em números jamais vistos. Essas gigantescas bolhas especulativas tinham poucas proteções. Especialistas inescrupulosos de mercado juntavam seu dinheiro para alavancar os preços das ações e depois saíam quando investidores menos informados corriam para comprá-las. Proeminentes banqueiros jogavam com o dinheiro dos depositantes apostando em ações. Alguns terminaram suas carreiras na cadeia.

O dinheiro, de fato, corria solto. Antes do crash, de posse de alguns dólares economizados e o restante com margem consignada, ou seja, dinheiro emprestado, qualquer um podia comprar US$ 100 em ações. As margens consignadas explodiram. O endividamento e a alavancagem dispararam. O final da farra e o estouro da bolha deixaram investidores entorpecidos, com contas bancárias zeradas e dívidas nefastas. Os ovos sumiram do ninho, os gastos diminuíram e as falências proliferaram. Na falta de intervenção para o implemento da demanda, a bola de neve acarretou uma crise financeira.

Os ciclos de expansão e retração tendem a seguir esse padrão. Passamos basicamente os últimos quarenta anos reagindo a todos os choques e crises desencadeados por bolhas que estouraram da mesma maneira. Facilitamos tudo: o dinheiro fácil, as regras fiscais e o crédito, motivo pelo qual os índices da dívida global excederam em 2,2 vezes o valor do

PIB em 1999 e em 3,2 vezes o valor em 2019. E continuaram subindo – para 3,5 vezes depois da crise da Covid-19. Em economias avançadas, o índice já era de 4,2 em 2019 e segue em rápida ascensão. O total da dívida pública e privada nos Estados Unidos, no decorrer da atual recuperação, ultrapassou seu pico durante a Grande Depressão ou seu auge depois do acúmulo da dívida ao longo da Segunda Guerra Mundial. No entanto, não enfrentamos agora uma depressão ou uma guerra de proporções mundiais. A tendência a que assistimos hoje é ameaçadora e sem precedentes.

Numa bolha típica, políticas monetárias e políticas de crédito mais frouxas geram excessivos empréstimos. Todo esse dinheiro sai em busca de ativos financeiros. Os parâmetros de referência históricos perdem todo e qualquer sentido. A sobriedade sucumbe ao medo da perda. Logo os preços superam os valores subjacentes, abastecendo o efeito riqueza: quando os ativos sofrem apreciação, a aparente riqueza impulsiona ainda mais a compra de ativos e as despesas com bens e serviços. A demanda inflada afeta as famílias da mesma maneira. Você pega um empréstimo para a compra de uma casa. Outros compradores imitam o seu exemplo. Todos querem comprar a casa própria antes de os preços sofrerem maiores aumentos. Os preços dos imóveis disparam. As garantias parecem melhores. Os proprietários de imóveis conseguem a opção de empréstimos mais altos com menos capital próprio e taxas de empréstimo mais arriscadas.

O desperdício se acumula à medida que aumentam os gastos, a produção, a construção e as despesas desnecessárias, incrementando os lucros e as receitas fiscais, deixando todo mundo feliz no começo. No entanto, chega o dia em que esse castelo de cartas alcança uma altura irremediavelmente instável e desmorona. Expansões e retrações têm vários gatilhos. Uma política monetária demasiado frouxa durante uma bolha provoca superaquecimento e inflação, obrigando os bancos centrais a pôr um ponto-final nas políticas de dinheiro barato. Interrupções nas cadeias de suprimentos provocadas por manobras geopolíticas, guerras em outros países ou pandemias podem desencadear o efeito dominó. Esses choques negativos de oferta reduzem o crescimento e aumentam os custos de produção. De forma alternativa, o espírito animal pode aumentar e diminuir com pouca ou sem nenhuma explicação, provocando os desdobramentos vistos pela última vez por ocasião da bolha financeira de 2020-2021, seguida pelo seu estouro em 2022.

Economias frágeis e políticas equivocadas são vulneráveis a choques de demanda e oferta num mundo repleto de fricções econômicas, políticas e sociais. Os choques podem desencadear inflações ou deflações sem aviso prévio. Ninguém se esquecerá da pandemia de Covid-19, ótimo exemplo de demanda negativa, mas também do choque de oferta, que praticamente interrompeu o consumo da noite para o dia. Choques de demanda positiva, ao contrário, despertam nos consumidores o desejo de compra, aumentando o consumo. Tais choques alteram os mercados e disparam a demanda por produtos novos. Carros elétricos e telefones digitais fornecem exemplos clássicos.

Do ponto de vista da cadeia produtiva, os choques de oferta positivos ocorrem quando a produtividade recebe um consistente incentivo graças a mudanças tecnológicas favoráveis, fornecimento de tecnologia, oferta de mão de obra ou regulamentação. Lembre-se do impacto da internet em termos de eficiência nos locais de trabalho. Por outro lado, repentinas quedas na produção provocam choques de oferta agregados como os ataques cibernéticos às maiores redes de oleodutos dos Estados Unidos em 2021, ou, ainda mais grave, a invasão russa à Ucrânia que elevou os preços de uma vasta gama de commodities. Todos com idade suficiente para se lembrar das filas nos postos de gasolina durante os anos 1970 sabem o que representa um choque de petróleo global. Mesmo a crise da Covid-19 foi uma combinação de choque de oferta e demanda, pois as atividades econômicas foram interrompidas com a intenção de impedir que o vírus se espalhasse.

Culpar crashes e recessões, choques aleatórios e imprevisíveis fora de nosso controle levou especialistas e formuladores de políticas a captar as crises subsequentes pelas lentes erradas. Há choques aleatórios e imprevisíveis na vida, mas isso não significa que não possamos encará-los de modo honesto e nos prepararmos para um mundo no qual sabemos que ocorrerão, apesar de não sabermos quando.

Reivindicar – como Charles Prince, ex-presidente do Citicorp; Warren Buffett, acionista da Moody's Corporation; e Lloyd Blankfein, CEO do grupo Goldman Sachs – que a bolha imobiliária e seu subsequente estouro foram choques "imprevisíveis", impossíveis de serem previstos por grande parte dos norte-americanos, ou um "furacão", é ignorar a evidência e a história. Considere as descobertas do *Financial Crisis Inquiry Report*, uma exaustiva anatomia dos eventos que resultaram na recessão de 2008:

> Na verdade, os alarmes soaram. Na década anterior ao colapso, inúmeros sinais alertavam acerca dos preços inflacionados das casas, das práticas de empréstimos fora de controle e de que muitos proprietários de residências faziam hipotecas e dívidas que tinham poucas chances de bancar, isso sem falar de os riscos do sistema financeiro crescerem de modo descontrolado. Sinais de alarme ressoavam nas instituições financeiras, nos órgãos regulatórios, nas organizações de serviço ao consumidor, nas agências fiscalizadoras estaduais e em corporações não só no país como nos países vizinhos. Muitos executivos bem informados enxergaram o problema e conseguiram evitar o desastre. Enquanto incontáveis americanos aderiram à euforia financeira que tomou conta da nação, muitos outros apelavam para as autoridades governamentais em Washington e parlamentos estaduais alardeando uma catástrofe, e não apenas um colapso econômico.[11]

Conhecemos o inimigo: *nós*. Qualquer outra conclusão propicia mais riscos e medicação errada. Se você insiste na teoria de que a bolha imobiliária veio do nada – tratando-se de puro "espírito animal" –, então deve achar perfeitamente normal tomar qualquer atitude, mas qualquer mesmo, para combater seus efeitos. Bancos centrais podem cortar as taxas de juros e emitir moeda. Autoridades fiscais podem gastar mais, cortar impostos e aumentar as transferências tanto para pessoas físicas quanto jurídicas. A linha entre a política monetária e a fiscal se tornou imprecisa quando autoridades fiscais e bancos centrais socorreram famílias, bancos e empresas com déficit no fluxo de caixa. Esqueça a farra de empréstimos que deixou a economia moribunda e imagine a chegada de nova farra de empréstimos e gastos. Imagine mais dívida pública acumulada sobre o volumoso débito privado ainda crescente. Quando o dinheiro se torna mais abundante, há pouca diferença entre empréstimo prudente e inconsequente. As inibições somem à medida que os preços dos ativos aumentam. A esperança eterna floresce e o risco parece menos arriscado.

É um enigma. Uma vez instalada a crise, não há saída. Formuladores de políticas e reguladores não têm escapatória. Caso não tomem alguma atitude, o sistema pode desmoronar, resultando em uma nova depressão. Caso tomem uma atitude, como inundar a economia de dinheiro, crédito e estímulos fiscais, aumentam as dívidas públicas e privadas. Não só os negócios solventes se beneficiam, mas também corporações, famílias, bancos e bancos paralelos zumbis que contribuem para pôr por água abaixo uma recuperação mais saudável e sustentável. Fornecer mais drogas a viciados em crise de abstinência reduz a dor a curto prazo, mas agrava o vício e, com o passar do tempo, pode ser fatal.

O dinheiro fácil obtido por meio de mecanismos de baixas taxas de juros e estímulos fiscais e de crédito acaba semeando futuros ativos e ciclos de expansão e contração. Cada ciclo atinge um ponto de inflexão no qual o débito é maior, até nos encontrarmos onde estamos hoje, endividados até perder de vista.

Estamos presos na armadilha. Nenhuma solução é indolor. Reduzir a dívida deixará tomadores de empréstimos com menos dinheiro para gastar em bens e serviços. O crescimento se reduziria ou até mesmo cessaria. Aumentar as taxas de juros tornaria os serviços absurdamente caros para empresas, bancos, trabalhadores e governos. Pagar juros mais altos desviaria o dinheiro de investimentos destinados ao crescimento, incapacitando o desempenho futuro. Muitas empresas entrariam em falência. Governos assoberbados de dívidas podem optar por taxas mais altas ou diminuição de gastos e transferências, piorando a tensão no setor privado. Graves obstáculos no crescimento podem desestabilizar ainda mais os mercados de dívida e amedrontar o mercado de ações, pré-requisitos para um crash quando existem bolhas.

Em todo o mundo desenvolvido, criamos uma mega-ameaça ao acumular dívidas com dinheiro fácil e políticas de crédito e fiscais frouxas. Então, qual atitude as autoridades podem tomar? Infelizmente, não resta alternativa além de encorajar os tomadores de empréstimo; caso contrário, ficaremos presos na *"armadilha da dívida"* e correremos grandes riscos.

Há sempre uma justificativa para dizer: "Ei, corremos perigo de um crash, abram as torneiras do dinheiro, do crédito e dos gastos a fim de evitar a deflação e a recessão". Antes de tomar essa atitude, porém, deveríamos investigar o porquê da ocorrência de crashes. A resposta não é nada louvável: eles ocorrem, pois nas fases boas não somos inteligentes ou prudentes. Não incentivamos a poupança nos setores privados e públicos. Deixamos que emprestem e tomem emprestado como bem entenderem. Permitimos aos ciclos financeiros correrem soltos até a música parar. Resultado: terminamos em maus lençóis. O que pode parecer um choque imprevisível na verdade é a consequência previsível de excesso de dívidas, preços inflacionados e bolhas financeiras.

Precisamos abandonar completamente esse implacável ciclo de expansão e retração se queremos escapar de um crash ainda mais terrível. Estamos programados para intensificar os riscos nos momentos errados. O aumento da inflação não nos poupará de uma crise de dívida ou nos levará a um comportamento mais sensato sem um colapso. Até hoje isso nunca ocorreu.

Uma estratégia mais sensata começa pela reavaliação da deflação ou *lowflation* (inflação abaixo da meta). Ao constatarem ou imaginarem uma deflação ou inflação abaixo da meta, reguladores veem o fato como mau sinal, mas nem sempre é esse o caso. Concordo com pesquisadores do Banco de Compensações Internacionais (BIS, na sigla em inglês) na Suíça, ponto de reuniões regulares dos presidentes dos bancos centrais. "Nossa pesquisa histórica indica que as deflações do passado se enquadram em três amplas categorias: a positiva, a negativa e a péssima", escreveram em um artigo em 2005 intitulado "A deflação sob uma perspectiva histórica":

> No século anterior à Primeira Guerra Mundial, o nível de preços em muitos países baixou com tanta frequência quanto subiu; além disso, as quedas de preços nem sempre foram associadas a recessões. Na realidade, muitos episódios de deflação foram "positivos", no sentido de estarem associados com o crescimento econômico graças à produtividade.[12]

Com regularidade, formuladores de políticas descaracterizam as causas da inflação. Rotulam as taxas de inflação abaixo da "meta" (ou seja, nas décadas recentes, abaixo de 2%) como reduções imprevistas na demanda agregada. Presidentes dos bancos centrais concluem precipitadamente que a deflação negativa ou a inflação abaixo da meta é sempre ruim e perigosa. Assim, insistem em manter as taxas de juros baixas apesar de darem continuidade a políticas nada convencionais, como a compra de ativos realizáveis a longo prazo. Ao constatarem sinais de persistente fraqueza econômica, insistem em encorajar empréstimos e gastos que alavancam todo o processo, já conhecido, uma vez mais.

Há uma possibilidade alternativa. Nem todas as deflações ou inflações abaixo da meta nos últimos vinte anos foram *deflações negativas*. Muitas promoveram progressos na tecnologia, no comércio, na globalização, na migração e uma crescente oferta de trabalho no mundo inteiro quando a China e os mercados emergentes se uniram à economia global. Por um extenso período, essa deflação positiva reduziu a pressão nos preços. Até 2021, quando a pandemia esmoreceu, a inflação pairou abaixo dos 2% estabelecidos pela grande maioria dos bancos centrais das economias avançadas.

Pressupostos falhos agravam o impacto da deflação. Diagnósticos errados recorrem a ferramentas e objetivos equivocados. Vamos supor que a deflação seja positiva. O comércio global, a tecnologia mais avançada e um maior número de mão de obra reduzem os preços sem prejudicar a saúde econômica. A taxa de inflação real aproxima-se de zero. Ainda assim, todos os bancos centrais se agarram a um artigo de fé: 2% é a meta nominal apropriada para a taxa de inflação. O alarme soa. Presidentes de bancos centrais temem que a deflação e a inflação abaixo da meta sejam perigosas. Então, recorrem às mesmas respostas não convencionais: baixam as taxas de juros para zero ou até abaixo de zero; compram ativos financeiros do setor privado graças à flexibilização quantitativa ou de crédito e ao afrouxamento das restrições ao crédito; e compram dívidas dos credores do setor privado. Uma vez executadas, é difícil alterar essas políticas. Elas podem durar anos, até décadas, com retornos insatisfatórios, como as direções do BCE e do Banco do Japão (BOJ, na sigla em inglês) podem atestar.

Em vez de aceitar a deflação positiva ou a inflação abaixo da meta como o novo normal, dirigentes de bancos centrais tentam tratar uma doença sem solução. Estimulam empréstimos, pois, quanto maior o número de pessoas competindo por empréstimos, maior a possibilidade de as taxas de juros chegarem perto da meta de 2%. Satisfazem seu desejo, o que não é apenas desnecessário: é contraproducente. O crédito excessivo estimula a nova bolha.

Esse padrão maníaco persiste por décadas a fio. Em 1966, o Dow Jones Industrial Average, mais conhecido como índice Dow Jones, atingiu os mil pontos. Em 1968, nova explosão de entusiasmo pela Bolsa de Valores o levou a quase mil pontos em dezembro do mesmo ano. Investidores morriam de amores pelas ações boutique de empresas vendedoras de botas de couro e aparelhos eletrônicos. Conglomerados, empresas compradoras de outras empresas com o único intuito de maximizar os ganhos, independentemente de seus ramos de negócios, também roubaram os holofotes. No entanto, depois de atiçar os investidores, o Dow Jones entrou em queda – despencou 36% passando para 631 em maio de 1970 – e só voltaria a fechar acima de mil em 1972. Ainda que a recessão iniciada em 1969 fosse diminuta, o Fed afrouxou as políticas monetárias em 1970 a fim de incentivar o crescimento.[13]

Em termos oficiais, os choques do petróleo suscitaram, a partir de meados dos anos 1970, duas recessões passíveis de serem descritas como estagflação. Contudo, examinando melhor os dados, podemos constatar a existência de raízes fiscais e monetárias desencadeadoras da crise; e nem tudo era culpa da Opep. Os gastos resultantes da Guerra do Vietnã provocaram elevados déficits fiscais e comerciais. A taxa de conversão fixada em ouro expôs os Estados Unidos à demanda de credores estrangeiros por ouro. Em vez de entregar suas reservas de ouro, os Estados Unidos abandonaram o padrão-ouro em 1971. Outros países seguiram os passos. Não mais associadas ao preço do metal precioso, as moedas começaram a sofrer flutuação com base na força e na reputação econômica de emissores, livres para imprimir moeda a seu bel-prazer. Assim, os choques do petróleo atingiram um mundo em que políticas monetárias e fiscais já se encontravam bastante frouxas e a inflação crescia em ritmo acelerado. Como resposta política, as taxas de juros aumentaram abaixo do crescimento da inflação e as taxas reais negativas foram mantidas. Bancos centrais permaneceram atrás da curva e essa resposta desequilibrou as expectativas da inflação, sem, contudo, reduzir as altas taxas de desemprego, o caminho certo para o surgimento da estagflação.

Em julho de 1974, os dados haviam sido lançados. O *The New York Times* noticiou:

> Como curar o grave ataque de nervos em Wall Street? Não faltam listas de remédios oferecidos por curandeiros de confiança públicos e privados. A urgência se agravou, em particular, no início da semana, quando o Banco Central Nacional de Cleveland elevou sua taxa de empréstimo prime destinada a clientes preferenciais corporativos para 12,25%, e a maioria dos principais bancos para 12%. Em consequência, o mercado de ações despencou.[14]

Foram necessárias duas graves recessões em 1980-1982 e a intervenção do presidente do Fed, Paul Volcker, responsável por apertar a política monetária, para combater a disparada da inflação e derrubá-la a um só dígito nos anos 1980. Por sorte, desde então, políticas tão restritivas não foram necessárias. O remédio de Volcker provocou reações dramáticas no mundo, em especial na Argentina e em outros países da América Latina, que haviam contraído pesados empréstimos quando os preços altos do petróleo pareciam perenes. O crescimento nesse continente estagnou por uma década. A maioria das nações decretou a moratória, acontecimento conhecido como a Crise da Dívida da América Latina, responsável por sua década perdida de crescimento.

Vencer a batalha contra a inflação tem um lado sombrio duradouro: reforça o excesso de confiança. As feridas norte-americanas e mundiais da recessão dupla levaram ao dinheiro e crédito fáceis depois de 1982. Quando o presidente Reagan concorreu à reeleição em 1984, a próxima bolha de crédito estava em formação, alimentada por regras frouxas de empréstimos para o mercado imobiliário. De fato, a recessão em 1990-1991, desencadeada por uma bolha imobiliária, arrastou credores, centenas de associações de poupança e empréstimos (APEs)*

---

* Instituições financeiras privadas que utilizam depósitos recebidos pelos investidores para o financiamento imobiliário. [N.T.]

despreparadas para assumir os riscos de empréstimos para o mercado imobiliário.

O Congresso deu corda para que os bancos de investimento se enforcassem, ao aprovar duas leis das quais resultaram o aumento de competição com Wall Street. O Depository Institutions Deregulation em 1980 e o Garn-St. Germain Depository Institutions Act de 1982 liberaram os *thrifts** das restrições impostas durante a Depressão, que limitavam os juros em poupanças e contas-correntes.

Acostumados a emitir e reter hipotecas imobiliárias e pagar aos investidores uma taxa inferior à paga pelos credores, a maioria das poupanças e empréstimos não era rival para empresas financeiras espertas direcionadas para compras, vendas e comércio de hipotecas residenciais e comerciais, muitas delas especulativas.

A necessidade de as instituições financeiras atenderem aos compradores de imóveis deu origem à indústria de *thrifts* há um século. Investidores operando como empresas de poupança e empréstimos ou bancos de poupança vendiam hipotecas mantidas até sua maturação. Um negócio antes adormecido prestava serviço útil, ao passo que os bancos comerciais emprestavam dinheiro a empresas com retorno.

Wall Street, então, aprendeu a criar e comercializar seguros com base no rendimento de milhares de hipotecas. Restringidas por regras e pela cultura, as *thrifts* não tinham condições de competir. Quando a inflação irrompeu nos anos 1970, as *thrifts* possuíam hipotecas com taxas de juros abaixo do mercado e perdiam dinheiro todos os dias. O controle em suas taxas de juros dissuadiu investidores a fazer novos depósitos, que subsidiavam, por sua vez, novas hipotecas. Nesse ínterim, tanto Wall Street quanto os bancos comerciais praticamente detinham as hipotecas por uma fração de segundos antes de vendê-las a investidores.

Quando as taxas de juros afrouxaram e o mercado imobiliário começou a expandir, as *thrifts* sofreram um golpe fatal. Correram para o mercado em expansão fornecendo empréstimos nos setores mais populares. Quando a expansão virou contração, os sobreviventes saíram mancando.

Comparado à estagflação da década anterior, o prejuízo econômico de curto prazo pareceu relativamente breve e superficial. Os reguladores

---

* Termo correspondente em inglês a Savings and Loan Associations (S&L's). [N.T.]

fecharam as *thrifts* insolventes e transferiram os ativos para instituições mais estáveis. Grande parte dos depositantes foi protegida. Contudo, o massacre de longo prazo se aproximava, e não demorou a acontecer. A contração do mercado imobiliário forçou o Fed a cortar as taxas de juros de 8% para 3% de 1989 a 1992, um movimento de placas tectônicas no que diz respeito a taxas. O Fed manteve as taxas baixas com o intuito de acelerar o crescimento da oferta de empregos, mas não com a rapidez suficiente para ajudar o presidente George H. W. Bush a se reeleger em 1992 contra Bill Clinton.

Os anos 1990 são lembrados como o começo do período da Grande Moderação: "a baixa inflação positiva" despontou basicamente graças à internet e a seu arrebatador implemento à produtividade, mantendo o controle nos aumentos de preços que costumam acompanhar o crescimento estável e o baixo desemprego.

Contudo, fora dos Estados Unidos, a década de 1990 foi caracterizada pela instabilidade e pelas crises financeiras globais alimentadas por políticas monetárias frouxas. Em consequência da vigorosa desregulamentação de seus bancos, a Suécia e outras economias escandinavas viveram a instabilidade prenunciadora da Crise Financeira Global. "Bancos, instituições de hipotecas, empresas financeiras e outras agora faziam parte de uma nova conjuntura na qual tinham total liberdade para competir no mercado de crédito doméstico", de acordo com o autor Peter Englund em um relatório acerca da crise bancária sueca:

> O impacto da desregulamentação foi imediatamente visível. A taxa de aumento para novos empréstimos nas instituições financeiras, antes variando entre 11% e 17% ao ano, pulou para 20% em 1986. Ao longo do período de cinco anos, de 1986 a 1990, os empréstimos aumentaram 136% (73% em termos reais).[15]

Assim como nos Estados Unidos, legisladores e formuladores de políticas suecos não se manifestaram, apesar da baixa taxa de desemprego recorde e da subida dos preços em ritmo mais acelerado que em outros países. O mercado de ações sueco registrou um ganho de 42% em 1989. Dias depois, uma importante empresa financeira sueca, com ampla exposição ao mercado imobiliário, não conseguiu rolar seus empréstimos a curto prazo, essenciais para o fluxo de caixa diário, um cenário que derrubaria importantes empresas de Wall Street em 2008. "A crise se espalhou por todo o mercado", declarou Englund, "que secou em questão de poucos dias."

Cinco das instituições financeiras suecas ficaram insolventes e não cumpriram seus programas de empréstimos a curto prazo em 1990. Dois dos seis maiores bancos não atenderam às exigências de capital e receberam ajuda financeira. Um terceiro banco decretou a moratória.

Em seguida, veio a reviravolta no MTC, e a libra esterlina, o marco alemão, o franco francês, a lira italiana e outras moedas estabeleceram seus valores relativos antes de serem substituídos pelo euro. "O ensaio geral para a crise do MTC foi realizado na Escandinávia", concluíram os autores de um relatório publicado pelo departamento econômico da Universidade de Princeton.[16] Uma vez mais, moedas supervalorizadas no Reino Unido e na Europa – associadas a grandes déficits de comércio estimulados por políticas monetárias e fiscais frouxas – definiram o desenrolar dos acontecimentos.

Houve problemas também no México quando sua moeda semifixa entrou em colapso, no final de 1994 e em 1995, e logo depois em 1997, quando as moedas da Ásia Oriental despencaram em função das dívidas estrangeiras gigantescas no setor privado. Logo em seguida, crises da moeda, do balanço de pagamento e de dívidas atingiram uma vasta porção de países de economias de mercado emergentes (EMEs), dentre eles Equador, Brasil, Rússia, Argentina, Turquia, Paquistão e Ucrânia. "Não obstante as óbvias diferenças em suas dinâmicas e causas subjacentes", escreveram os autores do relatório de Princeton, "as crises das moedas dos anos 1990 são semelhantes na rápida e 'contagiosa' propagação de ondas especulativas do país de origem ou grupo de países sob ataque para uma região inteira tendo (perceptíveis) características macroeconômicas comparáveis."[17] Esse relatório foi publicado em 1998, sua advertência foi claríssima, não restam dúvidas, e ocorreu uma década antes da Crise Financeira Global.

Em 1996, a nova internet gerou um boom econômico e uma rápida alta de preços das novas ações da internet no índice Nasdaq, termômetro das empresas de tecnologia. Era o início da bolha pontocom. O Fed poderia ter apertado a política monetária e de crédito a fim de reduzir os empréstimos causadores do inchaço da bolha. Contudo, não agiu dessa maneira e seu comedimento encantou os acionistas, repletos de esperanças de que a época de euforia jamais chegaria ao fim. Os eventos ocorridos a meio mundo de distância encerraram as celebrações. A crise de desvalorização da moeda na Ásia e a inesperada moratória da Rússia reverberaram nos mercados globais. O capital secou.

Sem a liquidez essencial para manter as contas no azul, os fundos de hedge altamente alavancados sentiram a pressão. O LTCM liderava o pacote, com investimentos avaliados em quase cem vezes seu valor líquido, o equivalente a possuir uma casa de US$ 1 milhão e ter uma hipoteca de US$ 990 mil. Quando ativos financeiros perdem valor, fundos de hedge precisam cobrir as perdas. O caso do LTCM foi devastador e contagioso. Sua falência expôs todo o sistema financeiro norte-americano ao crash e à recessão. O desespero forçou o Fed a orquestrar uma operação privada de salvamento do LTCM junto a todos os credores – importantes bancos dos Estados Unidos e estrangeiros. Então, com a economia já superaquecida no rastro das ações pontocom, o Fed cortou as taxas de juros a fim de estabilizar os mercados financeiros instáveis resultantes do caso LTCM.

Mais uma vez, a flexibilização da política monetária, cujo objetivo era solucionar o problema, inflou uma bolha. O índice Nasdaq disparou, para alegria dos investidores, registrando ganhos substanciais. Já estava esgotado o prazo para tirar a tigela de ponche da festa e, dessa maneira, reduzir o acesso ao crédito. Mesmo assim, o Fed resistiu.

Naquele instante, as ações de quaisquer empresas com alguma pretensão a um futuro digital estavam em alta. Alguém se lembra da Pets.com e da Webvan ou da Worldcom e da Global Crossing? Com o valor de tantas empresas disparando, o economista Robert Shiller cunhou a expressão "exuberância irracional". A mania pelas empresas pontocom passou em 2000 e eliminou três quartos do valor de mercado de ações das empresas de tecnologia listadas no Nasdaq. Em 2002, um recorte temporal no qual se inclui o ataque mortal ao World Trade Center, o Dow Jones Industrial Average caiu 43%.

A explosão da bolha pontocom deixou muitas empresas – tecnológicas ou não – endividadas até o pescoço. O estresse também expôs administrações negligentes e falcatruas cujo objetivo era driblar ou quebrar as regras. Uma série de escândalos corporativos envolvendo a Enron, a WorldCom e a Tyco, empresas alavancadas até seu ponto máximo, veio à tona.

E, mais uma vez, o Fed pisou no acelerador. A taxa de impacto imediato é a usada pelo Fed para emprestar dinheiro a seus bancos afiliados todos os dias. Em apenas um ano, a chamada taxa de fundos federais caiu para 1%, uma baixa histórica de 6,5%. E foi mantida por dois anos até o fim formal da recessão ser decretado depois de oito trimestres de crescimento do PIB.

As taxas subiram, mas muito lentamente se comparado à queda abrupta. Foram precisos três anos para a taxa de fundos do Fed chegar a 5,25%, em 2006. Nesse ínterim, mutuários migraram para novos setores de ativos. Empréstimos imobiliários e de subprime ganharam popularidade. As taxas baixas e os reguladores em sestas demoradas promoveram um clima de vale-tudo para credores agressivos.

Alguém por acaso se surpreende com o fato de as baixas taxas de juros e a supervisão permissiva resultarem em comportamentos inconsequentes? Basta entrar na comercialização em massa da securitização de hipotecas de credibilidade duvidosa. Inúmeras narrativas – inclusive algumas em meu livro *A economia das crises* – testemunham a história responsável pela inadimplência de milhões de proprietários de imóveis residenciais em 2007-2009, pela falência de centenas de bancos e pelo fechamento das portas de influentes empresas em Wall Street.

Mas qual atitude tomou o Fed para recuperar a economia da Crise Financeira Global? Reduziu a taxa de juros a zero, ou seja, deixou de pagar juros sobre os fundos de reserva para os bancos em relação às suas carteiras de empréstimos. Também iniciou e ampliou flexibilizações quantitativas e de crédito ao comprar títulos de longo prazo e lastreados em hipotecas residenciais. Como detentor desses títulos, o Fed forneceu dinheiro aos bancos para expandir seus empréstimos a taxas baixas. E a disputa começou. A ideia não era nada complicada: empreste mais, peça mais empréstimos, cada um por si e o resto que se dane.

Quando uma primeira geração de flexibilização quantitativa iniciou a corrida, outras vieram na sequência: QE1, QE2, QE3. E, a cada vez, menos restrições. Ao constatar o processo sem fim, investidores começaram a brincar, nem sempre em tom de zombaria, acerca da "infinidade das QE". À medida que o dinheiro inunda ativos antes abjurados pelos bancos centrais, gigantescos calotes pairam no ar. Perfeito, caso você aplauda mais ciclos de expansão e contração.

A poeira da Crise Financeira Global mal tinha baixado quando famílias, negócios e governos, diante de taxas de juros baixas, começaram a empurrar a dívida para patamares ainda mais elevados. Em 2017, Trump anunciou um gigantesco corte de impostos, equivalente a US$ 1,5 trilhão, fazendo com que o déficit federal dos Estados Unidos disparasse para mais de US$ 1 trilhão por ano, isso em um ano de crescimento econômico com bom desempenho. Enquanto os bancos eram regulados de modo mais criterioso, bancos paralelos proliferaram, criando acordos financeiros que mantiveram o risco fora do alcance de reguladores e alimentando uma bolha de dívida corporativa. A partir de 2014, as dívidas corporativas explodiram, em especial entre empresas arriscadas e alavancadas, bem como nas conhecidas no mercado como *fallen angels*, expressão usada para empresas cuja dívida alta provocou sua queda no grau de investimentos para os patamares de títulos podres.

Instituições financeiras não bancárias criaram novas formas de empréstimo arriscado. Os empréstimos Covenant-lite* são contratos de empréstimo com poucas cláusulas de proteção para os credores em caso de inadimplência. Os *collateralized loan obligations* (CLOs)** garantiam pacotes de empréstimos corporativos e se assemelhavam aos infames *collateralized debt obligations* (CDOs).*** As estratégias tóxicas tornam atraentes as dívidas arriscadas no curto prazo, mas logo provocam estragos. Em 2019, antes da pandemia, mesmo o Fed e o FMI alertavam contra as crescentes e arriscadas formas de empréstimos corporativos.

E lá vamos nós de novo, começando a nova bolha que, no fim da linha, precipitará o próximo ciclo de crash e estouro. As rampas de saída parecem bloqueadas. Nos anos imediatamente precedentes à pandemia, bancos centrais asseguraram políticas frouxas graças aos prognósticos de uma inflação muito baixa. Por acaso, esqueceram-se do que aconteceu depois da crise financeira global? Vivenciando uma

---

* Ou Cov-Lite no jargão financeiro. [N.R.]
** Também conhecidos como obrigações de empréstimos garantidos. [N.R.]
*** Ou obrigações de dívidas garantidas da crise de subprime. [N.R.]

quarta rodada de flexibilização quantitativa, em 2019 o Fed aumentou a quantidade de moeda em circulação e reduziu a taxa básica de juros logo antes da crise da Covid-19, quando a disputa comercial entre Estados Unidos e China perdeu força.

Depois da Crise Financeira Global, outras economias avançadas aderiram à moda e apresentaram as próprias políticas monetárias não convencionais. Na Europa e no Japão, as taxas chegaram a abaixo de zero. Ficaram negativas, ou seja, os bancos centrais eram pagos para guardar as reservas de moedas por bancos, em vez de lhes pagar taxas de juros.

E as fronteiras continuam em expansão. Além de permitir a compra de títulos públicos, a política monetária na Europa e no Japão permite que bancos centrais comprem títulos corporativos. No Japão, mesmo a compra de ações e ativos do mercado imobiliário é autorizada. Se mesmo assim você ainda não acredita que o mundo está nadando em dinheiro, em 2019 o equivalente a US$ 17 trilhões residia em títulos privados e do governo, com prazos de vencimento de até dez anos e rendimento nominal negativo – em outras palavras, o rendimento que os mutuários prometem pagar é negativo. Resumindo, os credores pagam aos mutuários para emprestar, e não o inverso.

Por fim, em meados de 2017, as taxas de juros pouco a pouco começaram a subir. A intenção era atingir 3,25% em 2019. Contudo, com tantas dívidas, mutuários públicos e privados se sobressaltaram mesmo com aumentos mínimos na taxa de juros. Um fosso crucial se abriu entre a taxa de juros atrelada aos títulos do Tesouro – ou seja, sem risco de inadimplência – e os títulos com prazos de vencimento equivalentes de emissores com algum risco de inadimplência. Isso assinalou a ansiedade experimentada por parte dos credores. As margens de crédito para os tomadores de empréstimos corporativos dispararam. O mercado de ações caiu 20% no último trimestre de 2018. Como consequência, o Fed recorreu uma vez mais à flexibilização quantitativa e interrompeu o aumento das taxas. Preso na armadilha, não poderia cessar de alimentar a fera.

De fato, em janeiro de 2019, o Fed percorreu o caminho inverso. O presidente Jerome Powell anunciou que o Banco Central norte-americano interromperia a alta das taxas de juros e o aperto quantitativo. Passados poucos meses, a recuperação começou a perder fôlego.

Operações financeiras exóticas, que atendem por nomes como acordo de recompra (também conhecido simplesmente como Repo), ficaram de fora dos mercados de capitais. O Fed se preparou para uma desaceleração nos moldes costumeiros. Reduziu as taxas para menos de 2% e reiniciou a flexibilização quantitativa. Quase um ano antes de a crise do coronavírus virar tudo de pernas para o ar, o Fed não era capaz de digerir nem sequer uma modesta dose de aperto da política monetária. Em vez disso, penetrou novamente na armadilha da dívida.

A Covid-19 foi um choque incapaz de ser previsto com precisão, embora o risco de algum tipo de pandemia já estivesse na mente de médicos especialistas. Em março de 2020, a Bolsa de Valores despencou, milhões de norte-americanos perderam os empregos e a economia ameaçou parar de funcionar. Credores seguraram os empréstimos e não havia dinheiro em circulação para manter a economia em movimento. A seu favor, cabe ressaltar, os reguladores se mostravam preocupados com a dívida pendente. No entanto, estavam de mãos atadas. Bancos, bancos paralelos, fundos de hedge, fundos privados de participações, corretoras, negócios de pequeno e médio porte e detentores de hipotecas não conseguiam pagar seus credores, dado o grande número de dívidas acumuladas. Os mercados de dívida tremeram. Só restou ao Fed a opção de manter o dinheiro entrando de modo veloz e furioso em velocidade, ritmo e proporção nunca antes vistos, nem mesmo em 2008.

No final de 2020 e 2021, emergimos da pandemia com toneladas de dívidas, déficits fiscais nas alturas e uma política monetária mais frouxa do que em qualquer época da história. Por acaso os formuladores de políticas aprenderam a lição? Sim e não. Demonstraram uma renovada inclinação aos gigantescos déficits financeiros e emitiram moeda em vez de emitir dívida. Excluindo a flexibilização quantitativa e a taxa de juros zero, formuladores parecem querer transformar a tática de monetização da dívida em recurso permanente nos bancos centrais.

Aonde essa abordagem nos levará? A bolhas espalhadas por todo lado prestes a explodir: ações, criptomoedas, fundos de hedge assumindo riscos alucinados, investidores desinformados lidando com pequenos vendedores a descoberto como no caso GameStop, milhões de pessoas das gerações Z e X transformadas em *day traders* apostando suas parcas economias e repasses fiscais em ações, grupos de fundos de participações e corporações contraindo empréstimos como jamais visto e, para completar, preços dos imóveis nas alturas. Sem mencionar o aumento de cerca de 100% dos preços das ações entre sua fase mais baixa, em março de 2020 e final de 2021, com índices preço/lucro muito acima das médias históricas.

Não é minha intenção sugerir que ninguém está de olho vivo para impedir o aumento exagerado das bolhas. Pelo contrário, muita gente inteligente anda tentando fazer isso. É um desafio imenso. O problema não é a desatenção, a má intenção ou a negligência. O problema é que toda decisão na esfera macroeconômica acarreta riscos gigantescos. Uma decisão errada pode provocar muito prejuízo.

Para mitigar os danos, um conjunto de regras e regulamentações surgiu desde a Crise Financeira Global. O foco tradicional de manter sólidas as instituições financeiras se voltou, por necessidade, para um reino mais amplo. "Não basta manter as instituições financeiras individuais sólidas", avisou o FMI. "Os formuladores de políticas precisam aplicar uma abordagem mais ampla a fim de salvaguardar o sistema financeiro como um todo. Para tanto, podem usar políticas *macroprudenciais*." É um jeito sofisticado de dizer: vamos pensar na imagem em sua totalidade, e não apenas em suas partes móveis.

Há dois tipos de intervenção macroprudencial considerados pelo Fed. Um é permanente. Construir muralhas de capital para cuidar da sobrevivência dos bancos mesmo se a bolha explodir. Trata-se de uma maneira de procurar problemas. Uma abordagem estrutural para uma política macroprudencial.

O outro é cíclico. De acordo com essa abordagem, à medida que o acúmulo e a espuma da dívida do setor privado sobem, podemos restringir ciclos de crédito perigosos impondo maiores restrições aos empréstimos. A abordagem cíclica tenta desinflar as bolhas antes de se tornarem voláteis. Depende do timing exato – o que sempre suscita debates acalorados. Quem pode dizer se o pico está a uma semana, um mês ou um ano de distância? Isso deixa os reguladores relutantes em intervir. Ninguém deseja restringir o crescimento, nem mesmo o Fed, cuja função tradicional é exatamente essa, antes que a festa esteja bombando. No que diz respeito aos ciclos de expansão e retração, prevalecem as soluções estruturais. Você pode alegar que a regulação macroprudencial favorece os sistemas de drenagem, e não as comportas. Essa é uma visão imediatista que não se sustenta.

Ademais, a história sugere que as políticas macroprudenciais não podem deter uma bolha quando se mantém por muito tempo uma política monetária demasiado frouxa. Para começo de conversa, é dever das autoridades aumentar as taxas de juros a fim de impedir a formação de bolhas. No entanto, a ideologia dos maiores bancos centrais resiste ao emprego da política monetária para furar a bolha. Ao contrário, confia em políticas infundadas e ineficazes que, em geral, não funcionam nem quando testadas. E assim continuamos alimentando o superciclo da dívida. E, enquanto políticas frouxas provocam bolhas de ativos no curto prazo, no médio acabam inflacionando bens e serviços, como o próximo capítulo demonstrará.

Tanto os economistas keynesianos quanto os da Escola Austríaca oferecem soluções contrastantes no drama da expansão e contração. Os primeiros são a favor da intervenção; os austríacos, da austeridade e da reestruturação, ou redução das dívidas no lugar de oferecer ajuda. Se você é puramente austríaco no início da explosão de uma bolha, quando há um colapso da demanda agregada, você pode acabar gerando outra Grande Depressão, como demonstra a história.

Prefiro o meio-termo. Sempre fui da opinião que formuladores de políticas deveriam ser keynesianos no início de um ciclo, quando há falta de liquidez. Contudo, não deveriam permanecer keynesianos para sempre, pois o acúmulo de dinheiro fácil, crédito fácil e controle fiscal fácil acaba precipitando o próximo ciclo de expansão e contração. É preciso abandonar o vício do dinheiro fácil.

Veja a nova safra de presidentes de bancos centrais. Havia poucos anos, tínhamos economistas excelentes como Ben Bernanke e Janet Yellen na presidência do Fed; Mario Draghi, do BCE; e Mark Carney, do Banco da Inglaterra (BoE, em inglês). Eram banqueiros de prestígio e dispunham de diplomas de estudos avançados em economia. Ainda assim, ficaram presos na armadilha da dívida. Depois do *put** Greens-

---

* No jargão financeiro, é uma opção de venda por meio da qual o investidor pode se proteger contra a súbita baixa do mercado. [N.T.]

pan, seguiu-se o *put* Bernanke, o *put* Yellen e agora o *put* Powell. Apesar de as táticas variarem, todas chegam à mesma conclusão: quando os mercados de dívidas e ações oscilam, serão resgatados pelos bancos centrais.

Se presidentes de bancos centrais acadêmicos, especialistas em economia e em ciclos de expansão e contração estão presos numa armadilha de dívidas, é ainda mais difícil ser otimista quando não contamos com economistas experientes no comando. As sentinelas mudaram. Em 2021, os ex-advogados Christine Lagarde e Jay Powell estavam à frente do BCE e do Fed. Martin Bailey, do BoE, vinha da área de operações bancárias, formação sem muitas raízes na política monetária.

Então, no que os bancos centrais se transformam quando a folha de figueira que cobria sua independência é arrancada à medida que as dívidas aumentam? Bancos centrais se desviaram do foco rigoroso no longo prazo como um todo. Em vez disso, aceitam dicas de políticos e investidores que operam alavancados e flutuam ao sabor dos ventos. Quando objetivos de curto prazo ditam a política, apoiam-se com todas as forças no dinheiro e crédito fáceis porque é isso o que os eleitores querem e é disso que os mercados alavancados precisam para evitar a quebra.

A macroeconomia não é um jogo e especialistas jamais deveriam considerá-lo como tal. Contudo, também é correto dizer que diagnósticos errados são prejudiciais. Penetramos num jogo de adivinhações ao seguir regras de modo errado. Dinheiro e crédito fáceis e políticas fiscais frouxas não nos salvarão dos implacáveis ciclos de expansão e contração. Pelo contrário, seremos lançados num superciclo de dívidas. Precisamos ajustar as regras para dar um basta nessa armadilha da dívida. Caso contrário, ninguém ganha, e todos vamos quebrar e perder na próxima megacrise.

Por enquanto, dissecamos um padrão de ameaças macroeconômicas paralelas que podem desencadear graves desestruturações e recessões de curto prazo nos mercados. Já passamos por isso. Estamos agora entrando num território não mapeado no qual as ameaças convergem. Caso isso ocorra, espere consequências mais alarmantes, a saber, o pior período de estagflação jamais visto.

CAPÍTULO 5
A GRANDE ESTAGFLAÇÃO A CAMINHO

A Grande Depressão evoca, para a maioria das pessoas, o medo da miséria econômica. Hoje estamos à beira de um precipício diferente: a estagflação, e não a depressão.

Lembre-se dos anos 1970, uma década na qual ocorreram bolhas, explosões, o fim do padrão-ouro de câmbio, a desvalorização do dólar, o aumento das dívidas, as inovações financeiras arriscadas, os experimentos monetários e fiscais e os choques de fornecimento de petróleo provocados por embates geopolíticos. Tudo isso culminou numa inflação de dois dígitos, no persistente desemprego e na contumaz recessão. Essa é a situação conhecida como estagflação ou estagnação com inflação.

Os anos 1970 cumpriram todos os requisitos de uma dor de cabeça econômica. Mas quem se lembra de toda essa turbulência? A partir dos anos 1970, o mundo mudou muito, pelo menos até a Grande Recessão de 2008. Por trinta anos, enfrentamos recessões curtas e moderadas e recuperações relativamente rápidas. Mesmo levando a Grande Recessão em consideração, usufruímos de quatro décadas de taxa de emprego robusta e crescimento positivo durante a maioria do tempo, acompanhados de baixa inflação. Uma fileira de inovações, globalização, imigração, organizações trabalhistas e sindicatos enfraquecidos e os bilhões de trabalhadores da China, da Índia e de outros mercados emergentes ajudaram a melhorar a produtividade e mantiveram os preços sob controle.

Esse ambiente agradável ganhou um rótulo: *a Grande Moderação*.

Depois de combater e vencer a estagflação no início da década de 1980, grande parte dos especialistas esperava que a Grande Moderação durasse. O Fed sempre poderia abrir e fechar a torneira do dinheiro para obter os resultados almejados. Baixar as taxas de juros e afrouxar o crédito impulsionariam o crescimento e evitariam a deflação. Aumentar as taxas de juros e apertar o crédito poderiam esfriar o superaquecimento, o crescimento excessivo e intensificar a inflação.

"Uma das características mais marcantes do cenário econômico ao longo dos últimos vinte anos mais ou menos foi o substancial declínio da volatilidade macroeconômica", declarou o presidente do Fed Ben Bernanke em fevereiro de 2004.[1] Ele creditou a mudança da estrutura da economia financeira a múltiplos fatores. Também previu a continuação dessa Grande Moderação – apenas três anos antes de uma turbulência de grandes dimensões nos atingir.

A Crise Financeira Global de 2007-2009 rapidamente desafiou a ideia de que estava tudo sob controle. Mas, por acaso, isso mudou algo fundamental na postura dos presidentes dos bancos centrais e dos formuladores de políticas em relação aos seus trabalhos? A culpa pelo caos foi atribuída aos gananciosos credores e donos de bancos paralelos, aos inconsequentes compradores de imóveis residenciais, a negligentes reguladores e agências de classificação de riscos, à avaliação incorreta dos riscos e à cegueira dos planos governamentais voltados para o incentivo do mercado imobiliário. Não poderíamos apenas fechar algumas brechas, realizar alguns testes de estresse nos bancos, aprovar novas regulamentações financeiras e seguir felizes?

Alguns críticos observaram problemas mais sérios. William A. Barnett, benemérito, ilustre e eminente professor de macroeconomia na Universidade do Kansas e um dos diretores do Centro de Estabilidade Financeira em Nova York, realizou uma contundente avaliação sobre um dos problemas – os dados disponíveis para os reguladores – em seu livro *Getting It Wrong: How Faulty Monetary Statistics Undermine the Fed, the Financial System, and the Economy* [Entendendo tudo errado: como as estatísticas monetárias falhas comprometem o Fed, o sistema financeiro e a economia]. Quanto à afirmativa de que o Fed de fato sabia o que estava fazendo, ele respondeu:

> Não era verdade. Tudo nunca passou de um mito. Não houve grandes melhorias na concepção da política monetária, baseada,

fundamentalmente, na mesma abordagem aplicada por mais de meio século. As fontes dessas impressões de melhorias foram provenientes de fora do sistema do Fed. A única mudança genuína e digna de nota nas atividades do Fed foi o declínio da qualidade de dados. Quando o setor privado precisou de um número maior e mais confiável de dados, quando a complexidade dos produtos financeiros aumentou, a quantidade e a qualidade dos dados do Fed entrou em declínio.[2]

De fato, o crescimento de novos derivativos financeiros em hipotecas e créditos sem transparência, complexos e de difícil precificação – entre outros mercados – criaram instrumentos financeiros tóxicos e venenosos, cujos riscos eram difíceis de serem calculados e avaliados. No entanto, a Crise Financeira Global resultou de muito mais do que a mera falta de dados macro de boa qualidade. Especialistas adoram dissecar problemas pelo espelho retrovisor. A maioria se detém ao ver problemas à frente. Eles me descartaram em 2006, quando avisei que uma gigantesca bolha imobiliária e de crédito ameaçava o sistema financeiro mundial. Mostrar-lhes os dados foi tarefa infrutífera. Sinto a mesma resistência agora quando aviso dos riscos à nossa frente.

Enquanto alguns debatem se a inflação exerce poder permanente, eu digo: preparem-se para a estagflação, uma combinação de recessão e alta taxa de desemprego com inflação alta, capaz de sufocar o crescimento de empregos. As condições são oportunas. O dinheiro fácil inflaciona o preço de ativos e bens enquanto aumenta o crescimento do crédito, mas o endividamento maciço exclui respostas políticas capazes de frear a inflação. Há quarenta anos, o Fed aumentou as taxas de juros para quase 20%. Essa medida draconiana tomada em 1980-1982, quando provocou uma profunda recessão dupla, hoje seria pior que draconiana. Seria fatal, considerando a armadilha da dívida na qual nos encontramos. Com a inflação fervilhando e crescendo, qualquer mudança persistente nas taxas de juros, resultando em redução do crescimento e aumento do custo da moeda para combater a inflação, poderia nos jogar de volta na estagflação e numa crise da dívida, caso outros choques negativos de oferta surjam.

Olharam para mim como se eu tivesse perdido o juízo, quando falei dos riscos da estagflação, como passei a fazer em 2021 em uma série de artigos,³ da mesma maneira como aconteceu depois de minha apresentação em 2006 no FMI. Cabeças acenam em concordância, mas nada muda. Em vez de ligar os pontos bem debaixo de seus narizes, o público diz: *Preciso de uma bebida forte*.

Do que precisam é do filósofo George Santayana. "Quem não consegue se lembrar do passado", advertiu, "está condenado a repeti-lo."

Chegamos ao ponto de inflexão de um superciclo de dívidas. Políticas monetárias e fiscais frouxas cortejam o desastre. A recessão e as altas taxas de juros vão causar um abalo total, do qual só poderão escapar instituições, bancos, corporações globais e países sólidos. A inflação galopante atingirá as economias avançadas, bem como os mercados emergentes. Deficiências estruturais se transformarão em ameaças existenciais. Se a Itália voltar a entrar em colapso, e a Alemanha optar por não socorrer o país, então *sic transit** a Zona do Euro.

Consumidores e investidores globais, ao longo de quatro décadas, estão condicionados a esperar mercados em expansão mundo afora e a domar a inflação. Serão capazes de lidar com a estagflação prolongada? Duvido. Os lucros vão cair. Os salários vão despencar. A riqueza será transformada em fumaça. Teremos que concordar com uma observação feita por sir Jonathan Stephen Cunliffe, ex-vice-governador do setor de estabilidade financeira do BoE: "O dinheiro encontra-se na extremidade de uma convenção social que, sob pressão, pode se revelar muito frágil".⁴

Os anos 1970 testaram essa frágil convenção social. Para avaliar o estresse, o economista Arthur Okun inventou o índice de miséria: a simples soma da taxa de inflação com a taxa de desemprego. "Qual é o melhor indicador de nossa miséria econômica", perguntou a popular colunista sindicalizada Sylvia Porter, "senão o aperto criminoso resultante do aumento simultâneo de desempregados e do custo de vida?"⁵ Se a inflação é de 2% e o desemprego de 4%, o índice de miséria é igual a 6%. O índice de miséria – então na faixa alta de dois dígitos – colaborou para a eleição do candidato Jimmy Carter no lugar de Gerald Ford. Quatro anos depois, com o índice de miséria ainda mais elevado, Ronald Reagan convenceu os eleitores a dispensar Carter e içá-lo ao poder.

---

* Expressão latina que designa o que é transitório. Significa "assim naufraga". [N.R.]

Prepare-se para revisitar a década de 1970 e desempoeirar o índice de miséria. Em 2022, ele voltou aos dois dígitos, apesar da baixa taxa de desemprego, quando a inflação ficou acima de 8%. Estamos à beira de uma instabilidade duradoura.

Relembrar o passado pode nos ajudar a prever o futuro.

A década de 1970 começou no rastro de um robusto crescimento econômico depois da Segunda Guerra Mundial, moderado por duas iniciativas ultracaras: a Guerra no Vietnã e a guerra contra a pobreza associadas à expansão do Estado de bem-estar social. Investidores que torciam para que os anos 1970 se assemelhassem às duas décadas anteriores logo se desapontaram. Os economistas Charles Goodhart e Manoj Pradhan rotulam o período compreendido entre o final da Guerra da Coreia e 1973 como "os anos dourados da macroeconomia". Estratégias monetárias e fiscais produziram os resultados esperados. "E então tudo deu um bocado errado nos anos 1970."[6]

Tudo ruiu por causa dos grandes déficits orçamentários resultantes do financiamento da Guerra do Vietnã e dos programas sociais domésticos da grande sociedade. Os gastos excessivos levaram ao superaquecimento econômico e empurraram a inflação para as alturas. Em resposta, o Fed elevou de forma modesta as taxas de juros a fim de travar a crescente inflação. Na subsequente recessão, em 1970, a produção encolheu um pouco, menos de 1%. A branda recessão terminou em novembro de 1970. Ainda assim, seu impacto persistiu.

Na Bolsa de Valores, o Dow Jones Industrial Average, depois de fechar a quase mais de mil em 1968, flutuava abaixo de oitocentos em novembro de 1970.[7] Não foram dias de glória para os mercados e a economia.

A força de trabalho unificada e forte mostrava-se disposta ao tumulto. Greves e paralisações neutralizaram as principais indústrias. A Secretaria de Estatísticas Trabalhistas reportou 5.716 greves em 1970, envolvendo 3 milhões de trabalhadores.

Tais condições produziram inflação, e não empregos. Comumente, baixas taxas de desemprego significam que a economia está funcionando. No entanto, havia algo estranho no ar. A demanda por bens, capital e trabalho tende a promover a inflação. Em sentido contrário, a inflação diminui em função da alta taxa de desemprego, pois os trabalhadores têm menos poder de barganha para negociar salários e as empresas perdem o poder de fixação dos preços, pois a demanda está fraca. "A despeito da persistência da taxa de desemprego de aproximadamente 6% desde o último novembro", publicou o *The New York Times* em maio de 1971, "a inflação ainda importuna a economia americana."[8] Na época, a inflação excedia os 4%.

Ao se aproximar da campanha de reeleição, o presidente Richard Nixon preparou um pacote econômico. Seu objetivo era estimular a indústria dos Estados Unidos "com a clara esperança de que isso produziria maior número de empregos e reduziria a ameaçadora taxa de desemprego", publicou o *Iowa City Press-Citizen* em agosto de 1971.[9]

O poder do dólar pós-guerra atrelado ao ouro deu aos Estados Unidos motivos para se vangloriar, mas impôs uma desvantagem competitiva nas empresas domésticas em relação às estrangeiras. Empresas sediadas em países com moedas mais fracas e grande crescimento de produtividade, em especial Alemanha e Japão, podiam vender produtos a preços mais competitivos, vantagem hoje exercida pela China. As exportações enfraqueceram quando as importações aumentaram. As despesas superaram em muito os ganhos do país. E assim o déficit comercial ganhou força.

Quando os Estados Unidos enfrentam déficits comerciais, contraem empréstimos no exterior para financiar a lacuna na balança comercial. Estrangeiros acumulam créditos em dólares. O fato de esses créditos residirem nos Estados Unidos ou no exterior pouco importa. São obrigações devidas a credores estrangeiros pelos habitantes norte-americanos.

O dólar americano tinha a garantia do ouro desde 1945. Contudo, essa garantia era mais um construtor de confiança do que um mecanismo prático – na verdade, os Estados Unidos não podiam trocar todos os dólares existentes pelo ouro em seus cofres. Quando o governo francês acusou os norte-americanos de blefe e exigiu ouro em troca de seus ativos em dólar à taxa de câmbio fixada de US$ 35 por onça, os Estados Unidos hesitaram. Especialistas da equipe econômica aconselharam o presidente Nixon a abandonar a taxa de câmbio fixa. O padrão dólar-ouro já não era sustentável, graças aos persistentes déficits comerciais do país. A princípio, Nixon suspendeu a conversibilidade do dólar em ouro. Em seguida, em 1971, praticou a opção nuclear: os Estados Unidos encerraram o faz de conta e abandonaram o padrão dólar-ouro. Desde então, o dólar seria uma moeda flutuante, com taxas de câmbio para moedas de outros países determinadas pelo livre mercado.

Sem um padrão-ouro para restringir a oferta de dinheiro, os Estados Unidos passaram a ter novas opções políticas. Podiam emitir moeda, cortar taxas de juros para estimular empréstimos e deixar o dólar enfraquecer com o tempo. A mudança da taxa de câmbio fixo para a flutuante resultou na perda do valor do dólar vis-à-vis outras moedas. Importações ficaram mais caras. Preços elevados alimentaram a inflação.

Nesse novo clima, um grupo de ações floresceu. Investidores depositaram sua fé nas chamadas ações blue chip, com ganhos resilientes e índices maiores entre preço e lucro, também conhecidas como ações de "decisão única". Uma vez compradas, não era preciso vendê-las. Ações de empresas sólidas como rocha – por exemplo, General Motors, Exxon, Coca-Cola, IBM, Xerox, Pfizer e Polaroid – seriam supostamente perenes. "Criaram a ilusão da extraordinária eficiência dessas empresas; não fazia a menor diferença se você pagava por elas; seu inexorável crescimento funcionaria como garantia para os compradores de suas ações", explicou a revista *Forbes*.[10]

Batizadas de Nifty Fifty, as cinquenta ações mais cobiçadas do mercado não eram fruto de uma lista rigorosa, mas o apelido era conveniente. Seus múltiplos entre preço e lucro chegavam a patamares muito além dos garantidos pelas avaliações históricas.[11] Como o *USA Today* relatou depois: "Sua popularidade entre investidores individuais e institucionais desencadeou uma mudança quântica de investimento de 'valor' para a mentalidade de 'crescimento a qualquer custo', que voltou à tona com ímpeto vingativo na bolha das ações de empresas de tecnologia um quarto de século depois".[12]

Em janeiro de 1973, as ações sucumbiram à alta dos preços, à persistente taxa de desemprego, ao aumento das taxas de juros, ao final do acordo monetário pós-guerra e ao escândalo Watergate, responsável por levar o presidente Nixon à renúncia, em agosto de 1974. O Dow Jones Industrial Average terminou em setembro de 1974 com tímidos 608 pontos, uma queda de 36% em apenas um ano e dez pontos acima do fechamento de julho de 1962.[13] As Nifty Fifty não foram poupadas. Seus preços despencaram junto com o mercado como um todo.

Fomos, então, abalados por um sobressalto que alterou o cenário global e reverbera ainda hoje. Em outubro de 1973, o conflito entre Israel e seus vizinhos árabes – a Guerra do Yom Kippur – mobilizou a Opep. Doze nações árabes impuseram um embargo de petróleo aos Estados Unidos e outros países ocidentais unidos a Israel por laços amigáveis. O embargo fez com que o preço do petróleo triplicasse em questão de meses, acelerando a já crescente inflação e provocando uma grave recessão em 1974-1975. Nações se arrepiaram. Consumidores entraram em pânico. Empresas cambalearam à beira da inadimplência.

Os norte-americanos que recordam os anos 1970 podem se lembrar com vividez das longas filas nos postos de gasolina. Não me esqueço de uma viagem a Londres com meu pai no inverno de 1974. Era o período de festas. Piccadilly Circus estava às escuras. Todas as luzes festivas desligadas ou esmaecidas, inclusive as das árvores de Natal. Países dependentes de petróleo viviam sob cerco. O preço da gasolina disparou, acompanhado por outros preços e pagamentos. O Departamento de Justiça e o Conselho de Estabilidade de Salários e Preços iniciaram estudos sobre os preços exorbitantes, notadamente o do açúcar, que superou o de todos os outros alimentos.[14] Até os preços dos refrigerantes zero subiram. Como um todo, em 1974, a inflação chegou, pela primeira vez em décadas, a uma taxa de dois dígitos: 11,4%.

Essa época foi implacável; em alguns aspectos, ainda pior que a Grande Depressão, segundo a colunista Sylvia Porter. Ela culpou a inflação: "Em certo sentido, essa foi a pior fase de todas. Afinal, em 1929--1932, ao menos os preços caíram junto com as rendas, mas, desta vez, galoparam no início do declínio e mesmo agora, dezoito meses depois, ainda estão subindo a taxas intoleráveis".[15]

O acentuado aumento das taxas de juros dominou as manchetes, em julho de 1974, no *The New York Times*.

> A necessidade foi maior em especial no início desta semana quando o Banco Central de Cleveland elevou sua taxa primária para seus clientes corporativos mais solventes para 12,25%, e grande parte dos maiores bancos a elevou para 12%. A Bolsa de Valores acompanhou a queda.[16]

Tentativas de controlar a inflação apresentaram pálidos resultados. Num discurso televisionado em 1971, quando a inflação ainda era modesta, o presidente Nixon impôs o congelamento de todos os preços e salários por noventa dias. Foi criada uma comissão de preços e salários para avaliar os méritos de qualquer aumento. A pausa na inflação provocou a escassez de abastecimento. Nixon pretendia suprimir a inflação enquanto concorria para a reeleição. A inflação recusou-se a ceder. Voltou à cena no início de 1973. Nixon tornou a impor o controle de preços e salários em junho. Novo fracasso. Como Daniel Yergin e Joseph Stanislaw explicam em *The Commanding Heights* [Altos-comandos], livro clássico no qual analisam o período: "Pecuaristas deixaram de enviar o gado para o mercado, fazendeiros afogaram suas galinhas e os consumidores esvaziaram as prateleiras dos supermercados".[17]

Em seguida, o choque do petróleo e o embargo de 1973 abalaram o mundo, tendo como resultado uma recessão ainda mais grave. O presidente Nixon renunciou em agosto de 1974, colocando um ponto-final no escândalo de Watergate. Em outubro, o presidente Gerald Ford convocou todos os norte-americanos para a batalha contra a inflação com o slogan "WIN – Vença Inflação Já".*

Mas nem todos os cavalos, nem todos os homens do presidente podiam restaurar a economia. O WIN foi um fiasco. A inflação foi um golpe duro para a administração Ford e, ao invés de aumentar, diminuiu sua popularidade. O índice de miséria continuou a subir às alturas e acabaram encerrando o governo do sr. Ford.

Em seu lugar, entrou Jimmy Carter. O novo presidente não oferecia nenhuma solução permanente, tendo sido catapultado ao poder pelo aumento no índice de miséria e pelo escândalo de Watergate. A inflação abrandou um pouco, graças, sobretudo, à profunda recessão de 1974-1975, que calou as demandas por aumentos de salários. O crescimento voltou em 1976. A inflação e o desemprego permaneceram extremamente altos. Os preços continuaram subindo. As rendas não acompanhavam seu ritmo. "As regras consideradas invioláveis por

---

* Em inglês, o slogan é *Whip Inflation Now*, cuja tradução livre seria "açoite a inflação agora". Sua sigla, WIN, tem a mesma escrita que o verbo *to win*, que significa vencer. [N.T.]

gerações deixaram de funcionar", escreveu o comentarista Paul Harvey em junho de 1977. "Ainda somos atormentados pela excessiva inflação e o excessivo desemprego."[18]

A "estagflação" se tornou uma palavra familiar, embora poucos a pudessem compreender. "Economistas olhavam para a estagflação como um médico olharia para um objeto suspenso no ar que violava as leis da gravidade – como uma obscenidade científica", escreveu Amitai Etzioni, professor de Sociologia na Universidade de Columbia em um artigo para a *Businessweek*. "E, incapazes de entender a estagflação, encontraram, é claro, dificuldades ao tentar buscar meios de lidar com ela."[19]

Etzioni instou economistas a avaliar outros fatores além da oferta e demanda. "Sugerir que a estagflação é um mistério apenas indica que alguém preferiu ver o mundo através de lentes econométricas estreitas, e não através de lentes sociais e políticas, bem como econômicas", escreveu. "É evidente que há um problema, mas, se há um mistério, é no olho do observador, e não no mundo real."

No início de 1979, a Revolução Islâmica no Irã levou a um segundo choque do petróleo, a outro embargo de petróleo, a outro pico nos preços do petróleo, a uma inflação ainda mais alta e à volta da estagflação. Ao passo que a política monetária e fiscal permaneceu frouxa depois do primeiro choque de petróleo, alimentando a taxa de inflação, a inflação quase dobrou, chegando a 13,3% em 1979. Então, por fim, chegou a intervenção decisiva: assediado por críticos, Carter escolheu Paul Volcker, o falcão da inflação, para presidir o Fed.

Volcker atacou a inflação conforme determinado: com foco implacável, resoluto. Para diminuir a demanda de empréstimos, o Fed elevou radicalmente a taxa de juros dos seus fundos para 20%. Com uma taxa dessas, o valor dos juros excederia o do empréstimo em menos de quatro anos. Nenhuma empresa ou proprietário seria capaz de aguentar esse ritmo. O aperto monetário draconiano, em conjunto com o choque do petróleo, conteve a inflação. Mas teve um preço alto. O aperto precipitou uma dupla recessão em 1980 e 1982, e a primeira (aliada à crise dos reféns em Teerã) custou a Jimmy Carter seu cargo.

Em junho de 1981, o *The New York Times* estampou em uma manchete a pergunta existente que rondava a maioria das mentes: "Reagan pode curar a inflação?". O novo presidente herdou desafios espinhosos:

inflação e taxa de juros na casa dos dois dígitos, poupanças e investimentos defasados, aumento moroso da produtividade, desemprego crônico e perda da competitividade em mercados globais. "A esses problemas some-se uma complexa desordem econômica conhecida, por falta de expressão melhor, como estagflação", noticiou o *Times*. "A campanha do sr. Reagan para a Presidência foi baseada principalmente em seu compromisso de enfraquecer o poder da estagflação na economia americana."[20]

Enfraquecer esse poder testou nervos em escala estratosférica. "Este ano marcará o início de um experimento para solucionar uma crise econômica nacional comparável ao programa iniciado pelo New Deal há quase meio século", disse o *Times*, ao classificar a estagflação como "um problema de muitas maneiras mais desconcertante que a depressão".[21] O presidente Roosevelt tinha uma função: criar empregos para os norte-americanos a qualquer custo. Reagan tinha de solucionar a inflação crônica em conjunto com desemprego e crescimento pífios.

A resposta dolorosa veio na forma de taxas de juros mantidas em nível estratosférico e trouxe o segundo mergulho na recessão de dois dígitos. Quando controladores de tráfego aéreo entraram em greve, Reagan demitiu todos – enviando assim a clara mensagem de que nenhum trabalhador sindicalizado era insubstituível. Isso ajudou a atenuar cobranças salariais. De toda forma, em última análise, as taxas de juros paralisantes de Paul Volcker baixaram as taxas de inflação. Em 1983, Reagan declarou ter derrotado a estagflação.

O que explica, em última análise, a estagflação ocorrida nos Estados Unidos e em outras economias avançadas nos anos 1970? A resposta concisa é: choques do petróleo associados a uma resposta política equivocada liberaram as amarras das expectativas da inflação.

Choques do petróleo, assim como todos os choques negativos de oferta agregada, diminuem o potencial crescimento e reforçam os custos de produção. Isso pressiona as empresas usuárias de petróleo, que se veem forçadas a reduzir as folhas de pagamentos e/ou elevar preços. Políticas monetárias frouxas reduzem o custo do capital e ajudam as empresas a manter os salários até o retorno da demanda. Contudo, alimentam o aumento de custos e preços.

No final dos anos 1960, a curva de Phillips proporcionou um meio de alinhar as metas de inflação e de desemprego. Esse meio depende de uma relação inversa: a inflação em salários e preços permanece baixa quando o desemprego é alto, basicamente porque os trabalhadores perdem o poder de negociar aumentos salariais e as empresas perdem o poder de aumentar os preços. A curva segue uma trajetória na qual os níveis de inflação e desemprego se movem em direções opostas. Em teoria, o estabelecimento de políticas monetárias e fiscais a fim de afetar a demanda levará a inflação e o desemprego às direções desejadas ao longo dessa curva. A inflação alta conduz a taxas mais baixas de desemprego; a baixa inflação, a taxas mais altas de desemprego.

Pelo menos, essa é a teoria pura e simples. A realidade é mais intrincada. As boas intenções, na forma de política monetária frouxa, podem produzir resultados negativos, em especial quando o desemprego excede o nível estrutural básico (às vezes chamado de Nairu,* ou taxa de desemprego não aceleradora da inflação) no qual uma típica quantidade de mudança econômica e tecnológica mantém alguns candidatos a emprego sem trabalho o tempo todo. Esse nível tende a flutuar dentro de uma faixa reduzida, certamente abaixo dos 5% nos Estados Unidos. Ainda assim, quando ocorre um choque negativo de oferta, esse nível se eleva e as tentativas de manter o emprego nos mesmos patamares anteriores ao choque vão provocar a alta da inflação em virtude do aumento das expectativas da inflação.

Milton Friedman ganhou o Prêmio Nobel por expor uma contraposição à teoria da curva de Phillips. Se as políticas monetárias frouxas tentam empurrar o desemprego para taxas abaixo do nível estrutural normal, as expectativas de inflação aumentam. Trabalhadores e empresas buscam aumentos de salários e preços que suprimam a demanda. Menos demanda gera menor oferta de empregos. O desemprego não melhora, mas a inflação aumenta. Então a curva de Phillips no longo prazo é vertical. A taxa de desemprego precisa estar em seu nível estrutural, e qualquer tentativa de reduzi-la abaixo desse patamar provocará uma inflação ainda mais alta.

A Opep provocou dois importantes choques de oferta que alteraram a curva de Phillips. Erros políticos agravaram seus efeitos nocivos.

---

* Nairu é o acrônico de *Non-Accelerating Inflation Rate of Unemployment*, nome da taxa em inglês. [N.T.]

A teoria econômica tradicional recomenda financiar choques temporários – injetar dinheiro, baixar as taxas de juros e fornecer estímulos fiscais financeiros – e adequar o comportamento a choques permanentes. Se perco meu emprego, mas tenho chances de encontrar outro em poucos meses, faz sentido contrair empréstimos e manter as mesmas despesas até me reerguer de novo. Contudo, se a perda do emprego é permanente e há poucas chances de manter minhas rendas, em consequência, por exemplo, de um problema de saúde capaz de atrapalhar minha produtividade, então meu estilo de vida e gastos devem ser adaptados às minhas novas circunstâncias. Caso contrário, acabarei falido.

Os choques de petróleo eram permanentes – a Opep era uma nova força que, na maior parte das vezes, continuaria a agir em bloco. Isso aumentou o preço real do petróleo em bases permanentes e reduziu o futuro crescimento das economias importadoras de petróleo. Isso também elevou o nível estrutural do desemprego. A resposta política correta deveria ser aceitar esses fatos desagradáveis e apertar as políticas monetárias e fiscais, em vez de as afrouxar, e assim poderia ter inibido o descontrole da inflação. Caso prevalecessem as políticas monetárias e fiscais, o choque do petróleo não teria provocado uma espiral negativa de salários e preços. O crescimento teria oscilado e a taxa de desemprego poderia ter subido, mas as economias teriam evitado sucessivos anos de corrosiva inflação.

Em vez disso, os Estados Unidos e outras economias avançadas reagiram como se os choques do petróleo fossem temporários. Assim, aumentaram as taxas de juros menos do que seria necessário para controlar a crescente inflação e financiaram o choque com políticas fiscais frouxas. Não adaptamos as expectativas de baixar de modo permanente os padrões de vida; pelo contrário, financiamos e alimentamos o choque permanente. Políticas monetárias e fiscais frouxas encorajaram empréstimos com o intuito de manter os empregos e o consumo. O péssimo resultado, como Friedman previu, provocou o aumento da inflação e o desemprego empedernido, as raízes da estagflação.

Caminhamos no momento rumo à inflação e à estagflação mais altas? Para quem acompanha o noticiário financeiro, as crescentes evidências começaram a sugerir essa possibilidade em 2021. A inflação, precursora da estagflação, irrompeu devido ao choque da Covid-19 – ao mesmo tempo, uma restrição de oferta e um choque de demanda. Em 2020-2021, a recessão provocada pela pandemia do coronavírus levou a estímulos monetários e fiscais gigantescos sem precedentes que, aliados a gargalos na cadeia de suprimentos global, aos aumentos dos preços de commodities e à redução da oferta de trabalho, empurraram as taxas de inflação para patamares nunca vistos desde os anos 1980. A situação se agravou em 2022, quando alguns observadores esperavam que a diminuição do contágio da Covid-19 reduziria os gargalos de fornecimentos causadores da inflação. No entanto, a invasão da Ucrânia pela Rússia aumentou o preço das commodities fornecidas pelos dois países: petróleo e gás natural, metais industriais, fertilizantes e produtos agrícolas. Então a Ômicron, uma variante da Covid-19, atingiu a China. A política draconiana de combate total à Covid impingiu o fechamento de cidades inteiras, importantes centros de negócios, comércio e transporte. Como resultado, cresceu a obstrução nas cadeias de suprimentos globais. Quando bens se tornam escassos, os preços sobem. A inflação subiu tanto em economias avançadas quanto em mercados emergentes. A seca agravou as preocupações relativas ao acesso à comida, receita certa para a volatilidade. Colheitas deficientes na Rússia e na Ucrânia e a escassez de água em algumas regiões do Oriente Médio causaram fome e protestos em 2010, inaugurando a Primavera Árabe.

"O Fed corre o risco de provocar uma recessão imperiosa", declarou um editorial do *Bloomberg* em 2021.[22] O soar dos tambores também foi inconfundível na BlackRock, a maior gestora de ativos do mundo. Seu presidente sinalizou a alta da inflação e, ao mesmo tempo, premiou seus funcionários com um aumento salarial de 8%. O aumento dos rendimentos pareceu uma bandeira de alerta para o diretor de investimentos da Pimco, a maior gestora de fundos de obrigações nos Estados Unidos.[23] Nesse ínterim, os fundos de obrigações protegidos da inflação, destinados a resguardar os investidores quando as taxas de juros sobem, registraram recorde de influxos.

A CNBC observou um aumento de 40% no custo de commodities agrícolas, o maior salto em uma década nos preços de alimentos em termos globais. O Deutsche Bank chamou a crescente inflação de bomba-relógio global. Noticiou a CNBC:

Ao fazer uma previsão completamente distante da do consenso de formuladores de pesquisa e Wall Street, o Deutsche emitiu um alerta terrível: concentrar-se no estímulo e, ao mesmo tempo, desconsiderar o medo da inflação vão acabar se provando um erro assombroso, se não no próximo trimestre, mas em 2023 ou depois. Os efeitos podem ser devastadores, em particular para a parcela mais vulnerável da sociedade.[24]

O economista Larry Summers, ex-secretário do Tesouro, aplaudiu os principais aspectos da administração Biden, no que diz respeito às metas de estímulos econômicos agressivos. Contudo, sugeriu cautela e criticou os excessivos estímulos fiscais. Ele escreveu no *The Washington Post*:

> Há uma chance de que o estímulo macroeconômico, em uma escala mais próxima da Segunda Guerra Mundial que a dos patamares normais de recessão, possa desencadear pressões inflacionárias de um tipo jamais visto em uma geração, trazendo graves consequências para o valor do dólar e a estabilidade financeira.[25]

Alguns relatórios apostavam na moderação sustentada. "Um índice decisivo indica a diminuição da futura inflação", noticiou o *Wall Street Journal*, no final de julho de 2021. O artigo citava uma pesquisa da Universidade de Michigan que mostrava que a expectativa de inflação para um período de um ano atingira, em julho, a alta mais elevada em treze anos. "Mensagem mais reconfortante vem das expectativas para daqui a cinco a dez anos: uma taxa de 2,9% no início de julho, um pouquinho abaixo dos 3% em maio e perto da média de 2,8% em pesquisas de 2000 a 2019."[26] No entanto, a expectativa de inflação voltou a crescer na segunda metade de 2021 e em 2022, quando os preços das commodities subiram ainda mais e a inflação atingiu o patamar de 8,6% em maio.

Só para constar, não ponho minha mão no fogo por esses indicadores de expectativas inflacionárias. Quase sempre estão errados, pois não antecipam os tipos de choques de oferta agregada pairando sobre nossas cabeças.

Sinais de alerta resistem a interpretações precisas. Mesmo especialistas exigem correções de curso. Kenneth Rogoff, professor de Harvard e antigo economista-chefe do FMI, tentou aplacar as preocupações em um editorial do *Financial Times* intitulado: "Não entre em pânico: um pouco de inflação não é ruim". Ele admitiu que, depois de uma década de inflação mais baixa do que a esperada, um pêndulo balançando na outra direção poderia ser bem-vindo. "A inflação nos Estados Unidos hoje pode ser considerada uma notícia boa, e não ruim", escreveu Rogoff. "O aumento dos preços se deve basicamente ao fato de a economia dos Estados Unidos estar indo muito melhor do que parecia possível um ano atrás."[27] Poucos meses depois, contudo, escreveu um novo artigo a respeito dos crescentes riscos da estagflação.

Na tentativa de dissipar o alarme, quando a inflação subiu na primavera de 2021, o vice-presidente do Fed, Randal Quarles, enfatizou a resiliência de uma economia estruturada para lidar com o crescimento baixo e a ebulição da inflação. "Não me preocupo com a volta aos anos 1970", declarou, mesmo quando um inchado balancete do Fed exibiu um aumento recorde e sem precedentes.[28]

"Prince, da Bridgewater, repudia a volta dos anos 1970", anunciou em junho o *Financial Times*. Bob Prince, codiretor de investimentos da Bridgewater Associates, a terceira maior empresa de fundos de hedge do mundo, contou com poderosas forças deflacionárias para moderar qualquer movimento de subida dos preços.[29]

No início de 2022, porém, quando analistas esperavam que os impactos estagflacionários da Covid-19 começassem a sofrer gradual diminuição, a Rússia atacou a Ucrânia e a produção chinesa parou em resposta a outro surto de Covid-19. A reação inicial a esse choque estagflacionário – uma cadência moderada da normalização da política pelo Fed, BCE e outros importantes bancos centrais –, sob a justificativa de que o choque e a inflação resultantes poderiam ser temporários, e de que a política monetária nada poderia em relação ao choque de oferta negativa, alimentou ainda mais a inflação e suas expectativas numa repetição do erro de política dos anos 1970: ao longo de 2021, bancos centrais correram o risco de ficar atrás da curva na luta contra a inflação, para acordar tarde demais para a realidade da persistente inflação em 2022.

Pode-se dizer que sou do contra, mas ouvir renomados especialistas *dizerem que não é assim* só aumenta minha inquietação.

Quando o problema é iminente, costumo pensar no motivo de pessoas tão inteligentes desconsiderarem os aspectos negativos. Em 2020-2021, despejamos enormes quantias de dinheiro e estímulos fiscais em um sistema financeiro e econômico já nadando em dinheiro e crédito, mandando os preços dos ativos para a estratosfera – e, ainda assim, investidores com mais a perder nada temeram por um bom tempo. Onde eu vejo desastre, eles veem dinheiro sobre a mesa. Para um gerente de carteira que conheço bem, dinheiro barato é como um sorvete em um dia quente de verão. Consuma antes que derreta. Desde que o dinheiro seja barato, ele planeja investir feito louco. E se der errado? O risco de falência é mínimo quando o governo age como uma barreira sob o estandarte da flexibilização quantitativa e de crédito.

Longe de se preocupar com a estagflação e em acabar com a festa, Stephen Schwarzman, CEO da Blackstone, previu uma "avalanche" de oportunidades de investimentos privados. Disse à *Bloomberg* que antevia o socorro a proprietários para pagar os gigantescos estímulos econômicos, antes da aplicação de novos impostos. Nesse clima, Blackstone e dois sócios pagaram US$ 30 bilhões para fechar uma das maiores aquisições alavancadas já registradas.[30]

Com os preços das casas e das ações subindo, tanto nos Estados Unidos quanto em economias avançadas, consumidores também mandaram a cautela para o espaço. Empréstimos e gastos aumentaram, em consequência do maciço aumento nas economias e na demanda reprimida por causa da Covid.

Quando o risco sobe e a dívida se acumula em setores públicos e privados, todos clamam por mais. É viciante. "A inflação é como o alcoolismo", advertiu Milton Friedman.

> Em ambos os casos, quando você começa a beber ou quando começa a emitir moeda demais, primeiro surgem os efeitos bons; os ruins só surgem depois. Por isso, em ambos os casos, há uma forte tentação para o exagero, em beber demais e emitir moedas demais. Quando se trata da cura, ocorre o inverso. Quando você para de beber ou de emitir moeda, primeiro surgem os efeitos ruins e só depois os bons. Por isso, é tão difícil persistir na cura.[31]

Um caso lamentável de ressaca de um sistema financeiro e econômico viciado em liquidez encontra-se à nossa frente. O Fed encheu a tigela de ponche e deixou a festa prosseguir em vez de retirar a tigela como deveria ter feito.

Ao longo de quase todo o ano de 2021, houve um debate acalorado sobre se o aumento da inflação – para 7% no final de 2021 – seria temporário ou persistente. O Fed e muitos economistas de Wall Street argumentaram que seria temporário. Economistas como Larry Summers, Olivier Blanchard e Mohamed El-Erian jogavam no campo da inflação persistente ao argumentar que as economias estavam superaquecidas. Eu também jogava nesse campo, mas expus em vários artigos que a estagflação – e não apenas a inflação causada pelo superaquecimento – espreitava no horizonte.[32] No início de 2022, até o Fed jogou a toalha e admitiu a não transitoriedade da onda de inflação. Mas, então, a inflação e suas expectativas estavam desancoradas e o Fed permanecia atrás da curva. Quando a Rússia invadiu a Ucrânia, a inflação aumentou. Nos Estados Unidos, a taxa subiu para 8,6% em maio de 2022 e se manteve bem acima da meta de 2% estabelecida pelo Fed e outros bancos centrais importantes; teimosa, a expectativa da inflação permaneceu alta.

Em 2021, o principal debate econômico girava em torno do "time transitório" contra o "time persistente". Os adversários discutiam o aumento da inflação em economias avançadas. Seria temporário ou permanente? À medida que o ano avançava, "a equipe persistente" prevaleceu. Em 2022, mesmo o Fed e outros bancos centrais reconheceram o erro de acreditar na possibilidade de uma inflação transitória.

Entretanto, o debate logo tomou novas proporções. Afinal, autoridades monetárias em economias avançadas esforçavam-se em evitar a ansiedade, que poderia provocar o aumento da inflação, conhecida como desancoragem da expectativa de inflação. Com exceção do BOJ, onde a inflação persistiu em baixa, bancos centrais suprimiram as flexibilizações quantitativas e de crédito e aumentaram as taxas de juros. Também insistiram em políticas mais rígidas para tentar devolver a inflação à meta de 2% sem causar recessão – a descrição didática de um pouso suave.

No entanto, os formuladores de políticas enfrentam um dilema. Sempre que choques estagflacionários ocorrem, aumentar a inflação e reduzir o crescimento dificultam os planos de pousos suaves. Se os bancos centrais se preocupassem com a inflação mais do que com o crescimento, deveriam aumentar as taxas e apertar as rédeas da política monetária mais cedo e mais rápido. Contudo, uma precipitada política de aperto monetário pode ser um convite ao pouso forçado, ou seja, ao desemprego e à recessão. Privilegiar o crescimento, e não a preocupação com a inflação, acarreta o dilema oposto. Nesse caso, prevalece a atitude de pagar pra ver. Enquanto tentam evitar a recessão, autoridades podem não reagir em tempo hábil para domar a inflação.

Então, o grande debate de 2022 foi se os bancos centrais – afinal, dispostos a lutar contra a persistente inflação – seriam capazes de conseguir um pouso suave ou se suas atitudes precipitariam um pouso forçado. Pertenço ao campo do pouso forçado. A resposta política chegou tarde demais. Vejo a probabilidade de uma recessão de 65% em economias avançadas até 2024.

Em tempos normais, cadeias de ofertas globais ajudam no crescimento. Em tempos incertos, choques de oferta negativa causam inúmeros danos. Um relatório da empresa de consultoria Accenture revelou que 94% das empresas listadas na *Fortune 1000* sofreram interrupções na cadeia de fornecimento em função da pandemia,[33] e os atrasos persistem.

O choque de oferta negativo em apenas um setor – petróleo e energia – acarretou a estagflação nos anos 1970. Doze Estados árabes impuseram o primeiro embargo do petróleo, em outubro de 1973, com o objetivo de punir os aliados de Israel. Outro, em 1979, ocorreu depois da Revolução Islâmica iraniana.

Hoje, sou capaz de contar não apenas um, mas onze potenciais choques de oferta negativa globais pairando no horizonte a médio prazo. Cada um afeta os demais. Todos reduzem o crescimento potencial, reduzem o potencial volume econômico e aumentam os custos de produção com consequências inflacionárias. Cada um deles é uma mega-ameaça em potencial. Não me surpreenderia a ocorrência de múltiplos choques na próxima década. Aliados a políticas monetárias e fiscais frouxas e a estarrecedores níveis de endividamento, eles precipitariam uma estagflação capaz de fazer com que os anos 1970 não passassem de um ensaio. Esses choques de oferta agregada a negativos estagflacionários são os que seguem:

1. O rápido envelhecimento das populações vai interferir nos mercados desenvolvidos e emergentes. A diminuição da força de trabalho jovem obrigará empregadores a promover aumentos salariais para preencher vagas. Além disso, trabalhadores na ativa poupam e produzem. Aposentados usam suas economias para cobrir despesas. Portanto, o envelhecimento distorce a proporção de gasto e produção com impacto inflacionário. Aumentar os custos e reduzir o crescimento significa estagflação.
2. Por décadas, a migração de países pobres do Sul para os países ricos do Norte ajudou empregadores a preencher vagas sem significativo aumento salarial. No atual contexto político global, restrições draconianas na migração acabam com essa opção dos empregadores quando os trabalhadores exigem aumentos salariais. A inflação nos salários vai acelerar.
3. A desglobalização, o protecionismo e as políticas voltadas para o mercado interno, visando à proteção de trabalhadores e empresas, não incrementarão, mas punirão as economias. Ao restringirem o comércio global de bens, serviços, capital, tecnologia, dados e investimentos, vão impor preços mais altos de importação, elevando os custos de produção, e minar o crescimento.
4. Realocar locais de manufatura pode aprimorar a segurança da cadeia de fornecimento, mas transferir a produção de mercados emergentes com baixos custos como a China para mercados desenvolvidos mais alinhados ideologicamente com o Ocidente, porém com custos mais elevados (*friend shoring*), impulsionará os aumentos de custos e preços. Quando a segurança der lugar à eficiência em alocar capital, os custos da produção aumentarão. Espere aumento dos preços, estrangulamento de fornecimento e consequências inesperadas, quando políticos nacionalistas de visão estreita revogarem a globalização.
5. A feroz competição entre Estados Unidos e China já está se transformando em guerra fria. Restrições e tarifas comerciais bilaterais podem estar inaugurando as condições, e outras virão, sobretudo na tecnologia, no comércio de bens e serviços, nos investimentos, nos dados e informações. Por que isso pode ser considerado estagflacionário? Só no domínio vital das redes 5G, os sistemas no

Ocidente custam 50% mais que as alternativas chinesas. Desprezamos as opções chinesas em nome de preocupações com a segurança nacional, mas essa decisão representa um custo alto. Ou pense nos microchips. A demanda por parte da China provocou a escalada de preços e o fechamento de fábricas de automóveis usuárias de chips. Se a China reivindicar a posse de Taiwan e capturar as maiores fábricas de chips, um choque de oferta global causaria muito mais interrupções no fornecimento do que o choque do petróleo nos anos 1970. Essas alarmantes reverberações são insignificantes perto das consequências caso a reivindicação da China em relação a Taiwan provocar um conflito armado com os Estados Unidos.

6. Outros choques geopolíticos causados por uma nova guerra fria entre a China e seus efetivos aliados – Rússia, Irã e Coreia do Norte – e o Ocidente são estagflacionários. A invasão russa à Ucrânia disparou os preços da energia, dos alimentos e de outras matérias-primas fundamentais nas cadeias de fornecimento global e no processo de consumo e produção. Caso o Irã se torne um detentor de armamentos nucleares – o que pode ocorrer, se um possível novo acordo temporário com os Estados Unidos for mais uma vez arruinado por uma administração republicana em 2024 –, Israel acabará atacando o Irã, pois a posse de armamentos nucleares por este é vista como ameaça existencial a Israel. Tal conflito desencadearia um choque de petróleo tão grave quanto os dois ocorridos na década de 1970, se não pior. Uma Coreia do Norte inquieta e sancionada vem lançando, de modo regular, mísseis balísticos nas águas entre a Coreia do Sul e o Japão. Se o confronto se intensificar – e isso ocorrerá em algum momento, considerando a nova guerra fria entre as quatro potências revisionistas e o Ocidente e seus aliados asiáticos –, haverá a interrupção das cadeias de fornecimento globais que têm a Coreia do Sul, o Japão e outros países asiáticos negociando nessas águas contestadas como os principais centros industriais da Ásia. Os choques geopolíticos – como aprendemos nos anos 1970, mas logo esquecemos – são estagflacionários ao extremo. E estamos entrando agora numa depressão geopolítica, a começar pela invasão russa à Ucrânia.

7. A mudança climática global desencadeará pressões estagflacionárias de pelo menos três modos:

a. Vastas extensões da Terra enfrentarão secas graves e se transformarão em desertos, onde faltará água. Regiões muito além do Oriente Médio, do Norte da África e da África Subsaariana são vulneráveis. A escassez de água já vem prejudicando a produção agrícola e pecuária na Califórnia, no sudoeste dos Estados Unidos e em várias outras regiões.
b. A tendência de eliminar a emissão de gás carbônico causou a redução de investimento no desenvolvimento de combustíveis fósseis, sem ainda atingirmos suficiente reforço no fornecimento de energia verde. Os preços em energia tendem a subir enquanto persistir esse desequilíbrio. Anular em dez anos essa diferença exigiria o avanço da energia verde, cenário improvável nos tempos atuais.
c. Os desastres "naturais" e a resultante devastação humana interromperão o fornecimento e a produção de bens essenciais. Muitas fábricas fecham as portas quando catástrofes climáticas – inundações, incêndios e secas – ocorrem.

8. Pandemias globais pairam no ar e ocorrem com frequência e virulência cada vez mais acentuadas. A convivência muito próxima de seres humanos com animais hospedeiros de patógenos (quando ecossistemas são destruídos por causa da mudança climática global) e o degelo do permafrost, também chamado de pergelissolo, na tundra siberiana, liberam bactérias e vírus congelados por milênios, podendo fazer a Covid-19 parecer rotina. As cadeias de fornecimento dependem de pessoas saudáveis para a entrega de bens e serviços e de comércio livre entre as fronteiras. Desaquecimentos e interrupções comprometem todas as etapas da produção, em especial quando os estoques dependem de cadeias de produção, transporte e compra bem sincronizados. E a pandemia – junto com a guerra na Ucrânia – levou a restrições na exportação de bens essenciais enquanto países tentavam obter a autossuficiência em produtos farmacêuticos, agrícolas, alimentos e Equipamentos de Proteção Individual (EPI).

9. Uma reação crescente justificada contra a desigualdade de rendas e riqueza favorece leis e políticas fiscais pró-trabalho, aos salários e sindicatos, e o tiro pode sair pela culatra, como ocorreu nos anos

1970. Quando políticas de estímulo fiscal visam de modo crescente à proteção de trabalhadores, de desempregados e dos deixados para trás, o crescimento dos salários pode acelerar, provocando a alta da inflação numa espiral de salários.
10. Os cada vez mais frequentes e virulentos ataques cibernéticos interrompem cadeias de fornecimento, como gasodutos e fábricas de processamento de carne aprenderam em 2021. A infraestrutura imprescindível também é vulnerável, bem como as redes de energia elétrica e a infraestrutura financeira. Em agosto de 2021, duas agências federais, a NASA e a HUD, por pouco não foram reprovadas na avaliação de sua segurança digital. Se o forte investimento em segurança cibernética manterá firme a maioria das indústrias para milhões de consumidores, trata-se de uma incógnita. Na melhor das hipóteses, aprimorar e proteger vastos sistemas vai custar centenas de bilhões de dólares e aumentar os custos de produção. Na pior das hipóteses, ataques cibernéticos paralisarão sistemas e atrapalharão o crescimento de modo acentuado.
11. A armamentização do dólar americano – e, depois da guerra russa na Ucrânia, a de outras importantes moedas fortes em países aliados dos Estados Unidos –, por meio do crescente uso de sanções comerciais e financeiras, corre o risco de fragilizar o papel do dólar americano como importante moeda de reserva global e impulsionar uma queda inflacionária desordenada em seu valor. Na década de 1970, esse choque inflacionário foi acarretado pelo fim do padrão-ouro. A história se lembrará das sanções comerciais e financeiras impostas pelos Estados Unidos e seus aliados contra a Rússia – a começar pelo congelamento de grande parte de suas reservas estrangeiras – como o gatilho para que Rússia, China e outros rivais do Ocidente propusessem a substituição do dólar americano como a mais importante moeda de reserva global e a criação de uma unidade monetária alternativa independente dos pagamentos, contas, fundos e acumulação de reserva de valor em dólar. Guerras financeiras iniciadas por choques geopolíticos e mudanças no poder geopolítico por séculos levaram ao declínio de algumas moedas como moedas de reserva global e ao apogeu de outras. O declínio do dólar americano e sua subsequente depreciação terá efeito altamente inflacionário e

estagflacionário, pois a maioria das commodities é cotada em dólar, e uma queda no valor dessa moeda aumenta o valor em dólares de tais commodities. E não é só isso: as sanções comerciais e financeiras resultantes de eventos geopolíticos interrompem em enormes proporções – como aconteceu em 2022 – as cadeias de suprimento global que dependem do financiamento e pagamento em dólares e da harmoniosa operação de mercados financeiros globais, a começar pelo funcionamento da Sociedade para as Telecomunicações Financeiras Interbancárias Mundiais (Swift, em inglês), encarregada das transações comerciais e financeiras internacionais. Guerras financeiras levam a suspensões financeiras estagflacionárias e eventuais inovações que serão analisadas no Capítulo 6.

Na Parte II deste livro, analisaremos, de maneira mais aprofundada, vários desses choques de oferta negativos e estagflacionários. Na próxima década, as desregulamentações econômicas e os danos causados pela estagflação podem ser ainda piores que os dos anos 1970. Naquela época, tivemos um problema de inflação, mas não de dívida. O índice de endividamento privado e público em relação ao PIB representava uma fração dos níveis atuais. Durante a Crise Financeira Global de 2008, tivemos sorte. O excesso de dívida pública e privada precipitou uma crise financeira, mas não enfrentamos problemas de inflação, pois o choque no crescimento foi decorrência de um colapso na demanda, depois de uma crise de crédito. Nas duas ocasiões, escapamos relativamente ilesos. Combine ambos os problemas, contudo, com uma bolha estourada; estamos adentrando então em um território novinho em folha na próxima década: uma crise global de dívida e financeira acrescida de estagflação. A ideia é terrível. Contudo, por mais exagerada que pareça, é bastante provável que aconteça.

Otimistas alegam que ainda podemos contar com a inovação tecnológica para desencadear choques de oferta agregada positivos e exercer pressão desinflacionária ao longo do tempo. A alegação pode até ser válida, mas o impacto da mudança tecnológica no crescimento da produtividade agregada ainda é incerto, segundo dados apresentados por economias avançadas. Tais dados apostam no crescimento estagnado da produtividade. Em qualquer hipótese, a inteligência artificial, a automação e a robótica não são bens imaculados. Caso sejam aprimorados a ponto de criar uma expressiva desinflação, provavelmente vão interferir em ocupações e indústrias inteiras, aumentando ainda mais o já largo fosso de disparidades de renda e riqueza. Em resumo, trata-se de um convite a retrocessos ainda maiores que os precedentes – acompanhados por consequências estagflacionárias.

No momento, estamos no início de uma série de choques de oferta agregada. Com o passar do tempo, esses choques alimentarão o risco da estagflação, bem como imensas crises de dívida. Não estou afirmando que tudo se manifestará amanhã, ou no ano que vem, embora os choques estagflacionários já estejam em ascensão. A ação vai transcorrer em câmera lenta, embora os contratempos causados pela Covid-19 e pela guerra na Ucrânia tenham sido os primeiros foguetes disparados nesse desenrolar em câmera lenta. Seja como for, já estamos em maus lençóis. Com níveis de dívidas tão grandes, a tentativa de normalizar as taxas de juros pode quebrar os mercados de crédito e de títulos, a Bolsa de Valores e, até quem sabe, a economia como um todo. Como dito no Capítulo 4, bancos centrais estão confinados na armadilha de dívidas. Suas metas e seus instrumentos políticos se tornaram cada vez menos convencionais, em um clássico e aterrorizador caso de ampliação gradual dos objetivos sob sua responsabilidade.

O caminho de menor resistência privilegia, em termos políticos, os grandes déficits fiscais e a monetização da dívida resultante com a impressão de moeda. Essa abordagem exigirá grandes infusões de dinheiro novo. No decorrer do tempo, essas "notas de helicópteros" permitirão à inflação erradicar o real valor da dívida nominal a taxas fixas. No entanto, existe um empecilho: a maioria das dívidas *não* é realizada a taxas fixas. Ou seja, com o tempo, a inflação provocará o aumento das taxas reais. O serviço da dívida, cada vez mais oneroso, espalhará gigantescas crises nos setores da dívida pública e da privada. A armadilha da dívida na qual estamos aprisionados hoje em breve enfrentará a inflação de amanhã. Se precisamos dar um nome à crise iminente, vamos chamá-la de "Grande Crise Estagflacionária da Dívida".[34]

PARTE II
CATÁSTROFES FINANCEIRAS, COMERCIAIS, GEOPOLÍTICAS, TECNOLÓGICAS E AMBIENTAIS

CAPÍTULO 6

COLAPSO DAS MOEDAS E INSTABILIDADE FINANCEIRA

Quando funcionam como o esperado, os sistemas monetários e financeiros eficazes respaldam tanto a estabilidade dos preços quanto a financeira. A vasta rede de transações opera com tranquilidade pelo mundo, deslocando recursos, produtos acabados, pagamentos e capital com o mínimo de desgaste. Compradores, vendedores, mutuantes e mutuários, investidores e credores podem contar com os bancos centrais para conter a inflação e manter as moedas estáveis durante ciclos econômicos e comerciais em flutuação. Uma moeda estável – no século passado, o dólar americano – exerce papel de âncora desse sistema monetário e financeiro internacional, no qual as transações em bens, serviços, capital, mão de obra, tecnologia e dados exigem uma moeda de reserva global estável e aceita para lubrificar o comércio internacional e a globalização.

Ao menos, na teoria. Na prática, décadas de experimentação e inovação financeira criaram uma realidade bastante diferente. Objetivos e políticas heterodoxos dos bancos centrais, impulsionados pela Crise Financeira Global e pela pandemia de Covid-19, inundaram as economias avançadas com valores líquidos jamais vistos. A ação veloz e espetacular evitou as recessões, mas qual o custo no longo prazo? E agora a guerra financeira corre o risco de sabotar até mesmo o papel do dólar americano, a âncora da estabilidade monetária e financeira global. Já discutimos os desafios da inflação, da estagflação e das bolhas de ativos alimentadas pelo dinheiro barato. Neste capítulo, examinaremos uma ameaça mais sutil e insidiosa da instabilidade financeira e do caos.

Em vez de reduzir seus experimentos e empregar a devida cautela, bancos centrais aceleraram nos últimos anos o acúmulo de funções além dos objetivos iniciais. Qual, exatamente, o papel do Fed e de outros bancos centrais? No passado, o único papel era zelar pela estabilidade dos preços. Em seguida, passaram a focar no crescimento e no desemprego. Depois da Crise Financeira Global, começaram a cuidar também da estabilidade financeira. E agora abarcaram "a meta de inflação", usando as ferramentas a seu dispor para tentar chegar à taxa média de inflação de 2% ao longo do tempo, permitindo assim que o alvo seja ultrapassado em caráter temporário. Serão todos esses objetivos compatíveis? E o que mais consta nos planos? Discursos recentes dos presidentes dos bancos centrais mencionam frequentemente a mudança climática e a desigualdade de renda e riqueza. Nenhum ser dotado de plena posse de sua sanidade mental discordaria: essas ameaças podem abalar a economia global. Mas daí pedir aos bancos centrais o engajamento em batalhas de cunho político abre a caixa de Pandora e desvia a atenção das prioridades essenciais para as quais dispõem de ferramentas para controle. Agora, moedas importantes como o dólar também vêm sendo armamentizadas e utilizadas para atingir objetivos de política externa e segurança nacional, tais como o congelamento das reservas da Rússia no exterior e outras sanções financeiras em 2022. Sanções financeiras similares foram impostas no passado ao Irã e à Coreia do Norte, e podem ser impostas à China, caso a rivalidade entre esse país e os Estados Unidos escale consideravelmente. Assim, bancos centrais e departamentos de Tesouro são atraídos até mesmo para atuar em políticas de segurança nacional e estrangeira. Em última instância, se os bancos centrais forem prejudicados por suas pautas conflitantes e múltiplos objetivos, o valor de nossas moedas corre perigo.

"Por que o Fed acredita que sua autoridade regulatória se estende até questões climáticas?", perguntaram Alexander William Salter e Daniel J. Smith, em março de 2021, em um artigo no *Wall Street Journal* intitulado "Fim das multitarefas do Fed".[1] Ambos culpam as inúmeras determinações da lei Dodd-Frank, em que a mudança climática acarreta o risco sistêmico na indústria financeira. É fácil entender como trilhões de dólares em gastos ligados ao clima podem atrapalhar as economias, bem como o motivo de os banqueiros centrais se preocuparem com isso, porém é difícil saber qual atitude cabe tomar para equacionar o problema.

Respondendo às críticas, presidentes dos bancos centrais enquadraram a mudança climática no conceito de força impossível de ser ignorada. "Não vejo isso como uma questão importante na qual a política monetária se envolva em seu dia a dia", disse ao público Mary Daly, presidente do Fed em San Francisco, em um evento patrocinado pelo American Enterprise Institute. "O Banco Central tem o importante papel de garantir que os bancos estejam preparados para os riscos diretos gerados pelas condições climáticas adversas e pela transição de novas fontes de energia no planeta."[2]

A desigualdade é outro problema grave que pode rasgar o tecido social e tem levado ao populismo político e ao nacionalismo econômico. Além disso, quanto mais alta a taxa de inflação, maior o fosso entre quem tem e quem não tem. Por conseguinte, atenuar a desigualdade de renda se transformou em outra prioridade para bancos centrais como o Fed. Sua meta agora é o "pleno emprego amplo e inclusivo", no qual o termo inclusivo significa resolver a desigualdade e encontrar solução para os empregos dos que foram deixados para trás na recessão: mulheres, minorias e pobres. Volto a repetir: todas essas prioridades não se constituem em conflito de interesses? Quais deles vão se infiltrar pelas rachaduras?

Agora a invasão da Rússia à Ucrânia direcionou os bancos centrais a outra tarefa. Dessa feita, graças a sanções financeiras, apoiar os objetivos de segurança nacional dos Estados Unidos e das nações ocidentais: armamentizar o dólar americano, congelar a maioria das reservas estrangeiras do Banco Central russo, em parte mantidas em bancos centrais e instituições financeiras do Ocidente, e restringir o uso do sistema Swift de pagamentos internacionais. Essa espécie de armamentização das moedas, visando a objetivos de segurança nacional, é a última fronteira da mais nova tarefa dos bancos centrais, a começar pelo Fed.

Esse é um problema muito sério enfrentado pelo Fed em particular e constitui uma mega-ameaça. Por décadas, o dólar americano é a "moeda fiduciária" do sistema financeiro global. Por ser a moeda mais confiável, é a escolhida, pela maioria dos países, para fazer parte de suas reservas de moedas estrangeiras. Trata-se de uma grande vantagem para os Estados

Unidos: a demanda por dólares, em função de seu status de moeda de reserva global, implica a obtenção de empréstimos mais baratos e prazos maiores pelos Estados Unidos de modo que financiem seus filhotes gêmeos cada vez mais gorduchos: o déficit fiscal e o comercial. Mas e se o mundo perder a confiança no dólar, em especial quando seus gêmeos americanos, o déficit fiscal e o de conta-corrente, crescem enquanto o dólar americano é cada vez mais usado como arma para objetivos de política estrangeira e segurança nacional? E se houver alternativas, inclusive algumas opções inovadoras, capazes de eliminar do dólar seu papel de moeda de reserva internacional? Conforme um astuto comentarista assinalou no *Wall Street Journal*, em março de 2022, ao se referir às sanções impostas à Rússia, "As sanções mostraram que as reservas de moeda acumuladas pelos bancos centrais podem ser retiradas. Com a China ganhando força, isso pode reestruturar a geopolítica, a gestão econômica e até o papel internacional do dólar americano".[3]

No setor privado, a inovação reinventou as finanças. Sistemas de pagamento digital individual podem desafiar a vitalidade de bancos, bancos centrais e até mesmo das próprias moedas que produzem. As perspectivas poderiam ficar mais turvas, caso as moedas digitais tenham potencial para substituir a moeda fiduciária emitida por governos. Embora ainda relativamente pequeno, o mercado de criptomoedas vem crescendo com celeridade. No final de 2021, o valor das moedas digitais superava os US$ 2,5 trilhões, um crescimento de quase 100% ao ano, apesar da alta volatilidade diária e mensal; em junho de 2022, esse valor de mercado caiu para US$ 1 trilhão, em consequência de um grave colapso de seu preço. Em 2008, nenhuma dessas moedas existia. Atentos, todos os bancos centrais importantes começaram a explorar o potencial de moedas digitais emitidas por bancos centrais (CBDCs, na sigla em inglês), uma corrida com oportunidades consistentes e alguns obstáculos.

Todas essas inovações financeiras e outras mudanças nos mercados financeiros nos levam a graves questões quanto à estabilidade do sistema diante das mega-ameaças. O quão mais heterodoxas se tornarão as políticas monetárias? Quais as consequências potencialmente desastrosas desses experimentos? As moedas fiduciárias sobreviverão como resilientes reservas de valor, unidades de conta e meios de troca, ou serão desvalorizadas pelas ações políticas e substituídas pela inovação financeira? As crises financeiras serão mais frequentes e virulentas? As uniões monetárias como a da Zona do Euro fomentarão a prosperidade ou, em vez disso, o eventual colapso? O dólar americano reterá seu status de moeda-padrão de reserva global ou será substituído pelo renminbi chinês (RMB) ou por outros acordos, caso a cada dia cresça a armamentização do dólar? As criptomoedas vão substituir todas as moedas tradicionais, ou as CBDCs prevalecerão e substituirão as criptomoedas? Os custos altos e a ineficiência condenarão as veneráveis instituições financeiras e inaugurarão a finança descentralizada construída com tecnologia *blockchain*?* Ou o *fintech*** centralizado – e não o DeFi*** – desafiará os bancos tradicionais e as instituições financeiras? Todas essas perguntas fundamentais imploram por respostas sensatas.

Os dados chegam pouco a pouco. No momento, podemos indicar conclusões preliminares, mas precisamos, sem sombra de dúvida, imaginar o futuro do dinheiro, das finanças e das moedas de reserva, por mais estáveis ou instáveis que possam ser. Dois ou três tropeços bastam para desencadear choques econômicos que, num estalar de dedos, levariam a uma espiral descontrolada. Se a inovação monetária e financeira tem mais chance de provocar caos e instabilidade do que um sistema monetário e financeiro estável, entraremos, de fato, no terreno das mega-ameaças.

Para observadores experientes como Peter R. Fisher, antigo subsecretário de Finanças do Departamento de Tesouro dos Estados Unidos, e do Fed em Nova York, o gelo nunca pareceu mais fino. "Hoje, me sinto mais ansioso do que nunca a respeito do mundo financeiro", disse ele ao podcast *Frontline* em novembro de 2021.[4]

---

* O *blockchain* pode ser descrito como uma rede de registros de informações distribuídas que sofrem alterações através de blocos de transações protegidos por criptografia, conectados uns aos outros, e que não podem ser alterados ou excluídos depois de sua verificação. Uma espécie de livro-caixa digital. [N.T.]

** *Fintech*, abreviação de *financial technology* (tecnologia financeira), se refere a startups ou empresas desenvolvedoras de produtos financeiros digitais. [N.T.]

*** *DeFi* (finanças descentralizadas) são aplicações de *blockchain* que fornecem serviços e produtos financeiros do mercado tradicional dentro do ambiente de criptoativos. [N.T.]

O Fed vem bombeando os preços dos ativos com o intuito de criar certa ilusão. Acredito que as probabilidades de olharmos para isso como um erro de proporções épicas, e uma das maiores calamidades financeiras de todos os tempos, são altíssimas, numa proporção de mais de uma para três.

E Ray Dalio, fundador da Bridgewater, o maior fundo de hedges, comentou em 2021: "A moeda fiduciária acaba levando à desvalorização do dinheiro".[5] E, de fato, o recente surto de inflação em 2021-2022, acompanhado de emissão de dinheiro e estímulos fiscais sem precedentes, parece confirmar essa opinião. Sanções financeiras impostas pelos Estados Unidos e seus aliados à Rússia em 2022 também criaram maior incerteza monetária e financeira em nível global. Mesmo o modesto aperto da política monetária, imposto pelo Fed e outros bancos centrais, provocou significativo turbilhão nos mercados financeiros na primeira metade de 2022.

Como chegamos a esse ponto? Quando historiadores de economia citam as causas, a maioria concorda que a experimentação dos bancos centrais, seu equivocado acúmulo de missões/atribuições, a armamentização das moedas de reserva e a perda de independência resultaram em consequências catastróficas.

O Fed percorreu um longo caminho desde a sua fundação. Depois de três anos de disputas legislativas, o 63º Congresso aprovou, em 1913, o Projeto de Lei 63-43, "uma lei para estabelecer a criação de bancos da Reserva Federal, prover uma moeda elástica,* fornecer os meios de redescontos de papéis comerciais, estabelecer uma supervisão mais efetiva do sistema bancário nos Estados Unidos, e outros fins".[6] O presidente Wilson assinou a lei em dezembro de 1913, transformando os Estados Unidos na última grande economia a criar um Banco Central. Assim, o Fed substituiu o financista J. P. Morgan como o pilar da força econômica e da estabilidade financeira da nação, depois de outra corrida

---

* Projetado para fornecer flexibilidade no sistema monetário, em que a oferta monetária pode ser ajustada ou expandida com base em mudanças nas condições econômicas, ajudando assim a evitar flutuações repentinas no valor do dinheiro em função de haver muito ou pouco dinheiro em circulação. [N.R.]

aos bancos em 1908 ter revelado a fragilidade e a instabilidade de um sistema sem Banco Central.

A atribuição inicial do Fed consistia apenas em manter a estabilidade do sistema bancário norte-americano. Havia duas maneiras de evitar as repetidas e destrutivas corridas aos bancos: garantir os depósitos a todos os clientes bancários; e definir um credor de última instância capaz de ajudar a manter a moeda em circulação e os preços estáveis. A princípio, o Fed deveria exercer essas duas atribuições; porém, em 1933, o Congresso criou o Federal Deposit Insurance Corporation (FDIC) para exercer a função. Críticos temerosos com a excessiva concentração de poder econômico em mãos privadas respiraram aliviados – jamais um indivíduo como J. P. Morgan voltaria a exercer papel tão importante nas finanças da nação.

O Fed promoveu a estabilidade durante todo o período da Primeira Guerra Mundial, mas ficou famoso por não conseguir evitar a Grande Depressão. Indiscutivelmente, ao se recusar a salvar bancos e manter uma política apertada de fornecimento de crédito, o Fed contribuiu para agravar o problema. Esse erro violou as atribuições do Fed. O erro, em parte desencadeado por pontos de vista equivocados, acreditava que promoveria o risco fiscal ao socorrer bancos ilíquidos, mas solventes, e outros agentes privados.

Em suas memórias, o presidente Hoover recorda o conselho de seu secretário do Tesouro, Andrew Mello: "Liquidar a mão de obra, liquidar as ações, liquidar os fazendeiros, liquidar os imóveis. Purgar a putrefação do sistema". O resultado foi a desastrosa Grande Depressão.[7]

Foi necessária a genialidade intelectual do economista John Maynard Keynes para que uma saída desse atoleiro econômico fosse proposta. Segundo sua argumentação, durante recessões e depressões, quando a demanda é baixa, tanto os bancos centrais quanto as autoridades fiscais deveriam ajudar a pôr um fim na crise econômica oferecendo flexibilização monetária e fiscal. Então, além da estabilidade financeira, o Fed e os bancos centrais começaram a cuidar da estabilidade econômica, antes mesmo de receber, de fato, essa atribuição formal. Foram necessárias a Segunda Guerra Mundial e a forte intervenção federal na economia para que os Estados Unidos voltassem a conhecer um período de grande crescimento.

Ao longo do tempo, as atribuições do Fed oscilaram entre prioridades competitivas. Como uma das metas válidas de política pública é manter ao máximo o emprego sustentável, o Congresso encarregou o Fed de outra atribuição além da estabilidade de preços: controlar o desemprego.[8] Quando tanto a taxa de inflação quanto a do desemprego começaram a piorar nos anos 1970, as principais autoridades recomendaram aguardar um pouco, pois políticas monetárias muito frouxas provocam inflação alta. Todos sentimos o custo da inflação. Vamos dar independência aos bancos centrais e apenas um objetivo principal: a estabilidade dos preços. Preços estáveis reduzem a inflação e as consequências negativas que desvalorizam o valor das moedas fiduciárias.

Castigados pela estagflação, que se provou extremamente difícil de ser vencida, muitos bancos centrais – mas não o Fed – retomaram o foco exclusivo na estabilidade dos preços. Propuseram metas de inflação capazes de encorajar os empréstimos sem comprometer os níveis dos preços. O Fed, o BoE e o recém-criado BCE agora decidiram em comum acordo que a meta perfeita seria de 2%. "Apesar de as características precisas das metas de inflação diferirem de um país para o outro, a estrutura central sempre articulou a meta de inflação como o principal objetivo da política monetária", disse Jerome Powell, presidente do Fed, em agosto de 2020, durante um simpósio patrocinado pelo Fed de Kansas City.[9] No entanto, ao contrário de outros bancos centrais, o Fed sempre manteve duas atribuições: além da estabilidade de preços, a busca do pleno emprego continuou a fazer parte de sua missão.

A meta inflacionária cumpriu seu papel por mais de duas décadas. Inaugurou um período de prolongada estabilidade econômica, a Grande Moderação, de meados da década de 1980 até a metade final dos anos 2000. Pequenas recessões e uma bolha pontocom em 2000-2001 chegaram e partiram sem desestruturação duradoura. Até a Crise Financeira Global de 2008, uma alavanca governou a política monetária: a taxa paga pelos bancos para os empréstimos interbancários e via Fed. O Fed manejava esse número crucial, observado com atenção pelo mundo inteiro: a taxa de juros dos fundos federais. Planejava o Fed aumentá-lo só mesmo um tantinho? Diminuí-lo? Assinalaria o Fed suas intenções com meses de antecedência para que os mercados ajustassem suas expectativas? Essas eram basicamente as únicas perguntas importantes para os observadores do Fed.

A grave recessão iniciada em 2008 fez com que os bancos centrais repensassem a meta de 2% e o kit de ferramentas da política monetária. Em todas as economias importantes, as taxas de juros foram estabelecidas em zero, ou perto disso, ou ainda pouco abaixo de zero, e ali mantidas por anos a fio. Apesar dessa taxa hiperbaixa, as grandes economias estavam insatisfeitas com o baixo crescimento e a inflação abaixo da meta: como deveriam agir os bancos centrais?

A princípio, conceberam uma política de taxa de juros zero. Não obstante o dinheiro grátis e o acrônimo bacana para essa política, a política de taxa de juros zero (ZIRP, em inglês) não conseguiu ressuscitar os mercados nem tampouco as economias estagnadas. Alguns bancos centrais da Europa e o do Japão testaram uma política de taxas de juros negativas (NIRP, em inglês). Em vez de receber juros pelas reservas guardadas nos cofres dos bancos centrais, os bancos comerciais pagavam aos bancos centrais para guardar tais reservas. Impor esse custo adicional deveria incentivar os bancos a gerar mais empréstimos, e não os armazenar. Mas a tática também falhou.

Em vez de ajustar as taxas para um patamar negativo, o Fed – logo seguido por outros bancos centrais – implementou o *"forward guidance"** e se comprometeu a manter a política de taxa zero por mais tempo. Aludir ao futuro permite ao Fed ajustar as expectativas de taxa de juros e, dessa maneira, o rendimento dos títulos de longo prazo. Por essa razão, o Fed manteve a taxa de juros zero por um período mais longo do que seria possível prever. Usado primeiro pelo Fed no início de 2000, o *forward guidance* fornece a pessoas físicas e jurídicas informações de como direcionar suas decisões econômicas. Em dezembro de 2008, com o mercado de ações em queda livre, depois do colapso de duas proeminentes empresas de Wall Street, o Fed previu um cenário "capaz de garantir níveis da taxa de fundos federais excepcionalmente baixos por determinado período".[10]

---

* O *forward guidance* é uma ferramenta usada por bancos centrais para influenciar, com suas próprias previsões, as expectativas do mercado sobre os níveis futuros das taxas de juros. [N.T.]

Quando tal medida se revelou insuficiente, os kits de ferramentas do Fed e de outros bancos centrais se expandiram. "Flexibilização quantitativa" e "facilitação de crédito" estamparam as manchetes. Sua aplicação e impacto podem encher livros e mais livros didáticos, mas, em termos concretos, os bancos centrais iniciaram a compra de títulos de governo de longo prazo, assim como de ativos privados, com o intuito de reduzir o custo de empréstimos a longo prazo nos setores públicos e privados. Ao comprar enormes lotes de títulos do governo (e também títulos garantidos por hipotecas e ativos emitidos por empresas privadas em diversos países), os bancos centrais reduziram os custos desses títulos para todos. Com qual finalidade? Reduzir os custos de empréstimos a longo prazo para o governo – e para empresas privadas e famílias interessadas em empréstimos para a compra de imóveis e outros produtos – e acelerar a circulação de dinheiro em uma economia necessitada de um jorro de energia. Usada pela primeira vez para tirar o Japão da estagnação, depois de a economia despencar na década de 1990, a flexibilização quantitativa, normalmente chamada de QE, proveu ao Ocidente uma tábua de salvação durante a crise financeira. Em vez de ajustar o preço do dinheiro, o Banco Central do Japão decidiu ajustar a quantidade de dinheiro em circulação comprando títulos do governo de longo prazo com o objetivo de reduzir ainda mais seu rendimento.

A flexibilização quantitativa ajudou o Ocidente a se recobrar da Grande Recessão, porém de forma demasiado lenta, e só graças à ajuda adicional dos gastos financeiros federais aprovada pelo Congresso e outros órgãos legislativos. A questão central é se toda essa gastança federal é uma solução a curto prazo que conduz ao crescimento pujante ou se trata-se mais de uma bengala a ser usada por longo período, incapaz de levar a economia de volta a um patamar autossustentável quando os níveis de dívidas se elevam. A recuperação da Grande Recessão foi lenta demais e demorou muito para acontecer, e essa pergunta continua sem resposta.

E então veio a pandemia. Em dois anos – 2020 e 2021 – de taxas de juros no fundo do poço, flexibilização quantitativa e a criação de nova facilitação de crédito e de ferramentas de empréstimos para respaldar não apenas as instituições financeiras, mas todos os negócios, o Fed aumentou seu balanço de US$ 4,31 trilhões para US$ 8,66 trilhões, um aumento extraordinário de mais de US$ 4 trilhões.[11] Seu apetite por riscos assumiu proporções avantajadas. Em 2021, o Fed sugou *US$ 80 bilhões mensais* em títulos do Tesouro. Em conjunto, os bancos centrais criaram uma liquidez de cerca de *US$ 15 bilhões por dia* durante a pandemia do coronavírus. O total de compras acumuladas supera os US$ 10 trilhões.

Henry Curr, editor de economia da revista *The Economist*, diz o seguinte:

> Chegamos ao ponto no qual a flexibilização quantitativa (QE) se tornou praticamente a ferramenta favorita dos bancos centrais e, ainda assim, não deixa de ser mais experimental do que os bancos centrais tendem a confessar em público, e menos compreendida do que as ferramentas monetárias históricas da política monetária. Bem, agora chegamos a este ponto de inflexão.[12]

Mesmo para especialistas, o QE assemelha-se a uma caixa-preta. Curr afirma:

> Sabemos o que os bancos centrais fazem em um dos lados da caixa. Compram títulos. Sabemos o que sai do outro lado da caixa: a baixa das taxas de juros a longo prazo. A prova disso não deixa margem para dúvidas, e seu consenso já está estabelecido. No entanto, não sabemos como ele faz o que faz, o motivo da queda das taxas de juros a longo prazo.

Ben Bernanke, antigo presidente do Fed, resumiu a visão interna de forma memorável. "O problema com o QE", disse Bernanke, "é funcionar na prática, mas não na teoria."[13]

Uma nova experimentação reforçou a flexibilização do crédito, tática que visa à redução dos custos de empréstimos no setor privado. Além das obrigações do Tesouro, bancos centrais compraram títulos de outros emissores privados. O Fed comprou US$ 40 bilhões por mês de títulos lastreados em hipotecas residenciais a fim de reduzir as taxas de hipoteca e títulos corporativos para ajudar as empresas tomadoras de empréstimos; e da mesma forma agiram outros importantes bancos centrais. O BOJ chegou ao cúmulo de comprar títulos públicos.

Enquanto governos tentavam a todo custo conter a recessão durante a pandemia, as ferramentas não convencionais proliferaram. Socorros financeiros e mecanismos de apoio resgataram bancos tradicionais, bancos paralelos, corretoras, fundos de mercado monetário, mercados de papel comercial, famílias e empresas. Em certa extensão, essas decisões sem precedentes funcionaram a contento: quando, em março de 2020, a economia ameaçou congelar – com uma catastrófica corrida em busca de dinheiro, na qual todos os bancos queriam manter suas reservas e cobrar das grandes corporações os empréstimos concedidos –, as ações do Fed persuadiram a todos a conter o pânico e prosseguir com os empréstimos normais, o combustível básico de qualquer economia. Nesse sentido, Jerome Powell dava prosseguimento às lições de Ben Bernanke e Janet Yellen: caso necessário, use anabolizantes para mostrar que o credor de última instância, o Fed, não abandonará uma economia em tempos difíceis.

Ainda assim, esse precedente sensacional deixa em seu rastro várias consequências inesperadas. Em primeiro lugar, aproximou a política monetária e a fiscal. A distinção entre as duas tornou-se ainda mais nebulosa, quando muitos proeminentes acadêmicos passaram a defender a ideia da impressão de dinheiro para acabar com os déficits orçamentários sob a bandeira da TMM. Discussões a respeito da TMM costumam equipará-la a lançar "notas de helicópteros". Jerome Powell deixou claro, tanto em público quanto em conversas privadas, que o Fed precisava que o Congresso agisse – os empréstimos do Fed não bastavam; os gastos federais também eram essenciais. E o Congresso, sob as administrações Trump e Biden, respondeu com despesas volumosas: Trump aprovou dois pacotes de estímulo nos valores de US$2 trilhões e US$ 900 bilhões em 2020; no governo Biden, houve um estímulo de US$ 1,9 trilhão, seguido de um plano de investimento em infraestrutura de cerca de US$ 1 trilhão, bem como de planos no valor de outros trilhões em despesas em infraestrutura social, ainda não aprovados pelo Legislativo. Muitas dessas despesas foram, na verdade, financiadas pelo Fed graças à sua política de flexibilização quantitativa, uma forma efetiva da TMM.

Como inesperada consequência, a convergência dos objetivos fiscais e monetários indica a erosão da independência do Banco Central.

A história ensina a importância indispensável de manter política e política monetária separadas. Contudo, durante a crise da Covid-19, a monetização direta de déficits e dívidas fiscais virou norma.

O BCE, fundado em 1998, cuja atribuição era manter a estabilidade dos preços, batalhou para redefinir seu propósito em um ambiente inexplorado. "A administração das crises levou o Banco Central muito além de suas estritas atribuições", noticiou o *The New York Times* em 2010, quando Jean-Claude Trichet era presidente do banco.[14] "Ficou muito mais difícil para o sr. Trichet sintetizar seu papel com o mantra 'Em nosso compasso há apenas uma agulha: a estabilidade de preços'." Na verdade, o *Times* publicou que o BCE "vivia o que os militares americanos chamam de intervenção com escopo abrangente, em que há acúmulo de responsabilidades, dada a ausência de outra instituição europeia federal preparada para estabilizar o sistema econômico e financeiro da Zona do Euro". De 2014 até o final de 2020, o balanço do BCE triplicou para 60% do PIB, segundo a ONG Atlantic Council Global QE Tracker.*[15]

Em vez de proteger as economias do prejuízo, suas incansáveis missões e ferramentas podem acabar colocando-as em perigo. Inovações que previnem crises no curto prazo abastecem bolhas de ativos e crédito. Nunca estivemos tão vulneráveis. Crises financeiras se tornaram mais frequentes, onerosas e virulentas tanto em economias avançadas quanto nos mercados emergentes. O risco é reconhecermos o ponto crítico tarde demais. Choques de oferta negativa, numa era de políticas monetárias, fiscais e de crédito inventivas, podem detonar a inflação e mesmo a estagflação, provocando a desvalorização das moedas fiduciárias. A projeção de liquidez criada durante a pandemia gerou a inflação de ativos e agora a inflação de bens e serviços. Não resta dúvida: essa gigantesca bolha de ativos se transformará em crash; resta saber quando. É apenas uma questão de tempo. E a taxa de inflação voltou a subir em 2021-2022 para um patamar sem precedentes desde a década de 1980.

---

* Ferramenta desenvolvida para monitorar os programas globais de flexibilização quantitativa (QEs), rastreando o tamanho dos programas de QE, os ativos adquiridos pelos bancos centrais e outros indicadores importantes para analisar os potenciais efeitos do uso do QE na política monetária. [N.R.]

A depreciação costumava significar medidas para, por exemplo, reduzir o precioso índice das moedas. Nos tempos do imperador romano Nero, os governos derretiam dez moedas e cunhavam onze para dar a impressão de crescente riqueza. Entretanto, os aumentos proporcionais dos preços destruíam a ilusão. A história demonstra que o medo da desvalorização pode provocar o forte declínio do valor real da moeda. Na Europa medieval, em especial na França, as moedas de metal substituíram as de ouro e prata. Henrique VIII e Eduardo VI sistematicamente depreciaram as moedas inglesas, em meados do século XVI, quando o dinheiro obtido com o confisco de monastérios chegou ao fim, segundo o escritor Stephen Deng em *The Great Debasement and Its Aftermath* [A grande desvalorização e suas consequências]. No que hoje denominamos "A Grande Desvalorização", as moedas de prata, conhecidas como *testons*, passaram a ser cunhadas em cobre e recobertas com uma fina camada de prata que, facilmente arrancada, mostrava sua cor vermelha. As moedas inspiraram John Heywood a escrever um diálogo curto e sarcástico em forma de poema:

> *These testons look red: how like you the same?*
> *'Tis a token of grace: they blush for shame.**

Depois de quase quatrocentos anos, a libra esterlina perdeu parte da pureza, contendo 75%, 50%, 33% e 25% de prata. Moedas cunhadas em 1551 continham apenas 17% da prata das moedas cunhadas uma década antes.[16] Ninguém menos que um luminar da envergadura de sir Isaac Newton, como Guardião da Casa da Moeda, tentou restaurar a saúde das moedas inglesas.

Em nossos dias, nações avançadas não "derretem" ou "cortam" moedas para produzir mais dinheiro, pelo simples fato de não ser mais preciso. No entanto, imprimir dinheiro em ritmo surpreendente é mais fácil e causa prejuízos maiores. Desvalorizar as moedas fiduciárias é sempre uma grande tentação. Em determinado momento, começa a corroer a confiança no crescimento e na prosperidade econômica. O majestoso

---

* "Esses testons estão rubros: no que se parecem?/É um sinal de pureza: ruborizam-se de vergonha", em tradução livre. [N.T.]

dólar americano não está envelhecendo bem. Na Conferência de Bretton Woods, o dólar foi decretado moeda de reserva global mundial e exerceu sua preponderância sobre todas as demais moedas a partir da Segunda Guerra Mundial. Depois de um período de 75 anos, quando a maioria das nações avaliava a saúde de seu dinheiro em comparação ao dólar, poderiam novas formas de depreciação rebaixar o dólar? Nos próximos cinco anos é pouco provável. No entanto, ao longo das próximas décadas, provavelmente o dólar será conspurcado, sobretudo por sua crescente armamentização, com o intuito de garantir a segurança nacional. O acúmulo de dívidas públicas, privadas e estrangeiras enfraquece o crescimento. Sem crescimento, as economias esmorecem. O endividamento continuará a crescer em função de contratos de dívida explícita e de dívidas implícitas com a finalidade de atender aos serviços sem provisões da previdência social, da assistência médica e dos extraordinários custos associados à mudança climática.

Os Estados Unidos possuem enormes déficits fiscais e de conta-corrente, ou seja, na economia norte-americana, saem mais dólares que entram. Nossas importações excedem em muito nossas exportações. Há mais dólares hoje fora dos Estados Unidos do que dentro.[17] Por outro lado, outras grandes economias têm superávits em suas contas-correntes. Embora os Estados Unidos gozem de extraordinária capacidade para se financiar graças aos empréstimos mais baratos no exterior, dada a demanda por ativos em dólares, o país galopa rumo a uma dívida pública e externa insustentável. Para financiar um déficit de conta-corrente em constante crescimento, os Estados Unidos aumentam seus passivos estrangeiros todos os anos com uma quantia igual a seu déficit externo. Os Estados Unidos já são o maior devedor global: mais de 50% do PIB, ou US$ 13 trilhões de dívida externa.

Em que momento os credores estrangeiros dos Estados Unidos decidirão não terem mais capacidade de financiá-lo a taxas de juros tão baixas? Forças poderosas ameaçam o dólar com o passar do tempo. Ademais, os Estados Unidos usam cada vez mais o dólar como ferramenta de política de segurança nacional e estrangeira. As sanções comerciais e financeiras punem rivais estratégicos do país, entre eles China, Rússia, Coreia do Norte e Irã. Sanções secundárias atingem países que não cooperam com os propósitos norte-americanos. Seus ataques incentivam os rivais a confiar cada vez menos no dólar – ou até mesmo a não confiar em nada na moeda. Na verdade, rivais estratégicos dos Estados Unidos tentam diversificar suas reservas internacionais com o objetivo de se afastar do dólar. Sanções financeiras draconianas impostas à Rússia para punir sua brutal invasão à Ucrânia vão acelerar o atual desejo desses quatro rivais estratégicos dos Estados Unidos a abandonar o sistema financeiro global baseado no dólar. Mesmo outros amigos dos Estados Unidos, como os países petrolíferos do Oriente Médio, começam a questionar a possibilidade de acabarem vítimas de sanções americanas, caso sua política estrangeira seja divergente da norte-americana. Os Emirados Árabes se abstiveram na votação da resolução apresentada no Conselho de Segurança da ONU, na qual se pedia a condenação da Rússia pela invasão da Ucrânia. A Arábia Saudita não cedeu ao apelo da administração Biden de ampliar a produção e exportação de petróleo para manter o aumento dos custos energéticos sob controle. No entanto, a crescente armamentização do dólar leva, tanto amigos quanto oponentes, a desejar a diversificação de um sistema financeiro internacional baseado nessa moeda. Várias das principais instituições financeiras russas foram banidas do sistema Swift de transações financeiras internacionais, que conecta mais de 11 mil instituições financeiras mundo afora. Apesar dos pedidos de banir a Rússia do sistema, vozes norte-americanas e europeias sugeriram que tal atitude levaria a Rússia e a China a acelerarem seus planos de tirar a hegemonia do dólar americano como moeda de reserva global. Esses países começaram a comerciar bens, serviços, commodities e ativos financeiros usando o rublo e o renminbi, e não o dólar americano. Guerras financeiras levam a guerras contrafinanceiras.

Em geral, a moeda emitida pela superpotência na liderança global é a moeda de reserva. A libra esterlina prevaleceu enquanto o Império Britânico dominou os mares no século XIX. O poder escapou de modo quase harmonioso para o dólar no século XX, quando as duas guerras mundiais esgotaram os títulos públicos europeus. E agora?

O século XXI parece favorecer a China. Caso o país se torne o poder dominante, parceiros comerciais e financeiros podem decidir avaliar seus bens e serviços usando o renminbi como unidade monetária. Em paralelo, o RMB começará a fornecer crescentes recursos de pagamento no comércio global, moedas de reserva para bancos centrais, e se transformará em veículo de investimento para investidores privados. Pouco a pouco, o papel do dólar americano como principal moeda de reserva mundial pode começar a resvalar e sumir de modo ainda mais acelerado à medida que se intensifique a guerra fria entre Estados Unidos e China. Os chineses, ao ver a maioria das reservas estrangeiras russas em dólares, euros, libras esterlinas, ienes etc. congelada durante o conflito na Ucrânia, começarão a acelerar sua desvinculação financeira de um sistema financeiro internacional em que o dólar é a moeda de reserva. Vale notar que já foi proposta a cotação do preço do petróleo da Arábia Saudita em renminbi. Isso transformaria o RMB em meio de pagamento para essas transações comerciais e promoveria sua inclusão nas reservas sauditas de moedas estrangeiras. Claro, a China precisaria abrir sua conta de capital e começar a implementar a balança comercial, de modo que permita aos estrangeiros o acúmulo de consideráveis quantias de ativos em RMB com o passar dos anos, porém mesmo essa transformação pode ocorrer em seu devido tempo, pois a China depende mais de sua demanda interna do que da exportação para sustentar sua taxa de crescimento.

De fato, o Banco Popular da China parece pronto para substituir o dólar pela própria moeda, antes do desenvolvimento da moeda digital do Banco Central. A lenta mudança pode ser acelerada, caso o medo da desvalorização do dólar tome conta dos investidores internacionais. Se o Fed acabar preso numa armadilha de dívida e se tornar incapaz, por livre e espontânea vontade, de apertar a política monetária diante da crescente inflação, o resultado pode ser a depreciação do dólar americano. Nesse caso, um surto de inflação varreria os Estados Unidos e as economias atreladas ao dólar. Respostas atrapalhadas ou lentas das autoridades monetárias deixarão os detentores de dólares e ativos denominados em dólar repentinamente mais pobres, conforme o valor da moeda americana decline.

Mesmo se o dólar mantiver o posto de moeda de reserva global a curto prazo, ao longo das duas próximas décadas há chances de seu papel esmorecer. Os chineses podem se mostrar mais agressivos na criação da moeda digital. A RMB digital e seu poder econômico e influência na Ásia e outros mercados de economia emergente podem crescer de modo consistente. Caso a China se torne líder em tecnologia e indústrias do futuro – a começar pela inteligência artificial –, poderia oferecer negócios aos mercados emergentes difíceis de serem recusados: plataformas de e-commerce; plataformas de sistemas de pagamento digital; sua moeda como forma de pagamento, unidade de conta e reserva de valor; sistemas de vigilância para autocratas controlarem massas inquietas; e as redes de 5G, big data ou megadados e a Internet das Coisas, solução para espalhar a adoção de novas tecnologias. O papel do dólar pode declinar se a China proporcionar um modelo econômico, comercial, de investimento, tecnológico, monetário, financeiro, social e político competitivo.

Implicações arrepiantes se sucederiam. Em entrevista ao *Financial Times*, sir Jeremy Fleming, presidente da agência britânica de segurança cibernética nacional, expressou uma terrível advertência. Um e-RMB dominante concede imenso poder à China. "Se implementado da forma errada, ele permite a um país hostil a capacidade de vigiar as transações", disse Fleming. "Isso lhes dá a capacidade de exercer o controle sobre todas as operações realizadas nessas moedas digitais."[18]

Um realinhamento da moeda global começará com a mudança de moedas regionais. Quando qualquer grupo de nações tenta criar uma única área monetária ótima, corre em busca de uma ilusão. Diferentes prioridades e culturas nacionais podem neutralizar um Banco Central regional. A UME nos oferece a primeira demonstração. Pode a UME continuar viável ou uma miríade de pressões causará uma ruptura, incluindo novas ameaças na segurança de suas fronteiras orientais, que apresentam limitadas capacidades de defesa? O experimento data de duas décadas apenas, e o júri ainda não deu sua palavra final. A UME nasceu em 1999, quando várias economias europeias decidiram abrir mão de suas moedas nacionais. Da noite para o dia, o euro substituiu o marco alemão, o franco francês, a lira italiana e outras moedas nacionais (mas não a libra esterlina, presságio da eventual saída da Inglaterra da União Europeia). O euro sobreviveu a alguns sustos desde sua criação, e hoje sua economia está em terceiro lugar em poder de paridade de compra, atrás apenas dos Estados Unidos e da China.

Sob exame atento, à UME faltam características essenciais de uma robusta área monetária ótima. As razões políticas prevaleceram sobre as econômicas em sua origem: ancorar uma Alemanha unida à Europa era mais importante que resolver detalhes econômicos e a otimização de uma moeda única. Para uma área monetária ótima dar certo, ciclos de negócios, crescimento geral e taxas de produtividade nos países-membros deveriam ser sincronizados. A mão de obra e o capital deveriam ter acesso livre para ajudar os países a se adequarem na ocorrência de choques locais. Deve haver um jeito de compartilhar riscos fiscais e financeiros.

As uniões monetárias bem-sucedidas também exigem um arcabouço político compartilhado para que as políticas do Banco Central possam prevalecer, quando necessário, sobre as autoridades nacionais sem objeções e sem atropelar a legitimidade democrática. Mesmo quando as democracias liberais prevalecem, são padrões difíceis de serem satisfeitos. Países fortes temem que o compartilhamento de alguma forma de risco ou de união fiscal possa acabar por gerar a transferência de risco e de união fiscal, ou seja, um sistema permanente no qual os países-membros ricos subsidiam seus vizinhos mais pobres e improdutivos. Desde o início, a UME foi exposta a taxas de crescimento e produtividade distintas entre as nações ricas e as pobres, sem falar das escancaradas diferenças de políticas fiscais, déficits de orçamento e níveis de dívida pública.

Durante suas primeiras duas décadas, a UME foi palco de repetidas disputas entre os países mais ricos do Norte, liderados pela Alemanha, e os membros do Sul, mais pobres e endividados. Prestar socorro à Grécia em 2015 evitou o Grexit e o colapso da UME, mas só depois de contundentes tensões entre os países-membros. No entanto, socorrer a Grécia foi relativamente barato. A UME se safou sem grandes prejuízos. Contudo, antes da ajuda financeira, a possibilidade do Grexit provocou tremores substanciais nos mercados financeiros europeus e globais.

Preocupações ainda maiores espreitam em muitas partes da Europa. Crescimento baixo, baixa produtividade, agravamento da fuga de cérebros. Altos déficits e dívida pública de grande magnitude fazem da Itália o atual elo fraco. O populismo, unido contra o euro e a União Europeia, aumenta por toda a nação. Como a terceira maior economia da União Europeia, a Itália é grande demais para falir e para ser salva. Nem o máximo empenho da União Europeia, do FMI e do BCE pode reunir ajuda suficiente, em termos de volume, se por causa da dívida acima de 2,6 trilhões de euros a Itália decretar moratória. A incapacidade de pagar credores levaria a Itália a sair da UME ou votar pelo Italexit. Tal saída vergonhosa poderia incentivar outros países a seguir o exemplo, mas por iniciativa própria, enquanto ainda são donos da própria vontade, provocando um efeito dominó que acabaria com a UME num piscar de olhos. O resto do mundo estremeceria caso a UME entrasse em colapso.

E agora a Europa enfrenta novas ameaças de segurança por parte da Rússia, e os Estados Unidos exigem dos países-membros europeus da Organização do Tratado do Atlântico Norte (Otan) o cumprimento do há tempos esquecido compromisso de destinar 2% de seu PIB à segurança. A Europa enfrenta outro desafio fiscal gigantesco: aumentar os gastos com defesa, embora não disponha de recursos financeiros ou rendimentos para financiar tal despesa. As forças de defesa europeias não passam de papo-furado; a Europa depende do guarda-chuva militar norte-americano na Otan para impedir a crescente ameaça russa. Sem as forças dos Estados Unidos na Europa, caso o Exército russo atacasse os Bálcãs ou qualquer outro país europeu, poderia dominar os exércitos europeus com mais rapidez que os afegãos, depois da saída das tropas dos Estados Unidos do Afeganistão em 2021.

No passado, uma moeda fiduciária só poderia ser substituída por outra alternativa soberana como moeda de reserva global – por exemplo, quando o dólar substituiu a libra esterlina. Hoje, novos rivais trazem novas incertezas. A inovação varreu o setor privado em busca de formas de dinheiro não submetidas a um comando central.

A tecnologia *blockchain*, um sistema de banco de dados avançado compartilhado por grande número de servidores, torna possível, graças a técnicas criptográficas, definir a propriedade de um único elemento do banco de dados (por exemplo, uma unidade de alguma moeda digital) sem precisar de uma única instituição para validar essa propriedade. Essa tecnologia provocou uma enxurrada das chamadas criptomoedas, um tipo de dinheiro não emitido por qualquer governo ou Banco Central.

Um sistema concebido para proporcionar transparência tem ironicamente uma gênese nebulosa, conforme publicado em um artigo de 2008 atribuído a Satoshi Nakamoto, um homem que nem se sabe se de fato existe (ou que pode ser o representante de um grupo de pessoas). O autor, ou autores, do artigo propunha a bitcoin como um protocolo *peer-to-peer*, ou ponto a ponto, "sistema de pagamento eletrônico com base em prova criptográfica, e não em fundos". Cadeias de certificados digitais criam moedas eletrônicas com as quais validam transações. Donos sucessivos transferem as moedas através de duas assinaturas digitais para marcar de modo indelével a anterior e a nova transação num permanente sistema público de dados.

Não obstante a febre das oscilações de valor, o mercado de criptomoedas, como um todo, apresentou crescimento acelerado. O prefeito de Miami, Francis X. Suarez, atraiu para si todos os holofotes ao declarar que receberia seu salário em criptomoedas. Eric Adams, prefeito eleito na cidade de Nova York, respondeu que receberia seus três primeiros salários em criptomoedas, esquecendo-se do inconveniente de que, no momento, Nova York não pode pagar salários em outra moeda a não ser em dólar.[19] O governo de El Salvador adotou oficialmente a bitcoin como moeda nacional em 2021, apesar das severas advertências de muitas instituições, dentre elas o FMI, pois o país precisa de injeções financeiras tendo em vista suas dívidas insustentáveis. Todas as três declarações enfatizam o mesmo ponto: esses políticos querem atrair o negócio florescente das criptomoedas e "finanças descentralizadas" (DeFi) para suas cidades e países.

Otimistas defendem um brilhante futuro para as criptomoedas e as DeFis. Para eles, as criptomoedas podem ser usadas com as mesmas finalidades do dinheiro físico, ou seja, do dólar, do euro, da libra esterlina e do iene – e ainda mais. Podem pagar gêneros alimentícios, automóveis ou investimentos. Podem possibilitar empréstimos sem as burocracias estafantes. "O conceito de aluguel, o conceito de hipoteca, o conceito disso tudo será desafiado por esse mundo novo, pois as fontes de captação são flexíveis", afirma Karl Jacob, fundador da LoanSnap. Usando a BaconCoin, a LoanSnap visa revolucionar a compra de imóveis compartilhando hipotecas através do *blockchain*, no qual é possível registrar cada transação desde o início.[20] A primeira dessas hipotecas mudou de mãos no final de 2021. Uma vez inscritas em um *blockchain* acessível a todos os usuários, novas transações atualizam a situação corrente, mas, por princípio, ninguém pode alterar ou acessar o ocorrido no passado.

A corrida para a DeFi é prematura e, em última instância, insensata. A rápida ascensão, desde 2010, da bitcoin, ethereum, dogecoin e outros milhares de criptomoedas incipientes expõe nossa desnutrida crença coletiva na habilidade de governos garantirem o dinheiro emitido. No entanto, elevar as criptomoedas ao status de moedas legítimas endossa um perigoso precedente que, muito provável, fracassará sordidamente.

Fabio Panetta, membro do conselho executivo do BCE, emitiu um parecer moderado em dezembro de 2021. "Apesar das substanciais somas envolvidas, não há sinal de que os ativos em criptomoedas desempenharam ou desempenham funções úteis em termos sociais ou econômicos", disse Panetta. "Não costumam ser usadas para pagamentos no varejo ou no atacado, não financiam consumo ou investimento, e nem têm qualquer papel no combate à mudança climática."[21]

O rótulo "criptomoeda" é de fato um nome inadequado. Cinco características definidoras de uma moeda viável estão ausentes no caso de alternativas com base em *blockchains*. As moedas tradicionais funcionam como *unidades de conta*, ou seja, são usadas por vendedores para precificar bens, serviços e ativos de toda e qualquer espécie. No entanto, com a vertiginosa flutuação do valor das criptomoedas, vendedores simplesmente não têm como fixar os preços. Mesmo em conferências dedicadas ao tema das criptomoedas evita-se estabelecer o valor das inscrições em criptomoeda, porque uma queda da noite para o dia pode aniquilar as margens de lucro do patrocinador da conferência. Contratos de dívida também exigem uma unidade de conta estável. Se alguém fosse realizar uma hipoteca na qual tanto o principal quanto os juros fossem em bitcoins, um aumento no valor da bitcoin provocaria a disparada do valor real da hipoteca. No caso de uma provável inadimplência, o credor perde o dinheiro; e o mutuário, a casa.

A moeda tradicional também deve ser um *meio de pagamento usado de forma ampla e dimensionável*. A bitcoin e a ethereum podem processar menos de doze transações por segundo, em função dos gigantescos recursos de processamento envolvidos nas operações. O Visa, ao contrário, processa 50 mil transações por segundo. A prova de trabalho gravada em cada transação *blockchain* pode lhe conferir mais confiabilidade, mas a passo de tartaruga. Outro atributo vital torna o dinheiro *uma reserva de valor estável não exposta a oscilações vertiginosas no valor de mercado*. Os depósitos em poupança devem acumular juros até sua retirada e não devem ser ameaçados com surpresas desagradáveis de alterações de preço diárias. As criptomoedas, dada sua alta volatilidade, ainda não atendem a esse padrão. Mais um detalhe: uma moeda deve ter um *valor relativo estável no índice de preços de bens e serviços*. Caso contrário, o poder de compra dessa "moeda" se torna demasiado instável, ou seja, uma reserva de valor não confiável. Com o valor da bitcoin subindo ou caindo 10% ou 20% em questão de dias, sua instabilidade a descarta como moeda útil para a troca de bens e serviços.

Desde que a primeira moeda trocou de mãos, seu valor dependia do fornecimento daquilo que os economistas chamam de *numerário universal*, modo resumido de se referir a um critério comparativo do valor relativo de todos os bens e serviços de maneira consistente e unificada. No mundo dos Flintstones, a lasca funcionava como numerário universal. O valor relativo de sapatos, chapéus e carros movidos a solas dos pés correspondiam ao número de lascas. No mundo real do século XX, os acordos de Bretton Woods definiram o dólar como referência global, e seu valor equivalia a 35 gramas do ouro. Outras moedas calcularam seus valores como múltiplo ou fração do dólar.

Desde que o dólar passou a ser o numerário universal, o custo de um grama de açúcar na cidade de Peoria, em Pretória, ou em Kuala Lumpur é transparente para consumidores usando qualquer moeda. E, em todos os países com a própria moeda, o dólar é a moeda corrente, a unidade de conta e numerário universal usada para todos os bens, serviços e transações. Num mundo cripto de "tokenização", porém, se eu precisar de uma moeda Pepsi para comprar uma Pepsi ou uma moeda Coca para comprar uma coca-cola, não posso calcular seu valor relativo. Então, nesse sentido, a Idade da Pedra dos Flintstones tinha um sistema monetário mais sofisticado graças ao uso de lascas como numerário universal do que o sistema de criptomoedas. No universo cripto, o dólar deve servir como referência. Sem isso, ninguém pode comparar o valor de bitcoins, ethers, dogecoins ou qualquer outro substituto em criptomoedas, muito menos usá-los para definir preços de bens e serviços.

Uma das alegadas características da criptomoeda alardeada por seus entusiastas é que ninguém pode trapacear com a oferta da moeda. Existe um limite absoluto na emissão de bitcoins: a emissão terminará uma vez criadas ou "mineradas" 21 milhões de moedas. Isso é uma proteção contra a inflação, dado que nenhum governo pode sair imprimindo dinheiro feito louco.

Por ser algo sem precedentes, é difícil prever o que acontece quando bitcoins chegam ao limite. Quem pode assegurar o limite? Devemos confiar em algoritmos? Outras questões nos despertam maiores inseguranças. Muitas criptomoedas obedecem a regras específicas que não limitam o fornecimento de moedas, expondo o valor à grave depreciação, pior e mais rápida que qualquer moeda fiduciária. A fé absoluta e o crédito podem virar piada. Os investidores no espaço cripto usam alavancagens até cem vezes superior ao capital em algumas bolsas, ou seja, flutuações pequenas podem acabar com as posições. À medida que essas práticas proliferam, uma nova espécie de dívida pode agravar o risco sistêmico.

Caso nada detenha a mineração de criptomoedas, os custos sociais colaterais podem se acumular. A criação de criptomoedas já consome tanta energia que Elon Musk, fundador da Tesla, mudou sua política e anunciou que não mais aceitará bitcoin como forma de pagamento para seus carros elétricos, o que chegara a fazer por curto período. O alto custo ambiental da mineração de dados exigido pelas classes de bitcoin entra em conflito com a missão de uma fábrica de carros voltada a apresentar alternativas sustentáveis ao consumo de combustíveis fósseis. Os criptoativos são devoradores de energia e seu consumo se equipara ao da Holanda ou ao da Argentina. Se a mineração de criptomoedas deslanchar, adeus às urgentes iniciativas climáticas para desacelerar o aquecimento global.

As criptomoedas estão sujeitas a outros riscos possíveis de se tornarem sistêmicos. "São usadas a torto e a direito para atividades criminosas e terroristas, ou para esconder as rendas dos olhos das autoridades fiscais", alerta Panetta. Ele também cita uma história marcada por sucessos e fracassos: "No passado, os períodos nos quais várias formas de dinheiro privado coexistiram, na ausência de uma moeda soberana – por exemplo, os episódios nos quais vigorava o sistema bancário livre nos séculos passados –, foram marcados por crises recorrentes".[22]

Depois que o populismo jacksoniano fechou as portas do segundo Banco dos Estados Unidos em 1836, a era do sistema bancário livre permitiu que os bancos emitissem os próprios títulos com escasso controle. O sistema bancário livre prevaleceu até 1864, quando o Congresso reivindicou a regulamentação dos bancos. "Durante os debates acerca da Lei do Banco Nacional, seus proponentes citaram um grande número de falências de bancos estaduais nos estados em que vigorava o sistema bancário livre, e a necessidade de definir um sistema de moeda uniforme e nacional", relembrou um artigo do *Economic Insights*, publicado em 2016 pelo Philadelphia Federal Bank.[23] Em resumo, um mundo com milhares de moedas emitidas pelo setor privado foi tentado no século XIX e resultou em estrondoso fracasso, arrastando a moeda para o caos e degenerando em crises financeiras sistêmicas que provocaram severas recessões econômicas. Não é preciso reviver a fase do sistema bancário livre com as criptomoedas.

Estamos na fase do Faroeste em termos de criptomoedas. Um estudo sugere que 80% das ofertas iniciais da moeda, ou ICOs, não passavam de trapaças e desrespeitavam as leis de segurança. "Há trapaças recorrentes nas dez criptomoedas do topo", afirma Ari Paul, diretor de investimentos e cofundador do Blocktower Capital Advisors LP, empresa de *blockchain* e investimentos do mercado cripto. "Se vocês compram uma cesta com as dez maiores criptomoedas, estão comprando ativos que, posso lhes garantir, não valerão nada. São fraudes explícitas", disse a Kevin Rose, apresentador do podcast *Modern Finance*.[24]

Uma em cada dez ofertas iniciais de moeda acaba com a perda quase total de seu valor. Evidências de manipulação generalizada do mercado têm descrito as práticas mais perdulárias de algumas empresas de Wall Street: os esquemas de *pump and dump*, nos quais o preço de um ativo é manipulado e supervalorizado para depois ser vendido a preços inflacionados, deixando alguns otários inexperientes com prejuízos enormes; o comércio de lavagem de dinheiro ilegal no qual títulos são vendidos e comprados simultaneamente para alavancar o volume de negócios e aumentar o interesse dos incautos; os ataques de *spoofing* com falsas transações e *front running*, prática criminosa de antecipação de ordens de compra e venda antes dos clientes para auferir lucros e depená-los.

Encontrar especialistas em DeFis exige pouquíssimo esforço hoje em dia. Eles trocam informações em programas de negócios na rede todos os dias, em newsletters para um público-alvo na internet e em podcasts. O YouTube lista vídeos prometendo destrinchar os mistérios da cripto finança. Relatórios do mercado mantêm planilhas com flutuações dos preços. É preciso ser extremamente cuidadoso com um mercado de US$ 1 trilhão fundamentado em uma ousada inovação. O léxico financeiro moderno está repleto de palavras capazes de nos deixar atordoados, desde criptomoedas a tokens não fungíveis (NFTs) que conferem preços estratosféricos por serem únicos e porque outros investidores afirmam terem valor. O artista gráfico Matt Winkelmann virou notícia, no início de 2021, quando 21 de seus tokens não fungíveis obtiveram quase US$ 4 milhões em um leilão on-line, num único fim de semana.[25] Agora, contudo, a bolha NFT está prestes a explodir. Esse mercado já perdeu muito de seu volume e o valor da maioria desses pseudoativos despencou.

Independentemente do que entusiastas, golpistas e ilusionistas proclamam sobre a DeFi, os riscos colossais dessa inovação financeira criaram expectativas. Investidores cautelosos navegam entre a Scylla e a Charybdis, expostos a algoritmos implacáveis e investidores caprichosos. Caso o crescimento continue em ritmo acelerado, as oscilações dos preços voláteis proliferarão. No início de 2021, o preço de uma única bitcoin perdeu metade de seu valor, ou US$ 30 mil em semanas. Uma queda de porcentagem maior ocorreu quando, em junho de 2022, a bitcoin despencou para menos de US$ 18 mil, uma queda de 75% de seu valor máximo de todos os tempos: quase US$ 69 mil em 2021. Em 2022, outras "moedas podres" sofreram queda ainda maior, cerca de 80% de seus valores de pico em 2021.

Ao contrário de bancos regulados que ajudam os clientes com pouca experiência a lidar com seus portfólios, os provedores de criptomoedas quase não oferecem proteção. Se as chaves privadas são esquecidas, perdidas, hackeadas ou roubadas, a riqueza cripto pode sumir sem meios de ser recuperada. Como as transações descentralizadas contornam o monitoramento, o mercado serve de chamariz para atividades sórdidas como lavagem de dinheiro, evasão de impostos, tráfico humano, terrorismo, crimes financeiros e ataques de *ransomware*.*

---

* Ataque de sequestro digital é um tipo de ataque virtual projetado para criptografar os dados do computador e bloquear o acesso ao sistema. Os cibercriminosos exigem resgate (*ransom*) de suas vítimas em troca da liberação dos dados. [N.T.]

As *stablecoins** digitais supostamente atreladas ao valor do dólar ou de outras moedas fiduciárias também despertam suspeitas. Caso respaldadas por ativos arriscados, o valor de mercado em queda pode desencadear corridas e abalar não só o mercado de criptomoedas. Em 2008, poucos ativos pareciam mais seguros que os *money market securities*, cujo valor líquido do ativo era atrelado à paridade do dólar. Contudo, a corrida para os ativos "seguros" – que, no final das contas, de seguros nada tinham –, durante a Crise Financeira Global, provocou estragos que *broke the buck*, quer dizer, o valor líquido do ativo despencou para menos de um dólar por ação. Observadores cautelosos temem o potencial de uma fuga sistêmica similar no mercado de moedas estáveis digitais. Não se esquecerão de maio de 2022, quando uma moeda criptográfica estável, a TerraUST, garantida pelo algoritmo de outra criptomoeda – a Luna –, *broke the buck* e perdeu quase todo o seu valor. E lá se vai para o ralo outra moeda "estável". E outra *stablecoin*, a Tether, não sujeita à regulamentação, também caiu por causa de uma pressão significativa do mercado. Esse novo mundo nebuloso é regulado de modo superficial, se é que é regulado. Gary Gensler, presidente da Comissão de Valores Mobiliários dos Estados Unidos (SEC, na sigla em inglês), advertiu que as graves ameaças nos setores de criptomoedas e DeFis nos trazem à lembrança o Velho Oeste.

Preocupações alarmantes emergem no Relatório sobre a Estabilidade Financeira Mundial, divulgado pelo FMI em outubro de 2021: "Faltam, a muitas dessas entidades, práticas sólidas de operação, gestão de governança e riscos. Durante períodos de turbulência nos mercados, os preços das criptomoedas enfrentaram significativa volatilidade e descontinuidade de serviços". O relatório cita também vários casos de roubos de fundos dos clientes por hackers. "À medida que ganham aceitação", alerta o relatório, "os criptoativos adquirem mais importância em vista das possíveis implicações para a economia como um todo."[26]

Economistas do FMI lançam dúvidas quanto às insuficientes proteções ao consumidor e à fiscalização inadequada. Dos 16 mil tokens listados em várias das trocas de criptomoedas, cerca da metade desapareceu e

---

* Termo que se refere a "moedas estáveis". [N.T.]

perdeu todo seu valor. Muitos nunca mudaram de mãos, ou seus desenvolvedores apenas abandonaram os projetos.

Alguns foram criados com o único propósito de especulação ou mesmo fraude, pura e simples. A (pseudo)anonimidade dos criptoativos também cria lacunas nos dados para reguladores e pode abrir portas indesejadas para a lavagem de dinheiro, assim como para o financiamento do terrorismo.[27]

Adeptos das criptomoedas sonham com um sistema financeiro no qual todas as transações financeiras – inclusive conceder e fazer empréstimos – ocorram sem intermediários. Algoritmos atrelados às *blockchains* substituirão os bancos e executarão contratos inteligentes. Ativos serão transferidos com a mesma fluidez das mensagens de texto, sem qualquer interferência imposta por terceiros. Nesse mundo ideal, os sonhadores se esquecem de que as empresas DeFis têm desenvolvedores e financiadores que, tal e qual os bancos, buscam auferir lucros usando práticas que exigem regulamentação e supervisão, e não um Velho Oeste da desregulamentação. As DeFis pegam carona e escapam da supervisão e da regulamentação às quais são submetidas as instituições financeiras tradicionais, prática conhecida como arbitragem regulatória. Bancos necessitam aplicar devidamente AML* e KYC.** Ambos impõem pesados custos para atender a essas exigências. Trata-se de uma competição desleal, um convite ao financiamento de atividades ilegais. A DeFi sobreviveria caso fosse submetida à regulamentação adequada e às mesmas exigências das instituições financeiras tradicionais? É uma pergunta justa.

A inovação pode ser maravilhosa em qualquer setor, inclusive no financeiro. Ao longo de décadas, inovadores criaram uma impressionante variedade de instrumentos financeiros no setor privado. Se alguma

---

* Do inglês Anti Money Laundering [antilavagem de dinheiro, em tradução livre], AML é a realização de transações que eventualmente convertem dinheiro adquirido de maneira ilegal em legal. [N.T.]

** Know Your Client, ou KYC, refere-se a um conjunto de diretrizes para conferir a identidade real de um cliente. [N.T.]

inovação em particular atrapalha ou mina a estabilidade, contudo, seus méritos devem ser julgados. A criptomoeda ainda está engatinhando. O bom senso predominante está sob ataque. O dinheiro já não é o que costumava ser. A revista *The Economist* fez a seguinte pergunta sem ironia: "O mundo ainda precisa de bancos?". Não solte ainda seu cinto de segurança. Mesmo o passeio mais tranquilo promete curvas e desvios assustadores.[28]

Em 2021, Dan Berkovitz, da Comissão de Negociação de Contratos Futuros de Commodities (CFTC, na sigla em inglês), apontou as falhas da DeFi: com quase toda certeza é ilegal, pois desrespeita as leis de segurança; não oferece proteção ao investidor; leva vantagem sobre as instituições financeiras regulamentadas, pois, em função da ausência de arbitragem regulatória, não paga as mesmas exigências e os mesmos custos. E não provê os serviços essenciais fornecidos pelos intermediários financeiros: "Não há intermediário para monitorar mercados em busca de fraudes e manipulações, evitar a lavagem de dinheiro, proteger os fundos depositados, garantir o desempenho do risco da contraparte ou reembolsar os clientes quando os procedimentos falham".[29]

Ademais, no mundo das criptomoedas, a descentralização é mais um mito do que realidade. Um pequeno oligopólio de mineradores – muitos deles em remotas jurisdições como Bielorrússia, China ou Rússia, e fora do alcance da aplicação da legislação norte-americana – valida a maioria das transações em *exchanges** centralizadas. Os desenvolvedores são centralizados e os designers das criptomoedas agem como policiais, promotores e juízes quando algo dá errado. A riqueza não é acumulada de forma heterogênea: o coeficiente Gini de desigualdade da bitcoin é pior que o da Coreia do Norte, onde Kim Jong-un e seus cupinchas controlam a maior parte da renda e da riqueza.

Os fanáticos pelo universo das criptomoedas descrevem um mundo de descentralização no qual pessoas sem acesso a contas bancárias passam a tê-las, refugiados recebem identidades digitais e fundos para sobreviver, e pobres obtêm acesso mais barato a serviços financeiros. A maioria

---

* No mercado financeiro, as *exchanges* são empresas intermediadoras entre vendedores e compradores de ativos digitais, e se assemelham, na prática, às corretoras de valores. [N.T.]

do mundo cripto, porém, se assemelha a uma confraria de gananciosos especialistas e "baleias", investidores de posse de grandes somas de dinheiro alocadas em criptomoedas. Jackson Palmer, cocriador da Dogecoin – uma criptomoeda criada como sátira, mas que fez sucesso entre especialistas por um tempo –, comentou, em tom mordaz, em 2021:

> Apesar das alegações de "descentralização", a indústria de criptomoedas é controlada por um poderoso cartel de gente com muita grana que, ao longo do tempo, evoluiu e incorporou muitas das mesmas instituições vinculadas ao existente sistema financeiro centralizado que desejavam, supostamente, substituir. A indústria de criptomoedas impulsiona uma rede de conexões de negócios duvidosos, comprando influenciadores e matérias pagas na mídia a fim de perpetuar uma espécie de culto "fique rico rápido", destinado a tirar mais dinheiro dos desesperados e ingênuos financeiramente.[30]

Na realidade, a Dogecoin, depois de uma notável mobilização em 2021, perdeu quase 90% de seu valor. A maioria das criptomoedas não passa de operações de esquemas Ponzi.

Se queremos modernizar um sistema financeiro centralizado com vigilância e medidas de segurança, não precisamos de criptomoedas ou de *blockchains*. Inteligência artificial, machine learning, big data, 5G e a Internet de Coisas podem agilizar transações a custos mais reduzidos e aumentar a confiabilidade. Essas ferramentas e empresas *fintech* (de tecnologia financeira) reúnem e processam informações financeiras detalhadas em velocidade alucinante, sem o uso de qualquer *blockchain*.

Centenas de empresas mundo afora entraram na disputa com sistemas de pagamentos que lidam com bilhões de transações diárias de consumidores e de empresa para empresa. Companhias nos Estados Unidos e na China dominam a indústria, mas outros mercados germinaram em economias avançadas ou em desenvolvimento. Aplicativos para celular transferem fundos e pagam contas via Alipay, WeChat Pay, M-Pesa, Venmo, PayPal, Square e outros provedores digitais. A Paystack, uma start-up *fintech* nigeriana, foi vendida em dezembro de 2020 por US$ 200 milhões para uma *fintech* norte-americana.[31]

Ao atuar dentro dos limites de um sistema monetário largamente aceito, essas ágeis empresas modernizam a alocação de crédito, seguros, serviços para o mercado de capital e até para o gerenciamento de fortunas. Podem não disponibilizar o sonho libertário da finança descentralizada fora do alcance de governos, mas fornecem aos clientes um amplo arco de produtos e serviços de fácil utilização. O entusiasmo investidor deu origem a uma crescente lista de veículos de investimentos dedicados ao *fintech*, no qual os observadores obstinados veem ambicioso potencial de crescimento em pagamentos sem o uso de dinheiro.

Nem todos recebem os recém-chegados de braços abertos. Os bancos, aprisionados a tecnologias ultrapassadas, enfrentam custos gigantescos para converter os sistemas herdados. Caso os clientes abandonem o barco por opções *fintech*, o dinheiro escoará dos bancos tradicionais, secando os depósitos que alicerçam a capacidade de fornecer empréstimos. Ao atrair o dinheiro, a falta de intermediação poderia tirar os bancos da jogada. Falências generalizadas pressionariam um sistema financeiro que, por pouco, não sobreviveu à Crise Financeira Global.

Uma ameaça mais séria aos bancos pode advir da própria capacidade de funcionamento. Cientes de que o dinheiro começou a sair de sua jurisdição para as alternativas de criptomoedas ou empresas *fintech*, bancos centrais contemplam a mais dramática inovação de todos os tempos. Foi noticiado o seguinte pela revista *The Economist* em maio de 2021:

> A menos noticiada desestruturação da fronteira entre tecnologia e finanças pode terminar sendo a mais revolucionária: a criação de moedas digitais governamentais, o que tem como objetivo incentivar os depósitos direto em bancos centrais e ignorar os emprestadores convencionais.[32] Sobreviverão os bancos à transição para um novo sistema monetário?[33]

Hoje, apenas os bancos mantêm contas diretas com bancos centrais. As pessoas físicas e jurídicas fora da área financeira precisam de bancos comerciais para operações com cheques, depósitos, transferências eletrônicas e outros tipos de pagamento. Imagine uma CBDC que permita a cada indivíduo e empresa uma conta bancária direta com o Banco Central. Todos os pagamentos poderiam ser feitos de modo mais seguro, barato, resiliente e com liquidação e compensação instantâneas por intermédio do Banco Central. Isso transformaria os sistemas de pagamento.

O modelo de negócios do banco comercial pode ser abalado em suas estruturas se confrontado com o risco, em escala infinitamente superior, representado pelo das empresas *fintech*. Bancos guardam depósitos em dinheiro e outros ativos equivalentes ao dinheiro tanto para pessoas físicas quanto jurídicas. Uma pequena parcela desses depósitos em ativos líquidos é retida pelos bancos e o restante, emprestado a terceiros na esperança de que os depositantes só requisitarão uma fração de seus ativos. Esse acordo abastece o sistema bancário de reservas fracionárias. Os depósitos à vista se transformam em empréstimos de longo prazo registrados como ativos pelos bancos.

Nesse cenário, as CBDCs criam dois graves riscos à estabilidade financeira. O primeiro é a falta de intermediação, pois os depositantes transferem os fundos de bancos comerciais para bancos centrais. Um modo de sobrevivência seria converter bancos em instituições financeiras que substituam os depósitos de baixo custo por empréstimos de longo prazo a taxas de mercado, com o objetivo de financiar seus empréstimos e hipotecas de longo prazo. Isso encolheria os lucros, mas não os erradicaria. Os bancos restantes seriam completamente diferentes do que são hoje. Para citar uma medida de impacto financeiro contundente, cinco dos maiores bancos norte-americanos alcançaram US$ 1,4 trilhão em capitalização de mercado em novembro de 2021. Caso os bancos centrais alterem o papel dos bancos comerciais, investidores do setor financeiro pagarão um preço alto, pouco importando as consequências para as indústrias criadas a fim de atender aos bancos. O segundo risco sistêmico: para bancos que detêm depósitos em tempos normais, o pânico financeiro poderia terminar em catástrofe. Depositantes em busca de segurança correriam para transferir seus depósitos bancários para contas do Banco Central.

Obstáculos menos óbvios estão à espreita. Embora pareçam misteriosos, suas consequências podem desencadear resultados financeiros convulsivos. Suponha que uma severa recessão leve as taxas de juros reais para um patamar abaixo de zero. No caso de um banco cobrar juros pelos depósitos, ao invés de pagar juros, os clientes podem ficar muito gratos, mas decidir guardar o dinheiro no colchão e se livrar do pagamento dessas taxas. Uma lógica similar se aplica às pesadas reservas mantidas pelos bancos comerciais nos bancos centrais. A flexibilidade limita a repressão financeira.

Suponha, no entanto, o surgimento de uma moeda digital dominante do Banco Central: notas e moedas são extintas, e as taxas de juros nominais ficam negativas. O Banco Central pode impor uma taxa de juros – na realidade, uma taxa de repressão financeira – aos bilhões de dólares excedentes dos depósitos nos bancos comerciais. Do jeito que as coisas andam, um banco comercial pode converter as reservas em dinheiro para ganhar um retorno zero em vez de negativo e guardar o valor onde bem lhe aprouver. Contudo, a moeda digital do Banco Central não pode escapar do Banco Central para puxar o freio da repressão financeira. Num determinado momento, impossível de ser previsto, as taxas excessivamente negativas podem consolidar, em vez de reduzir uma recessão. Bancos cortariam as operações de empréstimo, os negócios morreriam à míngua e os empregos desapareceriam.

A inovação monetária e financeira é uma faca de dois gumes. Medidas audaciosas mantêm economias na superfície em caso de crises. Novos sistemas de pagamento aceleram a circulação de capital com menos fricção. Revitalizam práticas já esgotadas e estimulam inovadores e formuladores de políticas a aumentar suas apostas. No entanto, cruzar a linha entre correr bem e correr à solta é fácil. Precisamos ficar atentos e alertas ao acúmulo de responsabilidades dos bancos centrais, bem como às finanças e criptomoedas descentralizadas com seus riscos ocultos.

O dramaturgo e novelista Oscar Wilde descreve o esnobe como alguém que sabe o preço de tudo, mas desconhece o valor de nada. A descrição se encaixa aos ávidos defensores da expansão monetária e das finanças descentralizadas em meio a um espectro político. Eles podem calcular a QE, porém explicar seu mecanismo e antever seu impacto escapa aos defensores mais ferrenhos. Da mesma forma, fãs das criptomoedas podem identificar o preço de um Bitcoin, mas seu valor subjacente desafia o cálculo, pois tem pouco ou nenhum valor intrínseco. Isso parece um gatilho para passivos em espiral.

O crescimento gradual das responsabilidades e dos instrumentos dos bancos centrais está inflando as bolhas de ativos e de crédito. Quando a inflação despontar, a desvalorização das moedas fiduciárias provocará uma queda seguida da outra. O papel do dólar americano como a mais importante moeda de reserva global enfrenta crescentes desafios oriundos da China e da Rússia. A terceira mais importante moeda do mundo, o euro, derrapa na instabilidade e corre riscos de entrar em colapso numa UME fragmentada. À medida que as moedas fiduciárias declinam, o atual crescimento meteórico das alternativas cripto ameaça substituí-las por especulativos esquemas Ponzi, resultando em efeitos sistêmicos de grande instabilidade.

Nada representa um perigo mais claro e evidente ao atual sistema bancário que a inovação em seu interior. Moedas digitais do Banco Central podem excluir os bancos do sistema de pagamento que os mantém. A fragilidade, ou mesmo a percepção da fragilidade, pode colocar os bancos de joelhos. Em conjunto, algumas ou todas essas inovações financeiras e monetárias podem se provar contraprodutivas, e de modo desastroso. Em vez de promover a estabilidade, elevarão o risco e as interrupções sistêmicas a patamares jamais vistos.

Espere um choque de grandes proporções. Os tecnólogos alardeiam o poder global de seus produtos: acessos e resultados instantâneos para quem tem um smartphone ou um laptop. Nesse ínterim, líderes políticos andam ocupados em fazer campanha por temas nacionalistas: fechar as fronteiras, impor tarifas, desprezar as relações internacionais com o intuito de colocar os Estados Unidos em primeiro lugar, ou a Rússia em primeiro lugar, ou seja lá quem sobreviva em primeiro lugar. Espere o caos e a instabilidade financeira quando as moedas fiduciárias forem desvalorizadas, a UME vir a implodir, o papel do dólar americano como principal moeda de reserva for desafiado, e nenhuma alternativa clara aparecer para as moedas fiduciárias e o dólar, uma vez que as criptomoedas não são nem moedas nem ativos. Essa é a receita perfeita para o caos do sistema monetário e da instabilidade financeira. Este capítulo examinou as ameaças tecnológicas financeiras que atravessam fronteiras sem o menor problema. No Capítulo 7, analisaremos a ameaça oposta. O que acontece quando fronteiras são fechadas?

CAPÍTULO 7
O FIM DA GLOBALIZAÇÃO?

Artigos de opinião a respeito do comércio e da globalização em influentes publicações costumam deixar os leitores irritados. Quando colunistas enaltecem as glórias do livre-comércio, leitores respondem com cartas desesperadas nas quais descrevem fábricas fechadas, falta de empregos, comunidades perdendo a vitalidade em virtude da mudança da produção da América do Norte e de certas partes da Europa para outras regiões do mundo, como China e Ásia, onde os salários são bem mais baixos.

Nenhum economista em sã consciência contesta tais fatos. Já estão cansados de ver o mercado imobiliário às moscas e as filas de desempregados, antes acostumados a seus salários fixos e amplos benefícios. Em um sucinto comentário, um leitor do *The New York Times* resumiu a essência dessa situação humilhante:

> Trabalhei em uma empresa têxtil quando me formei em Engenharia. Na minha época, os empregados da fábrica ganhavam salários 20% superiores aos de um engenheiro iniciante. A fábrica foi transferida para o exterior. Encontrei um novo emprego, segui em frente. Vinte anos depois, meu salário hoje é cinco a dez vezes superior ao anterior. Os trabalhadores da fábrica nunca conseguiram empregos similares – e muitos recebem metade do último salário. Foram expulsos da escada do desenvolvimento econômico.[1]

Entre 600 mil e 1 milhão de empregos em fábricas nos Estados Unidos desapareceram entre 2000 e 2011 em consequência do "choque da China", segundo pesquisa realizada pelos economistas Gordon Hanson, David Autor e David Dorn.² De acordo com outras fontes, nessa década, o comércio global em geral demitiu cerca de 2 milhões de trabalhadores. Parece muito. Contudo, 2 milhões de empregos em uma década representam 200 mil empregos ao ano, uma fração do corte anual em razão da tecnologia, do crescimento normal, da falência de empresas e indústrias e do ciclo econômico.

Mesmo alguns economistas de tendência voltada para a esquerda, como Paul Krugman, foram enérgicos defensores do livre-comércio e subestimaram o impacto adverso no emprego local. O otimismo era prematuro. Recentes pesquisas atribuem efeitos mais nocivos ao comércio. A perda de empregos ligada ao choque da China excedeu as estimativas iniciais. E o mais doloroso: essas perdas se aglomeraram no coração de uma região industrial em ruínas, na qual já não há empregos compatíveis. Críticos da globalização enxergaram o fruto amargo das políticas comerciais que privilegiam o custo baixo e a produtividade e desprezam a vitalidade econômica dos trabalhadores e suas comunidades. Resumindo, trocamos bons empregos com salários consistentes por importações baratas de grandes varejistas.

Não causa estranheza a retaliação política. Em 2019, o caderno de crítica literária do *Financial Times* explicou nestes termos: "A globalização está desmoronando. Outrora consideradas irreversíveis, as forças da liberalização que implementaram muitas décadas de crescente comércio entre fronteiras estão desabando".³

"A moderna era da globalização corre perigo", advertiram os editores do *Financial Times* em maio de 2020, acusando a globalização de ser vítima do próprio sucesso.

> A divisão global do trabalho – a transferência de empregos de fábricas dos países ricos para os pobres – reduziu tanto a pobreza no mundo em desenvolvimento quanto os preços no mundo desenvolvido. Os formuladores de política, contudo, pouco fizeram para compensar quem perdeu o emprego no processo e negligenciaram sentimentos de orgulho e pertencimento experimentados em suas outrora florescentes comunidades.⁴

É fácil embarcar na onda contra a globalização. O movimento de nacionalismo econômico foi um dos fatores responsáveis por conduzir Donald Trump à Casa Branca. Ainda assim, estamos numa encruzilhada. Um dos caminhos privilegia o percurso do comércio que continua a unir um eficiente mercado global ao mesmo tempo que compensa ou oferece treinamento aos trabalhadores deixados para trás. Consumidores do mundo inteiro continuarão a dispor de preços mais baixos enquanto os empregos criados nos mercados emergentes tiram milhões de cidadãos do planeta da pobreza. O caminho oposto, vamos chamá-lo de *desglobalização*, privilegia as políticas protecionistas ao trazer os empregos de volta para casa, termo conhecido como *reshoring*,* evitando a transferência de empregos para o exterior. Por mais atraente que possa parecer, o protecionismo derrubou quase todos do desenvolvimento econômico ao ser tentado. Por isso, a desglobalização é uma mega-ameaça.

A desglobalização, alinhada com a preservação de empregos em fábricas do século XX, será um tiro no pé e trará prejuízos ao comércio essencial em mercados muito maiores de serviços, tecnologia, dados, informação, capital, investimento e trabalho. A desglobalização vai entravar o crescimento econômico, incapacitar os meios de lidar com endividamentos substanciais e lubrificar os trilhos para uma inflação e uma estagflação épicas.

Os baluartes da globalização têm árduo trabalho pela frente. "O protecionismo se tornou uma indústria crescente, com numerosas nações – inclusive os Estados Unidos – dando preferência a várias barreiras diretas e indiretas para o comércio, desde o colapso financeiro global de setembro de 2008", noticiou o *Financial Times* em julho de 2009.[5]

A reação irrompeu em múltiplas frentes. Teve início nas economias avançadas, nas quais os movimentos sindicais aliaram-se a trabalhadores demitidos de fábricas e empregados pouco qualificados do setor de serviços. Um movimento populista emergiu e se posicionou contra a globalização desenfreada, ou *hiperglobalização*. Seus constituintes exerceram sua função ao eleger Donald Trump em 2016 e esgarçar os laços históricos que uniam o Partido Republicano ao livre-comércio.

---

* *Reshoring* consiste na retomada de processos industriais em territórios nacionais. [N.T.]

Acusações contra a China e os migrantes "ladrões" de empregos dos norte-americanos (os *bad hombres* do México e da América Central, segundo Trump) transformaram a globalização em alvo fácil para patriotas de meia-tigela.

Apreensões similares, também incitadas pela prodigiosa desinformação, levaram os eleitores no Reino Unido a sair da União Europeia. Sob o estandarte do Brexit, os colarinhos-azuis, operários com relativa baixa escolaridade, a subclasse e as populações rurais se opuseram a parcerias europeias e acordos que abriam o comércio e permitiam a migração livre de mão de obra dentro da União Europeia. A saída do Reino Unido acabou se oficializando em 2021, durante a pandemia. Pouco tempo depois, quando as restrições por causa da Covid-19 principiaram a ceder e a demanda por consumo aumentou, a Inglaterra se viu sem motoristas de caminhão suficientes, pois estrangeiros enfrentaram pesadas exigências para a obtenção de visto. "Os modelos de negócios se baseiam na habilidade de contratar mão de obra de outros países", afirmou David Henig, especialista em política comercial do Centro Europeu de Política Econômica Internacional, ao *The New York Times*. "De repente, seu mercado de trabalho fica reduzido a um oitavo do tamanho habitual. Há um efeito Brexit em modelos de negócios que simplesmente não tiveram tempo de se ajustar."[6] Não é de estranhar que a inflação disparou na Inglaterra em 2021-2022 e o fantasma da recessão emergiu.

Em toda a Europa continental, partidos populistas protestam contra o livre-comércio e a migração. Na França, Marine Le Pen, líder da extrema-direita, prometeu formar uma coalisão de esquerda e de direita para restringir o comércio e expulsar os imigrantes. Ela não faz segredo de sua antipatia por muçulmanos e judeus. Embora tenha perdido a eleição presidencial em 2022, suas políticas econômicas populistas nativistas continuam populares tanto na direita quanto na esquerda. O ditador húngaro Viktor Orbán, eleito pela primeira vez em 2010, numa democracia incipiente, não esconde suas intenções nativistas. Em entrevista radiofônica, declarou ser "um dever moral" para com sua nação recusar-se a aceitar refugiados ou asilados não pertencentes à União Europeia sob um sistema de cotas europeu.[7] Orbán arquitetou mudanças constitucionais com o objetivo de permanecer no poder pelo menos até 2030.

A globalização trouxe grandes benefícios para as EMEs, mas isso não satisfaz as crescentes vozes oponentes. Os donos de capital nas EMEs e os empregados de fábricas desses países conquistaram visíveis ganhos, em proporção maior para os donos do capital do que para os trabalhadores, é óbvio. Outros – inclusive trabalhadores rurais – foram deixados para trás. "A desigualdade de renda piorou em termos significativos em alguns países emergentes e, o mais grave, essa deterioração com certeza é correlacionada à globalização", escreveram os autores Yavuz Arslan, Juan Contreras, Nikhil Patel e Chang Shu em "Como a globalização afetou as economias dos mercados emergentes?", artigo publicado pelo BIS.[8]

Há quem culpe o chamado Consenso de Washington, doutrina da década de 1980 apoiada pelo FMI, Banco Mundial e Departamento de Tesouro dos Estados Unidos (todos com sede em Washington), por uma receita para mercados emergentes na América Latina. O sucesso dependia de afrouxar as restrições de capital e de importação, privatizar negócios do Estado, liberalizar economias locais e aplicar a disciplina fiscal e a política monetária com o objetivo de reduzir a inflação. Governos das economias avançadas, o G-7 em particular, promoveram essas medidas como receita para a prosperidade e conquistaram muitos corações e mentes no mundo desenvolvido. Em 2013, uma pesquisa encomendada pelo King's College de Londres fez a mesma pergunta a mais de 6 mil pessoas ao redor do mundo: "Qual país ou países, se houver algum, acredita ter as ideias corretas a respeito da economia e de empregos que os líderes de seu país deveriam copiar?".[9]

Os Estados Unidos ganharam em disparada. "Mais de um terço dos brasileiros... e mais de dois quintos dos indianos e mexicanos disseram que seus países deveriam copiar os Estados Unidos", publicou o *Financial Times*. "Muitos sul-coreanos e sul-africanos têm ideias parecidas." Na prática, porém, as políticas do Consenso de Washington não funcionaram. A mobilidade desenfreada do capital causou ciclos econômicos e financeiros de expansão e contração vertiginosos. Nos bons tempos, o dinheiro fluía para os mercados emergentes. Em tempos acidentados, escoava provocando graves crises financeiras e recessões.

Na melhor das hipóteses, a globalização é uma faca de dois gumes. "Graças à globalização, muita gente agora vive mais tempo do que antes e seu padrão de vida é infinitamente superior", observou o economista

Joseph E. Stiglitz, em seu ótimo livro, *A globalização e seus malefícios*. "Os povos ocidentais podem considerar exploração os baixos salários pagos pela Nike, mas, para muitos habitantes dos países em desenvolvimento, trabalhar em uma fábrica é uma opção bem melhor do que ficar numa granja e plantar arroz."[10]

Stiglitz oferece uma extensa lista dos vários benefícios da globalização, e não esconde suas falhas. "É evidente para quase todo mundo que algo deu muito errado", escreve. Os planos visando aos próprios benefícios foram um tiro pela culatra. "Os críticos da globalização acusam os países ocidentais de hipocrisia", diz Stiglitz.

> Os críticos têm razão. Os países ocidentais forçaram os países pobres a eliminar barreiras comerciais, mas mantiveram as deles, proibindo aos países em desenvolvimento a exportação de seus produtos agrícolas, o que os privou das rendas de exportação das quais necessitam desesperadamente.[11]

O livre-comércio de bens suscitou a reação inicial por parte dos operários de fábrica com baixa e média qualificação nas economias avançadas. Por exemplo, operários da indústria automobilística perderam seus empregos quando as fábricas se transferiram para o México e outras nações com mão de obra mais barata. O descontentamento respingou em setores de serviços muito maiores. Nas categorias mais simples e, portanto, que recebiam salários mais baixos, os trabalhadores migraram para as centrais de atendimento. De modo crescente, escritórios de advocacia terceirizam as revisões de documentos. Os contadores residentes na Polônia podem fazer o imposto de renda dos norte-americanos por uma fração do custo nos Estados Unidos. Técnicos em qualquer lugar do mundo podem ler imagens médicas. E programadores de computador em todo o planeta podem fornecer seus serviços às empresas do Vale do Silício.

Todo esse deslocamento no âmbito econômico e sociocultural levou à crescente oposição à migração populacional global. Não apenas "nós" estamos despachando empregos para o outro lado de nossas fronteiras, mas "eles" estão vindo pegar os empregos restantes. De fato, não faltam evidências de que os imigrantes exercem funções subalternas rejeitadas por norte-americanos e europeus. A história está cheia de exemplos de grupos de imigrantes que, ao chegarem a um país, aceitam empregos subalternos que os nativos antes queriam, mas deixaram de querer, e aos poucos vão subindo na escada econômica enquanto outro grupo de imigrantes entra para ocupar seu lugar. No entanto, esses fatos não são páreo para o poder da retórica – é sempre tentador para grupos nativos (não importa quão recente a sua chegada) querer fechar a porta depois de entrar. Outra das queixas é que os imigrantes fazem uso de casas, assistência médica, educação e outros serviços públicos, sem pensar na ampla evidência de que as contribuições dos imigrantes para a economia excedem em muito qualquer ônus nas finanças públicas. Conflitos costumam advir das arraigadas diferenças culturais, raciais e religiosas que não são aceitas pelas maiorias.

O capital cruza as fronteiras globais com menos atrito que pessoas, bens ou serviços. Economistas aplaudem os benefícios. O investimento direto estrangeiro nos mercados emergentes pode contribuir para criar novas empresas, construir fábricas, atrair talentos gerenciais, aprimorar a tecnologia local e aumentar empregos e rendas. O fato de o capital poder cruzar fronteiras sem dificuldade é, nesse sentido, altamente benéfico.

Ativistas contra a globalização censuram os propósitos capitalistas. Buscam restringir a mobilidade de capital em qualquer direção. De acordo com seus pontos de vista, o investimento direto estrangeiro traz mais prejuízos que benefícios. Em países avançados, a globalização é responsável pelo fechamento de fábricas e negócios que se transferem para regiões onde a mão de obra é mais barata. Nos países emergentes, céticos temem que os corações multinacionais explorem os trabalhadores e deles abusem, se apossando dos recursos nacionais sem pensar nos impactos de longo prazo. Na opinião desses ativistas, a soberania e o autorrespeito prevalecem sobre empregos de baixa renda de curta duração, rendimentos de recursos não renováveis e investimento de capital capazes de sumir num piscar de olhos – e que, quase sempre, deixam crises financeiras em seu rastro.

Antes de o atual retrocesso começar a varrer os Estados Unidos e a Europa, o nacionalismo já vinha em ritmo crescente. Há dez anos, autoridades dos Estados Unidos bloquearam uma licitação feita pela Dubai

Ports, empresa com sede nos Emirados Árabes, país aliado informal dos norte-americanos, para administrar importantes portos do país. Em 2005, os Estados Unidos impediram a compra de uma empresa de energia doméstica, a Unocal, pela China National Overseas Oil Corporation (CNOOC). O governo canadense proibiu a venda de uma empresa vital de produção de potássio a um licitante estrangeiro. E, em uma operação de maior alcance, preocupada com a segurança nacional, a França suspendeu uma licitação por uma empresa europeia para a compra da Danone, gigante icônica de laticínios.

Hoje em dia, a crescente rivalidade econômica e geopolítica entre os Estados Unidos e a China ofusca todas as discussões acerca da globalização. As duas maiores economias do mundo erigiram barreiras para o comércio de bens e serviços fora de suas fronteiras, com efeito dominó para todos os parceiros comerciais mundiais. As escaramuças envolvem o comércio nos setores de tecnologia, dados e informação e formam uma fronteira antiglobalização em expansão. A desvinculação tecnológica espreita enquanto Estados Unidos e China brigam para ver quem assume o controle da inteligência artificial e de outras indústrias do futuro. A China pode, no momento, usufruir de sua vantagem em inteligência artificial e em seu pesado investimento em robótica e automação. Os Estados Unidos vêm restringindo suas exportações de tecnologia e semicondutores para empresas de tecnologia chinesas como a Huawei e outras.

Algumas restrições que datam da administração Trump permanecem em vigor. A administração Biden propôs outras para compensar os subsídios pagos por Pequim a empresas chinesas. Certamente a China vai retaliar e penalizar empresas chinesas que abrem ofertas públicas iniciais no mercado de ações dos Estados Unidos. Num mundo no qual se agravam as rivalidades estratégicas entre os Estados Unidos e seus aliados de um lado e, do outro, a China e seus aliados – Rússia, Irã e Coreia do Norte –, aumentam os riscos de sanções comerciais e financeiras que exacerbam a desglobalização. A Coreia do Norte e o Irã já sofreram fortes sanções dos Estados Unidos e do Ocidente, o que os levou a negociar apenas com aliados informais como a China, a Rússia e outras poucas nações corruptas. Agora, com a invasão da Rússia à Ucrânia, o desacoplamento da Rússia e da economia global, iniciado em 2014 com a anexação da Crimeia e da região do Donbass, na Ucrânia, acelera a passos radicais.

De fato, a invasão da Ucrânia está levando ao rápido desacoplamento entre Estados Unidos, União Europeia e Rússia. Várias sanções comerciais e financeiras foram impostas pelos membros da Otan contra os russos. Mesmo o comércio de energia – tendo em vista a forte dependência da União Europeia da importação de petróleo e gás natural da Rússia – vem aos poucos recuando, à medida que os países do bloco se dão conta dos riscos de segurança por depender da Rússia para uma significativa parcela de seu fornecimento de energia.

Contudo, o mais sério desacoplamento e fragmentação da economia mundial está por vir. A nova guerra fria entre China (e seus aliados) e Estados Unidos (e a maior parte do Ocidente) deve acelerar nas duas próximas décadas. Vamos nos preparar para uma gradual, mas constante balcanização da economia mundial, quando a depressão geopolítica atual se agravar.

Na verdade, em abril de 2022, Janet Yellen, secretária do Tesouro dos Estados Unidos, argumentou que as visões tradicionais em relação aos benefícios do livre-comércio e às cadeias de fornecimento global precisavam ser atualizadas. O "comércio seguro" e o *friend-shoring* devem substituir o *offshoring* irrestrito em países considerados rivais estratégicos dos Estados Unidos. Ela afirmou o seguinte:

> Não podemos permitir aos países usar sua posição no mercado em matérias-primas essenciais, tecnologias ou produtos e deter o poder de desestabilizar nossa economia ou exercer indesejada influência geopolítica. Vamos construir e aprofundar a integração econômica e as eficiências que proporcionam – no sentido do que funciona melhor para os trabalhadores americanos. E vamos fazer isso com os países com os quais sabemos poder contar. Favorecer o *friend-shoring* de cadeias de suprimento para um maior número de países confiáveis, para que possamos continuar a expandir com segurança o acesso ao mercado, trará menos riscos para a nossa economia, bem como para a de nossos parceiros comerciais confiáveis.[12]

Trata-se de uma reviravolta na globalização. Grande parte do comércio e dos investimentos deveria se concentrar em amigos e aliados e se afastar de rivais estratégicos. Essa postura reflete as tensões resultantes da nova guerra fria entre os Estados Unidos (e seus aliados) e a China, a Rússia e seus aliados.

Na Europa, preocupações referentes à privacidade impõem outro freio à globalização. Países da União Europeia exigem que as informações acerca de seus cidadãos continuem em servidores localizados na região. As exigências de privacidade mascaram sua real intenção: o motivo subjacente é o puro protecionismo com vistas a coibir a influência de potentes empresas tecnológicas dos Estados Unidos. Os europeus querem espaço para criar a própria nuvem de alta tecnologia. Tais medidas ameaçam elementos vitais do comércio global no setor de tecnologia. Para mim, isso se assemelha à desglobalização anabolizada.

A globalização também está sob ataque no que diz respeito às compensações salariais e normas trabalhistas. Esperar que países pobres equiparem os salários ou cumpram as leis trabalhistas das economias desenvolvidas é absurdo. Os salários são mais baixos onde a produtividade da mão de obra é mais baixa. Esse tipo de reclamação, tanto nos Estados Unidos quanto na Europa, não deixa de ser outra forma de protecionismo.

As normas de proteção ambiental também clamam por medidas protecionistas. Acordos comerciais assinados pelos Estados Unidos e pela Europa com mercados emergentes pressionam, cada vez mais, esses países a tomar medidas para combater a mudança climática. Ambiciosos objetivos de redução na emissão de gases de efeito estufa provocam conflitos com os mercados emergentes. As emissões aumentarão na China, Índia e em outros países em desenvolvimento à medida que suas economias cresçam. Por enquanto, esses países não se mostram ansiosos em aumentar os custos operacionais. Nesse meio-tempo, a União Europeia propôs um imposto sobre o carbono para que empresas europeias possam competir em pé de igualdade com os rivais dos mercados emergentes. O Congresso dos Estados Unidos apresentou propostas similares.

Em termos coletivos, todas essas proteções impedem a globalização. O resultado é o que chamamos de *low-balization* (redução da globalização), ou *slow-balization* (desaceleração da globalização) e, eventualmente, desglobalização. Os motivos por trás dessas proteções são compreensíveis, decorrentes em parte da raiva contra a crescente diferença de riqueza entre os donos do capital e a grande maioria dos cidadãos. E, como sempre, o mal-estar econômico exige um bode expiatório. Oponentes da globalização encontraram um – e, como é de se prever, sairão com vantagem.

Como conceito, a globalização data das primeiras trocas de bens entre consumidores de uma aldeia e os produtores de outra. Anglo-saxões faziam comércio ao longo do Canal da Mancha durante a chamada Idade das Trevas, fato revelado quando um arqueólogo inglês localizou o navio funerário *Sutton Hoo* num túmulo viking do século XVII. "Esse único cemitério em um cantinho bonito de Suffolk encarnava uma sociedade de notável êxito artístico, complexos sistemas de crença e conexões internacionais com lugares muito distantes", de acordo com o British Museum.[13]

Marco Polo fez sua parte para a globalização ao conectar a Itália à China no século XIII. Navios mercantes ingleses e das Índias Orientais Holandesas negociavam pelos oceanos nos séculos XVII e XVIII. Entretanto, a globalização em seu sentido moderno começa por volta de 1820. Os europeus, desgastados pelas guerras napoleônicas pela conquista de territórios, dedicaram-se ao comércio como modo civilizado de produzir riqueza. Seguiu-se a *Pax Britannica*, incentivada por Adam Smith, David Ricardo e outros brilhantes defensores do desenvolvimento econômico e do livre-comércio liberal. Ricardo apresentou o primeiro argumento formal a respeito dos benefícios do livre-comércio baseado na produção de bens e das vantagens comparativas a seu favor.

A Primeira Guerra Mundial pôs fim ao comércio vicejante e à primeira era da globalização. Europeus voltaram ao seu antigo modo de lidar com as queixas internacionais: o conflito armado. Milhões morreram pelo que, em sua essência, não passava de disputas de terra entre aristocratas em declínio. Depois de um armistício encerrar as hostilidades, uma pandemia de gripe – a gripe espanhola – matou dezenas de milhões mundo afora. Os países, apavorados com a gripe, as economias destroçadas e o bolchevismo na Rússia, adotaram políticas protecionistas mesmo quando uma série de invenções, de automóveis a rádios, inaugurou uma era moderna repleta de inovações tecnológicas. Impulsionada por esses avanços, a economia norte-americana cresceu mais de 4% ao ano de 1920 a 1929, período conhecido como os Loucos Anos Vinte.

No entanto, legisladores nos Estados Unidos reagiram contra o comércio global impondo tarifas. A Lei Tarifária Emergencial, de 1921, reverteu as políticas menos restritivas da administração Wilson. Um ano depois, a Tarifa Fordney-McCumber fechou ainda mais o cerco para impedir o comércio de bens fora de suas fronteiras. A França, a Espanha, o Canadá e outros países retaliaram. A Liga das Nações, desprezada pelos Estados Unidos, convocou uma Conferência Econômica Mundial em Geneva, na Suíça, em 1927, com o objetivo de aliviar as tensões. Foi um fracasso retumbante. As nações não cederam. As tarifas aumentaram.[14]

O senador Reed Owen Smoot, do Partido Republicano do estado de Utah, e Willis Chatman Hawley, do Partido Republicano do estado do Oregon, membros da Câmara dos Representantes, pressionaram por ainda mais proteção, algo de que os cidadãos norte-americanos logo se arrependeram. Sancionada depois do nervosismo gerado pelo crash de Wall Street em 1929, a Lei Tarifária dos Estados Unidos de 1930, comumente referida como Tarifa Smoot-Hawley, implementou barreiras para a entrada de produtos agrícolas importados. Lobistas de outros setores da indústria logo começaram a exigir proteção semelhante para seus produtos.

Efeitos nocivos não tardaram. Consumidores reclamaram do aumento dos custos dos produtos importados. Gertrude M. Duncan, secretária do Comitê de Tarifas Justas da Liga das Mulheres, insuflou as mulheres a exigir o fim das tarifas impostas pela lei Smoot-Hawley, responsáveis pelo aumento dos preços em roupas e artigos domésticos. Enquanto isso, exportadores norte-americanos enfrentavam tempos difíceis em função da retaliação de outros países e da Grande Depressão. Em junho de 1931, o *El Paso Times* noticiou:

> Nos primeiros quatro meses deste ano, em função das tarifas da lei Smoot-Hawley, nosso comércio exterior sofreu uma queda de mais de US$ 500 milhões. À exceção de surtos esporádicos, nossas exportações vêm caindo desde que a tarifa se transformou em lei há um ano.[15]

Nove décadas depois, em março de 2018, o congressista republicano Thomas McClintock, da Califórnia, fez questão de não permitir que o erro calamitoso fosse esquecido por seus colegas. "Todo país que exigiu o protecionismo sofreu terrivelmente, inclusive o nosso", disse ele.

Thomas Jefferson acreditou que as tarifas altas financiariam o governo e promoveriam a indústria doméstica. O aumento das tarifas provocou uma devastadora recessão que quase destruiu nossa incipiente economia. Herbert Hoover respondeu à recessão de 1929 com a lei Smoot-Hawley. O resultado foi péssimo.[16]

Desde então, o Congresso delegou mais autoridade ao presidente para tratar de assuntos comerciais a fim de evitar outro desastroso erro na política comercial, embora os tratados comerciais formais necessitem da aprovação do Senado.

Restrições comerciais basicamente afetaram o transporte de bens, mas a mobilidade de capital e a migração também foram atingidas. Alguns observadores atribuem às guerras comerciais a culpa determinante da Grande Depressão. Eu não chegaria a tanto. A produção das fábricas caiu 20% e o comércio interpaíses, 60%. Contudo, outras causas influenciaram a Depressão, como a ausência de estímulos monetários e fiscais apropriados, resultando na falência de milhares de instituições e empresas financeiras. As restrições comerciais podem não ter sido as únicas responsáveis, mas com certeza agravaram e prolongaram a Depressão.

Durante a Segunda Guerra Mundial, a imensa movimentação de materiais militares abriu as portas para novas rodadas de globalização em tempos de paz. Depois de 1945, criamos um mundo que, de modo gradual, liberou o comércio. Regulamentações cerceando a circulação de bens entre fronteiras diminuíram. O comércio apresentou crescimento contínuo, uma vez suspensas as restrições comerciais globais durante sucessivas rodadas do Acordo Geral sobre Tarifas e Comércio (GATT, na sigla em inglês). A criação da Organização Mundial do Comércio (OMC) e os acordos comerciais regionais contribuíram para definir regras que permitiram a integração da Europa. Mercados se abriram de forma progressiva. Cadeias de suprimentos se espalharam pelo mundo e o ritmo acelerou depois da abertura econômica da China em 1979 e o colapso da União Soviética e da Cortina de Ferro, no início de 1989. Depois de séculos de atividade estagnada, as economias incipientes começaram a crescer, em parte graças ao comércio internacional. Assim como o bolo econômico global, a teoria comercial básica prevê os benefícios de um comércio mais livre.

O período pós-1989 apresentou a hiperglobalização. A maioria das economias de mercado emergente abraçou o comércio mais livre e os fluxos de capital. A circulação de bens, serviços, capital, investimentos, mão de obra, tecnologia, dados e informação entre fronteiras floresceu. No entanto, os perceptíveis custos de tal hiperglobalização deram início ao retrocesso acelerado depois da Crise Financeira Global. Dani Rodrik e outros economistas argumentam que a hiperglobalização, a democracia e a soberania nacional criaram um "trilema inconsistente". Para manter a democracia e a soberania, é preciso impor limites à hiperglobalização. Em tempos mais recentes, como consequência da crise da Covid-19 e das posteriores disrupções das cadeias de suprimento global, os apelos para a transferência de indústrias e cadeias de fornecimento global de volta a seus países de origens ou para países parceiros, o chamado *friend-shoring*, dirigidos às redes de logística e transporte vêm se tornando mais veementes e populares. Na realidade, a pandemia global, disseminada com mais velocidade por causa da globalização, levou a restrições draconianas da circulação de pessoas – como por ocasião do pico da Covid-19 –, quando viagens internacionais se tornaram quase impossíveis e ainda sofrem entraves. E agora as restrições à circulação de bens crescem enquanto os países tentam cumprir a missão impossível de exercer maior autarquia nacional em bens "imprescindíveis" ou "essenciais".

Ninguém deve pretender que o livre-comércio em si garanta um mundo de igualdade no qual todos os seres humanos tenham uma vida melhor. Tampouco o aumento da renda ou da riqueza por causa do comércio é distribuído de forma igualitária. Pobres em mercados emergentes podem ter ganhos, mas, caso aumente a diferença entre os ricos e eles, podem se sentir ainda pior, mesmo que mais ricos. As corporações – inclusive as Corporações Multinacionais de Grande Porte (MNCs, na sigla em inglês) – usam lucros e energia para converter as regras a seu favor, às vezes por meios anticompetitivos. Sempre haverá vencedores e perdedores.

Quem sai ganhando? Trabalhadores das fábricas na China, na Ásia e em outras economias emergentes nas quais os salários crescem por fazerem parte da economia global. Bem como as exportações desses países. E trabalhadores qualificados em mercados emergentes, pois podem oferecer seus serviços em qualquer lugar num mundo digital. E trabalhadores superqualificados em economias avançadas, que lucram com o aprimoramento da educação e a experiência em setores especializados de serviços e indústrias de alto valor agregado e tecnologia avançada. Os donos do capital também se beneficiam, sobretudo nos setores de exportação das economias avançadas e dos mercados emergentes.

A classe dos vencedores também inclui indivíduos urbanos e altamente especializados com uma visão de sociedade cosmopolita. Sua mobilidade e flexibilidade lhes conferem grande valor, quando as fronteiras se desvanecem. Se o comércio aumenta o tamanho do bolo econômico global, as elites globalistas – o 1% do topo de todos os donos de ativos financeiros – ficarão ainda mais ricas. E não se esqueça dos consumidores. Todos lucramos ao pagar menos por bens e serviços mais baratos.

Trabalhadores do setor financeiro usufruem de benefícios financeiros desproporcionais. A mobilidade de capital e a globalização financeira conferem amplos benefícios para investidores, bancos e outras instituições financeiras. As recompensas no topo da pirâmide são pródigas, senão surpreendentes. Aos que estão na base da pirâmide, podem ser concedidas recompensas modestas.

Quem sai perdendo quando prevalece a globalização? Trabalhadores de baixa e média especialização em fábricas e indústrias nas economias avançadas. Quando bens mais baratos são produzidos em outro lugar, seus salários diminuem. Muitos empregos em manufaturas desaparecem para todo o sempre. Trabalhadores descartáveis sofrem apesar de os preços sofrerem ajuste para baixo. Eles enfrentam o desemprego transicional e uma queda salarial em espiral ao sair de empregos bem remunerados em fábricas para empregos com salários bem mais baixos em setores de serviços pouco valorizados (os empregos de "chapeiros de hambúrguer"). A globalização pode impor uma ameaça, entretanto, para todos os que temem por sua identidade nacional, étnica, cultural ou religiosa. Trabalhadores rurais e com baixa especialização são os mais assustados com a perda de status.

A globalização e o comércio afetaram os trabalhadores de macacão azul, com pouca especialização, nas economias avançadas. Destino similar afetará de modo crescente os trabalhadores de colarinho-branco semiespecializados em setores pouco valorizados, quando o acesso virtual puder substituir a presença física. Com poucos meses de treinamento e sem barreiras linguísticas, concorrentes virtuais nos mercados emergentes podem ocupar muitas funções de forma remota. A segurança da classe média não oferece refúgio quando se trata de competição. Funcionários das centrais de atendimento são os que primeiro vêm à mente; no entanto, contadores, advogados e até médicos podem enfrentar a crescente competição virtual. Rivais na China e na Ásia proliferaram. Mesmo que os empregos ofereçam segurança, candidatos às vagas se multiplicarão, diminuindo a pressão sobre os empregadores por aumento de salários. De fato, com 2,5 bilhões de cidadãos na China e na Índia, apelidados de *chindians*, e muitos mais em outros mercados emergentes ingressando na força de trabalho global, a mão de obra nas economias avançadas precisa estar atenta. Seus salários e benefícios correm perigo.

Vez por outra, parlamentares tentam ajudar quem perdeu emprego por razões advindas das importações. Em 1962, o Congresso criou o Trade Adjustment Assistance Program for Workers [Programa de Assistência ao Ajuste Comercial para trabalhadores afetados pela abertura comercial], o primeiro de uma série de programas, inclusive o Trade Adjustment Assistance (TAA) Reauthorization Act de 2015. Tendo como alvo trabalhadores sem ou com pouca qualificação, cujos empregos no setor de comércio desapareceram, esses programas não merecem muito respeito por parte dos céticos, e foi apelidado de "Trade Burial Assistance" [Assistência Funerária Comercial]. Simplesmente não há um jeito fácil de substituir os empregos perdidos no comércio.

Os proponentes da teoria básica do comércio têm uma resposta ingênua para essa controvérsia. Alegam que, quando um país rico negocia livremente com um país pobre, cada um buscará uma vantagem comparativa. O país mais pobre pode se tornar um gigante das manufaturas, enquanto o mais rico se transforma em um gigante de serviços: no país pobre, os salários aumentarão; já no país rico, os salários da mão de obra qualificada aumentarão, mas o inverso ocorrerá com os empregos e salários da mão de obra sem qualificação. Os dados não apresentam aumentos claros de resultado em economias importadoras e exportadoras como um todo. Em geral, a renda aumenta. A competição produz a redução dos preços. Consumidores podem comprar produtos importados por preços mais baixos e, portanto, seu poder de compra aumenta. Esse efeito se assemelha à dedução de impostos que a maioria aplaudiria, independentemente do nível de renda. No entanto, tente explicar isso a quem perde o emprego no país mais rico e batalha para encontrar novas colocações com salários na mesma faixa.

Em princípio, a resposta para esse problema não deveria estar restrita ao comércio. A resposta é pôr em vigor políticas mais generosas para os que sofrem: precisamos compensar os que são deixados para trás de modo que todos fiquem mais satisfeitos com o comércio mais livre. Em vez disso, tratamos de acumular riqueza para os vencedores e alastrar a desigualdade a níveis sem precedentes. A globalização redimensiona a riqueza, mas os obstáculos para a igualdade são políticos e sociais. É um problema de extrair e redistribuir benefícios de um bolo econômico cujo tamanho cresce. Isso não é socialismo, como temem seus críticos. É capitalismo, cujo objetivo é maximizar os retornos aos donos de ativos produtivos. Eles podem ter ainda mais vantagens se concordarem em ajudar trabalhadores banidos pela globalização. Preconceitos partidários travam um sistema de bem-estar social que possa fornecer renda, benefícios, treinamento e bens e serviços essenciais para os excluídos.

O conflito entre capital e trabalho existe desde os primeiros tempos da produção industrial em massa. Depois da Primeira Revolução Industrial, trabalhadores ativistas pressionaram pela criação de sindicatos, salário mínimo, aposentadorias e assistência médica. Karl Marx e Friedrich Engels exortaram os trabalhadores a se erguer e exigir a riqueza criada graças aos seus esforços. As autoridades atenderam, embora resistentes, talvez apenas para evitar disrupções e conflitos civis. Nas economias ocidentais, essas medidas serviram de base à democracia e aos mercados livres. Como as classes burguesas esclarecidas se deram conta, criar uma rede de segurança social e um Estado de bem-estar para os trabalhadores evitaria tumultos e revoluções. Nesse ínterim, em países nos quais os trabalhadores permaneceram sob persistente opressão, as revoluções socialistas se sucederam. A China e a Rússia, durante a maior parte do século XX, conviveram com o comunismo, que, afinal de contas, quase não melhorou a vida de ninguém e faliu.

Tudo mudou quando os antigos países comunistas abriram suas economias e aderiram aos mercados livres; embora valha a pena dizer que isso ocorreu bem mais na China do que na Rússia. "Quase da noite para o dia, a China se tornou a fábrica do mundo. Entre 1990 e 2015, a parcela da exportação total de produtos manufaturados cresceu de 2,8% para 18,5%", escreveu o economista Gordon Hanson em "Can We Change Work for Workers?" [Podemos trocar trabalho por trabalhadores?].[17]

O desenvolvimento bem-sucedido de sua vantagem comparativa em setores de trabalho intensivo e manufaturas leves produziu o choque comercial da China. Em menos de uma geração, a nação empobrecida de terceiro mundo passou a ocupar o lugar de segunda maior economia do mundo. Além do planejamento perspicaz e trabalho árduo, as práticas de comércio desleal colaboraram para o rápido progresso da China. Essas práticas acabaram gerando ressentimentos e, por fim, restrições comerciais. A administração Trump listou um rosário de alegadas violações comerciais chinesas. O rosário inclui a manipulação da moeda a fim de manter a moeda chinesa fraca e uma artimanha que outorgou a vantagem competitiva nas exportações enquanto os superávits comerciais subiam:

> Por muitos anos, a China exerceu políticas industriais e práticas comerciais desleais – inclusive *dumping*, barreiras não tarifárias discriminatórias, transferência forçada de tecnologia, sobrecapacidade e subsídios industriais –, métodos que beneficiam as empresas chinesas e impossibilitam muitas empresas dos Estados Unidos a competir em pé de igualdade.[18]

Como um todo, o comércio floresceu de 1945 até o início deste século, promovendo um mundo de relativa paz e prosperidade. Os países que aderiram ao comércio prosperaram. Os que permaneceram em relativo isolamento estagnaram. Basta olhar a Coreia do Norte e a do Sul. Em 1953, quando a Guerra da Coreia terminou, ambas eram pobres, mas a Coreia do Norte tinha uma base industrial maior e recursos naturais. A Coreia do Sul aderiu ao comércio. Hoje sua economia é robusta e sobeja a prosperidade. Cidadãos norte-coreanos permanecem mergulhados na pobreza, sujeitos à escassez de alimentos e à fome.

Um cuidadoso exame de informações contradiz as afirmações de que os trabalhadores na China, na Índia e no Vietnã roubaram a maioria dos empregos nas economias avançadas. Ao contrário do que afirma essa crença amplamente difundida, a perda da grande maioria dos empregos ocorreu por causa da tecnologia, e não da globalização.

O McKinsey Global Institute (MGI) expõe o mito que responsabiliza o comércio pela perda da maioria dos postos de trabalho nas indústrias de manufatura:

> Realidade: as mudanças na composição da demanda e o aumento da continuada produtividade, em economias maduras, são as principais razões do declínio no número de tais empregos. A parcela de empregos em fábricas nesses países está fadada a declinar ainda mais, de 12% nos dias atuais a menos de 10% em 2030, segundo nossas análises. O MGI acredita que o comércio ou o *offshoring* são responsáveis pela perda de cerca de 20% dos 5,8 milhões de empregos em manufaturas eliminados entre 2000 e 2010.[19]

Há algo de sedutor nas exortações à volta a um tempo idílico, no qual muitos empregos bons e estáveis nas fábricas ofereciam altos salários e benefícios em economias avançadas. Contudo, isso pertence ao passado.

Uma narrativa mais realista conecta o comércio à tecnologia. Suponha que uma nova invenção permita a fabricantes produzir uma nova torradeira, um micro-ondas ou uma cafeteira com um quinto de trabalho e capital. Esses novos aparelhos são vendidos por US$ 10, e não mais pelo custo inicial de US$ 50. Todo consumidor que compra um aparelho desses desfruta de um subsídio no valor de US$ 40. O que imagina que acontecerá em seguida? Quatro quintos da força de trabalho na indústria fabricante de torradeiras, cafeteiras e micro-ondas perderão seus empregos. Nenhuma família precisa de mais de uma torradeira, portanto a redução do preço não vai alterar a demanda por torradeiras por um fator de cinco ou mesmo de dois. A demanda é relativamente fixa. Esses empregos não voltarão, ao menos não da maneira como as pessoas se lembram.

As fábricas empregavam quase 25% da força de trabalho norte-americano. Hoje empregam menos de 10%. À parte a mobilização do ludismo inglês, um movimento formado por trabalhadores ingleses que, na esperança de preservar seus empregos, arrebentaram os teares mecanizados no início do século XIX, raras vezes a tecnologia resultou em contragolpes turbulentos. Ninguém diz: "Não vamos produzir uma torradeira melhor na Califórnia, pois isso custará empregos". As mudanças resultantes de avanços tecnológicos quase sempre são aceitas como progresso positivo. Já as mudanças resultantes do comércio são diferentes.

Economistas sempre contam uma variante de uma história sobre um empreendedor que inventa uma boa torradeira – digamos – com preço muito mais competitivo que as alternativas. Ele credita o preço baixo a uma nova tecnologia. Os consumidores ficam loucos pela torradeira. Param de comprar as caras e passam a considerá-lo um gênio, pois, afinal, ele aumentou o poder de compra de suas rendas. Um dia, ele revela que não inventou um novo processo. Comprou as torradeiras baratas na China. Então, essa foi sua grande revolução! Trata-se de um milagre falso, exclamam. E ele é espancado, pois os chineses estão roubando os empregos da força de trabalho do país.

Os dois resultados são idênticos, mas as interpretações são diferentes. Quando se perdem postos de trabalho por causa da tecnologia, é possível tentar reduzir sua adoção, porém não podem impedir o progresso. Não maldizemos a tecnologia; pelo contrário, em geral a aplaudimos. Celebramos a lei de Moore, o princípio de que a velocidade e a capacidade dos computadores dobrariam a cada dois anos.

Nós, os humanos, não dobramos nossa capacidade a cada dois anos. Os algoritmos suplantaram os empregos de caixas de supermercados, cobradores de pedágio nas autoestradas, agentes de viagem e caixas de bancos. Quem será o próximo? Haverá outros. No passado, porém, quando a tecnologia acabava com postos de trabalhos, costumava criar novas oportunidades. Condutores de charrete se tornaram operários da indústria automobilística. Todos se preocupam com a aniquilação de empregos pela tecnologia desde a Revolução Industrial, há duzentos anos. Nesses dois séculos, a tecnologia avançou muito e, sim, acabou com muitos empregos, mas as taxas de emprego permaneceram estáveis, exceto em crises como a Depressão ou o início da pandemia de Covid-19.

Pensamos no comércio como no jogo "zerinho ou um", ou seja, para um vencer o outro tem de perder. Em vez de aplaudir um processo que agiliza a produção, maximiza o resultado e diminui os custos, em geral o encaramos como retaliação focada na perda de postos de trabalho. É onde hoje nos encontramos, empoleirados em um precipício precário. Ao contrário de melhorar as redes de segurança social, muitos países estão fechando suas fronteiras e implementando tarifas.

A globalização tem defeitos, não resta dúvida. Os *players* de corporações ricas e potentes exercem influência e costumam conseguir o que querem para atender a seus interesses, mesmo quando manifestantes condenam a OMC e tentam impedir os Estados Unidos de formarem alianças comerciais essenciais na Ásia, sob a bênção do Acordo de Associação Transpacífico (TPP, na sigla em inglês). "Essas elites não vão lhe dizer de modo explícito 'Não damos mais a mínima para você'", disse Dani Rodrik, economista de Harvard, à *Promarket*, uma publicação on-line da Booth School of Business na Universidade de Chicago.

> Elas lhe dirão: "Olhe, não podemos mais cuidar de você porque estamos competindo numa economia global e, portanto, não temos escolha, precisamos terceirizar de novo, precisamos buscar locais onde as taxas sejam mais baixas, não tem outro jeito". E vão reclamar que não lhes resta outra opção.[20]

Na realidade, como Rodrik e outros críticos da globalização argumentaram, os acordos comerciais trazem as impressões digitais interesseiras das instituições financeiras, corporações multinacionais e empresas farmacêuticas politicamente conectadas. Elas distorcem as regras internacionais que regem os investimentos e os direitos de propriedade mundiais. Exploram os ajustes contábeis que atribuem rendas às jurisdições com impostos mais baixos. Elogiam o comércio global como se fosse algo positivo. Suas ações suprimem a competição e acumulam poder e lucros basicamente a favor dos donos do capital. Suas ações multiplicam as perdas de emprego e exacerbam a desigualdade.

Os deslocamentos e a crescente desigualdade necessitam de atenção urgente dos formuladores de políticas nas sociedades civilizadas por mera questão de autopreservação. Contudo, antes de sucumbirmos a impulsos que aumentem o risco da desglobalização, a atenção cautelosa deve pesar nas suas consequências econômicas, políticas e sociais.

Ainda que as tarifas pareçam inofensivas, na verdade causam danos incomensuráveis a consumidores de baixa renda. Aumentar tarifas de bens de consumo para proteger produtores domésticos acaba por taxar os compradores, que passam a pagar preços mais altos nas caixas registradoras. Por fim, rivais comerciais respondem com a mesma moeda. Uma política protecionista sangra a conta bancária dos consumidores. Enquanto os ricos sofrem pouquíssimo, os pobres ficam ainda mais pobres.

O aumento da desigualdade deve-se apenas em parte ao comércio; forças mais poderosas – a serem discutidas no Capítulo 8 – também têm sua parcela de culpa. A desglobalização fecharia a porta a oportunidades de melhorar os padrões de vida no mundo inteiro atingindo um nível aceitável. Restrições comerciais reduziriam o volume de produção mundial e encolheriam o número de empregos que poderiam ser preenchidos por trabalhadores estrangeiros. O bolo da economia global encolheria.

Uma representação física das cadeias de oferta globais criadas ao longo de três décadas pode fascinar os observadores. Elas formam uma robusta e intrincada rede conectando milhões de usuários finais a estabelecimentos de produção de componentes em diversas partes do mundo, em que o nível de eficiência é superior. A desglobalização desestruturaria essas redes, desprezando a eficiência e o abastecimento, em vez de suprir a demanda por empregos, em geral em locais em que as estruturas de custo elevado podem atrapalhar a competição nos mercados globais.

A geopolítica exerce um grande peso quando as duas maiores economias do mundo duelam. "A rivalidade entre a China e Estados Unidos está acelerando a maior transformação comercial desde a Guerra Fria, e acabando com a globalização", afirmava uma manchete no *South China Morning Post*, em julho de 2019.[21] "Depois de décadas, durante as quais a globalização parecia uma força irrefreável, a guerra comercial está acelerando a completa transformação do comércio global em direção a um modelo mais fragmentado." A fragmentação teve sua época, antes de a Revolução Industrial demonstrar a vantagem incontestável da produção eficiente. No entanto, a dissociação entre Estados Unidos e China está a caminho, e trará danos econômicos significativos para ambos os lados. E a dissociação entre Rússia e Ocidente está bastante anabolizada, desde a invasão da Ucrânia. A direcionada balcanização geopolítica da economia global está à nossa frente e representa mais um golpe rumo ao fracasso da globalização.

A desglobalização libera outras tendências perigosas. Quando a maioria das pessoas pensa no comércio, gosta de imaginar gigantescos contêineres transportados em navios cargueiros. Ao se concentrar apenas no comércio de bens, perde-se uma questão muito mais importante. No mundo digital, bens tangíveis constituem apenas uma fração da atividade econômica sujeita ao comércio. E os serviços, o trabalho, os dados, a tecnologia e a informação? Todos são vitais para o crescimento econômico. E aí reside o maior valor em nosso tempo. Se o comércio de bens impulsiona a política para a balcanização, qual o preço a ser pago pelas restrições comerciais em bens intangíveis?

Ao pensarmos além do setor de produtos, a urgência em desglobalizar torna tudo cada vez mais e mais curioso, como diria Alice no País das Maravilhas. Caso a ser analisado: a tecnologia. Vivemos preocupados com a coleta de dados de nossos adolescentes pelo TikTok. Como os chineses podem usar esses dados? E se graças ao Grindr, um aplicativo de encontros gay, de propriedade de uma companhia de mídia chinesa, usuários forem chantageados? Isso faz algum sentido. Mas agora os chineses reclamam que todo motorista chinês dirigindo um carro Tesla está, de modo involuntário, fornecendo informações sobre como e para onde vai. Essas informações podem acabar na Agência de Segurança Nacional (NSA, na sigla em inglês)? É provável que não, eu diria, mas, assim como é impossível tal controle total das informações, é impossível afirmar inequivocamente que a China não tentaria manipular as mentes influenciáveis de adolescentes ou chantagear algumas pessoas, caso tenha acesso a informações privadas. Num mundo em que os dados se tornam um ativo tão ou mais valioso que os bens e serviços tradicionais, o protecionismo dos dados é uma ameaça à espreita. À medida que se multiplicam as restrições, o comércio de bens e serviços será obstruído.

Onde começam e terminam as restrições comerciais? Restringir o comércio em tecnologia afeta o comércio como um todo. Hoje, o governo dos Estados Unidos diz que não queremos a tecnologia 5G da Huawei para nossas redes de comunicação móvel, pois representa um risco à segurança nacional, já que o governo chinês poderia utilizar a tecnologia para espionar os norte-americanos. Também recomendamos aos europeus e outros aliados que evitem o uso da rede 5G. Mas amanhã, adivinhe só... Todo produto de consumo terá um chip 5G. Primeiro ele é instalado no sistema de produção; depois, para qualquer operação na Internet das Coisas, será preciso um desse tipo. O acesso apenas começa com os smartphones. Um dia, quem sabe, todo aparelho doméstico – a torradeira, o micro-ondas, a cafeteira – terá um chip 5G e será um aparelho de escuta em potencial capaz de fornecer informações – com qual propósito eu não saberia dizer. A tecnologia onipresente acaba nos forçando a impor restrições a tudo?

Caso acredite que serviços não podem ser comercializados, então você é prisioneiro de um pensamento antiquado. Foi-se o tempo em que era preciso alguém viajar para outro lugar para obter serviços. Jogue fora essa ideia. O economista Richard Baldwin pega emprestada uma analogia do seriado de TV *Star Trek*. Um contador em Varsóvia ou em Bangkok ganha uma fração do que alguém com a mesma qualificação nos Estados Unidos. E se você pudesse trazer esse contador estrangeiro para Manhattan por um dia? Graças à tecnologia digital, isso é possível.

Baldwin dá a isso o nome de *revolução da globótica*, a fusão da globalização com a robótica. Graças ao avanço da tecnologia, muitos outros serviços são agora comerciáveis. "Telemigrantes" em países com salários baixos podem realizar as mesmas funções de milhões de trabalhadores com salários mais altos em economias avançadas. Quando contadores nos Estados Unidos se unem às fileiras dos trabalhadores de fábricas que viram seus empregos migrarem para o exterior, deveríamos impor restrições comerciais aos contadores estrangeiros? Aos corretores de seguro? Ou aos gerentes de finanças e advogados? Ou aos programadores de computador? Ou, ainda, aos funcionários das centrais de atendimento?

A princípio, trabalhadores de economias pobres competirão com trabalhadores de economias avançadas. Com o passar do tempo, os robôs, ou globôs, substituem trabalhadores do setor de serviços em todas as partes do mundo. Eles não fazem pausa para o almoço, para ir ao banheiro, não tiram férias e, ao menos no futuro previsível, não exigem aumentos. Por conseguinte, Baldwin prevê uma "sublevação da globótica" que culminará em violento confronto entre seres humanos e máquinas, que os substituirão.

As consequências do comércio e da tecnologia globais alteram o relativo poder econômico. A descontinuidade mobiliza defensores contrários à globalização. Mas nada de pressa, mesmo no que diz respeito à China. "Esforços mútuos para excluir, de uma parte e de outra, as tecnologias das cadeias de fornecimento nacionais acabariam com a inovação global do ecossistema", advertiu Henry Paulson, ex-secretário de Tesouro dos Estados Unidos numa coluna no *Financial Times*.[22]

Em vez de desativar as forças que impulsionaram séculos de progresso mundial, a solução acertada é moldar uma coexistência pacífica para o comércio, a automação e as pessoas, graças a políticas que apoiem de fato os excluídos. Como qualquer formulador de políticas pode atestar, contudo, qualquer coisa que se assemelhe a um resultado ótimo é mais fácil de ser dito do que feito.

Por mais bem-intencionada, a desglobalização luta a guerra errada. Ninguém o diz de modo mais sucinto quanto meu colega Gordon Hanson: "Encorajar o otimismo acerca de trazer de volta os empregos para o país de origem só aumentará a decepção, e pode vir a abastecer ainda mais a retaliação contra a globalização e o livre-comércio".[23]

Um excessivo retrocesso do comércio e da globalização representa uma mega-ameaça para o mundo da alta tecnologia no qual vivemos. Teremos sorte se, depois de três décadas de hiperglobalização, não descambarmos para a desglobalização radical. A *desaceleração da globalização*, embora não ideal, e ainda bastante onerosa, parece preferível. Num mundo de *globalização desacelerada*, os Estados Unidos e a China operariam um comércio competitivo e sistemas de investimento. A maioria das nações se alinharia com um dos lados. Algumas talvez tentem se manter em bons termos com ambos. A desvinculação em tecnologia, dados, informações e alguns serviços de atividade sensível (digamos, aplicativos que recolhem informações sigilosas) e produtos (digamos, microchips) seria bastante significativa. O comércio de bens permaneceria em vigor. As restrições poderiam dificultar investimentos em tecnologia e em setores sensíveis, mas o investimento estrangeiro direto seria mantido. A circulação da força de trabalho, mesmo no mundo acadêmico, enfrentaria novos entraves, mas não proibições categóricas. Assistiríamos ao retorno das indústrias para seus países de origem e à migração do comércio para países que apresentem alinhamento com o Ocidente, em detrimento do retorno total ao mercado doméstico. O nacionalismo de recursos viria à tona, mas não a um ponto radical. Trabalhadores relegados ao esquecimento dependeriam de programas de bem-estar social e treinamento, em vez de empregos protetores já sem o menor sentido econômico. Os pactos globais dariam lugar ao comércio regional. É evidente que a *desaceleração da globalização* restringiria a competição e a produtividade, e com isso aumentaria as pressões estagflacionárias. No entanto, resultados catastróficos comparáveis aos da Grande Depressão seriam evitados.

Como explicarei no Capítulo 8, o comércio não é o fator mais temível. A inteligência artificial e a automação podem em breve eclipsar não apenas a globalização, mas também o *Homo sapiens*, e se constituir em uma mega-ameaça à nossa prosperidade comum.

CAPÍTULO 8

A AMEAÇA DA INTELIGÊNCIA ARTIFICIAL

Argumentei que, em termos agregados, o progresso não destrói empregos. No entanto, o que ocorre quando essa tecnologia é de fato inteligente? À medida que a ficção científica e a realidade se confundem no domínio da inteligência artificial, do machine learning, da robótica e da automação, prepare-se para uma cruel e inesperada reviravolta nas esperanças e sonhos de inventores desde os primeiros "assistentes mecânicos". Independentemente do trabalho exercido por cada um de nós, a inteligência artificial pode acabar tendo um desempenho melhor. Será que os membros modernos do ludismo, pela primeira vez, desde os seus primeiros integrantes, estarão certos? A possibilidade de uma minúscula parcela no topo da escada econômica gozar de vantagens enquanto todos os outros perdem seus empregos, suas rendas e sua dignidade é bastante real. O Frankenstein de Mary Shelley não provoca nenhum temor perto dessa mega-ameaça a nos espreitar.

Até pouco tempo, o ônus da prova frustrava os crédulos do poder transformador da inteligência artificial. Um suposto inverno da IA imperou durante as décadas de 1980 e 1990, época em que o progresso dolorosamente lento parecia dar razão aos céticos, que afirmavam que os computadores jamais poderiam se equiparar, quanto mais superar, o *je ne sais quoi* das proezas intelectuais humanas. As máquinas se aprimoraram e ganharam a capacidade de realizar tarefas repetitivas, mas o pensamento profundo parecia continuar de uso exclusivo da dimensão humana.

O debate persiste, mas o fosso entre inteligência orgânica e artificial definitivamente se estreitou. Os algoritmos muitas vezes perguntam aos humanos se somos robôs, antes de nos permitir acesso a sites sensíveis. Segundo algumas estimativas, esse fosso em breve vai desaparecer. Nos dias atuais, exerce-se maior pressão para que os céticos listem tarefas que os computadores *jamais poderiam realizar* – da alvenaria às neurocirurgias. No entanto, como os robôs não poderiam trabalhar como pedreiros, se já existem IA e tecnologias 3D imprimindo casas pré-fabricadas capazes de construir paredes com muito mais rapidez do que qualquer pedreiro?

Cada aceleração na velocidade e na capacidade dos computadores reduz a lista.

Um cenário extremo propõe o casamento de seres humanos superinteligentes com computadores que superam a inteligência humana e com robôs dotados de habilidades mecânicas sobre-humanas. A partir desse ponto, o mundo se torna irreconhecível. De fato, estaríamos diante de uma espécie humana híbrida nova, com cérebro e força muscular superiores, capaz de substituir o *Homo sapiens*, exatamente como substituímos os hominídeos de Neandertal.

Se você acredita que seu emprego está a salvo, pense duas vezes. Aliada a oportunos avanços em termos de produtividade, a IA elimina as inoportunas interrupções sistêmicas e individuais. Antes de as máquinas sobrepujarem os humanos no quesito inteligência e assumirem de fato o controle de maiores parcelas da tecnologia em si, e de o crescimento tecnológico se tornar incontrolável e irreversível – momento chamado pelos especialistas de singularidade –, os empregos extintos vão abalar a demanda de consumo. Novos empregos podem surgir para substituí-los, como no passado, mas não se algoritmos personalizados forem capazes de desempenhar também essas atividades. O aumento da produtividade parece fantástico enquanto o bolo econômico cresce depressa, até o momento em que resulta em desigualdade, e o encolhimento da demanda de consumo deixa a maioria das pessoas desempregada. Quando a espiral acelera, as economias enfrentam tempos difíceis.

Por enquanto, a corrida visa implementar a inteligência artificial ilimitada. "Essa tecnologia será empregada em quase todos os setores que disponham de qualquer espécie de dados – desde genes a imagens e linguagem", disse Richard Socher, empresário de IA, fundador da MetaMind, ao *The Economist*, em 2016. "A IA estará presente por toda parte."

A Salesforce, empresa pública que auxilia outras companhias a captar clientes, entendeu a mensagem e adquiriu a MetaMind.[1]

Eis um recente exemplo de tecnologia redutora de custos e eliminadora de empregos capaz de ser guiada pela inteligência artificial. No início de 2021, o *The New York Post* publicou um anúncio de uma casa de cor cinza, com cerca de 130 metros quadrados, revestimento branco e varanda em um terreno de aproximadamente mil metros quadrados, à venda em Calverton, Nova York. Por ser a primeira casa construída graças a uma impressora tridimensional 3D gigante a obter aprovação para venda em Long Island, ganhou as manchetes.[2] O equipamento impressor de casas e prédios comerciais parece uma pistola gigante de cola quente munida de um braço mecânico. Guiado por um computador, espalha camadas de cimento líquido em linhas para criar paredes, deixando espaço para janelas e portas. A construção da estrutura, em nove dias, exigiu apenas dois funcionários para monitorar o equipamento, que reduziu em 50% o custo de uma casa convencional.

Em julho de 2021, a rainha Máxima, da Holanda, esteve presente à inauguração de uma passarela construída em um canal no centro de Amsterdã por uma impressora 3D. A fita inaugural foi cortada por um robô.

Ao apregoar o apelo estético da ponte, um porta-voz previu ainda muito mais novidades por vir. "Não se trata de tornar as coisas mais baratas e mais eficientes para nós", disse Tim Geurtjens, "mas, sim, de oferecer a arquitetos e projetistas uma nova ferramenta – uma ferramenta nova e bacanérrima com a qual eles podem repensar seus projetos de arquitetura e seus designs."[3] Pois bem, agora considere o poder da IA conectada a essa escala de impressão 3D. Quando um computador apresentará projetos sem um arquiteto de pontes? Arquitetos levam anos para aprender seu ofício, estudam engenharia e elaboração de projetos. Um computador poderia adquirir o mesmo conhecimento estrutural em menos de um dia.

Não pense que a criatividade exige seres humanos. A indescritível centelha da engenhosidade humana enfrenta a competição digital. Para vencer o campeão mundial de xadrez Garry Kasparov em várias partidas em 1997, o Deep Blue da IBM concebeu estratégias inventivas. Ainda assim, foi apenas um gambito inicial comparado com o Deep Mind, um algoritmo de autoaprendizagem. Em 2016, um computador da Deep

Mind batizado de AlphaGo aprendeu a dominar o jogo de tabuleiro conhecido como Go, que tem mais configurações de movimentos possíveis do que a quantidade de átomos no universo. "Ele estudou partidas disputadas entre humanos, aprendeu as regras e apresentou jogadas criativas", contou Nicholas Thompson, editor-chefe da *Wired* no programa *Frontline*, do canal de televisão PBS.[4] Num torneio bastante alardeado, o AlphaGo derrotou o campeão mundial de Go, Lee Sedol, em quatro das cinco partidas.

A segunda partida marcou um divisor de águas para a inteligência artificial. A 37ª colocação de uma peça no tabuleiro de Go "foi uma jogada incapaz de ser sequer imaginada por humanos; no entanto, de tão brilhante, foi um estalo para jogadores, que disseram: 'Uau, depois de milhares de anos jogando, nunca pensamos numa jogada dessas'", disse Kai-Fu Lee, cientista de IA, ao *Frontline*. Outro especialista presente sugeriu, em tom conclusivo, que a vitória da IA não significava a vitória de um computador sobre um humano, mas, sim, a de uma forma de inteligência sobre a outra. Nessa batalha de cérebros, nenhum lado usufrui de um status especial.

"Você pode apelar para a semântica para discutir o que significa o raciocínio, mas claramente o sistema IA estava raciocinando naquele momento", diz Craig Smith, jornalista do *The New York Times*, e agora apresentador do podcast *Eye on AI*.[5]

Um ano depois, o AlphaGo Zero superou o AlphaGo ao aprender as regras do jogo e conceber milhões de estratégias em apenas três dias. A inteligência artificial profunda progrediu com velocidade e precisão sobre-humanas. Em 2020, o AlphaFold2, da Deep Mind, revolucionou o campo da biologia ao solucionar "o problema do enovelamento (ou dobra) de proteínas" que, por cinco décadas, mantinha pesquisadores científicos perplexos; além de investigar gigantescos volumes de dados moleculares em estruturas da proteína, o AlphaFod desdobrou "transformadores", uma inovadora rede neural revelada pelos cientistas do Google Brain em um artigo de 2017. Resolver o problema do enovelamento das proteínas abre um novo universo de importantes avanços para biólogos e químicos.

As iniciativas artísticas geradas pela IA mereceram aplausos. "Ensinamos um computador a escrever partituras musicais", disse à BBC, em 2017, Gustavo Díaz-Jerez, pianista e consultor de software. "Agora, para compor música clássica moderna basta apertar um botão." Além de derrubar por terra a regra de que não se pode tocar música com mais de cinco dedos em cada uma das mãos, as composições avançam com pouquíssima orientação – e a London Symphony Orchestra apresentou várias delas.[6] Talvez seja apenas questão de tempo até que as músicas geradas pela inteligência artificial cheguem ao topo da lista das 100 melhores da Billboard ou um romance escrito pela IA alcance a lista de best-sellers do *The New York Times*.

A tecnologia já replicou a obra de Pablo Picasso. Há um século, Picasso fez uma pintura por cima de uma imagem que permaneceu até então escondida. "O nu de uma mulher agachada foi trazido à vida por um poderoso software de inteligência artificial treinado para pintar como o lendário artista", noticiou a BBC News, em outubro de 2021.[7]

Não descarte máquinas que interagem. "A Xpeng revela um pônei robô inteligente para crianças, avançando mais um passo em sua visão do futuro da mobilidade", noticiou o *South China Morning Post*, em setembro de 2021. "A empresa disse que o pônei inteligente, o Little White Dragon, vem equipado com módulos de alimentação, controle remoto, navegação inteligente e capacidade de interação emocional inteligente."[8]

O crítico literário Calum Chace, da *Forbes*, constatou a existência da empatia robótica em *Um mundo sem trabalho*, de Daniel Susskind. Ele escreveu:

> Não podemos ter certeza de que os empregos nos quais são exigidas capacidades afetivas serão sempre reservados aos humanos: as máquinas já são capazes de dizer se você está feliz, surpreso ou deprimido. Ou contente. Alguns sistemas de IA podem dizer tudo isso graças a suas expressões faciais, enquanto outros o verificam pelo modo como você anda, dança ou digita.[9]

Portanto, mesmo os empregos de enfermagem para idosos – antes, supostamente só possíveis de serem exercidos por seres humanos – em breve podem ser substituídos por enfermeiros-robôs dotados de inteligência emocional.

Quantos empregos de colarinho-branco, ocupados pela classe média, dependem de acesso aleatório, nos momentos precisos, de informações e habilidades adquiridas e guardadas no decorrer de uma carreira? O McKinsey Institute, um dos braços de pesquisa da empresa de consultoria administrativa global, concluiu em 2016 que, comparada com a Revolução Industrial, a IA está transformando a sociedade "com velocidade dez vezes superior e em trezentas vezes a escala, ou seja, aproximadamente três mil vezes o impacto".[10]

Os pesquisadores Carl Benedikt Frey e Michael Osborne, da Universidade de Oxford, estudaram a potencial extinção de empregos hoje exercidos por humanos em 702 profissões. Seu estudo, publicado em 2013, determinou que, no futuro próximo, 47% dos empregos nos Estados Unidos são bastante vulneráveis à substituição por máquinas. Durante a Grande Depressão, 25% dos norte-americanos ficaram desempregados.[11]

Ao contrário dos jogos de tabuleiro, que obedecem a regras rigidamente definidas, o tradicional programa de televisão norte-americano de perguntas e respostas *Jeopardy!* recorre a trocadilhos, gírias, pistas falsas, jogos de palavras maliciosos, língua vernácula e obscuras associações para testar o conhecimento factual em tópicos que se estendem da cultura pop à esotérica. Nenhum competidor humano conseguiu superar o programador de computador e especialista em conhecimentos gerais Ken Jennings, que venceu *Jeopardy!* numa lendária sequência de 74 vezes. Sob intensa pressão, com a velocidade de uma busca no Google, ele citou, por exemplo, o líder cujo irmão acredita-se ser o primeiro europeu conhecido a ter morrido nas Américas e a doença que inspirou o cirurgião geral Walter Wyman a fundar um hospital no Havaí em 1901 (respostas: "Quem é Leif Erikson?" e "O que é lepra?").

Jennings, contudo, não era páreo para a IA. Ele próprio admitiu, em uma palestra TED de 2013, que o Watson da IBM o venceu de lavada. Jennings se solidarizou com os trabalhadores das fábricas de Detroit, que se tornaram obsoletos quando os robôs tiraram seus empregos. "Não sou economista", disse Jennings, "tudo que conheço é a sensação de um cara dispensado do emprego, e é assustadoramente humilhante. Foi terrível", lembra-se. E continua:

Eu era bom naquilo e bastou a IBM gastar dezenas de milhões de dólares e colocar seus funcionários mais inteligentes em ação e milhares de processadores trabalhando em paralelo e, pronto, eles podiam fazer a mesma coisa que eu. Na verdade, com um pouco mais de velocidade e melhor, num programa de TV em cadeia nacional, e, pronto, sinto muito, Ken, não precisamos mais de você.

Ken começou a se questionar aonde iria parar a terceirização digital de empregos. "Minha sensação foi a de que a primeira função a se tornar obsoleta sob o novo regime de computadores pensantes era a de participante de programa de perguntas e respostas, e decerto não foi a última."[12]

O filósofo Friedrich Nietzsche previu essa revolução um século antes da chegada dos computadores pessoais. "Cada pequenino passo que se deu na Terra", advertiu em *Genealogia da moral*, "foi conquistado ao preço de suplícios espirituais e corporais".

Empresas de robótica e inteligência artificial afirmam que será necessário esperar algum tempo antes de podermos comprar algo remotamente semelhante à Rosie, a robô do desenho animado *Os Jetsons*, anunciou o *The Washington Post* em março de 2021. Rosie trabalhava para a família Jetson, que morava em um futuro em que havia carros voadores e casas suspensas na altura das nuvens. "Rosie cozinha, limpa e ainda encontra tempo para jogar bola com Elroy. Rosie é a empregada perfeita. Respeitosa, e até mesmo bem-humorada. Ela faz exatamente o que mandam. Ela é doméstica pau pra toda obra, só que funciona por controle remoto." E mais, quando conveniente, Rosie dá bronca. "Por baixo do núcleo de liga de alumínio bate um coração que é puro ouro, mas movido a bateria."[13]

Chegaremos lá. "O maior problema é a segurança", explica Marc Raibert, ex-presidente da Boston Dynamics, ao *Post*. A empresa desenvolveu robôs ágeis parecidos com animais. "Quanto mais complicado o robô, mais cresce a preocupação com segurança. Se você tem um robô convivendo com uma pessoa a curta distância, e alguma coisa der errado, essa pessoa corre perigo", afirmou Raibert.[14]

Décadas atrás, muito antes da existência de robôs, o escritor de ficção científica Isaac Asimov propôs três leis para nos manter a salvo das máquinas que criamos. Citado a torto e a direito desde então, ele as enumerou pela primeira vez em um conto datado de 1942 e intitulado "Brincadeira de pegar". Primeira lei, um robô não pode ferir um ser humano ou, por omissão, permitir que um ser humano sofra algum mal. Segunda, um robô deve obedecer às ordens que lhe são dadas por seres humanos, exceto nos casos em que tais ordens contrariem a primeira lei. Terceira, um robô deve proteger a própria existência, desde que tal proteção não entre em conflito com a primeira ou com a segunda lei.

Essas leis podem não ser suficientes. Ao escrever no *Harvard Journal of Law & Technology*, na primavera de 2016, Matthew Scherer avaliou o conflito inerente quando a segurança entra em choque com o desempenho de uma função. "Muitos dos bolsistas modernos estudiosos dos riscos catastróficos associados à inteligência artificial se concentram em sistemas que buscam maximizar as funções utilitárias, mesmo quando tal maximização pode expor a humanidade a riscos existenciais."[15] Em outras palavras, os robôs podem representar uma ameaça ao cumprir as funções que lhes são impostas.

O que pode dar errado no exercício de uma função? Muitas coisas. Um trabalhador de 22 anos morreu esmagado contra uma chapa metálica, quando instalava um robô em uma fábrica da Volkswagen, na Alemanha, em 2015. No mesmo ano, o braço de um robô matou uma mulher numa fábrica de automóveis no Michigan. Um carro autopilotado da Uber atropelou uma mulher em 2018 enquanto o motorista de segurança, dentro do veículo, assistia a um episódio do programa *The Voice*.[16] As autoridades inocentaram a Uber e processaram o motorista por homicídio culposo.

Robôs assassinos não são o único contratempo. O ser humano ainda desempenha algumas funções melhor que as máquinas. A Walmart demitiu os robôs encarregados do estoque em 2020 porque "humanos podem escanear os produtos de forma mais simples e eficiente do que máquinas volumosas de 1,82 metro", segundo divulgou o *The Washington Post*.[17]

Um chefe não pode mandar um computador parar de reclamar e se empenhar mais. "Flippy, o robô que virava hambúrgueres na chapa, e ameaçou suplantar os cozinheiros de cadeias de lanchonetes, tirou suas primeiras férias prolongadas", anunciou o *USA Today*.[18] Flippy, considerado o primeiro assistente de cozinha autônomo robótico, não teve culpa. Ao que tudo indica, a publicidade em torno de seu desenvolvimento em 2018 em Pasadena, Califórnia, criou excesso de demanda. Flippy não conseguiu dar conta. A cadeia CaliBurger aposentou o Flippy 1.0 e contratou mais funcionários.

Desde então a CaliBurger implementou o Flippy 2 em Fort Myers, Flórida.[19] Há um apetite voraz pelo uso mais abrangente na indústria de fast-food, na qual a rotatividade de funcionários pode exceder a média de 50% ao ano, ao custo de US$ 3,4 bilhões em recrutamento e treinamento.

A despeito de alguns grandes desafios, o *smart money** aposta na inteligência artificial. Consumidores não parecem surpresos. Um estudo feito pelo Pew Research Center, em 2017, concluiu que três quartos dos norte-americanos consideram "em certa medida possível" a probabilidade de robôs e computadores acabarem por realizar a maioria das funções executadas hoje por seres humanos.

No Japão, a rede de lojas de conveniência FamilyMart aderiu à inteligência artificial, em parte em razão da falta de mão de obra no país. A empresa pretende abrir mil lojas totalmente automatizadas até o final de 2024. Um outlet automatizado da FamilyMart estoca cerca de 3 mil itens, a mesma seleção disponível em lojas atendidas por seres humanos. Uma loja experimental com cerca de um terço do tamanho habitual usou cinquenta câmeras para monitorar a atividade e cuidar do pagamento.[20]

Algoritmos estão reescrevendo a arte das vendas. "Varejo programado para ultrapassar bancos em gastos com IA", publicou o *Wall Street Journal* em 2021. O Pinterest ajuda varejistas usuários do site a vender seus produtos. "Tudo no que você possa pensar, em quase toda a cadeia do mercado de varejo, está sendo alimentado pela IA", disse Jeremy King, vice-presidente sênior de engenharia da Pinterest ao *Journal*. King também foi ex-vice-presidente executivo e diretor de tecnologia na Walmart: hoje ele está no conselho da Wayfair, vendedora de móveis e utensílios domésticos on-line, e usa a inteligência artificial para oferecer a compradores itens que possam estar incluídos em suas listas de desejos.[21]

---

* Capital controlado por investidores institucionais, especialistas em mercado, bancos centrais, fundos e outros profissionais financeiros. [N.T.]

Desde 2017, a Otto, empresa varejista alemã de comércio eletrônico, aplica a tecnologia de inteligência artificial usada em experimentos de física de partículas no laboratório CERN. "A IA analisa cerca de 3 bilhões de transações já realizadas e duzentas variáveis (tais como vendas anteriores, buscas no site da Otto e informações de previsão do tempo) para antecipar quais compras serão feitas pelos consumidores, uma semana antes de realizarem o pedido", publicou a *The Economist*.[22]

A Home Depot, varejista que vende produtos para o lar e materiais de construção, explora a possibilidade de usar robôs para o reabastecimento das prateleiras. Os especialistas anteveem que o gasto total em inteligência artificial, apenas no mercado varejista, excederá os US$ 200 bilhões já em 2025, um grande salto se comparado aos US$ 85 bilhões de 2021.[23] "É impossível operar sem um investimento pesado em machine learning", disse Fiona Tan, chefe do departamento de tecnologia especializado em clientes e fornecedores da Wayfair, ao *Journal*.

Autômatos rudimentares existem desde os tempos em que a Grécia Antiga e Roma dominavam o mundo. Os primeiros inventores usavam molas e bobinas para produzir dispositivos mecânicos que imitassem os movimentos de seres humanos ou animais.[24]

Dispositivos práticos, capazes de ajudar os seres humanos a realizar tarefas, proliferaram com o advento da Revolução Industrial, em fins do século XVIII. A possibilidade de máquinas executarem serviços deu início a conflitos, dos quais o mais conhecido foi o ludismo. Trabalhadores ingleses dos ramos de fiação e tecelagem destruíram as máquinas das fábricas. O proprietário da Mill, William Horsfall, pagou o preço máximo pela automatização do trabalho. Em 1812, ao sair da fábrica no centro da cidade de Huddersfield, foi assassinado com um tiro a caminho de casa.[25]

O economista David Ricardo, ao refletir seriamente em 1821 a respeito da "influência das máquinas nos interesses de diferentes classes da sociedade", reconheceu que estávamos fadados ao fracasso. Em 1839, Thomas Carlyle (que cunhou o famoso termo "ciência lúgubre" para denominar a economia) denunciou o "demônio do mecanismo", cujo poder resultava na probabilidade de "oprimir vastas multidões de trabalhadores".[26] Karl Marx também apontou esse problema mais ou menos na mesma época. "A produção capitalista", advertiu, "aprimora a tecnologia e a combinação de vários processos em um todo social, empobrecendo de toda riqueza os recursos originais, o solo e o trabalhador."[27]

Em 1930, John Maynard Keynes contemplou as "Possibilidades econômicas para nossos netos":

> Nós estamos sendo afligidos por uma nova doença, de cujo nome alguns leitores podem ainda não ter ouvido falar, mas com a qual lidarão nos anos vindouros, a saber, o "desemprego tecnológico". Isso significa o desemprego em virtude de nossas descobertas de meios para economizar os gastos com mão de obra em ritmo mais acelerado do que aquele no qual podemos encontrar novos usos para a força de trabalho.[28]

Keynes anteviu apenas "uma fase temporária de desajuste". Até os nossos dias, ele se mostrou absolutamente correto. "No longo prazo, tudo isso significa que a espécie humana está solucionando seu problema econômico", escreveu.

> Eu prediria que o padrão de vida em países progressistas daqui a cem anos será entre quatro e oito vezes mais alto do que o de hoje. Não haveria nenhuma surpresa nisso, mesmo à luz de nosso conhecimento presente. Não será tolice contemplar a possibilidade de um progresso ainda maior.

Keynes também previu que a inovação tecnológica levaria a uma profunda diminuição da semana de trabalho, de modo que os trabalhadores pudessem passar a maior parte do tempo usufruindo do lazer e de atividades artísticas e criativas.

A Segunda Guerra Mundial acelerou o ritmo da automatização. Linhas de montagem produziram material bélico, radares ultramodernos capazes de detectar aeronaves; e pesquisadores no Bletchley Park, na Inglaterra, se utilizaram da matemática avançada para descobrir os códigos navais secretos da Alemanha que entregavam a localização de submarinos mortíferos. O brilhante e trágico Alan Turing liderou a iniciativa de decodificação de mensagens criptografadas. Ao inventar a máquina Enigma, Turing reduziu o tempo da guerra e salvou incontáveis vidas.

Ao final da guerra, escreveu um artigo intitulado "Computadores e inteligência". Ao contrário de se perguntar se as máquinas podem pensar, ele conjectura se as respostas dos computadores poderiam parecer humanas ao replicar as manifestações externas do processo de pensamento humano. "Essa é a premissa do jogo de imitação de Turing, no qual um computador tenta convencer um interlocutor humano de que, na verdade, ele é humano, e não uma máquina", segundo informação de Matthew Scherer, no *Harvard Journal of Law and Technology*, publicada na primavera de 2016.[29]

Turing imaginou um espaço para a inteligência artificial duas décadas antes de o termo ser cunhado. De acordo com seu biógrafo, Andrew Hodges, "[Turing] supôs ser possível equipar a máquina com 'câmeras de televisão, microfones, alto-falantes, rodas e *mecanismos motorizados de movimentos*, assim como dotá-la de uma espécie de 'cérebro eletrônico'". Turing propôs, além disso, "que ela deveria 'perambular pelo campo' de modo que 'tivesse a chance de descobrir coisas por si mesma'".[30] Não estamos muito longe de satisfazer o teste de Turing, quando um ser humano não sabe dizer se está interagindo com uma máquina ou não.

Nenhuma instituição entendeu isso mais depressa que o Pentágono. "Novo dispositivo da Marinha aprende fazendo", publicou o *The New York Times* em julho de 1958. "A Marinha afirmou que o Perceptor seria o primeiro mecanismo inanimado 'capaz de receber, reconhecer e identificar os arredores sem nenhum treinamento ou controle humano'." Em 1962, o primeiro robô comercial foi instalado em uma linha de montagem automotiva.[31] O presidente John F. Kennedy se recusou a dar uma conferência de imprensa para tratar do assunto robôs e mão de obra, e não tomou qualquer providência para instituir uma Comissão Federal de Automatização, mas fez um discurso sobre a necessidade de abordar os problemas advindos da automatização.

Computadores antropomórficos foram potencializados de modo arrepiante quando o HAL 9000 comandou uma missão para Júpiter no filme *2001: uma odisseia no espaço*, de Stanley Kubrick, em 1968. De repente, seres humanos foram dominados por um computador, e não o inverso. As intenções do Hal eram suspeitas. "Sei que recentemente tomei péssimas decisões", confessou o impassível HAL aos astronautas dentro de uma espaçonave, "mas posso lhes assegurar que meu trabalho voltará ao normal. Ainda tenho o maior entusiasmo e confiança na missão. E quero ajudá-los." Disparou, em seguida, o aterrorizante aviso: "Esta missão", anunciou HAL, "é importante demais para mim para permitir que vocês a comprometam". Para qualquer inteligência artificial, completar uma missão é primordial.

Nos anos subsequentes ao filme, computadores passaram a alterar a natureza do trabalho à medida que começaram a proliferar robôs nas oficinas. Em 1980, o *The New York Times* publicou um editorial escrito por Harley Shaiken, um ativista sindical. Seu título: "Tem um robô querendo seu emprego".[32] Salem foi categórico:

> A introdução de novas tecnologias revolucionárias, como robôs, por exemplo, com braços mecânicos versáteis controlados por computadores, levantam duas dolorosas possibilidades: a perda considerável de empregos e a deterioração da qualidade de vida profissional.

Ele defendeu uma ética que pudesse competir com o capitalismo desenfreado. "No final das contas, o objetivo deveria ser a existência de uma tecnologia capaz de beneficiar as pessoas, e não uma que as destrua."

Wassily Leontief, economista de Harvard, ampliou a sombria mensagem em uma edição especial, no ano de 1982, da revista *Scientific American*. Leontief explicitou questões que a partir de então só se intensificaram:

> Há sinais hoje, contudo, de que as experiências passadas não podem servir como guias confiáveis quanto ao futuro das mudanças tecnológicas. Com o advento da eletrônica em estado sólido, as máquinas que vêm dispensando a força humana da produção de produtos estão sendo substituídas por outras que dominam as funções do sistema nervoso humano, e não apenas na produção, mas nas indústrias de serviços... A relação entre homem e máquina está sendo transformada radicalmente... Computadores agora estão tomando os empregos de trabalhadores de colarinho-branco, a princípio realizando tarefas simples e, em seguida, crescentes

tarefas mentais complexas. A força de trabalho humana desde tempos imemoriais ocupou o papel de principal fator da produção. Há motivos para acreditar que a força de trabalho humana não deterá esse status no futuro.[33]

Leontief foi irônico ao comparar seres humanos e cavalos dispensados quando a Revolução Industrial passou a fornecer cavalos de força automatizados. A inteligência artificial está caminhando para dispensar o poder do cérebro humano da mesma maneira, desafiando formuladores de políticas a darem conta do problema. Contudo, só em outubro de 2016, a administração Obama publicou um relatório intitulado "Preparando o futuro da inteligência artificial".[34] Ao mesmo tempo uma cartilha da inteligência artificial e uma receita para interações entre seres humanos e máquinas, o relatório se baseia em evidências que sugerem que o efeito negativo da automação afetaria em especial empregos com salários baixos.

O gênio da inteligência artificial está fora da garrafa. Seus poderes aumentaram, alimentados pela natureza humana e pelo livre mercado. "Não importa o que dizem os monges em suas cavernas no Himalaia ou os filósofos em suas torres de marfim: para o rolo compressor capitalista, felicidade é prazer. Ponto", escreve Yuval Harari, autor de *Homo Deus*, livro que postula o casamento do *Homo sapiens* com a inteligência artificial, bem como o de sua prole superinteligente. De acordo com esse ponto de vista, tanto a pesquisa científica quanto a atividade econômica buscam a felicidade, "e a cada ano se produzem analgésicos mais potentes, novos sabores de sorvete, colchões mais confortáveis e mais jogos viciantes para nossos smartphones, a fim de que não tenhamos um só momento de tédio enquanto esperamos o ônibus".[35]

Desafios demográficos impulsionam a inteligência norte-americana a novos avanços. "À medida que diminui o número de trabalhadores na população da China, as fábricas voltam-se para as máquinas para poderem dar conta do recado", informou o *South China Morning Post*, em 2021.[36] Não procure alguém nas oficinas da Midea, a líder em fabricação de utensílios domésticos, em Foshan, China. "Os seres humanos foram fisicamente removidos dessa linha de montagem e substituídos por robôs, técnicos e engenheiros digitais que operam à distância." Uma vez que as máquinas peguem o jeito de tomar as decisões tomadas pelas pessoas remanescentes, esses empregos também desaparecerão.

A competição eficiente pode mudar as regras de formas desagradáveis. "Como os mecanismos de preços mudam para algoritmos de computador de preços, assim também ocorrerá com os tipos de conluio", defendem Ariel Ezrachi e Maurice Stucke, na *University of Illinois Law Review*. "Estamos passando de um mundo em que os executivos explicitamente tramam em quartos de hotéis enfumaçados, para um mundo em que os algoritmos de preços monitoram e ajustam, de modo contínuo, os preços e dados relativos ao mercado."[37] Abra mão dos escrúpulos ou enfrente consequências abomináveis.

A inquietação habita a mente de quem criou o algoritmo. A inteligência artificial é nossa amiga ou inimiga? Algoritmos inteligentes substituirão mais profissões exercidas por seres humanos, inclusive as de programadores, do que as indústrias do futuro podem criar?

Em seu livro *A segunda era das máquinas: trabalho, progresso e prosperidade em uma época de tecnologias brilhantes*, os autores Erik Brynjolfsson e Andrew McAfee desconsideram o medo de que o mercado de trabalho possa desaparecer. Ambos preveem empregos que ninguém nem sequer pensou, graças ao desconcertante progresso tecnológico.[38] Por acaso alguém previu trabalhos em sistemas eletrônicos, processamento de dados ou telecomunicações quando os empregos na agricultura e nas fábricas começaram a desaparecer?

É uma pergunta sensata, mas substituir o poder do cérebro é diferente de substituir o poder dos músculos. Os bons empregos surgidos depois do declínio dos cargos em fábricas e o aumento dos cargos na área de serviços exigiam cérebros, não força física. Todos quiseram ocupar os cargos para o "trabalhador dotado de conhecimento". No entanto, agora perdemos nosso monopólio do conhecimento. A inteligência artificial pode desempenhar empregos cobiçados de forma mais eficiente e mais rápida que cérebros humanos. Haverá empregos para seres humanos, mas quem os vai aceitar?

"O problema não é o número de empregos, mas a qualidade e acessibilidade desses empregos", afirma David Autor, economista do MIT e renomado especialista em futuro do trabalho. Ele se lembra de uma conferência Ted na qual se discutia a substituição de caixas de bancos por caixas eletrônicos.[39] Desde então, bancos abriram mais filiais e instalaram novos caixas eletrônicos para agilizar o processo de modo produtivo.

Os escritores Daniel Susskind e Martin Ford adotam visões distópicas em seus respectivos livros. Acreditam que a inteligência artificial e os robôs ocupam a maioria dos empregos. "À medida que entramos no século XXI, a demanda pelo trabalho de seres humanos deve se evaporar, de modo gradual",[40] adverte Daniel Susskind em *Um mundo sem trabalho*. Do mesmo modo, Martin Ford, em *Os robôs e o futuro do emprego*, discute a ameaça de um futuro sem empregos.

Façamos uma pausa de um minuto para examinar mais detidamente o argumento de que, desta vez, o progresso tecnológico será diferente. Depois dessa revolução, nos restarão poucos e/ou piores empregos, ao contrário das revoluções do passado. O que há de diferente agora?

As Revoluções Industriais aumentaram a produtividade: a Primeira introduziu a propulsão a vapor; a Segunda inaugurou a produção em massa; a Terceira tirou proveito da eletricidade. As primeiras três Revoluções Industriais acabaram com muitos empregos, mas criaram novos em maior número, depois de algum tumulto. Nenhuma delas afastou os seres humanos de modo permanente. Salários aumentaram quando trabalhadores agrícolas supérfluos se mudaram para as cidades para ocupar postos em fábricas.

Hoje, no entanto, há menos lugares para onde força de trabalho humana pode se mudar. As empresas de alta tecnologia, o último bastião de carreiras bem pagas, empregam muito menos trabalhadores que os gigantes industriais nas gerações passadas. O Facebook – agora Meta – é um bom exemplo. No final de 2021, o valor de mercado da Meta (o valor combinado de todas suas ações) era de US$ 942 bilhões, ou seja, era a sétima companhia mais valiosa do mundo. No entanto, empregava cerca de 60 mil trabalhadores. Por sua vez, a Ford Motor Company, cujo valor de mercado era de US$ 77 bilhões, contratava 186 mil funcionários. O Vale do Silício é palco de empresas de extrema riqueza e crescimento rápido, mas o setor tecnológico emprega muito menos gente que os setores do passado.

E o que acontecerá com os motoristas de Uber e de caminhão mundo afora quando os veículos passarem a ser autopilotados? Milhões de empregos serão extintos.

A tecnologia revolucionou os empregos como um todo. Baristas e chefs robóticos podem substituir humanos. Receitas não são nada além de instruções passo a passo para preparar pratos; na verdade, não passam de algoritmos. Sistemas de caixas automáticos de autosserviço já substituem funcionários em lojas varejistas de materiais de construção. Hoje, depósitos de comércio eletrônico virtual dependem de robôs para mover o estoque. Amanhã, robôs e drones entregarão os produtos em seus destinos.

A educação tradicional limitava o tamanho de uma sala de aula padrão a umas dezenas de estudantes. Agora, um professor pode alcançar milhões de espectadores. Por que assistir a aulas em faculdades comunitárias se as universidades mais conceituadas vêm à sua casa? A experiência não é a mesma, e os resultados tampouco são idênticos, como o estudo remoto provou durante a pandemia de Covid-19, mas o diferencial de preço é gigantesco e, com o passar do tempo, a qualidade da educação on-line e o treinamento serão aprimorados de modo vertiginoso.

Serviços financeiros pouco se assemelham aos da geração anterior. A competição acirrada automatizou dezenas de milhares de funções administrativas e de atendimento ao público. Computadores são responsáveis pelo pagamento de serviços, alocação de crédito, seguros, suporte ao mercado de capital e até gestão de ativos. Empresas líderes no mercado anunciam orientações baseadas em algoritmos, que diversificam e ajustam portfólios de investimento mais rápido que humanos.

Profissionais de contabilidade e advocacia estão desconfiados dos candidatos eletrônicos capazes de ler e processar montanhas de documentos em segundos. Depois da crise pandêmica, pacientes se acostumaram com consultas virtuais. Computadores podem memorizar instantaneamente dezenas de milhares de sintomas e diagnósticos similares. Crescem, a cada dia, evidências de que a automatização descobre de maneira tão confiável quanto os humanos problemas de saúde, sobretudo na área de radiologia, enfermagem e até medicina. Nem os papéis que exigem empatia humana estão isentos. No Japão, hospitais e instalações de assistência médica usam robôs para resolver os problemas do envelhecimento da população e a carência de cuidadores.

"Se você acha que ser 'profissional' salva seu emprego, pense duas vezes", avisou o ex-secretário de trabalho dos Estados Unidos Robert Reich em um artigo publicado pelo *World Economic Forum*. "Os dois setores da economia que reúnem o maior número de profissionais – a assistência médica e a educação – sofrem crescente pressão para cortar custos. E máquinas especializadas estão a postos para ocupar os postos de trabalho."[41]

Os pesquisadores Daron Acemoglu, do Massachusetts Institute of Technology (MIT), e Pascual Restrepo, da Universidade de Boston, avaliaram o impacto da implementação da robótica em várias indústrias. Descobriram que um robô adicional a cada mil trabalhadores reduz a empregabilidade por dois décimos de 1% e os salários pela metade de 1%.[42] Se isso parece trivial, considere essa evolução. Empregos e rendas devem aumentar com o passar do tempo. Se a automação reverter a evolução, como progredir?

O autor do MIT prevê grande oferta de empregos para pessoas com alta especialização e para as com pouquíssima especialização. Os estrategistas corporativos, os neurocirurgiões e os auxiliares da área de saúde talvez não precisem ceder lugar aos computadores. Contudo, para a grande maioria das pessoas que exerce funções burocráticas, a situação parece problemática. Esses empregos "trazem bem definidos e codificados procedimentos que podem ser desempenhados cada vez mais por máquinas". Cuidado, há Dilberts por todos os lados!

Algoritmos capazes de aprender sozinhos podem ocupar um número muito maior de empregos que julgávamos isentos da mecanização. Qualquer um que monitore dados – seja médico, advogado, seja professor ou guarda-florestal – deve competir com o espantoso poder de computadores capazes de escanear enorme quantidade de dados e se lembrar deles, e ainda propor respostas anticonvencionais.

Por todos esses motivos, a revolução da inteligência artificial pode ser a primeira a destruir os empregos e salários como um todo. Dessa vez, a complacência – o pressuposto do ludismo – parece um erro fatal. A IA invade mais setores de trabalho do que as revoluções anteriores.

Afeta empregos em muitas indústrias, e abala tanto os profissionais dotados de conhecimento quanto os trabalhadores braçais.

O aprendizado da máquina permitiu à inteligência artificial vencer o maior e mais antigo obstáculo: o processamento da linguagem natural. Ao permitir às máquinas o escaneamento de vastos corpos de textos e providenciar a própria análise-padrão, as IAs aprenderam não só a traduzir com eminente sucesso, como gerar novos textos com notável autenticidade. A compreensão sutil da linguagem supera um dos últimos obstáculos para satisfazer o teste de Turing. "Distinguir textos e imagens e áudios gerados por inteligências artificiais daqueles gerados pelos humanos se tornará tarefa de extrema dificuldade", diz Mustafa Suleyman, cofundador da DeepMind e até recentemente chefe do departamento de política de inteligência artificial do Google, à medida que a revolução dos "transformadores" acelera o poder da IA.[43] Em consequência, um grande número de empregos de colarinho-branco usando avançados níveis de cognição se tornarão obsoletos. Os humanos não saberão se seus interlocutores são máquinas.

Quando conheci Demis Hassabis, o outro cofundador da DeepMind, ele comparou a vindoura singularidade com uma superinteligência semelhante a de 10 mil Einsteins, capaz de resolver qualquer problema de ciência, medicina, tecnologia, biologia ou conhecimento geral ao mesmo tempo e em paralelo. Se esse é o futuro, como é possível a qualquer ser humano competir?

Na realidade, a princípio, a inteligência artificial substitui empregos rotineiros. Em seguida, empregos cognitivos que repetem sequências de etapas capazes de ser dominadas por máquinas. Agora, de modo gradual, a IA é capaz de realizar até mesmo trabalhos criativos. Então, para trabalhadores, inclusive os das indústrias criativas, não há para onde fugir.

Tudo isso nos empurra para mais perto da inteligência artificial geral (AGI, na sigla em inglês), em que as máquinas superinteligentes deixam os humanos no chinelo. O escritor Ray Kurzweil e outros visionários preveem um momento crucial quando tudo que conhecemos será eclipsado. Uma explosão de inteligência ocorrerá quando os computadores desenvolverem motivação para aprenderem sozinhos, na velocidade da luz, sem qualquer intervenção humana. Não haverá limites para a rapidez e o volume de tudo quanto possam aprender e para as novas conexões a serem descobertas. É a isso que a singularidade se assemelha. Os cérebros humanos ficarão parecidos com válvulas eletrônicas na era dos circuitos impressos, terrivelmente limitados em termos de capacidade.

Perguntei a Demis Hassabis se as ideias antes relegadas à ficção científica parecem reais. Ele calcula que a distância a nos separar da singularidade é de apenas cinco importantes inovações tecnológicas e cerca de vinte anos.

A não ser que humanos sejam fundidos a computadores, avisa o escritor Yuval Harari, o *Homo sapiens* terminou. Ficará obsoleto assim como o *Homo erectus*, o *Homo habilis* e outros humanos anteriores que desapareceram já faz um bocado de tempo. Entra em cena o *Homo Deus*, diz Harari, mais inteligente, mais forte e, desde que o conhecimento possa se transferir de uma máquina para a próxima versão, imortal.

O filósofo Nick Bostrom, da Universidade de Oxford, autor de *Superinteligência: perigos, caminhos e estratégias para um novo mundo*, coloca a inteligência artificial no mesmo patamar de um asteroide gigante ou da guerra nuclear, ou seja, como uma ameaça existencial à humanidade. O falecido matemático Stephen Hawking temia que a IA "pudesse significar o fim da raça humana"; por isso, sugeriu que os humanos se mudassem para outro planeta, pois as máquinas acabariam não apenas com todos os empregos, mas também com a humanidade. Elon Musk, fundador da Tesla, aprecia a inteligência artificial que controla os carros elétricos produzidos por sua empresa, mas deixar à IA a última palavra o preocupa. "Tudo bem se tivermos Marco Aurélio como imperador", disse Musk à revista *The Economist*, "mas não será tão bom se for Calígula."[44]

Ninguém sabe quanto tempo levará para o desemprego tecnológico estrutural tornar a maioria dos trabalhadores irrelevante. Todavia, mesmo esse espaço de tempo parece atribulado, propenso a choques de demanda negativos. Todos os sinais indicam que as alternativas oferecidas pela inteligência artificial diminuirão as remunerações e os salários, e essa queda redunda em um problema já exasperante.

Com a diminuição dos salários, aumenta a desigualdade. A inovação tecnológica proporciona muito capital, grande competência e ainda reduz os gastos com mão de obra. Se você for dono de máquinas ou estiver no topo da pirâmide dos 5%, em termos de distribuição de capital, ficará mais rico e produtivo graças à IA. Caso tenha pouca competência – ou até se enquadre na classe de trabalhadores braçais ou de colarinho-branco de média competência –, a inteligência artificial acabará reduzindo sua remuneração e tornará seu emprego obsoleto. A tendência já é visível em economias avançadas, nas quais a estabilidade social depende da oportunidade universal de conquistar o sucesso. Dados compilados pela CIA revelam que a desigualdade de renda nos Estados Unidos se equipara aproximadamente à existente na Argentina e na Turquia.[45]

Daniel Susskind observa que a desigualdade de riqueza nos Estados Unidos está escapando ao controle. De 1981 a 2017, "os salários da parcela de 0,1% do topo da pirâmide cresceu mais de 3,5 vezes, apesar de seu nível já desproporcionalmente elevado, e a parcela dos 0,01% do topo cresceu mais de cinco vezes". Susskind também cita a pesquisa para o cálculo da desigualdade, realizada pelo acadêmico Anthony Atkinson, que determinou que, em todo o mundo, os 10% do topo viram seus salários aumentarem mais rápido que os 10% da base da pirâmide. Por quatro décadas, lembra-nos Susskind, os CEOs nos Estados Unidos ganharam 28 vezes mais que um trabalhador médio, chegando a mais de 376 vezes em 2000.[46]

A desigualdade também aflige a segunda maior economia do mundo. O governo chinês está preocupado com o crescente desequilíbrio entre ricos e pobres. "Astros da mídia chinesa viraram o centro das atenções em meio à campanha contra a desigualdade", publicou o *Nikkei Asia*, em setembro de 2021. "Os titãs de tecnologia do país estão sob o olhar vigilante das autoridades por práticas de monopólio ou contrárias ao desejo do bem comum. Agora, mesmo algumas das estrelas mais populares da China se encontram sob os holofotes implacáveis da campanha."[47]

Quando os ricos ficam mais ricos e os trabalhadores ganham menos, as economias enfrentam um sério problema: não há consumo suficiente. O crescimento pode acabar diminuindo quando a maioria das famílias de baixa renda gasta quase tudo que tem, enquanto as das classes mais abastadas tendem a poupar mais. "Os empregos e rendimentos são incessantemente automatizados", adverte o escritor Martin Ford em *Os robôs e o futuro do emprego*. "A massa de consumidores pode acabar perdendo a renda e o poder de compra necessário para impulsionar a demanda, fundamental para o crescimento econômico sustentado."[48]

Apesar de não existir evidência de que isso já esteja ocorrendo, a pitoresca conversa atribuída a Henry Ford, presidente da Ford, e Walter Reuther, presidente do Sindicato Nacional de Trabalhadores da Indústria Automotiva, ajuda a ilustrar o dilema. Ambos refletiam acerca do advento da automação. Ford perguntou a Reuther como os robôs pagariam as contribuições sindicais. Reuther retrucou perguntando como Ford conseguiria que pagassem os carros. Desse modo, a inteligência artificial pode provocar a eventual autodestruição do capitalismo. Uma visão neomarxista de subconsumo provocada pela crescente desigualdade exacerbada pela tecnologia.

Voltando às conexões entre nossas mega-ameaças, é nesse ponto que o peso do endividamento e a inteligência artificial colidem. Num mundo cada vez mais impulsionado pela IA, o bolo econômico pode se tornar imenso para aqueles com competências altamente desenvolvidas e que, portanto, não podem ser automatizadas, e para os donos dos meios de produção.

"Karl Marx tinha razão", disse o empreendedor Jerry Kaplan a uma plateia de especialistas em tecnologia no Google. "A luta entre capital e trabalho é uma proposta na qual os trabalhadores sempre saem perdendo. O que isso significa é que os benefícios da automação naturalmente revertem para os que podem investir em novos sistemas."[49]

O pesado endividamento recai, de modo desproporcional, nas pessoas deixadas para trás, dependentes de ordenados cada vez menores ou da assistência pública. Os países menos desenvolvidos são vulneráveis. Aqueles com capital são capazes de gerar rendimentos e gerenciar dívidas. Isso não os afeta. No entanto, para a maioria dos trabalhadores desempregados em decorrência do número crescente de máquinas, um bolo econômico maior não resolve o crescente problema de endividamento; pelo contrário, só piora.

Como ser humano, torço pelos humanos. Como economista, devo perguntar qual o mais eficiente uso dos recursos. Como podemos garantir a continuação do progresso a longo prazo e cuidar dos trabalhadores? As prioridades são conflitantes.

Ao longo das próximas décadas haverá vencedores em algumas partes da Europa, China e América do Norte. Muitos outros países se tornarão perdedores, aniquilados pelo desemprego tecnológico e afundados em dívidas que não podem pagar e muito menos rolar. A polarização colocará ricos contra pobres.

Inaugura-se o novo *precariado*, classe social de trabalhadores educados e com razoável especialização que perdem os empregos para a IA e acabam em trabalhos temporários ou por projeto, sem renda fixa e benefícios. Trocarão de empregos sem futuro a torto e a direito e acabarão caindo em uma rede de segurança esfarrapada. E então o que acontece? À medida que as rendas caem, podem tentar fazer mais empréstimos. As dívidas aumentam enquanto os intervalos em que encontram ocupações se estendem. Uma terrível situação que no momento parece incurável só piora, pois não há nenhum remédio eficiente à vista.

A educação voltada para um mundo com crescente automação pode salvar algumas rendas, mas um encolhido mercado de empregos limita o potencial. Infelizmente, mais estudo e qualificação não é panaceia para a ameaça da IA. Os retornos em decorrência de estudos eram mais consistentes quando modestos aprimoramentos nas qualificações podiam significar empregos melhores e salários mais elevados. Quando empregos de nível básico exigem graduações avançadas, no entanto, o quadro não mudará graças a um aprimoramento qualquer. Nem todo mundo tem talento o suficiente e propensão para programar computadores, explorar bancos de dados, aprimorar a inteligência artificial, escrever romances de sucesso ou se transformar em empreendedor. Quando a IA substitui empregos que exigem capacitação, os retornos em decorrência dos estudos diminuem.

O que fazer se as pessoas não podem trabalhar? A resposta parece um campo minado político: é hora de cobrar impostos dos vencedores. Um minúsculo contingente colherá os frutos lucrativos oferecidos pela inteligência artificial. Cobrar impostos de robôs como se fossem humanos parece uma alternativa atraente, mas, na verdade, resulta em quase a mesma coisa: cobrar tributos dos proprietários das máquinas.

Se ajustarmos os impostos para esse admirável mundo novo, a próxima pergunta diz respeito à redistribuição essencial para sustentar a demanda pelos bens produzidos por robôs. Uma opção aflorou durante a campanha presidencial de 2020 nos Estados Unidos: a Renda Básica Universal (RBU), que garante o consumo aos consumidores. Além de substituir a renda perdida, as propostas incluem serviços públicos mais robustos sob o estandarte da Provisão Básica Universal (PBU). Não faltam desvios repentinos, inclusive o serviço comunitário em troca da RBU. Poderíamos transferir para cada cidadão uma parcela da propriedade de todas as empresas. Assim, os indivíduos receberiam retornos de capital mesmo se contestadas suas rendas de trabalho. Pensando bem, trata-se de uma forma de socialismo no qual todo trabalhador é dono dos meios de produção. Não é difícil visualizar um cenário no qual quem hoje demoniza essas opções taxando-as de socialistas clamará por elas quando algoritmos realizarem cirurgias de cérebro e prepararem fast-food.

Todas essas opções desencadeiam conflitos políticos acirrados. Se passarmos muito tempo discutindo o assunto, talvez caiba aos computadores decidir como dividir o bolo econômico. Até lá, vamos torcer para que nutram empatia pelos humanos.

"A mais importante questão da economia do século XXI", diz Yuval Harari, "pode vir a ser o que fazer com todos os excedentários. O que farão os humanos conscientes logo que tenhamos algoritmos não conscientes altamente inteligentes e capazes de desempenhar quase todas as funções de modo mais eficiente?"[50] Em alguns cenários distópicos, os "excedentários" desaparecem. A RBU lhes permite passar o dia jogando videogame e usando drogas, o que acaba por precipitar as "mortes por desespero". As overdoses de drogas causaram mais de 100 mil mortes nos Estados Unidos, só em 2021. Uma outra opção é que os homens jovens se tornem sexualmente inativos, *incels*,* que não se reproduzem e, portanto, desaparecem. Nosso futuro distópico pode fazer parte do mesmo grupo formado pelo Grande Irmão de Orwell, o Admirável Mundo Novo de Huxley e os Jogos Vorazes.

Avançamos a passos acelerados rumo ao nosso destino. A natureza nos impele a seguir em frente. Não vou adoçar a história da prole artificial superinteligente. Não antevejo um futuro feliz no qual novos empregos substituam os extintos pela automação. Essa revolução parece

---

* Versão reduzida das palavras inglesas *involuntary* e *celibates*, ou celibatários involuntários, comunidade de homens virgens que se sentem rejeitados e incapazes de concorrer com os sexualmente ativos. [N.T.]

terminal. O florescimento da inteligência artificial pode alterar a vida humana a ponto de a tornar irreconhecível.

A Terra pode ter a sorte de chegar à explosão de inteligência da singularidade tecnológica. Poderá uma pandemia mortal acabar conosco antes de concluída a transição para as máquinas? A mudança climática destruirá o planeta antes de as máquinas racionais chegarem para nos resgatar? Sufocaremos debaixo de uma montanha de dívidas? Ou os Estados Unidos e a China destruirão o mundo em um conflito militar, quando a competição em busca do controle das indústrias do futuro se tornar excessiva? Na realidade, quem controla a inteligência artificial pode vir a se tornar o superpoder dominante do mundo. Essa rivalidade geopolítica se constitui na mega-ameaça para a qual nos voltaremos a seguir.

CAPÍTULO 9
A NOVA GUERRA FRIA

Caso queira aferir a escala da ambição geopolítica da China, visite a praça Tiananmen, ou Praça da Paz Celestial, em Pequim. Ela mede o equivalente a 83 campos de futebol americano; gigantesca não apenas em termos de dimensão, mas também de história. De um lado, a Cidade Proibida evoca os seis séculos durante os quais os imperadores viveram em reclusão divina. Do outro, o Grande Salão do Povo celebra a revolução que conduziu o Partido Comunista Chinês ao poder em 1949. A praça em si nos faz recordar do protesto de 1989, que culminou no massacre de manifestantes pacíficos por parte do governo, encerrando qualquer questionamento a respeito de quem exerce o poder.

Em 2015, o Berggruen Institute convidou dezenas de lideranças acadêmicas e empresariais ocidentais para conhecer o presidente chinês, Xi Jinping. Reunimo-nos no Grande Salão do Povo, no qual se destacam a deslumbrante escadaria de mármore e as grandiosas colunas. Um majestoso saguão dedicado ao povo assemelha-se a um palácio real. Sentamo-nos num espaçoso auditório onde centenas de membros do partido aplaudem, com frequência e no momento exato, seus líderes.

Xi Jinping apareceu quando estávamos em silêncio e imóveis. A mensagem foi claríssima. Como um imperador, *ele nos concedia uma audiência*. Alto e autoconfiante, esse filho de um líder do partido que caíra em desgraça durante a Revolução Cultural assumiu o comando absoluto do Império do Meio.

Xi Jinping alicerçou seus comentários na história europeia. Mencionou, em especial, a Armadilha de Tucídides, conceito referente ao conflito entre duas antigas cidades-Estados gregas, a Esparta dominante e a Atenas em ascensão. De acordo com Tucídides, historiador da Grécia Antiga, a competição por influência e poder entre ambas desencadeou a Guerra do Peloponeso, durante a última metade do século V a.C. De acordo com Xi Jinping, a ascensão da China seria pacífica e ninguém deveria temer uma Armadilha de Tucídides moderna.

A ascensão de um novo poder que ameace um poder consolidado sempre conduz à guerra? O professor Graham Allison, de Harvard, testou essa antiga tese em seu livro *A caminho da guerra*.[1] Ele examina dezesseis confrontos entre poderes dominantes e em ascensão desde 1500. Em doze deles, a guerra eclodiu. Alguns exemplos: Portugal e Espanha, a França e o Império Habsburgo, os Habsburgo e o Império Otomano, a França e a Inglaterra – até que duas Guerras Mundiais e as perspectivas da aniquilação nuclear nos fizeram cair na real. A Guerra Fria é um dos quatro casos excepcionais a terminar de forma pacífica, em grande parte porque a União Soviética em ascensão acabou se tornando uma potência em declínio e entrou em colapso interno.

Outra exceção é o Império Britânico. Os Estados Unidos eclipsaram o Reino Unido sem uma única batalha, em parte porque a mudança de controle não representou uma ameaça à língua inglesa ou ao seu regime político e econômico; ademais, o Reino Unido precisou do apoio norte-americano nas duas grandes guerras. Essas duas exceções não oferecem muito incentivo aos Estados Unidos e à China.

No cômputo geral, Tucídides acertou. Quando as potências em ascensão e as consolidadas se exacerbam, em geral ocorre a aparente tendência inexorável à guerra. O professor Allison batizou esse conceito de Armadilha de Tucídides por um bom motivo.

Xi Jinping, cuja filha estudou em Harvard, mencionou a Armadilha de Tucídides repetidas vezes em seu discurso. Tanto a China quanto os Estados Unidos podem florescer, tranquilizou-nos. Apesar de a China estar prestes a se tornar a potência dominante, não há motivos para inquietação. Rivais não precisam derramar sangue. Podemos cooperar e competir sem entrar em guerra, sugeriu nas entrelinhas.

Deixei a reunião impressionado com Xi Jinping, mas não convencido a esquecer uma antiga lição chinesa: *estude o passado*, avisou Confúcio, *se quiser adivinhar o futuro*.

Mesmo desconsiderando a pior hipótese, ou seja, um conflito militar, as escoriações em consequência da rivalidade econômica e geopolítica dos dois países representam um perigo a todos nós. Uma vez que a China alcance o posto de maior economia do mundo, como grande parte dos especialistas prevê para antes de 2030, desentendimentos acerca do protecionismo soarão triviais. Os Estados Unidos podem perder a liderança no setor de tecnologias do futuro, que cada vez mais une as conexões entre todas as coisas, de torradeiras a porta-aviões. A emergência de uma nova guerra fria já está no forno e pode interromper cadeias de suprimentos e reorganizar alianças. As disrupções desestabilizarão os mercados. Os congestionamentos futuros farão com que a escassez pós-pandemia pareça abundância. Os preços podem subir conforme a economia dos Estados Unidos for paralisada, as características gêmeas da estagflação. Crises podem interromper os setores manufatureiros, bancários e imobiliários não vez por outra, mas com frequência estonteante.

Prepare-se. Quando uma nova guerra fria entre Estados Unidos e China reestruturar a economia global e a realidade geopolítica, uma China autoritária pode ditar as novas regras. E, nessa guerra fria, ambos os lados vão confiar em seus aliados para confrontar a potência inimiga. Como aliados, os Estados Unidos contam com os países europeus membros da Otan, o Japão e a Coreia do Sul, na Ásia, a Austrália, e agora com a Índia, cada vez mais temerosa da ascensão da China. Por sua vez, a China tem um número de aliados de fato: Rússia, Irã e Coreia do Norte – assim como o Paquistão e outras nações; todos poderes revisionistas tentando desafiar as ordens econômica, financeira e geopolítica global criadas pelos Estados Unidos e o Ocidente, depois da Segunda Guerra Mundial. Uma guerra fria mais ampla entre o Ocidente e a China (e seus aliados) vem fermentando rapidamente, com a brutal invasão russa à Ucrânia como uma das primeiras salvas militares de uma guerra fria que, nas próximas décadas, deve ficar quente em algum momento. Na verdade, Xi Jinping e o presidente da Rússia, Vladimir Putin, se encontraram no início de 2022 – logo depois da invasão da Ucrânia –, com o objetivo de formar uma aliança implícita entre os dois países. Ambos declararam sua parceria estratégica "ilimitada".

Quem poderia prever essa acirrada competição quando o presidente Nixon visitou a China em 1971? Os dois países comungavam do mesmo desejo de florescer. Os Estados Unidos, uma democracia liberal de menos de duzentos anos, comandavam o mundo levando-se em conta quase todos os parâmetros econômicos. O dólar era a moeda estável na qual todos podiam depositar sua confiança. Os Estados Unidos tinham problemas, sem dúvida, mas ninguém no mundo livre questionava sua liderança hegemônica mundial.

Na China, o regime comunista incipiente tentava, a duras penas, alimentar sua grande e crescente população. A civilização da China data da Dinastia Qin, dois séculos a.C. A Grande Muralha levou quase duzentos anos para ser concluída. O Grande Canal, um rio artificial construído ao longo de doze séculos, graças ao uso de uma tecnologia formada por pás, estende-se por 2 mil quilômetros, mais ou menos a distância entre Bangor, no Maine, e Denver, no Colorado. Apesar de a China ter inventado a fabricação do papel, a prensa móvel, a pólvora, o compasso, o álcool e o relógio mecânico,[2] Nixon aterrissou em um país onde, em meio aos destroços deixados por políticas econômicas falidas e uma revolução cultural na qual a educação ocidental era considerada crime, a indústria mal existia.

As expectativas norte-americanas, por ocasião da histórica visita, concentravam-se em incrementar a exportação para um país de 1 bilhão de habitantes. "A produção de grãos e soja avança com a notícia da viagem de Nixon à China", relatou o *The New York Times*.[3] Em sua análise, o *Times* concluiu: "O imediato objetivo do presidente Nixon é transformar sua viagem à China em um genuíno divisor de águas na diplomacia americana, e não apenas uma manobra de efeito político e de propaganda".[4] Em termos estratégicos, a abertura da China também contribuiu para os Estados Unidos isolarem a União Soviética, fator decisivo para levar a Guerra Fria à sua bem-sucedida conclusão duas décadas depois.

Ao perceber a importância histórica da decisão, jornais locais abriram espaço para a cobertura internacional. "Não resta dúvida de que a visita servirá a um duplo propósito", escreveram os editores no *Greenfield Recorder* de Massachusetts. "Negócios para os Estados Unidos, e propaganda para os chineses. Resta saber qual ocupará o papel principal, e se Nixon obterá os resultados almejados." O editorial acrescentou uma ressalva memorável. Caso a "China Vermelha" estenda sua influência global, isso pode significar a "responsabilidade por precipitar o mundo no caos militar e econômico".[5]

O pensamento dominante não silenciou Harry Rowen, o falecido economista e membro da Instituição Hoover. "Quando a China se tornará uma democracia?", perguntou em 1996. "A resposta é: em torno de 2015. Essa previsão se baseia no crescimento econômico estável e impressionante que, por sua vez, se encaixa ao padrão do aumento da liberdade na Ásia e em todos os outros lugares do mundo."[6] O presságio se provou errado.

No transcorrer da década de 1980, uma gigantesca e barata força de trabalho atraiu empresas norte-americanas para a China. A década anterior, repleta de greves e estagflação, exerceu uma irresistível atração pela produção de baixo custo e por trabalhadores complacentes, incapazes de escapar. Produtos feitos na China começaram a chegar às prateleiras de varejo mundo afora e o país se tornou um poderoso exportador de produtos manufaturados. A Câmara do Comércio e outros grupos industriais americanos fizeram lobby para a assinatura de acordos comerciais. Famintos por novos mercados, os Estados Unidos outorgaram à China o status de nação mais favorecida nas relações comerciais, sujeito a renovações anuais.

A China cresceu depressa, mas os Estados Unidos também cresceram de modo robusto na década de 1980, aplacando qualquer temor de que a China poderia se tornar uma formidável adversária. Nesse ínterim, estudantes chineses se dirigiram em massa a faculdades, universidades e cursos de pós-graduação nos Estados Unidos a fim de estudar ciências e negócios. Voltaram para casa de posse da tecnologia norte-americana e de vorazes apetites pela livre-iniciativa e por uma economia mais direcionada para o mercado.

O Partido Comunista Chinês, sob o comando de Deng Xiaoping, encorajou os mercados privados, sem, no entanto, afrouxar as garras de ferro do poder. As zonas de livre-iniciativa proliferaram. Contudo, o partido não considerou o Ocidente como modelo a ser copiado. Aos olhos dos formuladores de políticas chineses, a democracia partidária atrelada à estagnação econômica parecia um precipício ao qual a empobrecida

União Soviética fora condenada. "Se há uma coisa que definitivamente o Partido Comunista da China jamais produzirá", observou o historiador Niall Ferguson, "é um Mikhail Gorbachev chinês."[7] Em 1989, em meio a manifestações pró-democráticas na Praça da Paz Celestial, o partido despachou os militares para as ruas. Não existe um saldo oficial das mortes, mas os números na certa chegam a centenas, senão a milhares. O massacre marcou o fim de qualquer esperança de um governo eleito e de uma gradual transição rumo à democracia.

A ofensiva causou desavenças em Washington. O secretário de Estado, James A. Baker III, em nome da administração do presidente republicano George H. W. Bush, posicionou-se contra qualquer punição à China, e propôs o equilíbrio entre os direitos humanos e o valor estratégico de cortejar o país. O líder da maioria no Senado, George J. Mitchell, democrata, pediu sanções "pelo crime organizado e o terror impingido pelo governo ao próprio povo".[8]

Passados dois anos, o presidente George H. W. Bush rechaçou críticas como as de George Mitchell e renovou o status da China de nação mais favorecida nas relações comerciais. Isso, disse ele, "ajudaria a criar a conjuntura para a mudança democrática".[9]

O acesso aos consumidores globais provocou um robusto salto para a China nos anos 1990. Exportações deslancharam. Produtos feitos na China proliferaram. O status de nação mais favorecida foi perpetuado no governo do presidente Clinton. O PIB chinês cresceu quase quatro vezes e reduziu a liderança dos Estados Unidos ao dobrar de tamanho e passar para 12% da economia do país ocidental. O consenso norte-americano continuou a acreditar que, pouco a pouco, a China evoluiria para uma democracia liberal e uma economia de livre mercado, contra todas as evidências em contrário.

Dois meses depois de terroristas atirarem seus aviões no World Trade Center, a China se tornou um membro pleno da comunidade de comércio mundial. As esperanças decolaram. "Acredito que à medida que este século transcorra e as pessoas pensem neste dia, concluirão que ao admitir a China na OMC demos um passo decisivo para delinear um sistema comercial e econômico global", disse Robert B. Zoellick, representante comercial norte-americano.[10]

Mais de 1 bilhão de famintos consumidores chineses acenaram. Autoridades norte-americanas expressaram confiança em que os crescentes acordos de comércio poderiam escancarar as portas de mercados lucrativos para fazendeiros, varejistas, empresas manufatureiras e banqueiros norte-americanos. O novo século começou com essa nota positiva. Houve divergências quanto à questão de direitos humanos e direitos de propriedade intelectual, mas nenhuma parecia intransponível, se comparada ao ganho comercial em potencial.

No início do século XXI, os Estados Unidos e a China ainda não eram rivais. As economias democráticas de livre mercado geraram riqueza inigualável. Nações desenvolvidas, com a notável exceção da China, assinaram o Consenso de Washington, um conceito de política macroeconômica que reproduz o estilo norte-americano de economia de mercado e governança. Então, o Ocidente tropeçou em uma crise financeira global. As instituições ocidentais pareciam fracas e vulneráveis, enquanto seus sistemas políticos se tornavam cada vez mais polarizados e partidários. Os preços do mercado imobiliário entraram em colapso. O sistema bancário estremeceu. As ações da Bolsa de Valores sumiram e as economias empacaram. A China começou a se convencer de que seu modelo de autocracia tecnocrática benevolente e capitalismo estatal era superior às economias de mercado mal reguladas e às democracias liberais disfuncionais.

Enquanto as instituições ocidentais tentavam a todo custo se manter viáveis, a China compensou a queda nas exportações ao priorizar o investimento em infraestrutura e propriedade. Os empréstimos inflaram e houve uma escalada nos preços do mercado imobiliário, quando famílias chinesas aderiram à propriedade privada. Novas cidades se materializaram em tempo recorde, ligadas por uma linha ferroviária de alta velocidade e mais quilômetros de via expressa do que os Estados Unidos podiam reivindicar. Antigas cidades foram modernizadas a toque de caixa. Graham Allison gosta de relembrar a emblemática saga de consertos de uma ponte de duas pistas em Cambridge, sua cidade natal, no estado de Massachusetts. Transcorridos quatro anos e depois de atrasos constantes, os reparos custaram três vezes o valor do orçamento original. Em 2015, diz Allison, a China renovou a Sanyuan, uma ponte de quatro pistas em Pequim, em 43 horas.

Um único dado econômico ilumina a crescente rivalidade entre Estados Unidos e China, na primeira década do século XXI: o volume de produção da China mais que triplicou, chegando a 41% do PIB dos Estados Unidos. Em sessenta anos sob o governo comunista, uma das nações mais pobres do mundo se transformou num país dinâmico, de renda média. A expectativa de vida dobrou. O número de matrículas nas escolas primárias e secundárias decuplicou. O desemprego despencou. "Não tenho a menor dúvida de que as condições materiais, para a maioria esmagadora da população na China, melhoraram de modo fenomenal e sem igual, a uma velocidade e magnitude sem precedentes, nos trinta anos depois de 1980", disse o escritor e professor de economia da Universidade de Columbia, Jeffrey Sachs.[11] De fato, a China teve, desde sua abertura econômica, um crescimento anual do PIB de 10%, durante quase três décadas.

Enquanto o Partido Comunista Chinês sem oposição acumulava ganhos surpreendentes, os Estados Unidos e as democracias ocidentais com frequência sucumbiam à paralisia partidária. Nos países em desenvolvimento, os povos passando necessidade ficaram maravilhados com o progresso da China e desdenharam do Ocidente. A democracia, na opinião deles, ficara em segundo plano comparada com o crescimento. "'Dê-me a liberdade ou a morte' está perfeito se você puder bancar isso", disse a economista Dambisa Moyo ao público presente em uma TED. "Mas, se você está vivendo com menos de um dólar por dia, anda muito ocupado lutando para sobreviver e sustentar sua família, e não tem tempo a perder pensando e tentando proclamar e defender a democracia."[12]

A China usufruía de uma crescente reputação quando Xi Jinping chegou ao poder em 2013, ao que tudo indicava livre das acusações de corrupção que mancharam outros candidatos para o melhor emprego do país. Sua mulher, uma famosa cantora na China, Peng Liyuan, ajudou a abrilhantar seu apelo populista.

Uma vez no poder, Xi Jinping foi rápido em pavimentar sua liderança. A primeira providência foi a eliminação de seus rivais políticos e a reformulação do modelo econômico do país. Uma entusiasmada campanha contra a corrupção mandou milhares de membros do partido para a prisão e campos de reeducação. Xi Jinping apregoou a vitalidade do marxismo. "Há quem acredite que o comunismo é uma esperança inalcançável, mas os fatos nos mostraram, repetidas vezes, que as análises de Marx e de Engels não estão ultrapassadas", afirmou Xi. "O capitalismo está fadado a desaparecer."[13]

Xi Jinping condenou a crescente desigualdade de riqueza que acompanhou a recente prosperidade da China. O bilionário Jack Ma, fundador da Alibaba, a versão chinesa da Amazon, sumiu da vista do público. Outros membros pertencentes aos mundos dos negócios e do entretenimento tiveram suas asas cortadas. E seu controle do poder se expandiu, transformando-se em culto à personalidade de futuro ilimitado. Em 2017, o comitê central do partido suspendeu o limite do mandato, preparando o caminho para Xi Jinping permanecer no poder muito além de 2022.

"Um famoso comentarista esquerdista da China denunciou os 'grandes capitalistas' e as 'celebridades mariquinhas' da indústria de entretenimento", relatou o *Financial Times*, em novembro de 2021. "Figuras públicas de destaque sumiram dos holofotes. Outras se apressam em declarar sua fidelidade e prometem bilhões de dólares para as prioridades políticas de um líder supremo todo-poderoso cujo cargo é vitalício."[14]

Enquanto os Estados Unidos esbanjaram trilhões de dólares nos conflitos do Oriente Médio para no fim abandonar tanto o Iraque quanto o Afeganistão, um fiasco e tanto nesse caso, a China investiu em projetos de infraestrutura e alta tecnologia em seu país e no exterior. Especialistas calculam que US$ 180 bilhões foram gastos apenas para desenvolver a capacidade 5G em 2014 e 2015.[15] Em consequência, diz o diretor da Asia Society e ex-primeiro-ministro da Austrália, Kevin Rudd, fluente em mandarim, a China desfruta de uma liderança incontestável em muitas dessas categorias. O *The World Factbook* da CIA adiciona outras áreas nas quais a China é líder: processamento de mineração e minério, aço, ferro, alumínio e outros metais; carvão; construção de máquinas; armamentos; têxteis e vestuário; petróleo; cimento; produtos químicos; fertilizantes; produtos de consumo (inclusive calçados, brinquedos e eletrônicos); processamento de alimentos; equipamentos de transporte – incluindo carros, vagões, locomotivas, navios e aeronaves; equipamentos de telecomunicação; veículos de lançamento espacial comerciais; e satélites.[16]

Ampliando sua presença, a China inaugurou a ambiciosa iniciativa Belt and Road (BRI, na sigla em inglês), popularmente conhecida como Nova Rota da Seda, tornando-se assim a principal financiadora de infraestrutura vital e esforços para o desenvolvimento de dezenas de países de baixa e média renda espalhados pela Ásia, pelo Oriente Médio, pela América Latina e África. Banqueiros chineses exerceram o poder por caminhos que os investidores ocidentais temeram trilhar. Empréstimos foram concedidos para a construção de estradas, ferrovias, instalações de geração de energia, e muitos outros empreendimentos pela Ásia e África. Pesquisadores contratados pelo College of William and Mary analisaram mais de 3 mil projetos da BRI, no valor de US$ 843 bilhões em 165 países. Durante um período de dezoito anos, até 2017, a BRI superou os Estados Unidos e outras grandes potências, em termos de desenvolvimento internacional, na proporção de dois pra um.[17] Em muitos casos, se os países anfitriões não tiverem recursos para quitar os generosos empréstimos concedidos, a China obterá o controle direto dos portos e de outros ativos de cujo financiamento está encarregada.

Um marco em 2017 provocou controvérsia acerca das vantagens comerciais que a China tem desfrutado como nação em desenvolvimento. "A China supera os Estados Unidos como a primeira em poder de compra, mas ainda se aferra ao status de país em desenvolvimento", relatou o *South China Morning Post*.[18] O conceito conhecido como PIB (ou volume de produção) engloba a soma dos valores de todos os bens e serviços produzidos em território nacional, em um determinado país. Os Estados Unidos lideram nessa categoria. Em contrapartida, a Paridade de Poder de Compra (PPC) compara a riqueza nacional usando o custo relativo de bens e serviços equivalentes. Nesse aspecto, a China ultrapassou os Estados Unidos em 2017, alcançando US$ 19,6 trilhões. Contudo, o Escritório Nacional de Estatísticas da China insiste que a classificação de número um em PIB-PPC não deveria alterar o status da China de maior país em desenvolvimento do mundo. Esse status permite ao país obedecer apenas parcialmente às regras de comércio internacional definidas pela OMC.

Os países ricos estreitaram os laços com seu principal parceiro comercial; os países pobres olharam para a China espantados. Foi preciso uma pandemia global para macular a imagem do país. Negações e mensagens turvas a respeito das origens da Covid-19 em Wuhan disseminaram frustração e raiva. No entanto, diferentemente das economias destroçadas em todos os outros lugares do mundo, a China vivenciou um crescimento em 2020, ampliando ainda mais sua força e influência.

Conforme a pandemia regride pouco a pouco, dois rivais globais passam a competir quase em pé de igualdade, não obstante as profundas diferenças. A economia madura dos Estados Unidos se deparou com números espantosos de casos de contágio e mortes provocados pelo coronavírus, com um nível de desigualdade gigantesco e crescente e déficits e dívidas cada vez maiores; isso sem mencionar a polarização corrosiva na esfera política. A China também enfrenta uma crise de dívida e crescente desigualdade, entretanto não encara qualquer polarização política e impôs relativamente mais controle no que diz respeito à pandemia (apesar de sua política de Covid-zero sofrer sérios desafios em 2022, em consequência da disseminação da variante Ômicron). A China, porém, continua a superar os Estados Unidos em crescimento anual.

Em 2019, havia 100 milhões de cidadãos com riqueza superior a US$ 110 mil na China, superando pela primeira vez os Estados Unidos. Como sua população é quatro vezes maior, uma fração do PIB per capita norte-americana levará a China ao papel de maior economia mundial, ultrapassando os Estados Unidos em renda total. Quando a China atingir o PIB per capita do Japão, cerca de três quintos do nível dos Estados Unidos atualmente, será 2,3 vezes mais rica do que já é no momento.[19] Quanto maior sua riqueza, mais possibilidades terá a China de financiar suas majestosas ambições.

O consenso ocidental de que a China, ao aderir ao sistema financeiro e comercial global, pouco a pouco abraçará a economia de mercado e reduzirá o autoritarismo tem se provado absolutamente errado. A China acalentava outros planos. "Embora fale sobre a eficiência da 'alocação de mercado', Pequim não segue as regras do que a principal corrente dos economistas denominaria de princípios de mercado", afirma Kevin Rudd. "Pelo contrário, a economia chinesa é um sistema de capitalismo de Estado, em que o árbitro é uma autoridade política incontestável."[20]

Na última década, a China não impôs um regime menos autoritário, muito pelo contrário. John J. Mearsheimer, experiente observador do país, deu ao plano original um adequado epitáfio no número da *Foreign Affairs* de novembro-dezembro de 2021. "O compromisso pode ter sido o maior desatino estratégico cometido por qualquer país na história recente", escreveu Mearsheimer, autor do livro *The Great Delusion* [As grandes ilusões]. "Não há exemplo comparável de uma potência fomentar, de maneira ativa, a ascensão de uma potência concorrente. E agora é tarde para reverter a situação."[21]

Por ocasião de um seminário on-line do Instituto Hoover, H. R. McMaster, antigo conselheiro de segurança nacional do presidente Trump e tenente-general da reserva, compartilhou uma avaliação similar. "Nós nos aferramos ao pressuposto de que a China, ao ser recebida como parte da ordem internacional, jogaria conforme as regras", disse McMaster. "À medida que prosperasse, abriria não apenas sua economia, mas sua forma de governo, o que obviamente não aconteceu."[22]

Enquanto o Ocidente acalentava falsas esperanças, a China aguardou a sua hora e alcançou força crescente, como Deng Xiaoping, ex-presidente do Partido Comunista, avisara. Os ocidentais cometeram um grave erro ao não reconhecer a arraigada raiva da China pelas injúrias infligidas ao país durante "um século de humilhação", de 1839 até a instauração da República Popular da China em 1849.[23] Esse período teve início com as duas Guerras do Ópio, na metade do século XIX, quando a Inglaterra e a França venceram a Dinastia Qing, assumiram o controle do território e obrigaram o país a concessões comerciais. E continuou com a Revolta dos Boxers e a derrota do Exército Imperial para uma aliança constituída de oito nações, dentre elas os Estados Unidos, o Japão, a Rússia e vários Estados europeus. E terminou com a derrota da China na Segunda Guerra Mundial, depois da invasão brutal e da ocupação pelos japoneses. Analistas ocidentais subestimaram a marca perseverante desse século na cultura chinesa. Agora que ascendeu, a China deseja ser reconhecida como uma grande potência, tanto na Ásia quanto em todo o mundo, e não apenas na esfera econômica.

Para ser justo, temos motivos para otimismo. Na Europa, o capitalismo triunfou sobre o socialismo. Na Ásia, as economias mais bem-sucedidas, antes autoritárias – Coreia, Tailândia, Taiwan e Indonésia, para citar algumas –, abriram suas economias e aderiram à democracia.

Mesmo Singapura trilhou o mesmo caminho, embora de modo mais limitado. Talvez não sejam democracias perfeitas, de acordo com os padrões norte-americanos ou europeus, mas são democracias razoáveis. Era compreensível que muitos achassem que, ao atingir o status de renda média, a China trilharia o mesmo caminho. Promover, em primeiro lugar, a abertura econômica e, em seguida, a política.

Em vez disso, a China acirrou o controle. A regra de um único partido torna os debates políticos impraticáveis. Questões devastadoras como a desigualdade de renda e a mudança climática são atacadas por decreto. Xi Jinping afirma que as crianças chinesas perdem tempo demais jogando videogames e interrompe a atividade por decreto. Ao decidir haver excesso de investimento em aulas particulares, o que favorece os ricos, ele muda as regras e, por precaução, aumenta os impostos para promover a igualdade econômica. Se empresas tecnológicas de grande porte acumulam poder demais, o governo parte em seu encalço. Para solucionar a mudança climática, ordena o fechamento de minas de carvão.

No entanto, a repressão impõe custos difíceis de serem avaliados. Um Estado autoritário pode acabar com a burocracia, mas é capaz de abrir espaço para as liberdades que sustentam a inovação e o crescimento?

Quando o presidente Hu Jintao era o líder da China, de 2003 a 2013, eu participava de um fórum de desenvolvimento realizado em março, em Pequim, quando me encontrei com altos funcionários do governo durante três dias. Em 2012, mencionei minha próxima viagem ao país a uma amiga, responsável pelo setor de arte asiática do Museu Guggenheim. Ela insistiu que eu encontrasse o renomado artista e dissidente Ai Weiwei, em prisão domiciliar, depois de sair da cadeia, onde ficara detido pelo crime de defender a justiça social e a liberdade de expressão. Fui visitá-lo em sua casa, nos arredores de Pequim. Durante duas horas, batemos papo a respeito do mundo, da China e de outros interesses em comum.

Tirei uma selfie com Ai Weiwei e postei a foto em minha conta no Twitter. Refleti um pouco sobre uma conversa anterior com fontes da Weibo, a versão chinesa do Twitter. Eles consideraram meus tweets interessantes e perguntaram se podiam replicá-los automaticamente para seu público. Eu disse que sim. Como eu não tinha conta na plataforma, abri uma. Tão logo postei minha selfie com Ai Weiwei, minha conta na Weibo repostou a foto. Tudo que eu escrevi com a foto foi que nós dois tivéramos uma conversa interessante sobre arte e cultura.

Eu sabia do jogo de gato e rato de Weiwei na Weibo. Ele abria uma conta e, em minutos, os censores a fechavam. Por esse motivo, meus comentários foram genéricos. Cuidadoso, evitei qualquer sugestão de discussões a respeito de temas que pudessem levantar suspeitas oficiais. Não fez diferença. Em meia hora, minha conta na Weibo desapareceu. É assim que a Grande Firewall chinesa funciona.

Dissidentes não contam. Interações rotineiras expõem as garras de ferro do partido. Eu costumava visitar a China e marcar reuniões sem qualquer problema. Era possível conversar com acadêmicos e formuladores de políticas abertamente. Agora a China está muito mais fechada. Todos se mostram circunspectos. Sentem-se desconfortáveis, pois a amizade com ocidentais, hoje em dia, é um convite para problemas.

Quando telefono, meus contatos hesitam. Quando conversamos, impera a cautela. O ex-ministro de Finanças da China fala inglês fluente. Da primeira vez que nos encontramos, conversamos no meu idioma com a maior naturalidade. Recentemente, antes da Covid-19, nos sentamos em lados opostos em uma mesa e ele usou um intérprete. Até mesmo falar inglês é arriscado. É um pequeno detalhe, mas, em minha opinião, significativo. A China não está se aproximando de nós; pelo contrário, está se afastando.

Ao final de 2021, o *Financial Times* relatou que qualquer indício de democracia ficou para trás.

> O súbito frenesi de atividade política, ao longo das duas últimas semanas, fez muita gente se questionar se a China estaria entrando em uma nova era política na qual abraça elementos das campanhas políticas maoístas, enquanto o Partido Comunista continua a assumir um papel mais dominante sob o governo do presidente Xi Jinping.[24]

Antes de 1990, ninguém temia a rivalidade com a China – muito menos sua habilidade de superar os Estados Unidos. Saudamos a mútua cooperação como o tipo de competição proposto por qualquer livro didático de economia e considerado positivo para os consumidores. Tínhamos pleno conhecimento do sistema político diferente da China, mas tudo bem. Desde que permanecesse moderadamente autoritária dentro de casa, mas incentivasse o setor privado, os observadores aplaudiam sua entrada na economia global. O gigantesco mercado compensou as provas de dumping, roubo de propriedade intelectual e práticas comerciais desleais. A China precisava se empenhar bastante para resolver seus problemas sem a ajuda dos outros. As necessidades domésticas urgentes relegariam as ambições geopolíticas a um nível de prioridade mais baixo do que as relações comerciais robustas, ou assim o Ocidente acreditou.

O progresso da China surpreendeu especialistas. Críticos apontam as práticas comerciais desleais como parte de sua explicação. A China credita seu sucesso às lições aprendidas com o Ocidente do que *não* fazer. Seu sistema político pode estabelecer e alcançar objetivos sem qualquer discordância. A China abraça o socialismo, mas apenas formalmente; a descrição mais adequada seria capitalismo tecnocrata autoritário. Pouco importa qual seja o nome atribuído. Para os chineses, ele é mil vezes melhor do que a democracia disfuncional e as instituições financeiras globais que agem em proveito próprio.

Longe de manter as promessas iniciais de ficar restrita ao seu universo, a China compete mais e mais com o Ocidente. O país lançou as próprias versões do Banco Mundial e do FMI. Manteve as grandes empresas de tecnologia à margem, enquanto incentivava gigantes nacionais. Construiu novas ilhas no mar do Sul da China e reivindicou territórios que o Ocidente insiste pertencerem a águas internacionais. Ainda assim, Xi Jinping continua a proclamar que um poder em ascensão não torna a agressão inevitável. Ao contrário dos Estados Unidos e de seus aliados, a China não participa de uma guerra desde 1979, à exceção de conflitos nas fronteiras.

Na realidade, a China tem amplos incentivos para fomentar a paz. Para seu poder comercial triunfar, as rotas marítimas devem permanecer abertas. Confrontos atrapalhariam o comércio que abastece a economia chinesa; junto com seus parceiros asiáticos, a China firmou a Parceria Econômica Regional Abrangente (RCEP, na sigla em inglês), um tratado de livre-comércio. Faz lobby para ser aceita como membro no Acordo

Abrangente e Progressivo para a Parceria Transpacífica (CPTPP, na sigla em inglês), sucessor de um acordo comercial vital que os Estados Unidos ajudaram a negociar, antes de o presidente Trump assinar decreto para retirar os norte-americanos do acordo e Biden decidir nem sequer tentar ressuscitá-lo.

Cresce o temor em Washington de que a China esteja planejando suplantar os Estados Unidos como nova superpotência militar e econômica, a princípio na Ásia e depois no mundo inteiro. No que tange ao poder econômico, o sinal de alarme soou nos Estados Unidos em 2015, quando a China apresentou seu novo plano de política industrial chamado "Made in China 2025". Esse plano visa ao uso de grandes subsídios e incentivos financeiros para deixar de ser o país da mão de obra de baixo custo agregado e das manufaturas de trabalho intensivo, e passar a assumir a liderança nas principais indústrias do futuro: tecnologias de informação (inclusive a IA, a Internet de Coisas, dispositivos inteligentes e semicondutores), a robótica (até mesmo automação e machine learning), energia e veículos verdes (inclusive a energia verde ou solar e os veículos autopilotados), equipamentos aeroespaciais, engenharia oceânica e navios de alta tecnologia, equipamentos ferroviários, equipamentos elétricos, novos materiais, biotecnologia, medicina e dispositivos médicos, e máquinas agrícolas. Além disso, em 2017, a China apresentou seu "Plano de desenvolvimento de inteligência artificial de nova geração", cujo objetivo é transformar o país em líder mundial em IA até 2030.

A China vem expandindo seu poderio militar. Acrescentou ogivas nucleares ao seu arsenal, aprimorou as capacidades de lançamento e ampliou a Marinha. Todos esses avanços são voltados para a defesa, afirmam, mas isso é o que os Estados Unidos também afirmam a respeito do próprio material bélico. A mensagem: somos uma grande potência, nos respeitem. Não vamos atacar, a não ser que tentem nos conter.

A preocupação com as ambições geopolíticas da China impulsionou o deslocamento do eixo estratégico norte-americano em direção à Ásia, durante a administração Obama. A atenção foi desviada da Europa e dirigida para a região do mundo na qual residem as oportunidades econômicas mais imperiosas *e* as ameaças militares. A administração Trump intensificou o atrito com uma retórica perfeita para comícios de campanha. Sua estratégia de segurança nacional rotulou a China de "competidora estratégica" e (em conjunto com a Rússia) um "poder revisionista" que desafia a ordem global em vigor desde a Segunda Guerra Mundial. A administração Trump chamou a China e a Rússia de as maiores ameaças à defesa nacional do país. Alegou que a China "busca a hegemonia regional indo-pacífica no curto prazo" e "a excelência global no futuro". Isso não era apenas um slogan para comícios de campanha. Tornou-se o novo consenso em Washington. Tudo leva a crer o início de uma nova guerra fria.

A nova guerra fria conduz a uma única direção: grandes disrupções na oferta e na demanda globais. Pela primeira vez em quase um século, os Estados Unidos enfrentam um formidável adversário que controla recursos naturais e industriais vitais. Não espero um final hollywoodiano. "A época da dominação ocidental foi uma aberração de duzentos anos", disse o diplomata de Singapura, Kishore Mahbubani, ao público na Kennedy School of Government em Harvard, no início de 2021. "Essa época está chegando ao fim."[25]

Sou de opinião – com vários outros analistas – que uma guerra fria ficaria ainda mais fria caso houvesse mais competição e confronto, e menos cooperação. Pode continuar a ser uma guerra fria sem se transformar em uma guerra quente. Seremos rivais em um mundo dividido por tensões, mas apenas tensões. "Pode não ser a Guerra Fria 2.0", diz Kevin Rudd, um atento analista que evita linguagem provocativa, "mas está começando a parecer a Guerra Fria 1.5."[26]

Contudo, a guerra fria com a China parece bem diferente da anterior com a União Soviética. Como o comércio entre Estados Unidos e União Soviética nunca excedeu poucos bilhões de dólares anuais, a Guerra Fria significava um impasse militar com tanques posicionados nas fronteiras e mísseis apontados um para o outro. "Hoje", anunciou Fareed Zakaria, âncora da CNN, "os Estados Unidos e a China negociam esse valor em questão de dias. A União Soviética mal existia no mapa econômico do mundo livre."[27]

A fechada União Soviética dispunha basicamente de commodities. A China opera uma base industrial diversificada e é líder em vários setores. Sua diplomacia é muitíssimo mais sofisticada. Apesar de vir construindo sua capacidade militar de maneira visível, as linhas de frente da nova guerra fria repousam, em essência, no terreno econômico e tecnológico.

Na Guerra Fria 2.0, como alguns apelidaram o atual cenário, predomina a desintegração ou o desacoplamento entre os dois rivais e seus respectivos parceiros. Esse desacoplamento já é visível no comércio, na tecnologia, nos investimentos, nos fluxos de capital e de mão de obra, dados e informações.

Uma manchete no *South China Morning Post* foi direto ao ponto, em setembro de 2021. "Desacoplamento entre EUA e China: caso cheguemos ao impasse do Bloco dos Estados Unidos *versus* o Bloco da China, quem tem mais a ganhar?" A pergunta poderia ser: quem tem mais a perder? Para os norte-americanos, pode ser preocupante a interrupção das cadeias de suprimentos trazendo, em seu rastro, prateleiras do varejo vazias. Um consultor de Pequim teme que a "falta de acesso aos produtos de alta tecnologia dos Estados Unidos equivaleria a dispor de arroz em abundância, mas nenhum prato saboroso".[28]

Yu Yongding, renomado economista e ex-consultor do Banco Central da China, disse ao *South China Morning Post* que, em sua opinião, o desacoplamento causará um "descomunal" impacto na China. Pesquisa da *Capital Economics*, empresa de pesquisa macroindependente, concluiu que o gradual desacoplamento favorecerá o Ocidente. Os países do bloco chinês têm uma população ligeiramente maior, porém muito menos robusta em termos econômicos do que a do bloco ocidental, detentor de 69% do PIB mundial.[29] "Apesar de a China contar com maior número de países em seu campo, a maioria é pequena em termos econômicos", diz a *Capital Economics*. "A China ainda é muito dependente do Ocidente, tanto em termos de demanda final quanto de insumos."

Essa é a boa notícia. Contudo, concentrar-se no comércio de bens de consumo é tapar o sol com a peneira. O desacoplamento interromperia o comércio de bens, tecnologia e serviços; frearia o fluxo de investimento de capital, da mobilidade da mão de obra, de estudantes e cientistas, e mesmo a transferência de dados, a essência vital da era da informática.

"A China elabora regras rígidas para impedir a saída de dados de suas fronteiras, enquanto Pequim aperta o cerco em torno das informações", noticiou o *South China Morning Post*, em outubro de 2021.

A Administração do Ciberespaço da China pretende revisar todos os dados de processamento relativos a negócios, antes de saírem do país.[30] Os Estados Unidos também impõem restrições à propriedade chinesa de aplicativos capazes de coletar dados de cidadãos norte-americanos. Como os adolescentes são o novo petróleo, o motor crucial dos grandes negócios, esse é o início de uma forma bem mais ampla de protecionismo e restrições comerciais.

Tarifas e restrições impostas por ambos os países durante a administração Trump aceleraram o desacoplamento. Uma economia mais fragmentada divide, de modo crescente, o mundo em dois sistemas econômicos competitivos, um dominado pelo Ocidente, o outro pela China.

Caso haja o desacoplamento de forças, as nações pobres e sob regime semiautoritário podem preferir o arcabouço geopolítico da China graças a seu crescimento robusto e tecnologia mais barata. Os chineses tentarão dominar o mercado com acordos comerciais preferenciais e acesso ao investimento de capital. Sua tecnologia 5G menos onerosa atrairia países em desenvolvimento. Fornecerá Internet das Coisas, inteligência artificial e soluções de telecomunicação de primeira linha. A China recomendará a seus clientes a substituição do dólar pelo renminbi como moeda de reserva. Os investidores chineses ganharão influência. A tecnologia de vigilância e as armas táticas ajudarão esses clientes a esmagar seus dissidentes.

Os líderes chineses sabem que o aumento de salários elimina as vantagens do custo de sua produção; um dos motivos pelos quais a China quer se tornar a líder mundial em inteligência artificial até 2030. O ex-CEO do Google, Eric Schmidt, teme que o progresso possa deixar os Estados Unidos comendo poeira. "O governo chinês tem quatro vezes mais engenheiros", disse Schmidt ao *Bloomberg* num vídeo de 2021 intitulado "A corrida da China pela supremacia da IA".[31]

> Eles estão investindo uma quantidade estupenda de dinheiro nas transformações e digitalização da IA. O rápido desenvolvimento do sistema de processamento de dados tem potencial para alcançar todas as facetas da economia no século XXI, e o Partido Comunista Chinês declarou seu interesse em impulsionar esse avanço.

Alguns observadores declaram o fim da corrida por armas tecnológicas. De acordo com Nicolas Chaillan, diretor-executivo de software do Pentágono, "não teremos a menor chance competitiva contra a China dentro de quinze a vinte anos. Neste momento, o assunto já está encerrado. Em minha opinião, já era".[32]

Novos acordos de desenvolvimento e cooperação entre a China e seus clientes forjarão parcerias, de modo que aumentem cada vez mais o isolamento das economias industriais maduras. As alianças informais já unem a China à Rússia, ao Irã e à Coreia do Norte. Já foi dada a largada para os exercícios militares. Recentemente, a China e a Rússia despacharam dez navios de guerra para percorrer o estreito de águas internacionais que separa as duas principais ilhas do arquipélago japonês, Hokkaido e Honshu. Durante a Guerra Fria, o Japão abriu mão do controle total das águas a que teria direito permitindo seu livre acesso aos navios de guerra norte-americanos durante a Guerra Fria original.[33] E a invasão da Rússia à Ucrânia em 2022 consolidou a aliança entre China e Rússia com o encontro de Putin e Xi Jinping, antes da invasão, para selar oficialmente a nova aliança econômica e geopolítica entre os dois países. Com Taiwan na mira, os chineses avalizaram a tentativa de tomada de controle da Ucrânia pela Rússia. Bem-vindo à segunda guerra fria, se ainda tem dúvidas de que uma guerra fria de tamanho porte está em andamento.

Os aliados tradicionais dos Estados Unidos que negociam com a China se encontram diante de um futuro desafiador. Ficarão encurralados. Em 2020, a China substituiu os Estados Unidos como o maior parceiro comercial de produtos.[34] Os Estados Unidos já pressionaram os países europeus para banir a rede wi-fi 5G da Huawei, alegando tratar-se de um risco de segurança, pois o governo chinês pode monitorar o tráfego. Alguns países concordaram com o pedido, mas nem todos.

Na Europa, os Estados Unidos detêm o maior trunfo. Juntos, os aliados da Otan gastam apenas US$ 200 bilhões em defesa. Os gastos dos Estados Unidos são de US$ 700 bilhões. Os países-membros da Otan não têm meios para se defender contra um ataque pesado (por exemplo, por parte da Rússia). A recente invasão da Ucrânia pela Rússia despertou os pacíficos europeus para preocupações sobre as ambições imperiais do urso russo. Suponha que os Estados Unidos concordem em deixar a postos tropas capazes de manter a Rússia à distância, mas isso signifique a proibição dos europeus de fazer os negócios rotineiros com a China. Não lhes restará opção a não ser tomar partido. O apoio ao equilíbrio ocidental em detrimento da China representaria um alto preço para suas economias. Na verdade, em entrevista ao *Financial Times* em 2021, o chefe da Otan argumentou:

> [...] neutralizar a ameaça de segurança em virtude da ascensão da China desempenhará papel importante na futura lógica da Otan... e marcará uma expressiva reformulação dos objetivos do grupo ocidental, que reflete o pivô geoestratégico dos Estados Unidos para a Ásia.[35]

Os chineses alertarão os europeus de que optem pelos Estados Unidos; que devem se retirar da China de modo gradual. Isso significa menos vendas de carros e negócios para as empresas. Bem como menos investimento direto estrangeiro e indústrias manufatureiras na China. A separação será extremamente cara.

E também para a China. Contudo, parece que a China pode lidar com isso. Em 2021, ela embarcou no "14º Plano Quinquenal", que pode ser interpretado como a preparação para o desacoplamento. Seu objetivo é a "autossuficiência" e a "inovação indígena" econômica graças a um mercado doméstico com 1,3 bilhão de consumidores.

Durante a administração Trump, discursos duros produziram tarifas que afetaram a realidade dos norte-americanos nas caixas registradoras. A administração Biden, embora mais propensa a privilegiar a diplomacia, também vê a China através das lentes da competição e da rivalidade. Ao descrever o relacionamento, Katherine Tai, representante comercial dos Estados Unidos, não mediu as palavras. "Por muito tempo, a falta de aderência da China às normas comerciais globais minou a prosperidade de americanos e de outros povos ao redor do mundo", disse Tai. "Nos anos recentes, Pequim duplicou seu sistema econômico centralizado no Estado. É cada vez mais claro que os planos da China não incluem reformas consistentes visando solucionar as preocupações compartilhadas pelos Estados Unidos e vários outros países."[36]

Diferentemente de muitas divergências presentes hoje em dia em Washington, existe cooperação bipartidária quando se trata da política chinesa. Em junho de 2021, o Senado aprovou um projeto de lei, a Lei de Inovação e Competição dos Estados Unidos, a fim de contrabalançar a ameaça econômica da China. O plano destina US$ 250 bilhões para pesquisa e desenvolvimento, com o objetivo de reforçar a liderança e a produção norte-americana no setor de tecnologia avançada. A legislação incorporou um antigo projeto de lei, apresentado em parceria pelo líder da maioria do Senado, Chuck Schumer, democrata de Nova York, e o senador Todd Young, republicano de Indiana. A legislação foi também aprovada pela Câmara de Representantes no início de 2022.

A segunda guerra fria parece muito diferente da anterior, em seus primórdios; tampouco devemos esperar o término da mesma maneira, ou seja, com a saída de mansinho de nosso adversário. Dois dos atuais conselheiros do presidente Biden propuseram uma alternativa, em artigo publicado, em 2019, no *Foreign Affairs*: "Ao contrário de recorrer a suposições acerca da trajetória da China, a estratégia americana deveria ser duradoura, independentemente do que o futuro reserva para o sistema chinês", escreveram Kurt Campbell, ex-presidente do conselho e cofundador do Centro para uma Nova Segurança Americana (CNAS, na sigla em inglês), e o conselheiro de Segurança Nacional, Jake Sullivan. "O objetivo da estratégia deve ser alcançar não um final decisivo, semelhante à conclusão definitiva da guerra fria, mas um equilíbrio constante de coexistência lúcida favorável aos interesses e valores dos Estados Unidos."[37]

Em seu artigo anterior para a *Foreign Affairs*, Campbell e o coautor Ely Ratner proferiram uma advertência contundente. "No momento, Washington enfrenta seu competidor mais formidável e dinâmico na história moderna."[38] Ambos são hoje conselheiros do presidente Biden, que não desperdiçou palavras quando um repórter pediu sua opinião a respeito de Xi Jinping. "Vamos esclarecer esse assunto de uma vez por todas", disse Biden. "Nós nos conhecemos bem, não somos amigos de longa data. Nossa relação é apenas profissional."[39]

Caso haja a escalada da rivalidade, pode uma guerra fria com a China esquentar? Especialistas dividem-se entre o talvez e o sim. Não obstante, logo acrescentam o quanto torcem para que isso não aconteça.

Em discursos formais, líderes às vezes tentam baixar a temperatura. "Vivemos uma época cheia de desafios e de esperança", declarou Xi Jinping.

Para onde deve caminhar o futuro da humanidade? A resposta da China é propor a todas as pessoas do mundo inteiro o trabalho em conjunto, atender ao chamado do tempo, reforçar a governança global, guiar o desenvolvimento graças à inovação e continuar avançando para a construção, no futuro, de uma comunidade compartilhada por toda a humanidade.[40]

Contudo, outras vezes, Xi soa mais belicoso. Em julho de 2021, declarou que aqueles que tentarem impedir a ascensão da China terão suas "cabeças esmagadas com sangue contra uma Muralha de Aço", declaração consistente com a chamada diplomacia do lobo guerreiro, o estilo agressivo de diplomacia adotado por muitos chineses diplomatas em anos recentes. (A expressão vem de um filme chinês, *Lobo guerreiro 2*, cuja frase mais emblemática é "Quem atacar a China será punido, não importa o quão longe esteja o alvo".) O nacionalismo e a xenofobia definitivamente estão em ascensão na China.

Por sua vez, o presidente Biden apregoa os méritos da "diplomacia inexorável". Em recentes telefonemas e conversas diplomáticas, exploraram o potencial do diálogo, segundo notícias veiculadas na mídia. Contudo, a estratégia de segurança nacional não difere muito da de Trump. Pelo contrário: as tensões recrudescem, pois Biden, em oposição a Trump, se preocupa com os direitos humanos e a democracia em Hong Kong, no Tibete, em Taiwan e Xinjiang. E a administração Biden ameaçou impor novas tarifas contra a China, dados os subsídios domésticos das continuadas políticas industriais da China.

Pouco depois de Joe Biden assumir, Chen Yixin, homem de confiança de Xi Jinping, declarou: "A ascensão do Oriente e o declínio do Ocidente se tornaram tendência [global] e reforçam a mudança do cenário internacional a nosso favor". A China acredita no declínio dos Estados Unidos e do Ocidente com o decorrer do tempo.[41]

O antigo primeiro-ministro australiano Kevin Rudd, condutor de manobras visando reforçar os laços entre Austrália e China, ocupa posição de destaque para analisar o equilíbrio sino-americano. Em "A guerra evitável", publicado pela Asia Society, presidida por Rudd, ele admite um fato sinistro: "Antes mesmo da crise atual, a ordem liberal internacional pós-guerra já começava a se fragmentar".

As provocações de ambos os lados continuam. Mao Tsé-tung voltou a ser apreciado na China, celebrado "por ter entrado em guerra contra os americanos na Coreia, e os forçado a negociar a trégua". Os norte-americanos, assustados com a China, decidiram acusar Richard Nixon de "ter criado um Frankenstein".[42] Uma manchete no *Financial Times*, em 2021, salientou "os ecos maoístas no jogo de poder de Xi".[43]

Rudd parece mais temeroso da eclosão de uma guerra causada por incidentes envolvendo aviões, navios de guerra, ou políticos imprudentes do que de um conflito originado por razões estratégicas cuidadosamente tramadas. Não só Rudd, mas outros especialistas lembram aos leitores que um evento de pouca importância em termos mundiais, o assassinato do arquiduque Ferdinando, serviu como estopim para a Primeira Guerra Mundial.

O status das águas em torno da China convida a um erro de cálculo catastrófico. Além da China, seis países apresentam as mesmas reivindicações de soberania de parte dessas águas: Brunei, Indonésia, Malásia e Filipinas, Taiwan e Vietnã. Pequim invoca "direitos marítimos históricos" com base na "linha das nove raias", o que constitui uma ingerência no território de seus vizinhos. A China não gostou da decisão tomada em 2016 pela Corte Permanente de Arbitragem rejeitando suas reivindicações. Uma estratégia de "zona cinzenta" autoriza a pesca e os navios da guarda costeira a estabelecerem de fato alegações contrárias à decisão da corte quanto à soberania sobre os territórios. Um confronto que resulte no afundamento de um desses navios pode levar à catástrofe.

Além da troca de palavras agressivas, estrategistas de ambos os lados realizam jogos de guerra. Os Estados Unidos enviam navios às águas consideradas territoriais pela China. Alarmados com o fato de faltar imaginação para prever eventos capazes de suscitar conflitos, o almirante da reserva James Stavridis e Elliot Ackerman escreveram um livro no qual postulam uma guerra de grandes proporções entre os Estados Unidos e a China em 2034.[44] Por sua vez, a China reivindicou e militarizou ilhas no mar do Sul da China, não obstante suas afirmativas de intenções pacíficas, elevando a tensão com o Japão. Seus aviões cruzam com regularidade o espaço de Taiwan, podendo provocar um incidente militar.

As intenções da China atingem agora o espaço sideral. O foguete hipersônico Long March circulou a Terra num teste recente. "Tal sistema poderia, se lançado, driblar as defesas de mísseis americanos", anunciou o *Financial Times*. A China, naturalmente, alegou ter sido um lançamento de foguete de rotina, sem propósitos militares.[45]

Os atuais líderes das duas nações enfatizam a cooperação e o respeito mútuo enquanto aliciam aliados. Xi Jinping apregoou um bem-sucedido encontro por videoconferência com Vladimir Putin, assim como o Tratado de Boa Vizinhança e Cooperação Amigável com a Rússia. "A parceria de estratégia abrangente de coordenação inaugura uma nova era e disponibiliza uma forte dinâmica e amplas perspectivas", declarou Xi.[46]

Nesse ínterim, os Estados Unidos solicitaram ao *Foreign Affairs* a publicação de um artigo intitulado "Os Estados Unidos estão transformando a Ásia em um barril de pólvora". O artigo lista iniciativas propostas pelos Estados Unidos para evitar a crescente presença naval da China: encorajar o Japão a desenvolver armas hipersônicas; alavancar a venda de armas para as Filipinas, a despeito dos abusos contra os direitos humanos no país; equipar a Austrália com submarinos nucleares; construir um novo sistema de radar na República de Palau; e expandir a presença ocidental ao longo da região Indo-Pacífica. Os Estados Unidos estão fortalecendo o Diálogo de Segurança Quadrilateral (Quaid, na sigla em inglês) – um fórum estratégico para conter o avanço da China –, que agrega Estados Unidos, Índia, Austrália e Japão. A Otan pode se tornar um instrumento para conter o crescente poder da República da China. O que os Estados Unidos e o Ocidente vislumbram como defensiva – para limitar a ascensão agressiva da China na Ásia –, a China vislumbra como uma tentativa de conter sua ascensão e suas legítimas necessidades de defesa na Ásia.

Como resposta, a China está fortalecendo os laços com poderes revisionistas que pretendem substituir a ordem mundial ocidental e dos Estados Unidos. A Rússia tende a recriar a antiga esfera de influência soviética, deixando assim qualquer país vizinho na mira, a começar pela brutal invasão à Ucrânia em 2022. O Irã xiita se opõe aos Estados Unidos, a Israel e a vários países árabes sunitas que disputam a hegemonia no Golfo Pérsico. A guerra pode prevalecer, caso um acordo nuclear revisado com o Irã falhe ou seja rejeitado, depois de 2024, por uma nova administração republicana. Israel, para quem o programa nuclear do Irã é visto como ameaça existencial, pode atacar o Irã, caso este país continue a trilhar o caminho da escalada nuclear. A Coreia do Norte, um Estado falido por todas as avaliações, exceto por seu arsenal nuclear, representa um perigo claro e atual para Japão, Coreia e Estados Unidos. É provável que os contínuos lançamentos de mísseis e outras provocações acabem por incitar um confronto militar direto. Dos outros países que gravitam na órbita da influência chinesa, como Paquistão e Camboja, o primeiro tem um poder nuclear instável e vive em permanente estado de rivalidade com a Índia, que, dotada de armas nucleares, tem graves disputas territoriais com a China.

O principal foco de conflito na Ásia é Taiwan. Uma reportagem de capa na revista *The Economist* considerou Taiwan "o lugar mais perigoso da Terra", pois a China deixou bem claro seu objetivo.[47] Ela pretende anexar a ilha de 23 milhões de habitantes, cujo governo é eleito democraticamente, e tem uma economia vibrante, que fornece ao mundo microchips, além de outros bens essenciais. Em outubro de 2021, um avião de caça do Exército de Libertação Popular da China sobrevoou o espaço aéreo de Taiwan dezenas de vezes.

A China reiterou sua determinação de reclamar o território. Os taiwaneses não demonstram o menor interesse em se curvar ao desejo do continente. Embora não exista nenhuma aliança de defesa formal, o presidente Biden deixou claro seu apoio a Taiwan, onde um contingente de fuzileiros navais treina seus militares. A União Europeia enviou representantes a Taiwan como prova de amizade.

Os Estados Unidos demonstraram alguma ambiguidade estratégica quanto à defesa de Taiwan, no caso de um ataque chinês. Seja para evitar o conflito, ou por ser muito oneroso combater uma tentativa de invasão a Taiwan, os norte-americanos devem reforçar o suprimento de equipamentos militares na ilha, como fez com a Ucrânia. No entanto, e se a China, em vez de tentar invadir Taiwan, impuser um bloqueio naval à ilha? Os Estados Unidos tentariam furar o bloqueio? Ou hesitariam e permitiriam que a China asfixiasse e tomasse Taiwan de assalto? E como esse desfecho afetaria a já combalida credibilidade dos Estados Unidos em defender seus outros aliados na Ásia, sobretudo depois do fiasco no Afeganistão e da decisão de não defender militarmente a Ucrânia contra a invasão russa? Afinal, tanto Taiwan como a Ucrânia não são membros formais da Otan nem aliados formais dos Estados Unidos. Entrariam em guerra contra a China para proteger Taiwan ou apenas, como no caso da Ucrânia, enviariam armas para o país se defender por conta própria? Ninguém sabe as respostas para tais perguntas. Contudo, Xi Jinping quer entrar para a história como o líder que uniu a ilha de Taiwan à terra firme. Por isso, uma guerra em potencial com a China é uma mega-ameaça aterradora.

O rumo da rivalidade entre Estados Unidos e China dependerá, em parte, das tendências de crescimento na próxima década. Se os norte-americanos continuarem vigorosos e reinventarem sua economia, como já ocorreu no passado, talvez consigam preservar parcialmente o *status quo* na Ásia e em Taiwan. Caso o crescimento da China persista e os Estados Unidos tropecem, este país verá suas vantagens estratégicas desaparecerem e a China se tornará mais assertiva e agressiva. O contínuo investimento em seu arsenal militar potencializará a China a agir sem temer a impunidade. Se os Estados Unidos recuarem diante de um confronto, sua liderança será colocada em risco.

Ou a China pode tropeçar. Nem todos acreditam que o país seja um colosso. A pretensão do Partido Comunista de manter o poder a qualquer custo pode suprimir os incentivos propulsores do crescimento econômico. Uma ofensiva generalizada contra a indústria de alta tecnologia e seus titãs – como Jack Ma –, em conjunto com uma campanha contra o consumo conspícuo e a desigualdade, abalou a confiança da iniciativa privada. Ao reprimir a indústria de reforço escolar e exigir a aprovação de todos os livros escolares pelo governo, a China deu um passo atrás na liberdade intelectual e retirou os meios de a classe média se perpetuar. Quando o partido chega a esse estágio para suprimir rivais em potencial, ele não sufoca apenas os dissidentes.

O legado da política de apenas um filho, imposta a princípio pelo regime comunista, com o intuito de resolver o problema de escassez de alimentos, está de volta para assombrar os empresários. A força de trabalho está envelhecendo em ritmo acelerado. Alguns observadores dizem que a China envelhecerá antes de se transformar em um país rico e sustentável. Como nas economias avançadas, cada vez mais os poucos trabalhadores jovens sustentam os aposentados. Os números absolutos de trabalhadores aposentados acarretam um dilema passível de desafiar o regime para os formuladores de políticas.

A China enfrenta vários outros desafios. O conflito implacável na fronteira com a Índia, no sopé do gelado Himalaia, deixa seus vizinhos asiáticos em permanente estado de alerta. A dura supressão de sua população de uigures, de maioria muçulmana, e a repressão às manifestações populares pela democracia em Hong Kong foram condenadas por várias nações.

E depois de anos de ininterrupto crescimento do mercado imobiliário residencial, a realidade interveio. Os preços começaram a cambalear nos últimos anos. Construções e cidades-fantasmas permanecem desocupadas. A Evergrande, empresa imobiliária detentora do recorde mundial de endividamento em seu setor, encontra-se à beira da falência, e muitas outras incorporadoras estão em situação similar. Investidores estrangeiros podem sofrer perdas. Isso é apenas uma parcela de um problema mais sério e capaz de assustar os chineses, se as inadimplências começarem a entrar em espiral descendente. A dívida pública e privada na China já era três vezes superior ao seu PIB em 2019, antes de a pandemia de Covid-19 provocar uma sobrecarga em seu endividamento. Uma crise de dívida desviaria os recursos do Estado de seus objetivos estratégicos e arruinaria a reputação da China no exterior. Em 2022, a política de Covid-zero foi mais um fator prejudicial ao seu crescimento.

Infelizmente, os problemas da China podem se tornar nossos problemas. Xi Jinping pode oferecer prosperidade e reduzir a desigualdade. Caso não consiga, talvez procure outros meios de mobilizar a população. Ao incitar a xenofobia e o nacionalismo, e expandir o território, em especial com a anexação de Taiwan, daria destaque a seu legado em casa. Mesmo mais fraca, a China pode se tornar mais agressiva em relação a Taiwan.

Na imprensa popular, há dois pontos de vista extremos acerca do futuro do país: a China vai dominar o mundo ou a China vai entrar em colapso. Não concordo com nenhuma das duas opiniões. Há décadas preveem um pouso forçado para a China, e todas as vezes as previsões falharam. A taxa de crescimento chinesa continua a aumentar numa média de 4% a 5%, mais que o dobro da dos Estados Unidos (à exceção de 2021). A China se *tornará* a maior economia do mundo, não resta a menor dúvida – é uma questão de tempo. À medida que a China transite da baixa para a média, e daí talvez para a alta renda, escapando assim da "armadilha da renda média", se tornará cada vez mais inovadora em termos de tecnologia. A China é economicamente dinâmica, sobretudo nas indústrias voltadas para o futuro. Podemos não gostar do seu modelo de capitalismo estatal, mas um fato é inegável: até hoje funcionou, apesar de ter criado algumas ineficiências econômicas.

Os norte-americanos devem ajustar sua mentalidade. A China está a caminho de se tornar a potência mundial dominante. Podemos encontrar meios de progredir sem permanecer como o número um. Escapar da Armadilha de Tucídides será ótimo, mas evitá-la não garante um final feliz. A rivalidade entre as duas grandes potências chegou para ficar.

As nove mega-ameaças discutidas até aqui têm como ponto principal decisões humanas norteadoras dos níveis de dívida e dos rumos políticos. Em teoria, poderíamos acordar coletivamente e começar a lidar com elas, na esperança de que a mudança de comportamento faça a diferença. A última mega-ameaça é mais familiar e, no entanto, mais complexa. Ela decorre de muitas décadas de atividade humana com o intuito de promover a prosperidade, mas que acabou destruindo nosso ecossistema no processo. A mudança climática global não é surpresa para ninguém. Na realidade, estamos cansados de ouvir falar a respeito. O desgaste amplia o perigo. Resolver essa mega-ameaça exige cooperação internacional entre as grandes potências, mas a rivalidade atual entre os Estados Unidos e a China frustra essa expectativa. Devemos parar de olhar para a mudança climática como um problema isolado. Em vez disso, precisamos nos perguntar se já não ultrapassamos o ponto de inflexão. E quais consequências horripilantes se escondem quando a mudança climática se entrelaça a outras mega-ameaças.

CAPÍTULO 10

UM PLANETA INABITÁVEL?

A não ser que você viva em terreno elevado, em latitudes geladas com muita água potável e campos agrícolas férteis, prepare-se para a mudança. Se, por sorte, estiver no lugar certo, espere um bocado de novas companhias – tanto de seres humanos quanto de micróbios –, dispersadas pelo aquecimento global.

Debater as causas da mudança climática é pura perda de tempo valioso. "É inequívoco que a influência humana promoveu o aquecimento da atmosfera, do oceano e das terras. Ocorreram mudanças rápidas e generalizadas na atmosfera, no oceano, na criosfera e na biosfera", relatou o Painel Internacional de Mudança Climática, em agosto de 2021. "O aquecimento global de 1,5 °C e 2 °C será superado no século XXI, a não ser que profundas reduções nas emissões de dióxido de carbono e outros gases do efeito estufa (GEEs) ocorram nas próximas décadas."[1] Menos de um ano depois, na primavera de 2022, nova pesquisa científica sugeriu que o mundo sofria crescente risco de experimentar um aquecimento global de 1,5 °C dentro dos próximos cinco anos.

Podemos ignorar os boletins ou tomar outra atitude. O balanço, por enquanto, é lamentável. Cientistas advertiram o presidente Lyndon Johnson do acúmulo de carbono atmosférico em relatório de 1965.[2] Desde então, não tomamos nenhuma decisão. Enquanto isso, os perigos aumentam.

A busca por soluções engaja um número cada vez maior de economistas bem como de cientistas climáticos. Além de conceber medidas para conservar de maneira sustentável a vida na Terra, alguém poderia ensinar como financiá-las. Ninguém exemplifica melhor essa convergência do que William Nordhaus, economista laureado com o Nobel e meu antigo colega na Universidade de Yale. Em 2018, ao receber o prêmio, ele deu uma palestra com o título "Mudança Climática: o derradeiro desafio da economia". E se mostrou cauteloso, diria até cético, a respeito de nossas perspectivas. "A mudança tecnológica mudou os padrões de vida dos seres humanos da Idade da Pedra", disse Nordhaus ao público. "A mudança climática ameaça, no cenário mais extremo, nos devolver, em termos econômicos, para o local de onde viemos."

Nordhaus chama o aquecimento global de "a mais significativa de todas as externalidades ambientais", termo que descreve os custos não assumidos por aqueles que os impõem.

> O aquecimento global ameaça nosso planeta e paira sobre nosso futuro como um colosso. É pernicioso, pois engloba várias atividades de nossa vida cotidiana, afeta o planeta inteiro, age assim por décadas e até séculos, e, acima de tudo, nenhum de nós, individualmente, pode fazer nada para retardar as mudanças.[3]

Em seu alarmante livro *Climate Shock: The Economic Consequences of a Hotter Planet* [Choque climático: as consequências econômicas de um planeta mais quente], os escritores Gernot Wagner e Martin Weitzman preveem "potenciais mudanças para alterar o planeta como o conhecemos". Eles emolduram o desafio de modo correto: "Antes de tudo, a mudança climática é um problema de gerenciamento de riscos, um problema catastrófico de gerenciamento de riscos em escala planetária".[4]

Esse desastre não deveria pegar ninguém desprevenido. Relatórios acerca da mudança climática recheiam livros, documentários, podcasts, jornais, revistas, mídias sociais, filmes e programas de entrevistas na televisão. Então, qual o motivo de tão pouca ação expressiva? Tantos filmes de ficção científica descrevem ameaças de alienígenas que apagam as diferenças entre indivíduos unidos em defesa da humanidade. A mudança climática deveria gerar a mesma resposta global, mas até agora nada. Esse triste fato destrói a minha antiga fé nas respostas partilhadas para crises existenciais. Eu era demasiado otimista. Essa mega-ameaça tem um preço paralisante.

"A matemática é uma punição", escreve a autora Elizabeth Kolbert em *Sob um céu branco*. Seu livro anterior, também acerca da mudança climática, *A sexta extinção*, rendeu-lhe um merecido Prêmio Pulitzer. Manter as temperaturas médias dentro das metas significa gigantesco deslocamento, adverte. "Isso implicaria, para começo de conversa, reformular os sistemas de agricultura, transformar as indústrias, eliminar veículos movidos a gasolina e diesel e substituir a maioria das centrais elétricas do mundo."

A Agência Internacional de Energia (IEA, na sigla em inglês) classifica o carvão como a maior fonte de emissão de gás carbônico global. A diminuição de seu uso em 2020 pareceu uma evolução promissora. "Mas 2021 frustrou essas esperanças", relatou a IEA. Em vez disso, a demanda mundial de carvão progrediu e atingiu um patamar sem precedentes.[5]

No programa espacial, a falha alienígena não é uma opção. Infelizmente, esse mantra não se estende à mudança climática na superfície terrestre. Parece que estamos escolhendo a falha. "Assim como acontece com o despertador de manhã, disse à BBC o fundador do *Climate Outreach*, George Marshall: 'Quando você ouve o som do alarme, aperta a função soneca'."[6]

Há no mínimo alguns pálidos sinais de esperança. Um relatório publicado em outubro de 2021 pelos UN High-Level Climate Champions, Climate Action Tracker, ClimateWorks Foundation, Bezos Earth Fund e World Resources Institute registrou um expressivo progresso no front ambientalista. A eletricidade eólica e solar cresceu a uma taxa anual de 15% ao longo dos cinco anos anteriores e ambas têm agora melhor custo-benefício na maioria dos lugares em que a energia gerada pelo carvão mineral. Carros elétricos atingiram quase 5% das vendas globais dos veículos leves em 2020, encerrando cinco anos de 50% de crescimento anual.

Esses e outros compromissos, contudo, são irrelevantes para conter o aquecimento global, segundo todas as metas-chave observadas pelo Climate Action Tracker.

Entretanto, a dura verdade é que, apesar desses sinais promissores, nenhum dos quarenta indicadores progridem no ritmo necessário para o mundo reduzir à metade as emissões de gases de efeito estufa até 2030 e eliminar, por completo, o carvão mineral em meados do século, ambos necessários para limitar o aumento da temperatura global a 1,5 °C.[7]

Consequências fatais nos aguardam. À medida que a água esquenta, ela se expande. Nem se dê ao trabalho de mencionar o derretimento das calotas polares, pois, como os oceanos cobrem dois terços da superfície da Terra, enfrentamos um desafio assombroso. Em todos os locais costeiros, a água vem ganhando terreno. Contudo, nesses locais, enormes populações de seres humanos e criaturas tendem a se aglomerar. Dados coletados pela Administração Oceânica e Atmosférica Nacional (NOAA, na sigla em inglês) constataram que de cada dez habitantes nos Estados Unidos, quatro vivem em áreas costeiras densamente populadas e vulneráveis à inundação, à erosão da linha costeira e a fortes temporais. Das dez maiores cidades do mundo, o Atlas dos Oceanos das Nações Unidas reporta oito localizadas próximas ou nas próprias faixas litorâneas precárias.

O aumento da temperatura do ar afeta as camadas de gelo que cobrem a Groenlândia e a Antártica. Nunca antes esses dois locais sofreram tanto degelo. Apenas a Groenlândia perdeu 34 bilhões de toneladas de gelo por ano entre 1992 e 2001. Em 2016, o gelo estava se transformando em água do mar à taxa de 247 bilhões de toneladas por ano, ou seja, um aumento sete vezes superior ao já constatado. "A Terra vem perdendo um trilhão e duzentos milhões de toneladas de gelo por ano. E vai piorar", noticiou o *The Washington Post* em janeiro de 2021, mencionando um relatório apresentado pela Associação Americana para o Avanço da Ciência (AAAS, na sigla em inglês). À medida que o gelo se transforma em água do mar, os oceanos reivindicam mais terra firme.

"Somos cobaias", disse Windell Curole à revista *National Geographic*. Morador *cajun* da Louisiana, na costa do Golfo dos Estados Unidos, há mais de cinco décadas, o sr. Curole viu as águas reivindicarem a casa de sua namorada do colégio, o antigo campo de caça de seu avô e um cemitério local. "Moramos num lugar onde metade é terra e metade é água", contou.[8]

Assim como seus vizinhos, para permanecer em local seco, o sr. Curole se mudou para o interior. Não é o ideal. Ninguém devia ser desalojado dessa maneira. Contudo, milhares de comunidades costeiras no mundo inteiro são ameaçadas pelas águas. "Tuvalu, um pequeno país no Pacífico Sul, já deu início ao processo de formular os planos de evacuação", mostrou o artigo "O grande degelo" da *National Geographic*.

A elevação do nível do mar provoca a invasão das águas em deltas e sua consequente salinização, alterando as ecologias naturais. As águas podem penetrar nas rochas porosas e invadir os lençóis subterrâneos, que são essenciais para a água potável e a irrigação do solo para futuras colheitas. "No Delta do Nilo, onde muitas das plantações do Egito são cultivadas", segundo a *National Geographic*, "a erosão generalizada e a intrusão da água salgada seria desastrosa, pois o país dispõe de poucas outras terras aráveis."[9]

Outros países em desenvolvimento enfrentam exposições devastadoras, segundo o Earth Institute da Universidade de Columbia. "Na Guiana, nas Maldivas, em Belize e no Suriname, 100% da população urbana vive em terras a menos de dez metros acima do nível do mar, e 81% das populações urbanas da Tailândia e de Bahrain também vivem nessas mesmas condições", concluiu o instituto.[10] Mesmo inundações temporárias poderiam interromper o desenvolvimento e a taxa de crescimento econômico nacional, sem falar nos dilúvios, que tornam cidades inabitáveis.

As manchetes são sombrias. "Da China à Europa, o fato de não estarmos devidamente preparados para as enchentes nos deixará banhados de arrependimento" e "Inundações na Malásia são os últimos sinais de alerta para tomarmos medidas em relação à mudança climática", noticiou o *South China Morning Post* em janeiro de 2022.[11] "As enchentes não discriminam países ou regiões", advertiu o jornal. "Entretanto, é quase certo que países em desenvolvimento serão mais afetados que os desenvolvidos, em consequência da ausência de investimentos de longo prazo para combater a mudança climática e as enchentes cada vez mais violentas."

Os norte-americanos viram o furacão Katrina varrer Nova Orleans, mas esse desastre não passou de um prelúdio. O relógio do clima está assinalando a passagem do tempo para todas as cidades localizadas às margens dos oceanos. Nenhuma é mais vulnerável que Miami, na Flórida, parcialmente situada em uma barreira de corais a menos de dois metros acima do nível do mar. As cheias das marés ocorrem de modo rotineiro hoje em dia, quando a água do oceano retorna para os sistemas de drenagem.

"Em cada geração haverá um grande motivo preocupante. Hoje temos a mudança climática", advertiu Philip Levine, ex-prefeito de Miami. O valor tributável estimado dos imóveis na cidade em risco excede os US$ 20 bilhões. Para proteger esse investimento, Miami precisará de mais recursos do que seus orçamentos públicos permitem. Em 2020, o orçamento para os custos de "resiliência e obras públicas", categoria que engloba a prevenção de inundações, moradias populares e rodovias, foi de meros US$ 95 milhões.[12]

Apenas na Flórida, os oceanos vão deslocar 1,5 milhão de moradores do estado, na época em que os bebês da Covid atingirem a meia-idade, ou seja, em 2060. Os imóveis não residenciais em risco incluem 334 escolas públicas, 82 complexos de casas populares, 68 hospitais, 37 clínicas para idosos com acompanhamento médico, 171 casas de repouso para idosos, 125 igrejas, sinagogas e mesquitas, 341 locais de materiais perigosos, dentre eles cinco de superfundos, dois reatores nucleares, três presídios, 74 aeroportos, 115 locais para despejo de resíduos sólidos, 277 shopping centers e 19.684 construções históricas.

De Miami a Galveston, de San Diego a Juneau , de Boston a Jacksonville, o tempo está se esgotando para a população urbana. Grandes propriedades repousam no percurso da elevação do nível do mar. "Descobrimos a existência de 2,5 milhões de propriedades residenciais e comerciais sob o risco de inundações crônicas até o final do século. "Hoje estão avaliadas em mais de US$ 1 trilhão", alerta Kristina Dahl, cientista climática sênior da União dos Cientistas Preocupados (UCS, em inglês).*[13]

O Centro de Rede de Informações de Ciências referentes à Terra, que funciona sob a égide da Universidade de Columbia, avalia os riscos resultantes da elevação do nível do mar. Mais de 10% da população

---

* Organização sem fins lucrativos de cientistas voltados para a proteção ambiental. [N.T.]

mundial vive em áreas urbanas ou semiurbanas a menos de dez metros acima do nível do mar. A cidade de Nova York fica a dez metros acima do nível do mar, margem que lhe garantiu pouca proteção por ocasião da passagem do furacão Sandy, em 2012. Quando a tempestade cessou, as águas da enchente inundaram estações de metrô e porões em Lower Manhattan, Flushing e outros locais. Os reparos das estações de metrô levaram nove anos para serem concluídos. Depois de apenas uma tempestade, os custos para cobrir os prejuízos nos metrôs foram de US$ 5 bilhões.[14]

Em termos mundiais, a China é o país com a maior população em áreas costeiras. A elevação do nível do mar poderia deslocar 130 milhões de seus cidadãos. Na Índia, 55 milhões de habitantes podem ver suas casas submersas para sempre em poucas décadas, seguida por Bangladesh, onde 41 milhões de pessoas moram em áreas próximas ao nível do mar.

Um tenebroso vislumbre do futuro foi vivido por turistas em férias na Tailândia, na Indonésia e no Sri Lanka, um dia depois do Natal de 2004. Deflagrado por um terremoto de 9,1 na escala Richter, o tsunami mais mortífero já registrado acabou com 230 mil vidas em um instante, debaixo de ondas de cerca de trinta metros de altura.[15] De fato, há novas pesquisas científicas que mostram uma relação entre a mudança climática global e vários outros novos e graves furacões, ciclones e terremotos que resultam em tsunamis.[16]

As devastações provocadas pela mudança climática se estendem para o interior. A China abriga um quinto da humanidade, mas meros 7% da água potável. Não obstante o crescimento da população, o abastecimento de água encolhe. "Milhares de rios desapareceram, enquanto a industrialização e a poluição contaminaram grande parte da água remanescente", noticiou a *Bloomberg* em dezembro de 2021.

> Segundo estimativas, de 80% a 90% da água dos lençóis freáticos da China e metade da água de seus rios é suja demais para ser consumida; mais da metade de seus lençóis freáticos e um quarto das águas de seus rios não podem nem sequer serem usados nas indústrias ou na agricultura.[17]

A desesperada necessidade de água potável representa mais uma prioridade essencial para as ambições globais da China.

Regiões com menos recursos que a China precisam lidar com os inconvenientes da mudança climática por meio de processos criativos. "O aumento das temperaturas terá efeito negativo no setor agrícola na África", adverte Patu Ndango, criadora da CLSV Foundation, empresa com sede nos Camarões, que transforma dejetos em fertilizantes agrícolas. Os períodos de seca e as enchentes mais frequentes dificultam prever o período das estações de plantio. Se os fazendeiros semeiam e a chuva atrasa, o calor escaldante pode secar as sementes antes de germinarem. Regiões onde já há escassez de alimentos enfrentam previsões ainda mais sombrias, caso as chuvas não ofereçam irrigação oportuna. Em condições áridas, diz Patu Ndango, a chuva muitas vezes cai com rapidez excessiva, impedindo a absorção pela terra. E em vez de alimentar as plantações, ela inunda áreas residenciais.[18]

Crescentes evidências científicas ligam a acelerada mudança climática global a eventos mais frequentes e extremos: secas, incêndios, desertificação, e a um número mais frequente e violento de inundações, furacões e ciclones. Portanto, os danos causados pela mudança climática global estão muito mais presentes hoje do que no futuro distante.[19]

Em todas as regiões dos Estados Unidos, o aquecimento global complicará a vida cotidiana. Como a atmosfera e os oceanos estão esquentando, tempestades violentas e ondas de calor escaldante ocorrem com mais frequência e em mais lugares. A passagem de um tornado letal por Kentucky, em dezembro de 2021, pulverizou uma cidade e tirou vidas. "É difícil imaginar: você se deita um dia e, no dia seguinte, perdeu toda a sua família", contou Ronnie Ward, membro do Departamento de Polícia de Bowling Green, ao *Associated Press*. "É costume avisar todo mundo para entrar em uma banheira e cobri-la com um colchão, mas isso provavelmente faria pouca diferença aqui: o tornado foi tão destruidor que arrancou algumas casas do chão, expondo a terra onde estavam."[20]

No verão de 2021, os termômetros subiram no noroeste do Pacífico, onde o clima ameno costuma prevalecer e, por isso, poucos moradores possuem aparelhos de ar-condicionado. Mais de cem pessoas morreram durante uma onda de calor em junho. As temperaturas elevadas provocaram a seca em grande parte da região. Em Salem, Oregon, a temperatura atingiu o recorde histórico de 47 °C, superando o anterior de 13 °C.²¹ O calor piorou as condições de seca, e transformou a região em marco zero para riscos extremos de incêndios florestais, que varreram os estados do Oeste. Em 2022, as ondas de calor em todos os Estados Unidos começaram na primavera, e não no verão.

Incêndios e enchentes estão à nossa espreita. Daqui a cinquenta anos, áreas litorâneas podem ser inundadas e, em grande parte da região Sul, o calor pode impedir que alguém queira viver ali, e boa parte da população norte-americana pode ser obrigada a se mudar para o Centro-Oeste do país, ou para o Canadá, a única região que continuará a ser viável em termos econômicos. A linha do tempo das realocações costeiras pode encurtar, caso uma das duas camadas de gelo na Groenlândia e na Antártica se desprenda e deslize para o oceano. Os níveis do mar podem se elevar drasticamente em questão de meses.

Mudanças climáticas já estão pondo em risco algumas nações. Florestas se transformam em desertos, o fornecimento de água entra em colapso e a agricultura se torna pouquíssimo confiável para atender a colheitas, rebanhos e comunidades. Estudantes de história reconhecerão os primeiros sinais de caos ao se lembrarem do período no qual as pessoas brigavam por comida e água. No livro *Global Crisis* [Crise global], o prolífico historiador Geoffrey Parker documenta esse comportamento e suas terríveis consequências.[22]

Quando a guerra assolou o mundo em busca do controle de terras aráveis, reis, czares, imperadores e reles déspotas guerrearam entre si. As guerras civis destruíram sociedades inteiras. Aconteceu na Síria, no Oriente Médio e na maior parte do continente africano nos últimos vinte anos, provocando o surgimento de vários países falidos. Com a deterioração do clima, a situação só vai piorar.

Os conflitos entre árabes e israelenses ao longo de décadas se devem, em grande parte, a disputas pelo controle dos recursos hídricos nas Colinas de Golã. Essas fontes levam água para o vale da Galileia e descem até Israel. A maioria se esquece de que, antes da guerra civil síria, a seca ocorrida em 2006-2007 levou ao colapso da agricultura.[23] Até então, sunitas, xiitas, curdos e alauitas não gostavam um do outro, mas davam um jeito de conviver, apesar da paz instável, desde que houvesse comida para todos. Quando os alimentos se tornaram escassos, os conflitos violentos eclodiram. Esse foi o início da guerra civil síria. A história se repete na África Subsaariana.

A mega-ameaça representada pela mudança climática já se abateu sobre nós. Deveríamos esperar que conflitos e a pobreza de extrema relevância possam levar a migração a uma escala sem precedentes. Centenas de milhões de pessoas famintas vão querer se mudar para fugir do fracasso de suas economias.

A África é um continente com 54 nações. A lista inclui poucos países relativamente saudáveis, tais como Botswana, Namíbia, Ruanda e Gana, bem como alguns muito frágeis e quase falidos, por exemplo, a República Democrática do Congo, a Somália, a República Centro-Africana e o Sudão do Sul, e aqueles ainda por um triz. Muitos africanos se saem melhor hoje do que seus pais e avós. O progresso visível apresenta bolsões de empreendedorismo e riqueza. No entanto, a África parece uma bomba-relógio ambiental. Sua população dobrará para 2 bilhões até o final deste século. Se já é um desafio alimentar a população existente, imagine matar sua sede. Muitas comunidades dependem de nascentes de água localizadas a quilômetros de distância. Se essas fontes começarem a secar, o que acontecerá?

"A mudança climática priva 70% dos somalianos de água potável", noticiou o somaliano *Hiiraan Online*, em março de 2021. "A redução da chuva e a grave escassez de água também estão matando rebanhos, causando safras ruins e diminuindo as rendas das famílias, deixando suas crianças com menos refeições diárias e menos alimentos nutritivos", relatou o *Hiiraan*.[24]

O aquecimento global está tornando as regiões equatoriais inabitáveis. A terra resseca a cada ano, alvejada pelo sol inclemente. A água é escassa demais para irrigar o solo. As pessoas abandonam as zonas rurais e se mudam para as cidades, onde recebem salários baixos em empregos temporários – isso quando conseguem empregos. O restante tenta se mudar para países com economias mais saudáveis. Africanos e sul-americanos enfrentam os mesmos desafios. Nos dois hemisférios, devemos esperar uma migração maciça para locais bem distantes do Equador.

No artigo intitulado "A grande migração climática", publicado em uma edição de domingo da revista do *The New York Times*, o autor relatou as condições de vida na América Central: "Muitos locais semiáridos da Guatemala em breve parecerão desertos. Espera-se que a precipitação da chuva sofra uma redução de 60% em algumas partes do país, e a quantidade de água que enche os córregos e mantém o solo úmido sofrerá uma queda de aproximadamente 83%".[25]

Diante da "implacável confluência de secas, enchentes, falências e fome", os últimos agricultores abandonaram a outrora fértil região onde plantações de café e florestas saudáveis floresciam.

Em 2022, a Índia e o Paquistão, a África Oriental, o México e grandes regiões da costa oeste dos Estados Unidos registraram secas intensas e sem precedentes. Como resultado da perda da produção agrícola global e do aumento dos preços dos alimentos, a inanição ameaça milhões de habitantes da África e do subcontinente indiano.

Países ricos estão distribuindo dinheiro para conter o estresse relacionado ao clima. Para impedir a migração para o norte, países europeus estão pagando bilhões de euros ao governo turco. Contudo, as fronteiras não são devidamente vigiadas, em particular na Grécia. A ilha turca de Lesbos fica a oito quilômetros da costa da Grécia. Basta atravessar esse trecho e você passa a ser um refugiado. Extensões mais amplas de água já tiraram centenas de vidas.

Dada a proximidade com o Oriente Médio e a África, a Europa está sujeita à maior maré de refugiados dentre todas as zonas temperadas do mundo. Uma onda de ressentimentos em relação a esses viajantes vulneráveis se faz presente. Um ex-primeiro-ministro de Singapura, ao mencionar a migração, afirmou que vastos corpos de água e tufões imprevisíveis na Ásia impedem os refugiados de viajar para a Austrália ou o Japão. Em contrapartida, o Mediterrâneo é raso e as distâncias são mais curtas; as tempestades, mais brandas do que na Ásia ou pela rota do Caribe com destino aos Estados Unidos.

A Líbia, um Estado falido, recebe dinheiro de países europeus para conter o fluxo de imigrantes da África Subsaariana que ruma para o norte. Ou considere o Egito, nação com 100 milhões de habitantes, na maioria jovens desempregados. Muitos apoiam a Irmandade Muçulmana, um grupo que se opõe ao regime militar que tomou o poder de um presidente da Irmandade eleito nas urnas em 2013. Autoridades reguladoras devem decidir se subsidiam os jovens rebeldes ou lhes dão um barco para navegar até a Europa. Muitos egípcios jovens já embarcaram.

Refugiados climáticos podem chegar a centenas de milhões, senão mesmo a bilhões, nos cenários mais extremos, onde as temperaturas globais aumentam cerca de 3 °C a 4 °C.

Como publicado em 2021, em uma matéria de capa da revista *The Economist* intitulada "Um mundo com 3 °C não tem lugar seguro":

> Se, nas próximas décadas, as temperaturas subirem 3 °C acima dos níveis pré-industriais – como é possível, mesmo se todos conseguirem honrar os atuais compromissos –, grande parcela dos trópicos corre o risco de impossibilitar o trabalho ao ar livre devido ao calor excessivo. Os recifes de corais e a biodiversidade que depende dos trópicos desaparecerão e a floresta Amazônica se tornará um fantasma de si mesma. As significativas perdas de colheita passarão a ser lugar comum. As geleiras na Antártica e na Groenlândia encolherão até um ponto sem retorno, prometendo elevação do nível do mar calculada não em milímetros, como em nossos dias, mas em metros.[26]

E aqui estamos nós, com temperaturas e nível do mar subindo e nos empurrando para um desastre ambiental, e com pouquíssimo avanço político para o contra-ataque. Em 2015, na conferência do clima que culminou no Acordo de Paris, as economias mais ricas do mundo se comprometeram a tomar providências para reduzir as emissões de carbono de efeito estufa a fim de conter o aumento da temperatura e mantê-la abaixo de 2 °C. Contudo, na prática, pouquíssimo foi feito. Muitos cientistas estão preocupados e acreditam já ser tarde demais para preservar o mundo que conhecíamos. Relatórios em todo o mundo agora reproduzem uma advertência direta do Painel Internacional de Mudança Climática: "Muitas mudanças, em consequência de emissões de gás de efeito estufa passadas e futuras, são irreversíveis por séculos e milênios, em especial as mudanças no oceano, nas camadas de gelo e na elevação do nível do mar".[27]

Compromissos voluntários sem cobrança de penalidades pelo não cumprimento das metas oferecem insuficiente esperança para combater um desafio de tal magnitude. Comportamentos *free-rider*, ou seja, a inação enquanto outros países agem para combater os danos causados pelo aquecimento global, anulam os incentivos de investimento de qualquer nação em recursos preciosos. Digamos, por exemplo, que os contribuintes em determinada nação arquem com despesas altíssimas para reduzir as emissões. Estão ferrados, de qualquer forma, caso as outras nações não cumpram os compromissos. Seu dinheiro vai para o ralo, pois o impacto na emissão dos gases de efeito estufa será irrisório. Essas disfunções nos condenam a todos.

Comportamentos geracionais *free-rider* inflamam nossos potenciais conflitos. Modelos matemáticos expondo os custos da mudança climática global costumam usar pressupostos que transferem os encargos econômicos para as futuras gerações. Essas distorções levam a políticas que minimizam as reduções de GHG hoje, na crença ilusória de que as novas tecnologias e a crescente riqueza solucionarão o problema mais adiante. Alinhe essa estimativa como bem lhe aprouver; ainda assim ela significará que pouquíssimos legisladores e formuladores de políticas têm coragem de falar sobre o atual sacrifício. Não surpreende que as novas gerações se preocupem com a mudança climática, pois ela vai impor assustadoras consequências – e, a essa altura, os líderes de nossos tempos já terão partido.

Em geral, os interesses dos países ricos colidem com os dos mercados emergentes e os dos países pobres em desenvolvimento. Promessas nobres prometem reduzir as emissões em 50% nos Estados Unidos e 55% na Europa até 2039, mas as atuais políticas nos Estados ricos não são capazes de satisfazer objetivos tão ambiciosos.

Com as economias avançadas no topo da emissão de GHG mundial, o freio no aquecimento global dependerá em parte do mundo em desenvolvimento, atualmente fora de compasso com os objetivos do meio ambiente. Em relatório especial de 2021, a Agência Internacional de Energia alertou:

> Se os investimentos em transições de energia e implementação de tecnologias de energia limpa não acelerarem nas economias emergentes e em desenvolvimento, o mundo enfrentará o maior desperdício de esforços para resolver a mudança climática e atingir outros propósitos de desenvolvimento sustentável. Tudo isso em consequência do volume de crescimento das emissões globais nas

próximas décadas, prestes a acontecer nas economias emergentes e em desenvolvimento, em razão de seu crescimento, industrialização e urbanização.[28]

Em outras palavras, nenhum problema no fato de os Estados Unidos e outros países ricos terem usufruído de um período de emissões maciças, até se tornarem ricos o suficiente para dispor de recursos que lhes permitam começar a controlá-las. Deveria esse luxo ser negado à Índia, à China e a outros países que ficaram para trás em termos de desenvolvimento econômico?

Mais da metade da geração elétrica mundial nos países em desenvolvimento, de 2018 a 2020, foi "mal alinhada em termos climáticos", de acordo com o jornal *iScience*.

Aproximadamente metade da geração nesses anos empregou demasiado carvão mineral para se alinhar com o propósito de manter a temperatura média da Terra em 1,5 °C acima dos níveis pré-industriais, em grande parte pela predominância das novas centrais elétricas alimentadas por gás natural.[29]

Os mercados emergentes, dentre eles a China e a Índia, os dois países mais populosos do mundo, esperam aumentar as emissões na próxima década. Qualquer redução deve aguardar até 2030. Esses países culpam, com razão, as economias avançadas pela mudança climática global. Pedir aos mercados emergentes que reduzam seu crescimento quando ainda são relativamente pobres é uma penalização por um problema criado pelos países ricos. Não é de surpreender que reclamem contra as restrições a seu crescimento atual e futuro, quando Estados Unidos e Europa são os responsáveis por esse caos ao longo dos dois últimos séculos.

Parece ruim? Pois espere – só piora, devido a efeitos interseccionados. A mudança climática global parece aumentar os riscos de pandemias frequentes e virulentas. Depois da gripe espanhola de 1918-1919, não vivemos nenhuma pandemia grave mundial até a gripe asiática de 1958, uma versão mais leve da gripe espanhola. A partir de 1980, em contrapartida, fomos atingidos pelo HIV, pela SARS, pela MERS, pelas gripes aviária e suína, pelo Ebola, pela Zika e agora pela Covid-19 e suas múltiplas variantes. Por quê? Uma das hipóteses culpa a mudança climática pela destruição dos ecossistemas animais. Por conseguinte, morcegos, pangolins e outros animais portadores de perigosos patógenos vivem em estreita proximidade com rebanhos e seres humanos, tornando a transmissão de doenças zoonóticas quase inevitável.

Uma investigação feita pelo Centro para o Clima, a Saúde e o Meio ambiente Global, da Universidade de Harvard, estudou essa contaminação. "Com um número menor de locais para morar e menos fontes de alimentos com as quais se nutrir, os animais encontram comida e abrigo nos locais habitados por humanos, e isso pode levar à disseminação de doenças", diz o dr. Aaron Bernstein, diretor do centro.

> A mudança climática já tornou as condições mais favoráveis para a disseminação de algumas doenças infecciosas, dentre elas a doença de Lyme e doenças transmitidas pela água, como a *Vibrio parahaemolyticus*, cujos sintomas são vômitos e diarreia, e doenças transmitidas por mosquitos, como a malária e a dengue.[30]

Uma equipe de pesquisadores do Banco Mundial, da Universidade de Oxford e do Instituto Internacional de Análise de Sistemas Aplicados da França, trabalha em conjunto. "Quando os acontecimentos pandêmicos e climáticos extremos se combinam e interagem dentro de uma economia, geram efeitos não lineares capazes de ampliar as perdas de modo consistente", relataram na revista científica *ScienceDirect*. "Com efeito, os impactos totais podem exceder a soma dos choques individuais." Os pesquisadores determinaram que choques simultâneos na produção das empresas e na demanda das famílias "podem aumentar o desemprego, e reduzir os salários e o bem-estar familiar". Efeitos socioeconômicos negativos de longa duração podem impedir o crescimento e atrapalhar a recuperação.[31]

O degelo das calotas polares e geleiras, de acordo com a *Scientific American*, não libera apenas água:

> Com a continuação do aquecimento da temperatura global, diversas questões a respeito do ambiente periglacial permanecem em

aberto. Dentre elas: o aumento da infiltração de água fará com que o permafrost derreta mais depressa? E, nesse caso, o que organismos congelados há muito tempo podem "despertar"?[32]

Kimberley Miner, Arwyn Edwards e Charles Miller fornecem inúmeros motivos para o alarme. "Os organismos que coevoluíram dentro de ecossistemas agora extintos, desde o período Cenozoico ao Pleistoceno, também podem emergir e interagir com nosso meio ambiente moderno de formas inteiramente novas", relataram. Cientistas rastrearam um surto de antraz na Sibéria causado pelo derretimento do permafrost. O degelo também pode ter libertado o *Orthopoxvirus*, patógeno responsável por lesões na pele. "À medida que o Ártico continue a sofrer transformações, uma coisa é clara: com a mudança do clima e o aquecimento desse repositório de micróbios ao longo do século XXI, uma grande gama de consequências ainda está para vir à tona." Ademais, o derretimento do permafrost liberará quantidades maciças de metano "com um potencial de aquecimento global, em cem anos, superior a 28-34 vezes o CO_2".[33]

Tudo bem, então quanto custará pôr um ponto-final no aquecimento global? É claro que não podemos deixar a terra queimar, mas podemos arranjar dinheiro para preservar o meio ambiente sem estrangular o crescimento econômico?

O Conselho de Defesa dos Recursos Naturais (NRDC, na sigla em inglês) avaliou os efeitos econômicos provados pela mudança climática em quatro áreas: danos provocados por furacões; perda de bens imobiliários; custos com energia; e custos com água. Deixando de lado outras áreas, o NRDC estimou que apenas essas quatro áreas imporiam um custo de US$ 1,9 trilhão todos os anos até o final deste século. Segundo estimativas, esse é o valor mais baixo, adverte.

"Todos os métodos disponíveis para evitar a elevação do nível do mar são problemáticos e onerosos", concluiu o NRDC. "É difícil imaginar o uso de qualquer um deles em escala larga o bastante para proteger todas as terras da costa americana em risco, caso seja mantido o atual nível de produção."[34]

A alternativa principal seria a "mitigação", ou seja, o processo no qual as emissões líquidas zero são atingidas da maneira mais rápida possível. Tendo em conta as atuais tecnologias, essa solução draconiana implica crescimento zero ou negativo na maior parte do mundo nas décadas por vir. Sentimos um gosto desagradável disso em 2020, quando a pandemia de Covid-19 paralisou a atividade terrestre, trazendo a pior recessão das últimas seis décadas. Ainda assim, em termos globais, as emissões líquidas sofreram redução de apenas 8%. E mesmo a relativa boa notícia acerca da mudança climática representou péssima notícia para empregos, rendas e para o nível de pagamento do principal da dívida, que depende de uma economia em crescimento.

William Nordhaus descreve o ponto principal da seguinte maneira:

> Economistas se concentraram em estratégias para desacelerar a mudança climática. A mais promissora é a mitigação, ou a redução de emissões de CO_2 e outros gases de efeito estufa. Infelizmente, esse método envolve grandes despesas. Estudos indicam que, para atingir as metas climáticas internacionais, o gasto será na faixa de 2% a 6% da receita mundial (cerca de US$ 2 a 6 trilhões anuais no atual patamar de renda), ainda que a mitigação seja realizada com eficiência.[35]

A mitigação bem-sucedida consiste em persuadir as nações em desenvolvimento a manter o aumento das temperaturas num patamar abaixo de 2 °C. A não ser que os países ricos transfiram muito mais verbas para as economias bem mais pobres — e, por enquanto, as nações desenvolvidas não cumpriram nem sequer suas promessas de envio de parcos US$ 100 bilhões de subsídios. Resumindo, a mitigação parece impossível. Mesmo o cumprimento dos atuais compromissos pode não impedir um aumento de 3 °C até 2010, o que desencadeará o Armagedon. Como noticiou *The Economist*, depois de revisar as evidências científicas, "três graus Celsius de aquecimento global parece bastante plausível e, definitivamente, desastroso".[36]

A segunda opção é a "adaptação": aceitar o aumento das temperaturas para 2,5 °C a 3 °C ou ainda mais e, depois, tentar limitar os danos e prejuízos. No entanto, a adaptação em larga escala seria muito dispendiosa e inviável, mesmo para os países ricos.

Em 2012, o furacão Sandy provocou prejuízos de bilhões de dólares à cidade de Nova York e às regiões vizinhas. O furacão disparou protestos exigindo medidas preventivas. Uma das propostas apresentou uma faixa de cerca de 9,5 quilômetros de ilhas artificiais com portões retráteis. Fechar os portões protegeria a cidade das ondas de tempestades quando a situação se repetisse.

Essa proposta quixotesca custaria US$ 119 bilhões e a construção dos portões levaria 25 anos para ser concluída. E pior, uma vez pronto, o plano já poderia estar obsoleto. Protegeria Nova York das tempestades, mas não da elevação do nível do mar. Diante de alguns cenários, esse nível poderia subir entre 1,22 e 2,74 metros até o final deste século. E mesmo que o plano fizesse muito sentido, quem pagaria por ele? E, lembro, esse é o custo para apenas uma cidade.

A despeito de muita discussão quanto à adaptação, ninguém está de fato levando a sério seu custo inviável. Um estudo nas Nações Unidas estima que se os objetivos de mitigação forem infringidos, os gastos com a adaptação, apenas nos países em desenvolvimento, poderiam chegar a US$ 500 bilhões ao ano até 2050.[37] Quem é capaz de prever qual seria a estimativa em 2100? Muitos países em desenvolvimento pobres, com cidades sob ameaça, já estão pesadamente endividados. Como vão pagar tais custos?

Entre a mitigação e a adaptação, estimativas de custos mais sensatas soam espantosas. Ao discursar em Glasgow na Conferência de Mudança Climática das Nações Unidas, conhecida como COP26, em novembro de 2021, a secretária do Tesouro dos Estados Unidos, Janet Yellen, declarou: "Alguns estimam que o valor total se situe entre US$ 100 e 150 trilhões ao longo das três próximas décadas".[38] Como esses imensos recursos – cerca de US$ 3 a 5 trilhões por ano – serão mobilizados entre os setores público e privado? Parece uma missão impossível.

Para atenuar a injustiça na luta contra a mudança climática, os países ricos propuseram migalhas aos países em desenvolvimento. O Acordo de Paris de 2015 recomendou transferências anuais de US$ 100 bilhões para o mundo em desenvolvimento, uns trocados se comparados ao valor necessário. Apesar de essas transferências parecerem irrisórias e demasiado tardias, apenas uma fração dessa soma mudou, na realidade, de mãos por enquanto.

Uma terceira opção, a geoengenharia solar, disponibiliza um custo mais amistoso. Suas raízes repousam na explosão do Monte Pinatubo, nas Filipinas, em 1991. Essa erupção despejou na atmosfera uma coluna de cinzas e fumaça de 45 quilômetros. Uma vez dispersados, esses aerossóis, nome dado pelos cientistas, desviaram uma quantidade significativa de calor do sol. Seguiu-se o esfriamento global e, em algumas áreas, as temperaturas baixaram 0,7 °C e quase anularam o aumento de 0,8 °C na temperatura média global desde o início da Revolução Industrial.

Talvez reproduzir esse efeito vulcânico possa retardar ou até impedir a mudança climática, dizem seus esperançosos defensores. Soltar partículas na alta atmosfera para diminuir ou reverter o aquecimento global parece viável e, melhor ainda, bem mais possível que a mitigação ou a adaptação. No entanto, muitos motivos geram dúvidas. Ainda não testada, essa tecnologia pode resultar em diversos efeitos colaterais. Seus opositores lançaram um embargo global. Em vez de resolver o problema da mudança climática, defendem, essa medida apenas desvia a atenção da causa principal: o excesso de gás carbônico entrando na atmosfera.

"Na melhor das hipóteses é um band-aid ou um analgésico que, de modo quase literal, dissimula o problema subjacente da poluição de carbono", afirma Gernot Wagner, economista e coautor de *Climate Shock*.[39] Caso implementada, essa tecnologia não preveniria a acidificação oceânica que vem matando peixes e embranquecendo corais. A sombra artificial pode prejudicar a agricultura mundial, que necessita da luz do sol. A produção de energia solar sofreria sob um céu branco. E as consequências a longo prazo são desconhecidas.[40] Sem um avanço tecnológico de tirar o fôlego, a geoengenharia parece uma solução científica aberrante para resolver o problema do aquecimento global. "Se a perspectiva de injetar milhões de toneladas de minúsculas partículas concebidas artificialmente na estratosfera do planeta para criar uma espécie de escudo solar não o assusta", diz Wagner, "você anda desatento." Agora existem até pesquisas científicas nas quais sugerem a possibilidade de a geoengenharia aumentar o risco de malária para 1 bilhão de pessoas no mundo inteiro.[41]

A esperança nunca morre na frente de batalha do gás de efeito estufa, mas, por enquanto, alternativas como a fusão nuclear parecem quimeras, apesar dos progressos nas pesquisas realizadas nessa linha de frente. Alternativas um tanto ou quanto mais realistas, como o hidrogênio limpo ou verde, custam caro demais para serem produzidas em escala suficiente para fazer diferença na mudança climática. Além do mais, elas também exigem combustíveis fósseis como parte de sua criação, frustrando o propósito de reduzir seu uso. A atual tecnologia de fusão nuclear pode ser outra opção, mas dá origem a batalhas políticas em torno da segurança.

Duas soluções bem próximas geraram interesse nos círculos científicos: a captura e o armazenamento de dióxido de carbono (CCS, na sigla em inglês), e sua variante, a captura e armazenamento direto de ar (DAC, na sigla em inglês). Ambas as tecnologias exigem investimento em escala estratosférica para se tornarem viáveis. Sugar literalmente grandes quantidades de carbono do ar parece outra missão impossível. Para limitar a elevação da temperatura média global em 1,5 °C, "exorbitantes 17 bilhões de toneladas de dióxido de carbono teriam de ser removidos todos os anos", diz um relatório das Nações Unidas.[42] Em 2019, a atividade humana injetou 43,1 bilhões de toneladas de CO_2 no ar.[43]

A descarbonização agressiva exige a eliminação progressiva de combustíveis fósseis, tais como carvão, petróleo e gás natural – e sua substituição por energia renovável verde como a solar, a eólica, a de biomassa, a hidrelétrica e uma variedade de outras pequenas, mas promissoras alternativas. A Agência Internacional de Energia comunicou, em maio de 2021, que o mundo, para atingir a meta de emissões líquidas zero em 2050, precisaria interromper, de imediato, os investimentos em projetos de fornecimento de combustíveis fósseis e traçar planos para eliminar as instalações de carvão que não mitigam as emissões de dióxido de carbono.[44]

Não houve quaisquer progressos significativos na última década para desacelerar o aquecimento global. A parcela do consumo de energia total a partir de combustíveis fósseis caiu de 80,3% em 2009 para 80,2% em 2019. A parcela de energias renováveis subiu de 8,7% para 11,2% – ou seja, passos de tartaruga quando precisamos correr como lebres.[45]

Muito mais pode ser obtido nas próximas décadas levando em consideração a acentuada queda no custo da produção de energia solar e eólica. No entanto, a suposição de que já teremos ultrapassado por completo a fase de combustíveis fósseis nas próximas décadas é totalmente inverossímil. E mais, tanto a energia solar quanto a eólica exigem avanços científicos e extraordinários investimentos em armazenamento de carbono – também bastante dispendioso – para amortizar as flutuações cíclicas e sazonais.

Apenas as soluções baseadas no mercado não vão botar um ponto-final nas emissões. Empresas costumam expressar simpatia em relação aos objetivos voltados para o meio ambiente. A Ford Motor Company, na linha de frente do consumo de combustíveis fósseis, publica relatórios de sustentabilidade desde 2000. A Ford se arroga a posição de ser a

> [...] única fabricante de automóveis dos Estados Unidos, dona de uma linha de montagem completa, empenhada em cumprir sua responsabilidade para reduzir as emissões de CO_2, em conformidade com o Acordo Climático de Paris, e de trabalhar em conjunto com o estado da Califórnia para aumentar a produção de veículos com reduções anuais das emissões de gases poluentes.[46]

Em sua totalidade, no entanto, ao setor privado faltam recursos, vontade, ou ambos para propiciar uma verdadeira mudança. O Edison Electric Institute é uma associação que representa todas as empresas elétricas de propriedade de investidores dos Estados Unidos. Seus membros fornecem eletricidade para 220 milhões de norte-americanos nos cinquenta estados e o Distrito de Columbia. O instituto faz lobby para a intervenção governamental. "Não só os custos, mas as barreiras regulatórias e econômicas para o uso de dióxido de carbono devem ser abordados em qualquer ação ou legislação federal para reduzir os gases de efeito estufa."[47]

O esforço para conquistar corações e mentes poderia ter um efeito bumerangue. Estamos eliminando, de forma gradual, os combustíveis fósseis, reduzindo constantemente nossa capacidade de extrair e processá-los. Entretanto, se a produção de energia ficar em defasagem com a demanda, podemos esperar um choque de petróleo reminiscente da década de 1970, que desencadeará a estagflação. Parecemos caminhar nessa direção. Em 2021, os preços de varejo da energia elétrica nos Estados Unidos deram o maior salto desde 2002, divulgou a Administração de Informação de Energia dos Estados Unidos, em março de 2022.[48]

Os preços da energia, de acordo com o Goldman Sachs Commodities Index, subiram quase 60% em 2021, quando a oferta ficou atrás da demanda.[49] A pressão exercida sobre os investidores institucionais por parte dos acionistas de mentalidade ecológica cortou em 40% os investimentos em novos projetos de combustíveis fósseis, segundo uma das estimativas.[50] A produção de energia renovável aumentou, mas não com suficiente rapidez. A onda de demanda de energia, depois do final da recessão provocada pela Covid-19, gerou aumento de preços e mesmo a escassez de energia na China, na Índia e no Reino Unido.

Uma transição verde exige também cobre, alumínio, lítio e outras matérias-primas essenciais. Sua mineração e seu processamento exigem energia só obtida por meio de combustíveis fósseis. Caso as políticas atuais aumentem o preço dos combustíveis fósseis, podemos acabar com uma "inflação verde". Em termos simples: não há almoço grátis na transição para a energia verde.

Sanções e interrupções de fornecimento, em consequência da invasão da Ucrânia pela Rússia, elevaram às alturas os preços do petróleo e do gás natural. Aumentar a conta para os motoristas poderem usar seus carros e os moradores aquecerem suas residências afastou quaisquer planos políticos de desenvolvimento da energia renovável. Mesmo a administração Biden, seriamente comprometida com a crise climática, mudou de tática. Ele implorou aos países do Golfo que aumentassem a produção de gás natural e petróleo. Acelerou as negociações com o Irã, na tentativa de fechar um acordo nuclear e aumentar a exportação iraniana de petróleo. Chegou a pressionar o regime populista pária da Venezuela para intensificar a produção de petróleo. As discussões avaliaram os méritos de abrandar as restrições de proteção meio ambiental na produção doméstica de energia, inclusive gás de xisto e petróleo. Quando os preços da gasolina dispararam nas bombas dos postos, Biden mencionou por cima a mudança climática em seu primeiro discurso sobre o Estado da União no Congresso, em 2022. Seus planos para o projeto de infraestrutura "Build Back Better", que incluíam US$ 500 bilhões para cumprir as metas estabelecidas para a mudança climática, empacaram no Congresso. O objetivo de reduzir pela metade as emissões de gás de efeito estufa até o final da década nos Estados Unidos parece ter morrido na praia.

Todos devem arcar com o custo das políticas de energia sustentável. Para acelerar a transição rumo à energia renovável, as taxas de emissão de carbono devem substituir os subsídios históricos aos produtos de combustível fóssil. Isto, é claro, pressagia aumentos mais elevados nos preços do gás e do petróleo.

Não vai ser fácil acabar com os robustos e generalizados subsídios aos combustíveis fósseis. Estudo do FMI estima: "Os subsídios globais para combustível fóssil chegaram a cerca de US$ 6 trilhões em 2020 – valor equivalente a 6,8% do PIB global. Mais de 70% refletem a cobrança insuficiente de custos ambientais".[51] No contexto político, é muito árduo reduzir, quanto mais eliminar, tais subsídios.

Economistas concordam com a eficiência de taxas de carbono para acabar com o vício em combustível fóssil. Contudo, em termos políticos, é grande a oposição em todo mundo a essa ideia. Em 2018, a França aprovou o aumento do imposto sobre o diesel e a gasolina para atender à transição para a energia verde no país. A decisão provocou uma forte onda popular de protestos entre motoristas, a revolta dos "coletes amarelos". Implementar novas taxas de carbono, enquanto os preços da energia estão elevados e ainda em alta, equivale ao suicídio político para líderes que desejam manter seus cargos. No início de 2022, movimentos de extrema violência eclodiram no Cazaquistão quando o governo dobrou o preço do combustível. Só a brutal repressão do Estado autoritário manteve o regime em vigor, para melhor ou para pior. Em 2022, governos em todo o mundo começaram a cortar os impostos, e não a aumentá-los, para minimizar os protestos populares contra o aumento dos custos de energia.

Caso sancionadas, as taxas de carbono, que aceleram a alternância dos combustíveis fósseis para os renováveis, podem provocar danos. Uma taxa de US$ 35 por tonelada de emissões de CO_2 em 2030 dobraria o preço do carvão e promoveria aumento nos preços da eletricidade e da gasolina em 10% e 25%, respectivamente, segundo estimativas do FMI.[52] Essas são as boas notícias. Criar uma taxa de carbono no valor de US$ 35 por tonelada não iria estancar a mudança climática global, diz Nordhaus. "Trabalhei com modelos que sugerem um preço atual do carbono na faixa de US$ 40 por tonelada de CO_2, a ser aumentado ao longo do tempo", diz. "Essa política levaria a um aquecimento eventual de cerca de 3 °C acima dos níveis pré-industriais."

Um sério esforço para manter o aumento abaixo de 2 °C significa uma taxa de carbono próxima a US$ 200 por tonelada de CO_2 emitido. Os Estados Unidos, em particular, não têm uma política nacional. A Califórnia e outros estados cobram pelas emissões de carbono, e precisam brigar nos tribunais para manter impostos tão impopulares. Em 2022, o imposto médio de carbono global é de US$ 2 por tonelada. Alguém pode esperar um aumento de cem vezes, para US$ 200, a fim de atingir o limite máximo de 2 °C acertado no Acordo de Paris?

Descobertas milagrosas podem um dia minimizar o custo da mitigação; apesar de, talvez, um pouco tarde demais. O realismo pragmático de cientistas e economistas lança dúvidas quanto a tais esperanças. "É concebível que alguns avanços tecnológicos milagrosos possam ser descobertos para reduzir, de forma dramática, os custos [da mitigação]. Enquanto isso, especialistas não veem sua chegada no futuro próximo", diz Nordhaus. "Novas tecnologias – em particular, para os sistemas de energia, que recebem volumosos investimentos de capital, tais como centrais elétricas, estruturas, estradas, aeroportos e fábricas – levam várias décadas para serem desenvolvidas e implementadas."[53]

A mensagem chegou aos gestores de ativos, sempre conscientes dos custos que promovem adesão para os objetivos sociais e ambientais em seus investimentos, sob a bandeira de conceitos ambientais, sociais e de governança (ESG, na sigla em inglês). As nobres intenções parecem contraprodutivas para Tariq Fancy, ex-diretor de investimentos sustentáveis da BlackRock, a maior gestora de ativos do mundo. Numa coluna publicada em novembro de 2021 no periódico *The Economist*, Tariq declarou que a *greenwashing* e o *greenwishing** são absoluta perda de tempo.[54]

---

* Jogo de palavras entre *washing* e *wishing* – o *greenwashing*, lavagem verde, ou maquiagem verde, segundo alguns especialistas, consiste na prática de algumas empresas de ludibriar os consumidores com selos falsos e imagem de responsabilidade socioambiental

O utópico enredo em torno da agenda ESG, na verdade, prejudica o papel a ser desempenhado pelos governos. Os departamentos de relações públicas induzem os cidadãos ao erro ao afirmarem que o investimento sustentável, o capitalismo dos grupos interessados e o comprometimento voluntário são as respostas.

Os preços das ações e orçamentos de marketing nas empresas focadas na agenda ESG crescem, assim como as emissões de carbono. "O RP é especialmente nocivo", escreveu o sr. Fancy, "porque é impossível determinar o fracasso do mercado pelas análises do marketing."

Ele rejeita a fé nos mercados para corrigir um desequilíbrio ambiental catastrófico:

> Os incentivos a curto prazo dos negócios nem sempre se alinham com o interesse público a longo prazo. A enxurrada de compromissos não vinculados assumidos pelas empresas como um todo provém de seus departamentos de comunicação, não de suas equipes operacionais. Embora os mercados tenham um papel a desempenhar, não podem trabalhar por conta própria. Em consequência, poucos trabalhos de gestão empresarial relacionados à preservação ambiental, à responsabilidade social e à governança afetam significativamente as decisões efetivas de alocação de capital, pré-requisito para as promessas corporativas terem qualquer chance de reduzir as emissões no mundo real.[55]

Os resultados da reunião do COP26 em Glasgow em 2021 confirmaram o temor dos céticos. A despeito dos discursos apaixonados e dos acordos assinados para impedir a mudança climática global, houve parco progresso real para cumprir o objetivo do Acordo de Paris, ou seja, um aumento máximo de 1,5 °C na temperatura média global. Levando-se em conta as atuais diretivas e ações mundiais, estima-se um aumento médio da temperatura de 2,7 °C.

---

não condizente com a política da organização. O *greenwishing*, por sua vez, seria o desejo de viver num mundo sustentável. [N.T.]

Diversos países apresentam ambiciosos objetivos, embora não sejam respaldados por tomadas de atitude que permitiriam atingir os sonhados propósitos de emissões consistentes. Desde o Protocolo de Kyoto, no Japão, em 1997, seguido pelo Acordo de Paris, em 2015, o comportamento-padrão não passa de uma longa lista de promessas quebradas. Há grandes chances de o padrão persistir depois da Cúpula do Clima de 2021, em Glasgow.

O termo "singularidade" costuma descrever o momento no qual a inteligência artificial supera a inteligência humana, e (para os pessimistas) consiste num jogo em que o *Homo sapiens* não tem chance de ganhar. Contudo, uma versão de singularidade pode se aplicar à mudança climática. É quando ultrapassamos o ponto de não retorno.

"Há desconhecidos-conhecidos em grande quantidade", escrevem Wagner e Weitzman em *Climate Shock* [Choque climático]. "Os desconhecidos-desconhecidos ainda podem dominar e pontos de inflexão e outras surpresas desagradáveis parecem à espreita em cada esquina. Algumas podem estar colaborando para o aquecimento global entrar em ação."[56]

Na pior das hipóteses, as condições primitivas voltarão à cena. Os solos arderão. Os desertos se alastrarão. Os incêndios incinerarão as comunidades. O número de furacões aumentará, bem como sua frequência. Os tornados atingirão todas as localidades. O colapso das cadeias de abastecimento resultará numa espiral de choques negativos. A riqueza se evaporará. A migração atingirá escala monumental. Os que hoje não veem a mudança climática como uma mega-ameaça se perguntarão por que não fizemos nada enquanto podíamos.

As respostas serão as mesmas de sempre. Demos ouvido às pessoas erradas. Os negacionistas instrumentalizaram incertezas marginais na comunidade científica. Ignoramos fatos sinistros. Não acreditamos em nossos olhos. E, o mais irônico, não dispúnhamos de recursos para agir. O preço é alto demais.

PARTE III
ESSE DESASTRE PODE SER EVITADO?

CAPÍTULO 11

DESTINO SOMBRIO

Este livro explora as mega-ameaças econômicas, financeiras, políticas, geopolíticas, tecnológicas, sanitárias e ambientais que avançam em nossa direção. Ao que tudo indica, as políticas podem evitar uma ou mais delas, parcial ou completamente; contudo, em termos coletivos, a calamidade é quase certa. As soluções mais plausíveis são complexas, onerosas e carregadas de tensões políticas e geopolíticas. O provável é que não consigamos tais soluções.

O relatório "Tendências globais 2040: um mundo mais contestado", da CIA, divulgado em março de 2021, descreve cinco cenários de como o mundo pode evoluir ao longo das próximas duas décadas.[1] A maioria dos cinco cenários é bastante perturbadora, e recebe nomes como "Tragédia e mobilização", "Um mundo à deriva" e "Silos separados". Apenas um, "O renascimento das democracias", soa otimista.

Livre-se das nuances e dois cenários destacam os prognósticos mais importantes. Em um deles, uma ou várias mega-ameaças se materializam, e a civilização regride para a severa instabilidade e o caos. Esse é o cenário da distopia. No outro, o bom senso e as políticas equilibradas em todos os aspectos conseguem, em parte, rechaçar todas as mega--ameaças. Tropeçamos, mas não entramos em colapso. A esse cenário atribuo o nome de versão "utópica", embora esteja longe do ideal.

Consideremos, a princípio, a distopia. Examinaremos a alternativa "utópica" no Capítulo 12. O que é uma distopia? Vamos começar com a observação de que as mega-ameaças são estruturais. A desigualdade de renda e riqueza, as gigantescas dívidas públicas e privadas, a instabilidade financeira, a mudança climática, as pandemias globais, a inteligência artificial e as rivalidades geopolíticas têm raízes profundas nos sistemas e culturas mundiais. É impossível atacar suas causas sem correr o risco de enfrentar consequências inesperadas. Por exemplo, impor uma política de imposto progressivo e consistente em um país, a fim de combater a desigualdade, poderia levar os cidadãos mais ricos a realocar seus ativos para jurisdições que cobrem impostos mais baixos ou a desestimular os gastos de capital. A assinatura de um tratado de vulto entre Estados Unidos e China, que determine a renúncia aos equipamentos de combate dotados de inteligência artificial, poderia levar outras nações a desenvolver as próprias armas cibernéticas. Estimular o crescimento por meio de políticas anticonvencionais resulta em bolhas e acumulação de dívidas ainda mais insustentáveis. Limpar o meio ambiente e reduzir o aquecimento global custa muito caro e pode reduzir o crescimento e aumentar as dívidas públicas.

Embora as soluções sejam bastante óbvias, a tenacidade exigida para obter tais resultados seria inédita. Como um câncer devastador de corpos, as mega-ameaças vão espalhar o caos na infraestrutura global e na atual ordem mundial. Aguarde muitos dias sombrios, meu amigo leitor.

Ao cair na Terra, asteroides produzem um efeito espetacular. As mega-ameaças, por outro lado, desabrocham enquanto formuladores de decisões observam hesitantes, discutindo sua importância e suas probabilidades. (No oportuno filme *Não olhe para cima*, formuladores de políticas sêniores mostram posturas equivocadas enquanto um asteroide gigantesco e destruidor está prestes a colidir com a Terra.) Os operários e os sindicatos perdem força para preservar a classe média. Políticas fiscais e regulamentações colaboram com poderosas corporações e os interesses comerciais tendem a adotar políticas cujo objetivo é favorecer o capital, e não o trabalho. "As mortes por desespero" em comunidades deterioradas e abandonadas assolam uma classe baixa sem qualquer especialização, com poucos empregos, poupança ou esperança. A riqueza pessoal garante o acúmulo de influência política. Instituições financeiras crescem demais para falir. Empresas de tecnologia ganham vasto poder sobre consumidores e outras empresas, e sem estarem sujeitas a muitas restrições. Algoritmos substituem o trabalho humano e podem vir a tornar o *Homo sapiens* obsoleto. Cidades costeiras são inundadas. Terras agrícolas pouco a pouco secam e se tornam áridas. O sistema de justiça criminal prende milhões de norte-americanos pobres e minorias sem dispor de um plano para ajudá-los a retornar para a sociedade de modo produtivo. A desigualdade esgarça o tecido social e alimenta o populismo. Essas são as crises relativamente lentas com pouca probabilidade de gerar uma resposta firme e coordenada, ao contrário das ameaças do tipo asteroide.

A cooperação internacional é imprescindível, mas evasiva, para não dizer irremediável. Pense na mudança climática global, nas pandemias, na guerra cibernética, nas crises financeiras globais, no conflito entre os Estados Unidos e a China, Rússia, Irã e Coreia do Norte. A desglobalização, as crises financeiras globais, a migração em massa e os usos éticos da inteligência artificial têm sentidos muito diferentes para as autoridades de países ricos e para as dos países pobres, ou mesmo entre líderes rivais geopolíticos e econômicos.

Os perigos estão a um palmo dos nossos narizes. Um abismo cada vez maior entre os que têm e os que não têm assinala a proximidade e a severidade das mega-ameaças. O comércio e a globalização produzem vencedores e perdedores tanto nas economias avançadas quanto nos mercados emergentes. A produção é realocada para locais onde a mão de obra é mais barata, e em seu lugar restam fábricas vazias, desemprego e mercados imobiliários degradados em que outrora floresciam negócios. O capital é transferido dos países pobres para os ricos em busca de retornos mais elevados. A migração acelera na outra direção, dos países pobres para os ricos, criando uma forte reação contra migrantes. A inovação tecnológica substitui os indivíduos compradores de bens e serviços por robôs que só consomem eletricidade. Os recursos financeiros e a riqueza vão parar em um número cada vez menor de mãos, exacerbando a desigualdade.

As redes familiares e profissionais perpetuam a desigualdade. Um número menor de oportunidades só beneficia, mais e mais, as proles da elite. Um pretenso sistema educacional meritocrático privilegia as conexões, e não necessariamente o mérito. A mobilidade social atola. Mesmo nossos hábitos de reprodução são alterados em função do status econômico. Homens com diplomas universitários tendem a se casar com mulheres com nível universitário, padrão que limita a mobilidade social e econômica intergeracional.[2]

Não cometa o erro de achar que a desigualdade de riqueza afeta apenas os do patamar de baixo. A adversidade visita grandes parcelas da população: a classe média encolhida, os trabalhadores de colarinho--branco e até camadas abastadas confiantes na estabilidade social.

Muitos de nós concordamos que a desigualdade é um dos mais terríveis desafios de nossa época. No entanto, propostas políticas para corrigi-la têm antecedentes deploráveis. A maioria disponibiliza impostos que redistribuem a riqueza e a renda dos ricos para os pobres, e, portanto, são combatidos pela rica e poderosíssima elite. Em *Violência e a história da desigualdade: da Idade da Pedra ao século XXI*, o historiador Walter Scheidel mostra que a redistribuição pacífica nunca surtiu êxito para diminuir a desigualdade.[3] Só levantes expressivos provocam mudanças consistentes. Quando a espiral da desigualdade chega à sua terrível e violenta conclusão – a revolta social, a revolução ou a guerra –, milhões sucumbem. As revoluções transformadoras alteram os sistemas sociais e econômicos, como ocorreu na Rússia e na China durante o século XX, mas seu custo em termos de vidas humanas é enorme. Em última instância, o colapso de governos inchados e predatórios mobiliza os cidadãos a redistribuir os ativos econômicos a um preço gigantesco. O colapso da União Soviética, embora aparentemente pacífico, provocou o colapso demográfico, bem como violentos conflitos nas regiões fronteiriças de seu império, e uma guerra civil na Chechênia. Por último, o resultado foi uma nova autocracia militarista na Rússia, com uma nova versão do capitalismo entre camaradas que enriqueceu uma elite diminuta. Tal autocracia cleptocrática se mostrou agressiva, como recentemente na Ucrânia, por alimentar o sonho ilusório de restaurar o império soviético.

À medida que a desigualdade se agrava, a tendência é cavar buracos nos déficits orçamentários e nas poupanças privadas financiadas por dívidas públicas e privadas insustentáveis. A pressão política aumentará a fim de permitir o mesmo patamar de igualdade. Um número cada vez maior dos que se sentem deixados para trás exige providências para restabelecer suas rendas e status. A esquerda visa a providências mais efetivas do governo a fim de reforçar o bem-estar social. A direita resiste a qualquer medida que amplie o papel do governo, e exige, tanto de democratas quanto de republicanos, que compartilhem a responsabilidade pela dívida. A dívida cresceu de modo ainda mais acelerado sob os governos dos presidentes Woodrow Wilson e Franklin Roosevelt, durante a Primeira e a Segunda Guerras Mundiais, mas os presidentes Ronald Reagan e George W. Bush ocupam os lugares seguintes na fila.[4] O corte de impostos em 2017 realizado pela administração Trump também é classificado como um erro espontâneo inesquecível, pois resultou em um déficit de US$ 1 trilhão durante um período de paz e economia crescente. E a resposta à Covid-19 gerou um excessivo déficit em razão de gastos durante as administrações de Trump e de Biden.

Diferenças irreconciliáveis encorajam políticos populistas a empregar chavões em vez de buscar soluções. Agendas sociais polarizadas movem eleitores mais para a esquerda ou para a direita, deixando menos espaço para acordos e melhores chances para impasses legislativos. No Ocidente, assistimos ao crescente populismo, e até a regimes semiautoritários. No Oriente, há uma pletora de regimes autoritários e semiautoritários – dentre os quais a China, a Rússia, o Irã e a Coreia do Norte, que recebem de braços abertos o capitalismo estatal, responsável por tolher por completo as liberdades individuais.

Acrescente a migração a esse distópico cenário doméstico. Quem emigra está em busca de trabalho, um dos caminhos para corrigir a desigualdade de renda em escala global. Os emigrantes procuram segurança, estabilidade e oportunidade para suas famílias. Em termos históricos, a migração foi uma dádiva para nações em crescimento. Os Estados Unidos jamais poderiam ter prosperado sem a migração. Em teoria, graças à imigração seria possível melhorar a proporção entre a população ativa e os aposentados nas economias avançadas, aliviando a pressão sobre a previdência social e outros programas assistenciais para idosos. Os jovens imigrantes pagam impostos e gastam a maior parte de suas rendas, impulsionando a demanda de consumo. Na prática, contudo, a imigração não resolverá o problema do envelhecimento. A crescente oposição nativista bloqueia o caminho.

O número de emigrantes aumentará quando as mega-ameaças derrubarem os governos empobrecidos da África, da América Central e de partes da Ásia. Emigrantes tomarão o rumo das regiões nas quais a mudança climática global aperfeiçoa os projetos de agricultura – Sibéria, Escandinávia, Groenlândia e Canadá, no hemisfério Norte; Nova Zelândia e Tasmânia, no hemisfério Sul. Podem faltar a esses países os meios de fechar as fronteiras, sem mencionar as maiores potências militares, que imporão as próprias demandas.

Em 2015, 1 milhão de refugiados entrou na União Europeia, provocando reações políticas expressivas. Nos Estados Unidos, um número bem menor de refugiados na fronteira Sul resultou em políticas agressivas do presidente Trump com o propósito de impedir a entrada. As medidas continuaram mesmo depois da posse do presidente Biden. E esse é apenas um prelúdio. Espere crises muito mais graves e retaliações políticas quando dezenas de milhões de refugiados engrossarem as fileiras dos que desejam fugir das situações desesperadas em que se encontram. De modo crescente, a guerra e o conflito – sem falar da mudança climática e dos Estados falidos – criarão ondas de milhões de refugiados, como a guerra na Ucrânia e a guerra civil na Síria nos mostraram de forma trágica. As desordens e os embates regionais e nacionais se multiplicarão tanto em tamanho quanto em frequência, levando a uma incipiente migração em massa que vai se deparar com o fechamento das fronteiras.

A desigualdade e a mudança climática são sistêmicas. E as nossas ameaçadoras crises financeiras? A inovação pode resolver muitos problemas, mas não cancelará a dívida insustentável. Graças a empréstimos, abrimos nosso caminho para a prosperidade, mas sem nenhuma estratégia de saída. Os empréstimos protegidos com garantias hipotecárias e outros ativos aumentaram o consumo nos anos 2000, enquanto o crescimento de rendas diminuía. Projetos regulatórios de refinanciamento das dívidas não detiveram os credores, que se aproveitaram de consumidores e proprietários de imóveis cada vez mais desesperados.

O comportamento que alimentou a bolha e sua explosão em 2008 persistirá, mas anabolizado. A geração Y ou millennials, ludibriada na crise financeira global, perderá empregos, rendas e riqueza e mais uma vez está sendo enganada, dessa vez sob a bandeira da democratização financeira. Esse é o novo nome para a corda que os trabalhadores autônomos podem usar para se enforcar. Milhões abriram contas de investimento em seus celulares, e aplicam suas parcas economias para especular em investimentos duvidosos como as ações meme e as criptomoedas fraudulentas. Usar seus teclados para fechar o insistente abismo de riqueza é atividade fadada ao fracasso e a transformar frustração em raiva.

Os relatos das ações do GameStop e de outras ações meme de 2021, nos quais é apresentada uma frente unida de pequenos *day traders* heroicos, que travam combates contra diabólicos fundos de hedge *short-selling*, ou de venda a descoberto, escondem uma feia realidade. Mais uma vez, um bando de indivíduos desiludidos, desempregados, despreparados, sem poupanças e atolados em dívidas está sendo explorado. Muitos acreditam que o sucesso financeiro não reside em bons empregos, trabalho árduo e poupança e investimentos que exigem paciência, mas em esquemas fique-rico-rápido. Eles afluem para apostas em ativos sem valor inerente como as criptomoedas (ou *shitcoins*, como prefiro chamá-las). Não se engane: o populista meme, no qual um exército de Davis millennials vence um Golias de Wall Street, serve a outro esquema privilegiado decidido a depenar investidores amadores despreparados. Como em 2008, o inevitável resultado será outra bolha de ativos que vem pouco a pouco e perigosamente se formando. A diferença é que, desta vez, os inconsequentes membros populistas do Congresso norte-americano decidiram protestar veementemente contra os intermediários financeiros por não permitirem aos vulneráveis se endividar ainda mais.

Essa bolha vai estourar. Não é uma questão de se isso pode ocorrer, mas de quando, e a iminente distopia infligirá muita dor. O primeiro *bum* da última grande bolha de ativos foi ouvido em 2022. Por pouco, formuladores de políticas não esgotaram seus vastos recursos monetários, fiscais e de crédito. Quando a próxima crise financeira explodir, talvez não seja possível ajudar famílias, corporações, bancos ou os norte-americanos médios em dificuldade, pois esses formuladores estão ficando sem balas políticas na agulha. Por falta de habilidade para mobilizar uma nova rodada de grandes pacotes de estímulo, presidentes de bancos centrais e autoridades governamentais assistirão, indefesos, às recessões derrubarem economias, às cooperações regionais entrarem em colapso, à proliferação de conflitos civis e a potências disputarem o comando dos recursos globais. Sugiro ficar de olho na Zona do Euro e em suas conexões mais frágeis, como a Itália ou a Grécia, para discernir sinais de que a crise da dívida passou do ponto de inflexão. Os países-membros mais frágeis enfrentarão uma crise de dívida e competitividade que os pode forçar a sair da Zona do Euro, desencadeando assim o colapso da união monetária.

A próxima crise pode marcar a diferença crucial entre as duas anteriores. Depois de 2008, a inflação definhou, ficando abaixo da meta de 2%, o nível desejável no qual o crescimento é fomentado sem excessiva pressão no aumento de preços e salários. A *lowflation* (ou inflação baixa), conforme rotulada pelo FMI, persistiu até a Covid-19 provocar gargalos na cadeia global de suprimentos, a queda de oferta de mão de obra e a demanda de consumo emergente, impulsionada pelos programas de estímulos monetários, fiscais e de crédito, que levaram à poupança excessiva e à demanda reprimida. A inflação agora saltou para patamares sem precedentes desde 1983. Esse pico parece persistente, e não transitório. Bancos centrais estão numa armadilha da dívida, com as mãos atadas. A inflação deve subir ainda mais, em virtude do desencadeamento da próxima crise, que vai exacerbar choques de oferta negativos de médio prazo. Sem cavaleiros brancos para salvar a situação, o aumento das taxas a fim de reduzir os empréstimos e a inflação desencadearia um maremoto de inadimplências e a quebra do mercado financeiro.

Esse tsunami se abaterá sobre a economia global na próxima década, devastando o potencial crescimento e elevando os custos de produção. Políticas monetárias e fiscais frouxas, como descritas no Capítulo 5, vão tornar a situação ainda mais feia. Tudo aponta para a Grande Crise da Dívida Estagflacionária.

A próxima rodada de inflação alta pressionará o dólar. Depois de uma corrida de oitenta anos, sua condição agora desperta dúvidas. O dólar não é mais o que costumava ser, uma reserva de valor estável e incontestável. A inflação alta, próxima dos dois dígitos, pode acabar por comprometer um dólar enfraquecido. A desvalorização e a armamentização da moeda por objetivos geopolíticos levarão a um gradual declínio das reservas do Banco Central em ativos em dólar. A China está preparada para substituir o dólar pelo renminbi, e outros rivais estratégicos dos Estados Unidos – como a Rússia – estão preparados para deixar os ativos em dólar e o regime de moeda de reserva baseado no dólar, agora que suas reservas e ativos estrangeiros foram congelados.

Promotores da criptomoeda estão inclinados – talvez vítimas do delírio – a tentar substituir qualquer moeda fiduciária com seu dinheiro digital, objetivo quase impossível, pois às tais criptomoedas faltam as características essenciais de uma moeda de fato. O status de moeda de reserva do dólar não entrará em colapso da noite para o dia, mas assistiremos à sua chegada ao constatar o declínio da força econômica e geopolítica dos Estados Unidos ao redor do mundo e a crescente armamentização do dólar americano estimulada pelo propósito de atingir suas metas de segurança nacional. Por séculos, o status de moeda de reserva global andou de mãos dadas com a hegemonia geopolítica. Caso se perca a última, perde-se a primeira. E se pegar pesado com sanções financeiras e comerciais, seus rivais podem se desatrelar do sistema do dólar, tanto no âmbito comercial quanto no financeiro.

Manifestações de desconforto econômico – crescimento estagnado, oferta de empregos paralisada e perda de empregos – terão perturbadoras consequências políticas. O resultado pode ser o extremismo político, em geral sob a aparência de populismo da ala da direita, com quem a versão da ala da esquerda compartilha alguns pontos em comum. Quando o populismo alcança o auge, tende a vilipendiar valores pluralísticos associados à democracia liberal e ao Estado de direito. Os populistas dos dois extremos estão unidos em sua indiferença ou antipatia pelos estrangeiros e as elites nacionais. Isso cria uma abertura para demagogos autoritários sempre dispostos a denunciar seus oponentes políticos como elitistas e a abraçar o preconceito contra as minorias desfavorecidas, enquanto louvam a redistribuição da riqueza dos ricos para os pobres sem bases no Estado de direito, como na China e na Rússia.

Nos mercados emergentes – deixando de lado as ditaduras absolutas em alguns dos países mais pobres – autoritários comandam os governos de países como Rússia, Bielorrússia, Turquia, Hungria, Filipinas, Brasil, Venezuela, Cazaquistão e China, dentre outros. A cascata de mega-ameaças apenas aumenta essa lista.

Por décadas, as nações latino-americanas flertaram com o populismo de direita e de esquerda. Por um período, depois do fim da Guerra Fria, reinava a impressão de que a democracia representativa prevaleceria em muitas partes do continente. Contudo, tempos difíceis resultaram em sérios problemas para os populistas resolverem. Sua ressurgência mudou a face da região. Democracias promissoras sucumbiram. O México descambou para o populismo em 2018 com a eleição de Andrés Manuel López Obrador, seu 65º presidente. Os populistas de esquerda venceram as eleições presidenciais em 2021 no Chile e no Peru, e em 2022 na Colômbia. Especialistas estimam que as eleições em 2022 no Brasil sigam o mesmo caminho.*

O Brasil elegeu o presidente semiautoritário Jair Bolsonaro, que, em janeiro de 2022, torceu o nariz para as democracias liberais ao planejar uma viagem ao encontro de Vladimir Putin enquanto as tropas da Rússia se reuniam na fronteira da Ucrânia.[5] E a América Latina não é a única. Anos de crescimento medíocre tornaram a África do Sul e outras regiões do continente fortes candidatas a regimes populistas e autoritários. A Índia, em sua luta perene para tornar suportável a vida da população empobrecida, ainda é uma democracia e um modelo de modernização da economia, embora algumas forças políticas desprezem abertamente os muçulmanos, as instituições democráticas independentes e o Estado de direito. Essa tendência não é nossa amiga, e está apenas engatinhando.

Anne Applebaum, no número de novembro de 2021 da revista *Atlantic*, advertiu o seguinte:

> Nos extremos, esse tipo de desprezo pode degenerar no que o ativista democrático internacional Srđa Popović chama de o "modelo Maduro" de governança, talvez o mesmo que Lukashenko esteja arquitetando na Bielorrússia. Autocratas adeptos desse modelo "estão dispostos a pagar o preço da falência completa, a ver seu país entrar na categoria de estados falidos", aceitando o colapso econômico, o isolamento e a pobreza generalizada, se esse for o preço a pagar para permanecer no poder.[6]

Economias avançadas também são vulneráveis. Argumentos populistas forçaram a saída da Inglaterra da União Europeia, quando os

---

* Na época da escrita e do lançamento original do livro, o presidente do Brasil era Jair Bolsonaro. Nas eleições de 2022, ele perdeu para Luiz Inácio Lula da Silva, que assumiu a presidência em janeiro de 2023. [N.E.]

eleitores aprovaram o Brexit. Nos Estados Unidos, populistas elegeram Donald Trump e seus aliados. Temos acompanhado, nos países avançados, o crescente apoio aos partidos de direita contrários à União Europeia, à imigração e aos pacotes de resgate para países endividados. A França, o histórico bastião da liberdade, igualdade e fraternidade, se tornou cada vez mais receptiva ao apelo antimuçulmano, antissemita e anti-imigrante da recente candidata à presidência Marine Le Pen. Não obstante ter perdido a eleição presidencial em 2022, sua mensagem nativista ainda tem forte apelo, à medida que piora o mal-estar econômico dos deixados para trás.

Durante anos, a divisão e a polarização política, a falta do bipartidarismo, a radicalização partidária, a escalada dos grupos de extrema-direita e as teorias conspiratórias vêm crescendo e provocando grandes divisões nos Estados Unidos. Essas tendências atingiram o auge depois de difundida a invenção da fraude na eleição de 2020. A despeito da falta de provas, a maioria da base de Donald Trump apoia a teoria. No dia 6 de janeiro de 2021, a tentativa de golpe revelou uma imensa base de supremacistas brancos radicais e outras milícias de extrema-direita dispostas a usar a força para impedir a contagem do voto eleitoral no Congresso e a posse legítima de Joe Biden como presidente.

O desdobrar das mega-ameaças e a crescente maré de populismo decidirão em parte as eleições de meio de mandato de 2022 nos Estados Unidos. As dívidas, a inflação, a globalização, a imigração, a mudança climática e a ascensão da China alarmam os eleitores indecisos. Observadores preveem disputas ferozes e mesmo a violência, o que pode resultar em reviravolta na eleição presidencial de 2024.[7] As teorias da conspiração, as maciças campanhas de desinformação, a violência em larga escala, o golpe, a insurreição, a guerra civil, a secessão e a insurgência passaram a ser termos usados em grande número de editoriais, ensaios e livros. Em termos coletivos, passamos a pensar no outrora impensável.

A campanha presidencial de 2024 se aproxima. O *The New York Times* considera "a perspectiva da conflagração política americana – inclusive a insurreição, a secessão, a insurgência e a guerra civil – uma séria ameaça".[8] Diversos autores aventaram a hipótese de um "golpe em câmera lenta", afirmou o comentarista Bill Maher a seu público na HBO. Ao escrever na publicação de centro-esquerda *The Nation*,

Robert Crawford previu "a pior das hipóteses" para os Estados Unidos. Chauncey DeVega, na revista digital *Salon*, e o jornalista britânico sir Max Hastings expressaram sua preocupação com a violência política em larga escala ou a secessão instigada pelos dirigentes do partido do perdedor. Nos livros *Como as guerras civis começam e como impedi-las*, da cientista política Barbara F. Walter, e *The Next Civil War* [A próxima guerra civil], do jornalista Stephen Marche, os autores não medem as palavras. Em janeiro de 2021, depois da invasão ao Capitólio, uma enquete mostrou que 46% dos norte-americanos tinham a impressão de que seu país se encaminhava para outra guerra civil.[9] Uma força-tarefa da CIA chegou à conclusão de que "os Estados Unidos, durante a presidência de Trump, regrediu, pela primeira vez desde 1800, para uma 'anocracia'. Assim os acadêmicos rotulam um sistema de governo que oscila inquietantemente entre a democracia e a autocracia".[10]

Como as fusões nucleares, as mega-ameaças transformam em combustível toda a matéria em seu caminho. O mal-estar econômico e a crescente desigualdade que conduzem ao populismo incentivarão represálias contra o livre-comércio e a globalização. O aspecto fundamental da política econômica populista é o nacionalismo econômico e as tendências autárquicas. A ascensão do populismo econômico e político exacerba o risco da desglobalização, do protecionismo, da fragmentação da economia global, da balcanização das cadeias de suprimentos globais, das restrições à migração, dos controles de movimento do capital, tecnologia e dados, e de uma forte tensão entre Estados Unidos e China.

A turbulência distópica vai virar a ciência de cabeça para baixo. O lado escuro da tecnologia ameaça os valores ocidentais. A mídia social produz câmaras de eco enquanto notícias e posts mantêm uma fábrica de boatos falaciosos funcionando a pleno vapor, em geral para promover interesses de adversários estrangeiros. As teorias de conspiração – mesmo as comprovadamente lunáticas – viajam com velocidade alarmante. A princípio vista como ferramenta para lançar e organizar dissidências contra regimes autocráticos, a mídia social trafica mentiras e hipocrisia (lembra-se da Primavera Árabe e dos protestos gerados pelo Facebook contra o governo egípcio?), e hoje fomenta um número cada vez maior de ataques às instituições democráticas, e orquestra a violência étnica.

Não precisa procurar muito longe, basta pensar na turba no Capitólio, no dia 6 de janeiro nos Estados Unidos, ou no massacre da etnia rohingya em Mianmar. Essas tendências vão acelerar à medida que a inteligência artificial e o *machine learning* refinem os meios – por intermédio das tecnologias "transformadoras" – de manipular as mentes.

A tecnologia se transformará na autocracia retratada em *O conto da aia*. A mídia social e os gigantes da tecnologia ajudam os atuais autocratas e ditadores a permanecer no poder. A noção de que a tecnologia exporia regimes totalitários à justiça e defenderia a democracia soa ingênua hoje em dia.[11] A China usa um Grande Firewall, bem como outras ferramentas de mídia social, para controlar sua população de uma maneira orwelliana. Um "sistema de avaliação de crédito social" restringe o acesso a serviços financeiros e pune social e politicamente qualquer comportamento "desviante". A China passou a exportar essas tecnologias de vigilância para regimes aliados, reforçando a autocracia em outros países.

A informatização ilimitada resultará no desaparecimento de empregos, e não apenas dos repetitivos e rotineiros. O avanço da inteligência artificial na velocidade da luz tornará a mão de obra cognitiva obsoleta, de motoristas de Uber, assistentes jurídicos e auditores até, quem sabe, neurocirurgiões. Os robôs também ocuparão funções criativas tão logo atinjam um estágio em que as máquinas superem os humanos. Mesmo os desenvolvedores de programas de computador encontraram seus lugares ocupados por robôs. O permanente afastamento tecnológico de colarinhos-brancos e macacões azuis aumentará as filas de desemprego, pressionando ainda mais uma rede de segurança social esgarçada. E, para piorar as coisas, os robôs já estão tomando a maioria das decisões de RH, e ainda vão administrar escritórios de assistência a desempregados.

Quem controla a IA deterá enorme poder econômico, financeiro e geopolítico. Por isso, os Estados Unidos e a China estão na disputa pelo controle das indústrias do futuro. E, se os Estados Unidos e a China um dia entrarem em uma guerra aberta, suas respectivas tecnologias de IA poderiam fazer a diferença entre a vitória e a derrota.

Para assegurar o controle em um mundo desestabilizado por mega-ameaças, as maiores potências vão reforçar ou reestruturar alianças. Os parceiros geopolíticos informais da China com poderes revisionistas, tais como Rússia, Irã e Coreia do Norte, desafiam os Estados Unidos e o Ocidente. Os Estados Unidos estão fortalecendo e costurando novas alianças na Ásia: o Diálogo de Segurança Quadrilateral (Quad, na sigla em inglês), o Aukus (um pacto de segurança entre Austrália, Reino Unido e Estados Unidos), o Indo-Pacific Economic Framework for Prosperity (Ipef)* e o fortalecimento militar da Otan na Ásia. Potências revisionistas que desafiam os Estados Unidos e o Ocidente ainda não se equiparam à força militar ocidental. Só os Estados Unidos gastam mais em recursos militares que seus quatro adversários revisionistas juntos. Esses adversários cada vez mais vão combater o poder norte-americano contrapondo operações militares que empregam ciberespionagem, ataques cibernéticos e campanhas de desinformação para enfraquecer e polarizar os Estados Unidos e o Ocidente. No entanto, o conflito tradicional, no qual a força bruta é empregada para controlar as massas, não vai desaparecer, como bem o demonstram a invasão russa à Ucrânia e o risco de conflito entre China e Taiwan.

Na realidade, sua desvantagem logística não evitará aos adversários dos Estados Unidos apontarem armas convencionais contra os norte-americanos e o Ocidente. A Rússia de Putin tenta restaurar em parte o antigo império soviético e projetar uma esfera de influências estendida a antigas nações soviéticas e da Cortina de Ferro; a sanguinária invasão da Ucrânia é um salto inicial da tentativa da Rússia de recriar a União Soviética ou sua esfera de influência em sua "vizinhança próxima". Tensões similares devem ganhar força nos Bálticos, na Europa Central e no Leste Europeu, no Cáucaso, e em países da Ásia Central, como o Cazaquistão.

E não nos esqueçamos da Coreia do Norte, onde as sanções só servem para encorajar o amado líder temperamental, que exige adoração de um povo faminto, enquanto ele adere aos mísseis de longo alcance e à guerra cibernética. No Oriente Médio, o Irã pode em breve apontar ogivas nucleares contra Israel e os Estados árabes que desafiam sua

---

* Iniciativa econômica lançada em maio de 2022 pelo presidente Joe Biden, com os seguintes parceiros: Austrália, Brunei, Coreia do Sul, Fiji, Filipinas, Índia, Indonésia, Japão, Malásia, Nova Zelândia, Singapura, Tailândia e Vietnã. O acordo visa definir as inovações tecnológicas e a economia global nas próximas décadas. [N.T.]

supremacia. Contudo, Israel pode tentar destruir as instalações nucleares do Irã antes de esse país chegar a um ponto de não retorno. A Guerra no Golfo desencadearia um choque estagflacionário advindo do aumento dos preços do petróleo, mais calamitoso que os dois picos dos anos 1970. Tantos pontos de ignição e rivais disputando a liderança, em meio à instabilidade geopolítica, tornam as escaramuças inevitáveis. Assim como tornam prováveis as guerras convencionais, e o possível e horripilante espectro da guerra nuclear. Em 2022, a guerra na Ucrânia levou ao risco de uma escalada até a região do Báltico e da Europa Central e mesmo a um confronto nuclear entre Rússia e Otan. O espectro das guerras nucleares – aparentemente dissipado depois da queda da União Soviética – retornou conforme a guerra na Ucrânia escala.

A discórdia geopolítica impede a ação unida contra o mais radical perigo do mundo: a mudança climática global, que ameaça a vida de bilhões de habitantes de regiões quentes demais ou inundadas demais para serem habitadas. O aumento da temperatura na Terra provocará tempestades e ondas de calor mais frequentes e severas, acima do que os seres humanos são capazes de suportar. Essas condições precipitarão a catástrofe biológica. Quando os ecossistemas deterioram, os espaços habitáveis levam os animais e os humanos a conviverem em espaços mais próximos. As doenças zoonóticas disseminarão pandemias e impostos que contribuem para as redes de assistência médica em números jamais vistos. Com a aquecimento dos céus, o degelo do permafrost liberará ainda mais patógenos congelados há milênios. O fato de a Covid-19 poder ser examinada pelo espelho retrovisor não significa o fim das graves pandemias globais. Trata-se de mera questão de quando a próxima pandemia virulenta se abaterá sobre nós, e se nossa resposta será rápida o suficiente. Isso se formos capazes de responder.

As discussões serão intensificadas quando as áreas costeiras, os campos de agricultura e as florestas tropicais desaparecerem e o aquecimento climático global piorar. Resolver a questão da mudança climática ou é dispendioso demais, ou depende de tecnologias ainda não testadas, ou caras demais em termos de crescimento perdido. Rivalidades globais inviabilizarão as respostas aos desafios em todos os aspectos: econômicos, financeiros, tecnológicos, biológicos, geopolíticos e militares. Os interesses nacionais restritos prevalecerão. O mundo se dividirá em nações que insistem que todos devem dividir a conta dos danos ecológicos, e as *free riders*, que ignoram os apelos por não terem sido responsáveis pelo problema, por não terem condições de arcar com os custos para sua solução, ou por eleger líderes que desconsideram a mudança climática e acreditam tratar-se de fake news. E em algum momento, uma violenta apropriação das terras das regiões do mundo beneficiárias da mudança climática acontecerá: o descongelamento da Sibéria pode levar a China e outras potências asiáticas a uma efetiva apropriação dessa terra fértil: milhares de chineses já começaram a comprar e cultivar terras nas estepes da Sibéria. E um país como a Rússia, com a população reduzida a 145 milhões de habitantes em 2021, mal chegando a cerca de 17 milhões na Sibéria – uma extensão de terra maior que a maioria dos continentes –, não tardará a descobrir que uma aliança tática com a China é um grande erro geoestratégico quando 1,4 bilhão de chineses decidirem se mudar para o norte, rumo à Sibéria, nas próximas décadas, para lidar com as consequências da mudança climática.

Ao alterar o meio ambiente, a mudança climática enfraquecerá os alicerces econômicos de inúmeras formas. As secas prolongadas e o tempo inclemente trarão grandes aumentos aos preços dos alimentos, causarão prejuízos à produção de comida e levarão à fome, a distúrbios alimentares, à inanição em massa, à falência de novos Estados e a guerras civis. A repercussão contra os combustíveis fósseis reduziu os investimentos e a capacidade em tradicionais fontes de energia por motivos virtuosos, mas sem a aceleração suficiente do fornecimento de energia renovável. Estamos chegando lá, porém é preciso adiantar o relógio para daqui a alguns anos. Os preços da energia irão às alturas quando os fornecimentos encolherem, deixando grandes populações sem energia. Mesmo o custo das commodities necessárias para a energia renovável, tais como o lítio e o cobre, sofrerá aumentos gigantescos quando o preço dos combustíveis fósseis subirem vertiginosamente, um fenômeno apelidado de "inflação verde". As cadeias de fornecimento dependentes dos combustíveis fósseis terão de se esforçar para manter as entregas. Os desabastecimentos vão proliferar.

Já sofremos em consequência da inflação. Associados à produtividade lenta, os próximos choques de fornecimento detonarão a estagflação. Quão séria se tornará? Se dois choques de petróleo levaram grande parte da culpa pela estagflação nos anos 1970, imagine as consequências da convergência de múltiplas mega-ameaças. Gigantescas dívidas explícitas e implícitas; desglobalização e protecionismo; alcalinização de cadeias de fornecimento globais; envelhecimento da população em mercados emergentes e avançados; restrições na migração da força de trabalho; a Guerra Fria entre os Estados Unidos e a China e sua dissociação; outras ameaças geopolíticas; fragmentação da economia global por causa da mudança de alianças; queda da importância do dólar americano como a mais importante moeda de reserva global; mudança climática global; pandemias; conflito cibernético assimétrico; e a explosão de desigualdade da riqueza. Tudo isso sinaliza um desolador prognóstico de estagflação. Podemos estar diante de um futuro próximo tão sombrio quanto o da Grande Depressão dos anos 1930.

Ao escrever para a revista *Foreign Affairs* em 2011, Ian Bremmer e eu previmos um mundo G-Zero, no qual a influência ocidental vai declinar, as agendas globais chegarão ao fim, e nenhuma hegemonia mundial fornecerá bens públicos globais como o Reino Unido fez no século XIX e os Estados Unidos no século XX. Hoje, estamos desmoronando nesse meio ambiente global instável, volátil, arriscado, caótico, dividido, fragmentado, polarizado e perigoso. A distopia deixará de lado as regras e instituições internacionais. O conflito doméstico e internacional substituirá a cooperação. Estamos – como Bremmer mencionou – em uma "depressão geopolítica".

"A calamidade pública", advertiu o economista e estadista inglês Edmund Burke em 1775, "é uma poderosa niveladora." No cenário distópico deste capítulo, as mega-ameaças produzirão ciclos de feedbacks negativos que se reforçarão mutuamente. Eles se materializarão ao longo da próxima década, ou das duas próximas. Ninguém sabe dizer quando. O que especialistas podem afirmar, com absoluta certeza, lembra as palavras de Burke às vésperas da Revolução Norte-Americana: as mega-ameaças abalarão seriamente nosso mundo.

Dadas as graves mega-ameaças nas próximas duas décadas, como investidores individuais ou institucionais deveriam proteger ao menos sua fortuna financeira? Em primeiro lugar, o aumento da inflação e de outras mega-ameaças nos Estados Unidos e pelo mundo afora forçará investidores a avaliar os prováveis efeitos tanto dos ativos "arriscados" (em geral ações) quanto dos ativos "seguros" (como as obrigações do Tesouro dos Estados Unidos).[12] O investimento tradicional aconselha alocar seu patrimônio segundo a regra dos 60/40: 60% da carteira em ações mais voláteis e que oferecem retorno mais alto, e 40% dos recursos em títulos do Tesouro com menos volatilidade e retornos mais baixos. Segundo a lógica, os preços das ações e das obrigações do Tesouro costumam apresentar uma correlação negativa (quando uma sobe, a outra desce), então essa combinação equilibrará os riscos e retornos das carteiras. Na verdade, nos períodos de *bull market* ou expansão econômica, investidores se mostram otimistas, os preços das ações e os rendimentos dos títulos sobem e os valores dos títulos caem, resultando na perda de mercado para os títulos; e, durante os períodos de *bear market* ou retração, o mercado opera em tendência de baixa, os investidores se mostram pessimistas e tanto os preços quanto os rendimentos acompanham um padrão inverso.

No entanto, a correlação negativa entre os preços das ações e os das obrigações do Tesouro pressupõe um cenário de inflação baixa. Quando a inflação sobe, os retornos em títulos se tornam negativos, pois os rendimentos em alta, consequência das expectativas de inflação mais alta, reduzem seu preço de mercado. Considere que qualquer aumento de cem pontos-base nos títulos de longo prazo leva a uma queda de cerca de 10% no preço de mercado, ou seja, a uma perda acentuada. Como resultado da inflação mais alta e das expectativas de inflação, os rendimentos dos títulos sobem. O retorno médio dos títulos de longo prazo em 2021 marcou um retorno negativo de 5%.[13] Mais perdas nos títulos de longo prazo são esperadas em 2022, pois seus rendimentos subiram quando o Fed iniciou a política de elevação das taxas de juros com o objetivo de combater a crescente inflação.

Ao longo das últimas três décadas, poucas vezes os títulos do Tesouro apresentaram retorno médio anual negativo. O declínio das taxas de inflação de um patamar de dois dígitos para de um único dígito bastante baixo, da década de 1980 até o início da Covid-19, produziu décadas de mercado em alta nos títulos do Tesouro; os rendimentos caíram e os retornos em renda fixa foram altamente positivos quando seus preços subiram. Os últimos trinta anos, portanto, apresentaram acentuado contraste com a estagflacionária década de 1970, quando os rendimentos dos títulos subiram vertiginosamente, acompanhando a alta da inflação e levando a enormes perdas no mercado de renda fixa.

A inflação, contudo, também é ruim para as ações, pois induz a taxas de juros mais altas, tanto em termos nominais quanto reais. Você até pode pegar dinheiro emprestado para a compra de ações, mas isso custará mais caro que o normal. E os lucros das empresas serão descontados aplicando-se uma taxa de desconto mais elevada – os rendimentos de títulos de longo prazo – e levando a valorizações mais baixas das ações. Então, o valor das ações cai. Portanto, a inflação sobe e a correlação entre os preços das ações e dos títulos passa de negativo a positivo. A inflação mais alta leva a perdas *tanto* nas ações *quanto* nos títulos, como aconteceu nos anos 1970. Em 1982, o índice P/L S&P 500 era de oito, um número bastante baixo que revela que os preços das ações de todas as empresas, saudáveis ou não, eram baixos.[14] Atualmente, essa proporção é superior a trinta.

Outros exemplos mais recentes demonstram que as ações caem quando os rendimentos dos títulos sobem em resposta à alta da inflação ou à expectativa de que a alta levará a uma política de aperto monetário. Nem mesmo a maioria das ações de empresas de tecnologia elogiadíssimas e em alta está imune ao aumento nas taxas de juros de longo prazo, pois os dividendos desses ativos de "longa duração" serão pagos no futuro. Em setembro de 2021, quando o rendimento do título do Tesouro norte-americano de dez anos subiu meros 22 pontos-base, as ações caíram de 5% a 7% e a queda foi maior no Nasdaq, índice que reúne ações de empresas tecnológicas, do que no S&P 500.[15]

Esse padrão se estendeu até 2022. Um modesto aumento de 45 pontos-base no rendimento dos títulos do Tesouro, em janeiro e fevereiro, provocou uma queda de 15% no Nasdaq e de 10% no S&P 500. Essas perdas continuaram no mês de junho. Se a inflação permanecesse bastante abaixo da meta de 2% do Fed dos Estados Unidos – mesmo que caísse um pouco de seus atuais níveis elevados –, os rendimentos dos títulos do Tesouro de longo prazo subiriam muito mais, e os preços das ações acabariam numa situação muito desconfortável (uma queda de 20% ou mais). Em junho de 2022, o Nasdaq já estava nessa situação, quase alcançado pelo S&P 500.

Em termos mais específicos, se a inflação continuar mais alta do que nas últimas décadas (a "Grande Moderação"), uma carteira tradicional, na qual 60% fossem investidos em ações e 40% em renda fixa (a divisão 60/40), induziria a gigantescas perdas no longo prazo.[16] Os investidores têm duas tarefas: a primeira, imaginar outra maneira de proteger os 40% de sua carteira em títulos de renda fixa; e a segunda, descobrir como aplicar em ações arriscadas.

Há pelo menos três opções para proteger o componente renda fixa de uma carteira 60/40. A primeira é investir em títulos indexados à inflação ou em títulos do governo de curto prazo, cujos rendimentos respondem rapidamente à alta da inflação. A segunda opção é investir em ouro, outros metais preciosos e talvez outras commodities, cujos preços tendem a subir quando a inflação está alta (o ouro é também uma boa proteção contra os riscos políticos e geopolíticos que podem abalar o mundo nos próximos anos).[17] E, por último, é possível investir em ativos com oferta um tanto limitada, como terras, imóveis comerciais e residenciais, e infraestrutura. Contudo, considerando a mudança climática global, qualquer investimento em imóveis deve ser feito em regiões dos Estados Unidos e do mundo resilientes, ou seja, regiões que não estão sujeitas ao risco de inundações em consequência dos níveis crescentes do mar, de furacões e tufões. E em regiões não muito quentes, passíveis de se tornarem inabitáveis. Os investidores deveriam, portanto, procurar apenas o mercado imobiliário sustentável.

A combinação ideal de títulos de curto prazo, ouro e imóveis sofrerá mudanças ao longo do tempo, e de modo complexo, dependendo da situação política e do mercado. Alguns analistas argumentam que o petróleo e a energia – em conjunto com algumas outras commodities – também podem funcionar como um bom escudo contra a inflação. No entanto, essa questão é complexa. Nos anos 1970, foram os preços altos do petróleo que provocaram a inflação, e não o contrário. E, dada a atual pressão para abandonar o petróleo e os combustíveis fósseis, a demanda nesses setores pode acabar atingindo seu ponto máximo.

Enquanto a inflação é ruim tanto para os títulos do Tesouro quanto para as ações, a estagflação – recessão e inflação alta – é pior ainda, sobretudo para as ações. Durante os episódios de estagflação, como os dos anos 1970, as ações despencaram e o índice P/L entrou em colapso, chegando a um mínimo de oito porque a inflação alta, que aumentou os títulos de longo prazo e rendimento – e, portanto, depreciou as ações –, também estava associada a duas sérias recessões em consequência dos dois choques de petróleo de 1973 e 1979: a recessão de 1974-1975 e as duas recessões sucessivas de 1980-1982. Essas duas calamitosas recessões reduziram de forma drástica os lucros no setor corporativo. Em combinação com as taxas de juros nominal e real bem mais elevadas, elas quebraram a Bolsa de Valores: entre o pique de fevereiro de 1973 e o fundo do poço de julho de 1982, o índice S&P 500 caiu 58%.

Então, como é possível proteger a parte da carteira em ações e outros ativos arriscados? Se as ações vão despencar, melhor liquidar parte da carteira de ações, precaver-se e estar pronto para o que der e vier. Apesar de o dinheiro em espécie ser corroído pela inflação, não sofre as enormes perdas das ações. E se alguém conseguir calcular o timing perfeito entre a recessão e a recuperação, ter mais dinheiro em caixa permitirá a compra de ações a preços de liquidação quando caem.

Que tal proteger a parte patrimonial de uma carteira do impacto das outras mega-ameaças discutidas no livro? A mais importante disrupção política, geopolítica, tecnológica, sanitária e ambiental das próximas duas décadas implicará a obsolescência de muitas das empresas que hoje fazem parte dos índices do mercado atual – Dow Jones Industrial Average, S&P 500, Nikkei 225, FTSE, Euro STOXX 50, e outros. Em termos ideais, deveríamos investir nas empresas e indústrias do futuro. Muitas delas não estão listadas nos mercados de capitais públicos – são pré-IPO* –, e só estão disponíveis para investidores sofisticados e antenados com acesso a investimentos em capital privado e capital de risco. No entanto, um bom substituto para as empresas e indústrias do futuro é o Nasdaq 100: esse índice de ações de empresas basicamente tecnológicas inclui algumas que se tornarão obsoletas, outras que continuarão fortes, e outras ainda, recém-listadas, que vão prosperar no futuro.

---

* IPO (sigla em inglês para *Initial Public Offering*), ou oferta pública, é quando uma empresa emite ações para o público pela primeira vez. A pré-IPO é a etapa que antecede a abertura de capital de uma empresa na Bolsa de Valores. Durante esse período, a empresa ainda não está listada na Bolsa, mas pode vender ações para investidores privados, como fundos de *private equity* e *venture capital*, a fim de arrecadar fundos e financiar projetos de crescimento. [N.T.]

Devido aos preços altos e acima de seu valor intrínseco do índice P/L para o Nasdaq 100, contudo, talvez seja mais conveniente esperar a depreciação, em consequência da próxima recessão, em vez de comprar as ações quando os preços estão inflacionados.

A correta combinação de ações e títulos de renda fixa de uma carteira pode ser debatida, mas uma coisa é certa: fundos soberanos, fundos de pensão, doações, fundações, empresas familiares e indivíduos que sigam a regra dos 60/40 devem começar a pensar em diversificar suas participações para se precaver contra a alta da inflação, os choques de crescimento negativos, os riscos políticos e geopolíticos, tecnológicos, sanitários e ambientais. Embora esses riscos afetem e/ou eliminem muitos empregos, empresas e indústrias inteiras, qualquer tipo de investidor, individual ou institucional, pode começar a proteger suas economias e investimentos da vindoura instabilidade financeira e do caos.

CAPÍTULO 12

UM FUTURO MAIS "UTÓPICO"?

Acredito que "All Along the Watchtower", o hino de Bob Dylan que se tornou megassucesso de Jimi Hendrix, evoca um desolador prognóstico: "There must be some way outta here/Said the joker to the thief. There's too much confusion/I can't get no relief".*

Talvez você tenha filhos pequenos ou netos – ou seja otimista por natureza. E queira deixar um mundo melhor para as gerações futuras. Eu também. E mais, admito sem pestanejar que ninguém pode prever o futuro com absoluta certeza. O treinador dos Yankees, Yogi Berra, respondeu a uma pergunta com uma ironia que se tornou célebre: "É difícil fazer previsões, em especial sobre o futuro". Podemos antever alguns sustos imprevisíveis. Humanos engenhosos resolvem problemas sérios, como meus ancestrais, quando o violento preconceito religioso os fez abandonar suas casas na Ásia Central e se mudar para o Oriente Médio, para a Europa, e por fim para os Estados Unidos. Não é a mesma situação, admito, mas isso me estimula a tirar minha máscara de "Dr. Apocalipse" por um instante e mergulhar na fantasia.

Muitos dos problemas que alimentam as mega-ameaças exigem soluções baseadas em um crescimento econômico potente. Um elevado crescimento – digamos, entre 5% e 6% do PIB sustentado ao longo do tempo em economias avançadas – pode ajudar a quitar as dívidas que nos ameaçam. Esse tipo de crescimento gera recursos capazes de

---

* "Deve haver um jeito de sair daqui/disse o palhaço para o ladrão./Quanta confusão/ Não consigo ter sossego", em tradução livre. [N.T.]

nos ajudar a lidar com onerosos projetos públicos para nos precavermos contra a mudança climática, o envelhecimento e o desemprego nas áreas tecnológicas, ou lidar com as futuras pandemias. Esse tipo de crescimento reduz tensões políticas e conflitos. O crescimento acelerado se deve, em grande medida, às inovações tecnológicas impulsoras da produtividade. Poderia a inovação tecnológica nos ajudar a nos livrar de nossos problemas?

Considere, por exemplo, a mudança climática global. Dadas as atuais tecnologias, a mitigação de emissões de gás de efeito estufa exige uma trava no crescimento. A adaptação, a outra alternativa, tem um custo extravagante. Poderia o grande crescimento possibilitar a mitigação ou a adaptação? Ou a inovação transformaria a geoengenharia de ciência aberrante? Nosso objetivo deve ser investir no crescimento, mas reduzir de modo acentuado as emissões de gás de efeito estufa e zerar as emissões líquidas o mais rápido possível.

Algumas inovações podem criar energia barata em grande quantidade sem a produção de gases de efeito estufa. A energia por fusão nuclear é um desses caminhos, e provoca um bocado de alarde.[1] Apesar de ainda engatinhando, recentes descobertas sugerem não apenas a viabilidade da fusão nuclear, mas também sua competitividade em termos de custos. Caso essa nova fonte de energia ou uma inovação similar se transforme em realidade, teremos a oportunidade real de zerar as emissões líquidas sem apertar os freios do crescimento. Ninguém ainda sabe se os avanços para baratear a energia por fusão nuclear são possíveis, mas recentes experimentos nos oferecem alguma esperança. Além disso, o preço da energia renovável em queda competirá com os combustíveis fósseis quando os cientistas descobrirem meios de armazenar a energia a um custo mais razoável.

Resolver o problema da mudança climática produziria benefícios de longo alcance. Imagine diminuir o risco de frequentes e virulentas doenças zoonóticas que irrompem quando seres humanos e animais ocupam espaços mais exíguos... E mais, a tecnologia nos ajuda a nos defendermos das pandemias de maneira mais categórica. A Covid-19 provocou a pior pandemia global desde a gripe espanhola, ocorrida em 1918-1919. A inteligência artificial ajudou cientistas a mapear o vírus e desenvolver uma vacina em tempo recorde. Uma abordagem revolucionária implantou o RNA mensageiro, ou mRNA, que ensina as células a mobilizar as respostas de imunidade de nossos corpos.

Para que aconteça algo próximo a um final feliz, computadores programados para nos substituir devem nos socorrer. Devemos alimentar a esperança de que o rapidíssimo desenvolvimento de vacinas nos defenderá contra novos vírus. Eu fico maravilhado com o ritmo acelerado das descobertas biomédicas. Em 2020, o AlphaFold da DeepMind solucionou o problema do enovelamento de proteínas que, por meio século, deixou especialistas perplexos. É um bom augúrio para a aceleração do progresso contra outras doenças. O sucesso melhoraria a acessibilidade e reduziria os custos de diagnósticos preventivos e tratamentos de toda espécie de doença.

Os avanços para resolver o aquecimento global poderiam fornecer benefícios em cascata. A melhora da saúde potencializa as economias. O forte crescimento ataca a desigualdade de riqueza e a criação de um maior número de empregos torna o sistema de bem-estar (impostos progressivos, gastos públicos e, possivelmente, a RBU) mais palatável para todos. Pesquisas científicas e inovações reduzem os custos e aumentam o volume de bens e serviços, uma receita para a robusta geração de renda e a criação de riqueza. Pense, por exemplo, em um mundo onde a energia limpa produza toda a energia necessária e custe menos que os combustíveis fósseis ou as atuais fontes de energia renovável. A energia limpa poderia diminuir os atuais custos estratosféricos da dessalinização. Além de saciar a sede, a água potável abundante expandiria a produção de alimentos e enxugaria seu custo. E as inovações em tecnologias de cultivo – como a agricultura vertical ou a carne de laboratório – podem diminuir a necessidade de usar grandes quantidades de água e fertilizantes poluidores na produção de alimentos, bem como reduzir a dependência das criações de gado, fonte de mais de 25% das emissões de gás de efeito estufa.

O crescimento econômico acelerado amenizaria muitos dos problemas de dívidas que afligem a economia mundial. A sustentabilidade das dívidas privadas ou públicas, explícitas ou implícitas, domésticas ou estrangeiras, familiares ou empresariais, depende da renda dos investidores. Se o aumento da renda pode superar o volume das dívidas, muitas delas, atualmente insustentáveis, se tornariam administráveis.

O crescimento acentuado fornece a melhor solução. A tecnologia capaz de acelerar o crescimento a um ritmo veloz é uma aliada-chave.

Do mesmo modo, a automação nas finanças poderia nos ajudar a abandonar em definitivo os incansáveis ciclos de expansão e contração da história financeira. No atual sistema financeiro, os seres humanos tomam decisões referentes a créditos, empréstimos, seguros e alocação de ativos. Estamos sujeitos a incentivos distorcidos, informações parciais e uma miríade de desvios cognitivos. E daí brotam as bolhas. Suponha que, em vez disso, a tecnologia financeira, a inteligência artificial, o big data, a Internet das Coisas e as redes de 5G se associem com a finalidade de guiar as decisões financeiras. Idêntico e objetivo critério decide quem recebe uma hipoteca, quais as taxas de juros, ou as alocações de ativos capazes de diversificar os investimentos de forma ótima por intermédio de uma vasta gama de classes de ativos. As inconsistências humanas somem. Fim das reações exageradas resultando na compra e venda nervosa de ativos. O risco das bolhas de ativos e créditos cai quando as decisões de crédito são mais racionais, ou seja, haverá menos chance da ocorrência de crises de dívidas e financeiras.

Substituir os humanos por robôs ainda tende a aumentar a desigualdade, culminando no desemprego estrutural tecnológico generalizado. Muitas pessoas cujos empregos desaparecem acabarão recebendo salários menores para exercer um trabalho menos satisfatório. Isso aconteceu com os operários de fábricas nos Estados Unidos e na Europa, e a dor é real. Contudo, em termos coletivos, dados mostram que essa tendência não se disseminou, por enquanto, tanto quanto se temia. Desde o movimento do ludismo na Inglaterra do século XIX, operários temem a sua substituição por máquinas. Contudo, dois séculos de progresso tecnológico não eliminaram todos os empregos. No entanto, levou a novos tipos de empregos. Nesse ínterim, o maior crescimento econômico, que acompanha a automação, pode compensar o impacto do desemprego estrutural. No atual patamar de crescimento econômico, as propostas da RBU não são viáveis. Se o crescimento nas economias avançadas dobrar ou triplicar para 5% ou 6%, a matemática melhora de modo significativo.

Uma RBU ou a concessão universal de serviços públicos ou uma combinação de ambos pode proporcionar uma nova rede de segurança financeira. A pré-distribuição *ex-ante* de ativos em vez da redistribuição *ex-post* de riqueza é uma alternativa para reduzir a desigualdade de riqueza. Donos de ativos se beneficiariam de grandes retornos, permitindo assim a todos o desempenho de atividades criativas, empresariais ou socialmente redentoras. Renunciar à "dignidade do trabalho" talvez não provoque protestos se os subsídios de renda abrirem novas portas para a satisfação pessoal. Com a RBU, trabalhadores em economias avançadas e inovadoras vão aceitar contracheques menores (mas engordados por compensações) sem a raiva que impele os eleitores imbuídos do desprezo pela democracia liberal progressiva a votar em políticos populistas.

O cenário não é tão otimista, contudo, quando a tecnologia não é capaz de ajudar a todos indistintamente. Regimes populistas e autoritários não desaparecerão nas economias pobres ou menos inovativas. Continuarão a prevalecer em Estados falidos e nações sem tradições democráticas. A boa notícia pela qual podemos esperar será a adoção de uma aliança renovada de democracias progressivas e inclusivas, grupo no qual estão incluídos os países industriais avançados e os mercados emergentes bem-sucedidos. Sua prosperidade atrairá os países indecisos entre modelos políticos democráticos e autoritários. A China competirá ferozmente por influência, mas os valores ocidentais prevalecerão com mais frequência na Ásia e em todo o mundo. Em termos geopolíticos, uma aliança ocidental ampliada já inclui a Otan (os Estados Unidos e a Europa), o Quad, Aukus e um número de mercados emergentes estáveis.

Nesse cenário geopolítico, outras potências revisionistas interessadas em derrubar a ordem econômica e geopolítica ocidental não triunfam. A despeito de sua força militar, a Rússia, o Irã e a Coreia do Norte são frágeis e subdesenvolvidos. Dois desses países – a Rússia e o Irã – dependem de commodities (gás e petróleo) para manter o funcionamento de suas economias, o que limita seu potencial de crescimento econômico e desenvolvimento tecnológico. Isso permite que eles sejam por enquanto um sério inconveniente, mas estão mal equipados para reorganizar a ordem mundial. Em vez disso, enfrentam a perspectiva de colapso, em parte em função de as novas fontes de energia substituírem o petróleo e o gás natural, a não ser que adotem os modelos econômicos ocidentais, mais inclusivos e equilibrados. A Coreia do Norte, por outro lado, é uma economia comunista falida que mal consegue alimentar seu povo e está fadada a entrar em colapso em algum momento. Um sistema ocidental rejuvenescido neutralizaria os apelos de desglobalização e protecionismo. O crescimento vagaroso e a desigualdade impulsionam o populismo que, por sua vez, estimula o nacionalismo econômico. O crescimento forte, inclusivo e sustentável mantém ambas as tendências em cheque. A integração econômica global mais ampla dissemina inovações tecnológicas que revigoram o comércio global. A cooperação gera maior cooperação. Alguma dissociação entre Estados Unidos e China pode ocorrer em um mundo mais conectado, mas adversários com interesses mútuos profundos podem olhar com mais ceticismo a dissociação radical e o confronto militar. Estados Unidos e China têm inúmeras razões para colaborar. Para ambos, a sobrevivência depende de como lidar com a mudança climática, as pandemias, a desigualdade, a integridade da cadeia de fornecimento e, é claro, os ciclos de expansão e contração. Sua rivalidade continuaria, mas, além de algum refreamento e embate, haveria amplo espaço para a cooperação e a competição saudável.

Inovações tecnológicas poderiam facilitar o robusto comércio global em serviços, dados, informação e tecnologia. Sensibilidades geopolíticas inviabilizam o comércio sem restrições, mas um prodigioso fluxo de novas tecnologias poderia demolir muitas barreiras. O comércio revitalizado em bens e serviços digitais reforçaria os laços econômicos regionais e mundiais. A Zona do Euro acolheria a partilha de riscos, reduzindo assim as probabilidades de acabar. Nesse cenário, o mundo conserva o dólar como moeda de reserva, quem sabe um dia na forma de uma moeda digital de um Banco Central, um e-dólar.

Vamos além. Suponha que acelerar a inovação aumente o potencial de crescimento global e choques de oferta positivos. Essa conjuntura aumenta as rendas e reduz a inflação. A queda dos custos dos produtos e serviços impulsiona a "boa" deflação. Em vez de lutar contra a boa deflação, bancos centrais bem-informados reconhecerão seus méritos, ao contrário de induzir bolhas com políticas frouxas a fim de tentar combater a deflação.

Com certeza, a destruição criativa ocorrerá. Produtos, empresas, empregos em determinadas áreas e serviços obsoletos devem ficar fora do mercado para abrir caminho para novas ideias, novas empresas, empregos e tecnologias. Nesse admirável mundo novo, as empresas big tech continuarão a exercer grande poder. Travarão disputas com governos visando definir o escopo da regulamentação, mas essas batalhas serão compensadas pela necessidade de governos e big tech cooperarem nas agendas de segurança nacional, incluindo a segurança cibernética. Nas democracias renovadas, as restrições às empresas big tech permitiriam um módico e saudável controle de privacidade dos indivíduos constantes de seus arquivos.

Com escasso respeito pela privacidade ou pelos direitos humanos, a China explora a tecnologia com propósitos internos e externos. O Ocidente deve reagir, mas sem abandonar os princípios democráticos. Ainda resta testar o quanto essa resposta interfere na liberdade. Companhias e governos ocidentais já violam a privacidade do consumidor. A União Europeia instituiu leis e legislações a fim de frear a invasão de privacidade das big techs, e os Estados Unidos deram início ao mesmo procedimento. Tanto a União Europeia quanto os Estados Unidos encaminharam casos de antitruste aos tribunais. Mesmo nesse cenário "utópico" (ou melhor, o mais cor-de-rosa possível), haverá poderosas empresas tecnológicas concentradoras de poder e influência alarmantes e sem precedentes.

E, é evidente, mesmo esse cenário otimista produz vencedores e perdedores em todos os países, regiões e grupos sociais. Nas "Tendências Globais 2040", o Conselho Nacional de Inteligência dos Estados Unidos prevê um "mundo mais contestado".[2] Várias potências revisionistas continuarão a desafiar a hegemonia norte-americana. Dentro dos países, consumidores cederão poder às empresas que dominam a tecnologia. As pessoas ainda terão empregos, embora nem sempre os de sua preferência. A mudança climática global será atenuada, mas não desaparecerá. Receio que melhor que isso seja impossível. No entanto, comparado ao cenário distópico de caos e instabilidade, esse futuro "utópico" – ou menos distópico – parece bem mais atraente, embora ainda muitíssimo contestado.

EPÍLOGO

O período de relativa prosperidade de que usufruímos desde a Segunda Guerra Mundial é bem descrito pela história da minha família, representante de muitas outras mundo afora. Em busca de oportunidades, minha família migrou nos anos 1950 da Turquia para o Irã, e em seguida para Israel, antes de se instalar em Milão, na Itália, em 1962. Chegamos ao auge do "Milagre Econômico" italiano, que permitia o surgimento de uma nova classe média. Meu pai montou uma empresa de importação e exportação. É certo que tumultos se intercalavam com a prosperidade. Conflitos de classes e episódios de terrorismo doméstico ganhavam com frequência as manchetes. Cerca de um terço dos eleitores italianos escolheu o Partido Comunista.

Adolescente, fui atraído pelos trabalhos de intelectuais da esquerda. Karl Max encaminhou-me para o campo da economia antes de eu ouvir falar em John Maynard Keynes. O filósofo Herbert Marcuse, que fugiu da Alemanha quando os nazistas assumiram o poder e mais tarde viria a se transformar em herói da nova esquerda, me apresentou à tumultuada interseção da teoria econômica e política e à teoria da alienação socioeconômica. Ainda assim, a despeito de tudo, vivíamos uma época de crescente prosperidade na Itália e em todo o Ocidente.

Os anos 1970 desafiaram meus pressupostos acerca da estabilidade e dos riscos. A locomotiva econômica da Itália enguiçou. Governos subiram ao poder e deixaram o poder em meio à recessão, inflação, estagflação e Guerra do Yom Kippur em 1973. A Revolução Islâmica de 1979 no Irã elevou tanto as ansiedades políticas quanto os preços do petróleo.

Além disso, nessa era da Guerra Fria, os mísseis nucleares apontavam em todas as direções.

Fora do Ocidente, a pobreza persistiu no bloco soviético, na China comunista, na Índia pseudossocialista e em vários outros países em desenvolvimento. As economias planejadas forneceram alimentos, abrigo e assistência social módicos para bilhões de cidadãos, mas a um custo descomunal em termos de liberdade humana e oportunidades econômicas. O termo chinês "tigela de arroz de ferro" corresponde ao emprego garantido por toda a vida com renda estável e benefícios, mas a fome avassaladora na China dizimou dezenas de milhões de vidas, e o país continuou a sofrer em virtude da repressão política. Apenas nos anos 1980, a economia chinesa voltaria a florescer, muito embora a repressão se perpetuasse.

O crescimento ficou em grande parte restrito aos países que abraçaram os mercados comerciais internacionais em conjunto com um sistema de bem-estar social sólido. Nesses países, as famílias de classe média podiam ter esperanças de um futuro melhor para seus filhos nas décadas de 1960, 1970 e 1980. A globalização também trouxe riqueza para regiões menos desenvolvidas, dado o crescimento de novas classes médias no hemisfério Sul e na Ásia. Os sindicatos proporcionaram influência coletiva aos trabalhadores do setor industrial. Amplas receitas tributárias e débito baixo possibilitaram aos governos nacionais e locais prover serviços públicos essenciais. Nesse ínterim, durante a Guerra Fria, o equilíbrio do poder nuclear prevaleceu. A União Soviética e os Estados Unidos chegaram a ensaiar uma trégua nas décadas de 1970 e 1980, com acordos de não proliferação de armas, apesar das guerras por procuração no Oriente Médio, na África e na América Latina. Por conseguinte, reduziu-se bastante o risco de um ataque nuclear entre as duas grandes potências.

Depois do colapso da União Soviética e do fim da Guerra Fria, nossos riscos coletivos mudaram de caráter. Francis Fukuyama proclamou o ápice evolucionário da espécie humana e o fim da história. Não devíamos nos preocupar com a Terceira Guerra Mundial, mas, sim, com ameaças bem menos existenciais, como a obesidade.

Durante as décadas da Guerra Fria, as crises econômicas e as recessões foram relativamente brandas, curtas e sem importantes disrupções financeiras concomitantes. A mudança climática global só era visível para especialistas. A ciência e a tecnologia alimentaram as oportunidades econômicas e as novas indústrias. As pandemias mundiais eram enredos de ficção científica.

Havia muita competição política entre partidos e candidatos nas democracias dinâmicas, porém pouquíssima violência política. As sociedades ocidentais exibiam diversidade étnica, cultural e religiosa. A imigração não parecia representar grande ameaça ao caráter nacional. Os índices das dívidas – tanto os públicos quanto privados – eram relativamente modestos. Graves crises de dívida e financeiras vinham à tona como exceções, e não regra.

Eu poderia ter escolhido ser médico, advogado ou banqueiro – ou economista, como foi minha opção –, seguro de que ser bom profissional e trabalhar com afinco garantiria minha carreira até uma aposentadoria tranquila, graças a uma pensão com bons benefícios. Confiei na solvência das instituições financeiras, no florescer de boas empresas e na estabilidade do dólar e de outras moedas para garantir que minhas economias não perderiam valor. Comprometidos com a democracia liberal, a liberdade, o Estado de direito, a segurança energética e um meio ambiente saudável, os governos ocidentais propiciaram salvaguardas contra as depressões econômicas e crises financeiras virulentas. Eu acalentava a esperança de que os conflitos regionais não descambariam em guerras mundiais. A probabilidade de que robôs dotados de inteligência artificial pudessem superar minhas capacidades e me substituir jamais passou pela minha cabeça. Portanto, apesar dos conflitos, dos riscos e das ameaças, o mundo era relativamente estável.

E se os últimos setenta e cinco anos foram a exceção, e não a regra? E se os últimos três quartos de século tranquilos nos levaram a acreditar que as próximas décadas seguiriam o mesmo rumo? E se esquecemos as lições da história de um século atrás? Nas primeiras quatro décadas do século XX, enfrentamos a Primeira Guerra Mundial, a mortal gripe espanhola de 1918-1919, a desglobalização e episódios de hiperinflação, culminando com a Grande Depressão. Todos esses eventos resultaram em preocupantes guerras comerciais, crises financeiras e de endividamento, na deflação e na escalada dos agressivos regimes populistas, autoritários e militares (o nazismo na Alemanha, o fascismo na Itália e na

Espanha, o militarismo no Japão). Todos esses movimentos, por sua vez, acabaram resultando na Segunda Guerra Mundial e no Holocausto.

Os padrões de um século atrás podem ser um prenúncio do que vivenciamos hoje. De muitas maneiras, as mega-ameaças atuais são muito piores que as ameaças de um século atrás. Nosso sistema financeiro está mais alavancado, a desigualdade é maior, as armas são muito mais perigosas. Políticos populistas dispõem de meios adicionais para atingir e manipular grandes audiências. E, claro, a mudança climática é relevantemente mais acelerada hoje do que no passado. Mesmo o risco nuclear voltou a emergir. A Guerra Fria 2.0 ainda pode levar a guerras quentes.

Podemos sobreviver às crises vindouras? Para ilustrar os profundos riscos resultantes das dez mega-ameaças interconectadas, reduzi várias possibilidades de futuro a apenas duas, as quais mostram direções extremas em um mundo pautado pela insegurança.

Entre esses dois tipos de futuro, infelizmente, o cenário distópico parece o mais provável. Como as mega-ameaças progridem em câmera lenta, as soluções não parecem urgentes. O romancista e prêmio Nobel Alexander Soljenitsin definiu um paradoxo como a verdade de cabeça para baixo para chamar a atenção. As mega-ameaças chamam a atenção sem acrobacias – contudo, pouco se aprendeu, e menos ainda foi feito para evitar suas consequências. As respostas políticas à mudança climática produzem mais quantidade de ar quente. Falta ação concertada para a redução da emissão de gases de efeito estufa. Segundo todas as probabilidades, não há dúvida: a inteligência artificial roubará empregos. A desigualdade vai piorar. A Covid-19 expôs a grande probabilidade de pandemias mortais recorrentes e de como as prioridades concorrentes impedem respostas coordenadas não só dentro, mas fora das fronteiras nacionais. A desglobalização não vai acontecer da noite para o dia, mas não vejo alternativa para conter sua dinâmica. Do mesmo modo, a desigualdade e os sentimentos de deslocamento e alienação generalizados tornam o populismo mais fácil de engolir, e o populismo é a droga de entrada para o autoritarismo.

Facilitaria nosso trabalho se tivéssemos iniciado antes. Quanto mais demora, mais obstáculos. As brigas entre as superpotências e as sobrecargas de dívidas crescentes tendem a instigar os interesses das nações em proveito próprio. Elas podem eleger líderes que prometem esmagar os interesses estrangeiros, mas uma ordem global fragmentada deixa pouca esperança de um planeta sustentável. Ao contrário de cooperar, nos desviamos para um "equilíbrio de Nash", uma situação na qual o interesse individual supera o comum, a cooperação fracassa e os desfechos resultantes dessa falta de cooperação causam sérios prejuízos a todos.

O mundo se encontra diante de no mínimo dez mega-ameaças. Ao longo das próximas duas décadas, elas levarão a uma colisão titânica das forças econômicas, financeiras, tecnológicas, ambientais, geopolíticas, sanitárias e sociais. Todas essas ameaças são terríveis. Caso haja convergência, as consequências serão devastadoras. Resolvê-las exige um ajuste quântico para todos na Terra. Eu temo o que repousa além do próximo ponto de inflexão.

Já não há mais justificativas. Adiar é capitular. O botão de soneca convida à catástrofe. As mega-ameaças estão avançando em nossa direção. Seu impacto abalará nossa vida e bagunçará a ordem global de formas até hoje jamais experimentadas. Aperte os cintos. Vai ser uma viagem atribulada em meio a uma noite tenebrosa.

AGRADECIMENTOS

Gostaria de agradecer a todos os colegas, colaboradores e amigos pelas ideias, pelos retornos e apoio para desenvolver os temas deste livro. Sem, em hipótese alguma, responsabilizá-los por minhas opiniões, sou grato a todos.

Wes Neff, meu agente no Leigh Bureau, sugeriu a ideia de um novo livro e me ajudou a acrescentar mais detalhes ao conteúdo. Meu colaborador Steven Mintz me auxiliou a elaborar cada um dos capítulos, dedicando-se repetidas vezes à edição e à revisão a fim de tornar estas páginas mais atraentes para um público mais abrangente; sua colaboração foi fundamental nesta escrita. Bruce Nichols, meu editor na Little, Brown and Company, fez comentários e alterações perspicazes em todos os capítulos e aprimorou em muito seus tópicos e estrutura. A equipe da Little, Brown fez um trabalho fantástico colaborando em todo o processo de editoração e publicação: Linda Arends, Anna de la Rosa, Laura Mamelok, Melissa Mathlin, e meu revisor freelancer, David Goehring. Meus colegas na Stern School of Business em Nova York vêm contribuindo com trocas intelectuais e acadêmicas há mais de duas décadas. Brunello Rosa, coautor de muitos artigos e colaborador de longa data, tem sido fonte constante de ideias e interações. Reza Bundy e meus colegas no Atlas Capital Team compartilham as preocupações expressas no livro, e trabalhamos juntos em busca de soluções financeiras para enfrentar as mega-ameaças descritas. David Brown, meu colega em The Boom Bust, também me ajudou a extrair as implicações do mercado de ativos de minhas opiniões. Meu chefe de equipe de longa data, Kim Nisbet, na

Roubini Macro Associates, conseguiu acomodar, com grande eficiência e paciência, a loucura de minha agenda de reuniões e viagens. Ken Murphy e a equipe do Project Syndicate cuidaram da edição de minha coluna mensal, em que apresentei pela primeira vez alguns dos temas expostos no livro. Manu Kumar e Brad Setser são amigos de longa data e colegas intelectuais: aprendi muito com ambos e aprecio demais sua amizade.

O retorno recebido em muitas de minhas conferências e outros eventos nos quais apresentei minhas opiniões ao longo dos anos – inclusive no Fórum Econômico Mundial de Davos, no Ambrosetti Forum, no FMI, no Banco Mundial, no BIS, no Reinventing Bretton Woods Committee, no Milken Institute Global Conference, no NBER e no CEPR – serviram para enriquecer meus conhecimentos.

Muitos colegas acadêmicos – alguns com inestimável experiência em política e/ou mercado – foram fonte para reflexões e ideias importantes: Ken Rogoff, Barry Eichengreen, Dani Rodrik, Maury Obstfeld, Jeff Frankel, Bill Nordhaus, Larry Kotlikoff, Jeff Sachs, Michael Pettis, Alberto Alesina, Richard Portes, Helen Rey, Paul Krugman, Carmen Reinhart, Nassim Taleb, Raghu Rajan, Joe Stiglitz, Niall Ferguson, Robert Shiller, Kishore Mahbubani, Willem Buiter, Giancarlo Corsetti, Brad DeLong e Steven Mihm (com quem escrevi *A economia das crises*).

Há diversos antigos e atuais formuladores de políticas – muitos eminentes acadêmicos ou com experiência no mercado financeiro – com quem interagi ao longo de décadas. Embora eles possam não compartilhar de alguns de meus pontos de vista, aprendi bastante com todos eles: Larry Summers, Janet Yellen, Tim Geithner, Ben Bernanke, Christine Lagarde, Mario Draghi, Jens Weidman, Lael Brainard, Richard Clarida, Randy Quarles, Jean-Claude Trichet, Mark Carney, Francois Villeroy de Galhau, Kevin Rudd, Jason Furman, Jacob Frenkel, Horuhiko Kuroda, Stanley Fischer, Gita Gopinath, David Malpass, Mario Monti, Enrico Letta, Paolo Pesenti, Adam Posen, Ted Truman, David Lipton, Anna Gelpern, Dan Tarullo, John Lipsky, Bill White, Olivier Blanchard, Federico Sturzenegger, Andrés Velasco, Felipe Larraín, Hans-Helmut Kotz, Dina Powell, Vittorio Grilli, Fabio Panetta, Ignazio Visco, Catherine Mann, Laurence Boone, Luis de Guindos, Philip Lane, Hyun Shin, Claudio Borio, Andy Haldane, Thomas Jordan, Stefan Ingves, Ilan Goldfajn e Alejandro Werner.

Muitos especialistas e gurus dos mercados financeiros me permitiram interligar minhas ideias macroeconômicas com suas implicações no preço de ativos e de mercado: Mohamed El Erian, George Soros, Louis Bacon, Alan Howard, Chris Rokos, Ray Dalio, Byron Wien, Stelios Zavvos, Steve Roach, David Rosenberg, Mark Zandi, Jim O'Neill, Luis Oganes, Joyce Chang, Lewis Alexander, Jens Nystedt, Robert Kahn, Joshua Rosner, Bill Janeway, Ron Perelman, Avi Tiomkin, Arnab Das, George Magnus, Christian Keller, Jan Hatzius, Richard Koo, Michael Milken, John Paulson, Xavier Botteri, Richard Hurowitz e Jeff Greene.

Muitos intelectuais conhecidos do público e alguns comentaristas da mídia modelaram meu pensamento e opiniões: Ian Bremmer, Martin Wolf, Fareed Zakaria, Eric Schmidt, Nicholas Berggruen, Gillian Tett, Richard Haass, Mustafa Suleyman, Jared Cohen, Andrew Ross Sorkin, Jacques Attali, Tom Keene e Jon Ferro.

NOTAS

Prefácio
1. Kristalina Georgieva Gopinath e Ceyla Pazarbasioglu, "Why We Must Resist Geoeconômic Fragmentation – And How", Fundo Monetário Internacional (FMI), 22 maio 2022, https://blogs.imf.org/2022/05/22/why-we-must-resist-geoeconômica-fragmentation-and-how/.

Capítulo 1
1. "Argentina Clinches Near-Unanimous Backing for Debt Restructuring", *Financial Times*, 31 ago. 2020, https://www.ft.com/content/e3e8b783-9455-46f3-946f-15c31a29778b.
2. Lawrence H. Summers, "The Biden Stimulus Is Admirably Ambitious. But It Brings Some Big Risks, Too", *The Washington Post*, 4 fev. 2021, https://www.washingtonpost.com/opinions/2021/02/04/larry-summers-biden-covid-stimulus/.
3. Liz Alderman, "Europa's Pandemic Debt Is Dizzying. Who Will Pay?", *The New York Times*, 17 fev. 2021, https://www.nytimes.com/2021/02/17/business/Europa-pandemic-debt.html?smid=wa-share.
4. *Global Debt Monitor*, Institute of International Finance (IIF), 23 fev. 2022.
5. *Global Debt Monitor*, "Attack of the Tsunami". Institute of International Finance (IIF), 18 nov. 2020.

6. Mike Chinoy, "How Pakistan's A. Q. Khan Helped North Korea Get the Bomb", *Foreign Policy*, 11 out. 2021, https://foreignpolicy.com/2021/10/11/aq-khan-pakistan-north-korea-nuclear/.
7. "More Debt, More Trouble", IIF *Weekly Insight*, 20 nov. 2020.
8. Joe Wallace, "Ukraine-Russia War Is Fueling Triple Crisis in Poor Nations", *Wall Street Journal*, 24 maio 2022, https://www.wsj.com/articles/Rússian-ukraine-war-precipitates-a-triple-crisis-in-poor-nations-11653406985?mod=mhp.
9. "O Banco Mundial Group Ramps Up Financing to Help Countries Amid Multiple Crises", *Banco Mundial Press Release*, 19 abr. 2022, https://www.worldbank.org/en/news/press-release/2022/04/19/-world-bank-group-ramps-up-financing-to-help-countries-amid-multiple-crises.
10. Jeanna Smialek e Matt Phillips, "Do Fed Policies Fuel Bubbles? Some See GameStop as a Red Flag", *The New York Times*, 9 fev. 2021, https://www.nytimes.com/2021/02/09/business/economy/gamestop-fed-us-economy-markets.html?smid=wa-share.

Capítulo 2
1. Press release n. 16/500 do FMI, "IMF Executive Board Concludes Article IV Consultation with Argentina", 16 nov. 2016.
2. Mary Anastasia O'Grady, "Argentina's Credibility Crisis", *Wall Street Journal*, 3 jan. 2014, https://www.wsj.com/articles/argentinas-credibility-crisis-11609709871?mod=searchresults_pos11&page=1.
3. Stephen Bartholomeusz, "Zombies Are Stirring as the Fed Creates a Monster Debt Problem", *Sydney Morning Herald*, 16 jun. 2020, https://www.smh.com.au/business/markets/zombies-are-stirring-as-the-fed-creates-a-monster-debt-problem-20200616-p5531h.html.
4. John Detrixhe, "Zombie Companies Are Hiding an Uncomfortable Truth about the Global Economy", *Yahoo News*, 9 mar. 2020, https://www.yahoo.com/now/zombie-companies-hiding-uncomfortable-truth-183246812.html.
5. "A New Age of Financial Repression May Soon Be upon Us", *Financial Times*, 22 jul. 2020, https://www.ft.com/content/a7663749-179f-4194-ab89-0f8d7f0158ed.

Capítulo 3

1. Russell Baker, "A Revolutionary President", resenha de *Nothing to Fear: FDR's Inner Circle and the Hundred Days That Created Modern America*, por Adam Cohen, *New York Review of Books*, 12 fev. 2009. https://www.washingtonpost.com/business/2021/09/03/social-security-insolvency/.
2. Michelle Singletary, "Covid Took One Year off the Financial Life of the Social Security Retirement Fund", *The Washington Post*, 3 set. 2021, https://www.washingtonpost.com/business/2021/09/03/social-security-insolvency/.
3. Sandra Block, "It Still Pays to Wait to Claim Social Security", *Kiplinger*, 23 nov. 2021, https://www.kiplinger.com/retirement/social-security/603809/it-still-pays-to-wait-to-claim-social-security.
4. Maurie Backman, "Study: Average American's Savings Account Balance is $3,500", *The Ascent*, 10 set. 2020, https://www.fool.com/the-ascent/research/average-savings-account-balance/.
5. Milton Friedman, "Myths That Conceal Reality", *Free to Choose Network*, 13 out. 1977, Collected Works of Milton Friedman Project records, Utah State University, https://youtu.be/xNc-xhH8kkk [30:40].
6. Laurence Kotlikoff e Scott Burns, *The Clash of Generations* (Cambridge, MA, MIT Press, 2012), edição Kindle, página 13, posição 175.
7. Ibidem, página 33, posição 519.
8. Xavier Devictor, "Poland: Aging and the Economy", Banco Mundial, 14 jun. 2012, https://www.worldbank.org/en/news/opinion/2012/06/14/poland-aging-and-the-economy.
9. Bobby Duffy, "Boomer v Broke: Why the Young Should Be More Angry with Older Generations", *Sunday Times*, 12 set. 2021, https://www.thetimes.co.uk/article/boomer-v-broke-why-the-young-should-be-more-angry-with-older-generations-fqh73tc7b.
10. "2021 OASDI Trustees Report", Table IV.B3. Covered Workers and Beneficiaries, Calendar Years 1945-2095, Social Security Administration, https://www.ssa.gov/OACT/TR/2021/IV_B_LRest.html#493869.

11. "Japan Estimates Cast Doubt over Public Pension Sustainability", *Reuters*, 27 ago. 2019, https://www.reuters.com/article/us-japan-economy-pensions-idUSKCN1VH0PZ.
12. "The State Pension Funding Gap: 2018", *Pew*, 11 jun. 2020, https://www.pewtrusts.org/en/research-and-analysis/issue-briefs/2020/06/the-state-pension-funding-gap-2018.
13. NHE Fact Sheet, Centers for Medicare & Medicaid Services, https://www.cms.gov/Research-Statistics-Data-and-Systems/Statistics-Trends-and-Reports/NationalHealthExpendData/NHE-Fact-Sheet.
14. David H. Autor e Mark G. Duggan, "The Growth in the Social Security Disability Rolls: A Fiscal Crisis Unfolding", NBER working paper n. w12436, ago. 2006, https://www.nber.org/papers/w12436.
15. Katy Barnato, Katy, "Rich Countries Have a $78 Trillion Pension Problem", *CNBC*, https://www.google.com/amp/s/www.cnbc.com/amp/2016/03/16/rich-countries-have-a-78-trillion-pension-problem.html.
16. Stuart Anderson, "55% of America's Billion-Dollar Startups Have an Immigrant Founder", *Forbes*, 25 out. 2018, https://www.forbes.com/sites/stuartanderson/2018/10/25/55-of-americas-billion-dollar-startups-have-immigrant-founder/?sh=56c5aa9548ee.

Capítulo 4
1. "Game of Boom or Bust", Board Game Geek, 1951, Juegos Crone/Parker Brothers, https://boardgamegeek.com/boardgame/12294/game-boom-or-bust.
2. Matt Egan, "A Little-Known Hedge Fund Caused Widespread Chaos on Wall Street", *CNN Business*, 30 mar. 2021, https://www.cnn.com/2021/03/29/investing/wall-street-hedge-fund-archegos/index.html.
3. "Total Bank Losses from Archegos Implosion Exceed $10bn", *Financial Times*, 27 abr. 2021, https://www.ft.com/content/c480d5c0-ccf7-41de-8f56-03686a4556b6.
4. Julie Steinberg e Duncan Mavin, "How Deal Making Caught Up with Lex Greensill", *Wall Street Journal*, 18 mar. 2021, https://

www.wsj.com/articles/how-deal-making-caught-up-with-lex-greensill-11616077055?mod=article_inline.
5. Enda Curran e Chris Anstey, "Pandemic-Era Central Banking Is Creating Bubbles Everywhere", *Bloomberg*, 24 jan. 2021.
6. Miles Kruppa e Ortenca Allaj, "A Reckoning for Spacs: Will Regulators Deflate the Boom?", *Financial Times*, 4 maio 2021, https://www.ft.com/content/99de2333-e53a-4084-87802ba9766c70b7.
7. Madison Darbyshire e Joshua Oliver, "Thrill-Seeking Traders Send 'Meme Stocks' Soaring as Crypto Tumbles", *Financial Times*, 28 maio 2021, https://www.ft.com/content/11e59520-a504-4098-9fc1-e2fe66887e14.
8. Jesse Baron, "The Mystery of the $113 Million Deli", *The New York Times*, 2 jun. 2021, https://www.nytimes.com/2021/06/02/magazine/your-hometown-deli.html.
9. "National Industrial Recovery Act (1933)", *The Living New Deal*, 13 set. 2016, https://livingnewdeal.org/glossary/national-industrial-recovery-act-1933/.
10. John Brooks, *Once in Golconda: A True Drama of Wall Street* (Nova York, Harper & Row, 1969).
11. *The Financial Crisis Inquiry Report*, Official Government Edition, jan. 2011, p. 3, https://www.govinfo.gov/content/pkg/GPO-FCIC/pdf/GPO-FCIC.pdf.
12. Michael Bordo e Andrew Filardo, "Deflation in a Historical Perspective", BIS working paper n. 186, nov. 2005, p. 1, https://www.bis.org/publ/work186.pdf.
13. Tom Petruno, "Is All This Drama the Dow 1,000 Saga Times 10?", *Los Angeles Times*, 21 mar. 1999, https://www.latimes.com/archives/la-xpm-1999-mar-21-fi-19380-story.html.
14. Leonard Silk, "Climbing Interest Rates", *The New York Times*, 10 jul. 1974, https://www.nytimes.com/1974/07/10/archives/climbing-interest-rates-fed-maintains-tight-antiinflationary-policy.html.
15. Peter Englund, "The Swedish Banking Crisis, Roots and Consequences", *Oxford Review of Economic Policy* 15, n. 3 (outono 1999): 84, https://www.jstor.org/stable/23606686.

16. W. H. Buiter, G. Corsetti e P. A. Pesenti, *Financial Markets and European Monetary Cooperation* (Cambridge, Cambridge University Press, 1998).
17. Willem H. Buiter, Giancarlo M. Corsetti e Paolo A. Pesenti, "Interpreting the ERM Crisis: Country-Specific and Systemic Issues", *Princeton Studies in International Finance*, n. 84, mar. 1998: 1, https://ies.princeton.edu/pdf/S84.pdf.

Capítulo 5
1. Ben S. Bernanke, "The Great Moderation", comentários de Bernanke nas reuniões da Eastern Economic Association, Washington, DC, 20 fev. 2004, https://www.federalreserve.gov/boarddocs/speeches/2004/20040220/.
2. William Barnett, *Getting It Wrong* (Cambridge, MA, MIT Press, 2012), p. 17.
3. Project Syndicate – Nouriel Roubini page, https://www.project-syndicate.org/columnist/nouriel-roubini.
4. Jon Cunliffe, "Do We Need 'Public Money'?", The Bank of England, OMFIF Digital Money Institute, Londres, 13 maio 2021, https://www.bankofengland.co.uk/speech/2021/may/jon-cunliffe-omfif-digital-monetary-institute-meeting.
5. Sylvia Porter, "Economic Miseries Are the Worst Ever", *Paris News*, 11 maio 1980, p. 12.
6. Charles Goodhart e Manoj Pradhan, *The Great Demographic Reversal* (Cham, Suíça Palgrave Macmillan, 2020), edição Kindle, p. 159.
7. "Dow Jones – DJIA – 100 Year Historical Chart", macrotrends [updated daily], https://www.macrotrends.net/1319/dow-jones-100-year-historical-chart.
8. Editorial, "Prescription for Stagflation", *The New York Times*, 24 maio 1971, p. 30, https://timesmachine.nytimes.com/timesmachine/timesmachine/1971/05/24/81944647.html?pageNumber=30.
9. *Iowa City Press Citizen*, 21 ago. 1971, p. 22.
10. "Nifty Fifty Stock Bubbles of the Seventies – Is There a Similarity with Today's Market", Equity School, 24 out. 2015, https://medium.com/@equityschool/nifty-fifty-stock-bubble-of-the-seventies-is-there-a-similarity-with-today-s-market-34b19d7a4cff.

11. Ver a descrição da Nifty Fifty em: https://en.m.wikipedia.org/wiki/Nifty_Fifty.
12. Chris Plummer, "Remember the Nifty Fifty?", *USA Today*, 1º abr. 2014, https://www.usatoday.com/story/money/business/2014/04/01/ozy-nifty-50-stocks/7156447/.
13. "Dow Jones – DJIA – 100 Year Historical Chart", macrotrends [atualizado diariamente], https://www.macrotrends.net/1319/dow-jones-100-year-historical-chart.
14. Isadore Barnum, "Soaring Sugar Cost Arouses Consumers and US Inquiries", *The New York Times*, 15 nov. 1974, https://www.nytimes.com/1974/11/15/archives/soaring-sugar-cost-arouses-consumers-and-us-inquiries-what-sent.html.
15. Sylvia Porter, "Recession or Depression?", *Bryan Eagle*, 5 jun. 1975, p. 10.
16. Leonard Silk, "Climbing Interest Rates", *The New York Times*, 10 jul. 1974, https://www.nytimes.com/1974/07/10/archives/climbing-interest-rates-fed-maintains-tight-antiinflationary-policy.html.
17. Daniel Yeargin e Joseph Stanislaw, *The Commanding Heights: The Battle for the World Economy* (New York, Simon & Schuster, 2002), edição Kindle, posição 1283.
18. "If Only Keynes Had Lived to Explain 'Stagflation'", *Fairbanks Daily News Miner*, 16 jun. 1977, https://newspaperarchive.com/fairbanks-daily-news-miner-jun-16-1977-p-4/.
19. *Kenosha News*, 2 mar. 1978, p. 5 (reimpresso da *Business Week*, 27 fev. 1978).
20. Leonard Silk, "Reagan: Can He Cure Inflation?", *The New York Times*, 11 jan. 1981, https://www.nytimes.com/1981/01/11/us/reagan-can-he-cure-inflation.html.
21. Leonard Silk, "Reagan: Can He Cure Inflation?", *The New York Times*, 11 jan. 1981, https://www.nytimes.com/1981/01/11/us/reagan-can-he-cure-inflation.html.
22. Bill Dudley, "The Fed Is Risking a Full-Blown Recession", *Bloomberg*, 7 jun. 2021, https://www.bloombergquint.com/gadfly/the-fed-is-risking-a-full-blown-recession.
23. Michael Mackenzie, "Pimco's Ivascyn Warns of Inflationary Pressure from Rising Rents", *Financial Times*, 31 jul. 2021,

https://www.ft.com/content/78b1d9a1-2f1b-4d3b-a930-3ac431f3c8c0?shareType=nongift.
24. Jeff Cox, "Deutsche Bank Warns of Global 'Time Bomb'", *CNBC*, 7 jun. 2021, https://www.cnbc.com/2021/06/07/deutsche-bank-warns-of-global-time-bomb-coming-due-to-rising-inflation.html.
25. Lawrence H. Summers, "The Biden Stimulus Is Admirably Ambitious. But It Brings Some Big Risks, Too", *The Washington Post*, 4 fev. 2021, https://www.washingtonpost.com/opinions/2021/02/04/larry-summers-biden-covid-stimulus/.
26. Gwynn Guilford, "A Key Gauge of Future Inflation Is Easing", *Wall Street Journal*, 26 jul. 2021, https://www.wsj.com/articles/a-key-gauge-of-future-inflation-is-easing-11627291800?tpl=centralbanking.
27. Kenneth Rogoff, "Don't Panic: A Little Inflation Is No Bad Thing", *Financial Times*, 16 jul. 2021, https://www.ft.com/content/a7c101be-7361-4307-981d-b8edf6d002be.
28. Kenneth Rogoff, "Don't Panic: A Little Inflation Is No Bad Thing", *Financial Times*, 16 jul. 2021, https://www.ft.com/content/a7c101be-7361-4307-981d-b8edf6d002be.
29. "Bridgewater's Prince Rejects Return of 1970s 'Great Inflation'", *Financial Times*, 22 jun. 2021, https://www.ft.com/content/717204fa-45e0-4b11-94c2-cf50b8aacbc0.
30. Brian Chappatta, "Schwarzman Sees 'Avalanche' of Opportunities from Tax-Hike Risk", *Bloomberg*, 23 jan. 2021, https://www.bloomberg.com/news/articles/2021-06-23/schwarzman-sees-avalanche-of-opportunities-from-tax-hike-risk?srnd=premium.
31. Milton Friedman, "How to Cure Inflation", *Free to Choose Network*, https://www.youtube.com/watch?v=u6GWm0GW7gk@approx 1m40s.
32. Nouriel Roubini, "The Stagflation Threat Is Real", Project Syndicate, 30 ago. 2021, https://www.project-syndicate.org/commentary/mild-stagflation-is-here-and-could-persist-or-deepen-by-nouriel-roubini-2021-08.
33. "State of Supply Chains: In the Eye of the Storm", Accenture. Acesso em 14 jun. 2022, https://www.accenture.com/us-en/insights/consulting/coronavirus-supply-chain-disruption?c=acn_glb_specialreportcogoogle_11296963&n=psgs_0720&gclsrc=aw.ds&gclid=

CjwKCAjwo4mIBhBsEiwAKgzXONZcxu7dNt79FwcEdbb81uO
eh2HArPmSXikRZ–REY-agihZu9sZOxoCEiwQAvD_BwE.

34. Nouriel Roubini, "The Looming Stagflationary Debt Crisis", Project Syndicate, 30 jun. 2021, https://www.project-syndicate.org/commentary/stagflation-debt-crisis-2020s-by-nouriel-roubini-2021-06.

Capítulo 6

1. Alexander William Salter e Daniel J. Smith, "End the Fed's Mission Creep", *The Wall Street Journal*, 25 mar. 2021, https://www.wsj.com/articles/end-the-feds-mission-creep-161671o463?mod=Searchresults_pos11&page=1.
2. "Fed's Daly: Not Much Monetary Policy Can Do to Offset Climate Risk", *Reuters*, 22 out. 2021, https://www.reuters.com/article/usa-fed-daly/feds-daly-not-much-monetary-policy-can-do-to-offset-climate-risk-idUSSoN2O401M.
3. Jon Sindreu, "If Russian Currency Reserves Aren't Really Money, the World Is in for a Shock", *The Wall Street Journal*, 7 mar. 2022, https://www.wsj.com/articles/if-currency-reserves-arent-really-money-the-world-is-in-for-a-shock-11646311306?mod=flipboard.
4. Miles Alvord e Erika Howard, "The Federal Reserve's Big Experiment", *Frontline*, PBS, 11 nov. 2021, https://www.pbs.org/wgbh/frontline/podcast/dispatch/the-federal-reserves-big-experiment/@14m35s.
5. Ray Dalio, "Ray Dalio Discusses Currency Debasement", *The Wealth Training Company*, dez. 2021, https://www.worldtopinvestors.com/ray-dalio-discusses-currency-debasement/.
6. Federal Reserve Act: Public Law 63-43, 63d Congress, H.R. 7837, https://fraser.stlouisfed.org/title/federal-reserve-act-966/fulltext.
7. Andrew Mellon, Wikipedia, https://en.m.wikipedia.org/wiki/Andrew_Mellon#:~:text=In%20his%20memoirs%2C%20Hoover%20wrote,wrecks%20from%20less%20competent%20people.%22.
8. A meta de pleno emprego para políticas públicas iniciou com a Employment Act de 1946 e foi formalizado pelo Fed com o Humphrey-Hawkins Full Employment Act de 1978.

9. Jerome Powell, "New Economic Challenges and the Fed's Monetary Policy Review", Federal Reserve, 27 ago. 2020, https://www.federalreserve.gov/newsevents/speech/powell20200827a.htm.
10. "What Is Forward Guidance and How Is It Used in the Federal Reserve's Monetary Policy?", Federal Reserve, https://www.federalreserve.gov/faqs/what-is-forward-guidance-how-is-it-used-in-the-federal-reserve-monetary-policy.htm.
11. "Size of the Federal Reserve's Balance Sheet Since Quantitative Easing (QE) Measures Were Introduced from March 2020 to March 2022", Statista, https://www.statista.com/statistics/1121416/quantitative-easing-fed-balance-sheet-coronavirus/.
12. "The QE Quandary", Money Talks, podcast da *The Economist*, 27 abr. 2021.
13. Robin Harding, "US Quantitative Measures Work in Defiance of Theory", *Financial Times*, 13 out. 2014, https://www.ft.com/content/3b164d2e-4f03-11e4-9c88-00144feab7de.
14. Paul Taylor, "Circumstances Have Pushed the E.C.B. Far Beyond Its Mandate", *The New York Times*, 18 out. 2010, https://www.nytimes.com/2010/10/19/business/global/19iht-inside.html.
15. Atlantic Council Global QE Tracker, https://www.atlanticcouncil.org/global-qe-tracker/. Acesso em: 14 jun. 2022.
16. Ver Stephen Deng, "The Great Debasement and Its Aftermath", em *Coinage and State Formation in Early Modern English Literature. Early Modern Cultural Studies* (Nova York, Palgrave Macmillan, 2011), p. 87-102, https://link.springer.com/chapter/10.1057/9780230118249_4.
17. Peter Coy, "Can We Trust What's Happening to Money?", *The New York Times*, 10 dez. 2021, https://www.nytimes.com/2021/12/10/opinion/cash-crypto-trust-money.html?smid=wa-share.
18. "UK Spy Chief Raises Fears over China's Digital Renminbi", *Financial Times*, 10 dez. 2021, https://bit.ly/3IEsp9g?cc=4a8f1da715002187c54efd5575c579dc.
19. "Incoming New York Mayor Eric Adams Vows to Take First Three Paychecks in Bit-coin", *CNBC*, 4 nov. 2021, https://www.cnbc.com/2021/11/04/new-york-mayor-elect-eric-adams-to-take-first-3-paychecks-in-bitcoin.html.

20. "$BACON Coin – Fractionalizing Home Loans on the Blockchain with Karl Jacob of LoanSnap", *Modern Finance* (podcast), 28 set. 2021, 30'55".
21. Fabio Panetta, "The Present and Future of Money in the Digital Age", European Central Bank, 10 dez. 2021, https://www.ecb.europa.eu/press/key/date/2021/html/ecb.sp211210~09b6887f8b.en.html.
22. Fabio Panetta, "The Present and Future of Money in the Digital Age", European Central Bank, 10 dez. 2021, https://www.ecb.europa.eu/press/key/date/2021/html/ecb.sp211210~09b6887f8b.en.html.
23. Daniel Sanches, "The Free-Banking Era: A Lesson for Today?", Federal Reserve Bank of Philadelphia, Q3 2016, https://www.philadelphiafed.org/the-economy/banking-and-financial-markets/the-free-banking-era-a-lesson-for-today.
24. "The Potential DeFi Collapse, Bull & Bear Markets, and MobileCoin with Ari Paul", *Modern Finance* (podcast), 20 abr. 2021, 42'.
25. Anny Shaw, "Who is Beeple? The Art World Disruptor at the Heart of the NFT Boom", entrevista com Beeple, *The Art Newspaper*, 5 mar. 2021, https://www.theartnewspaper.com/2021/03/05/who-is-beeple-the-art-world-disruptor-at-the-heart-of-the-nft-boom.
26. Dimitris Drakopoulos, Fabio Natalucci e Evan Papageorgiou, "Crypto Boom Poses New Challenge to Financial Stability", *IMF Blog*, 1º out. 2021, https://blogs.imf.org/2021/10/01/crypto-boom-poses-new-challenges-to-financial-stability/.
27. Stephen Deng, "The Great Debasement and Its Aftermath", em *Coinage and State Formation in Early Modern English Literature. Early Modern Cultural Studies* (Nova York, Palgrave Macmillan, 2011), p. 87-102, https://link.springer.com/chapter/10.1057/9780230118249_4.
28. "Does The World Still Need Banks?", *The Economist*, 12 maio 2021 (podcast), https://www.economist.com/podcasts/2021/05/12/does-the-world-still-need-banks.
29. Karrie Gordon, "Commissioner Berkovitz Questioning the Legality of DeFi", Crypto Channel, 15 jun. 2021, https://etfdb.com/crypto-channel/commissioner-berkovitz-questioning-legality-defi/.

30. Taylor Locke, "The Co-Creator of Dogecoin Explains Why He Doesn't Plan to Return to Crypto", *Make It*, CNBC, 14 jul. 2021, https://www.google.com/amp/s/www.cnbc.com/amp/2021/07/14/dogecoin-co-creator-jackson-palmer-criticizes-the-crypto-industry.html.
31. "Silicon Valley Payments Firm Stripe Buys Nigerian Startup Paystack", *Reuters*, 15 out. 2020, https://www.reuters.com/article/us-paystack-m-a-stripe/silicon-valley-payments-firm-stripe-buys-nigerian-startup-paystack-idUSKBN27O24G.
32. "The Digital Currencies That Matter", *The Economist*, 8 maio 2021, https://www.economist.com/leaders/2021/05/08/the-digital-currencies-that-matter.
33. "When Central Banks Issue Digital Money", *The Economist*, 8 maio 2021, https://www.economist.com/special-report/2021/05/06/when-central-banks-issue-digital-money.

Capítulo 7
1. Paul Krugman, "Paul Krugman Explains Trade and Tariffs", *The New York Times*, 16 mar. 2018, https://www.nytimes.com/2018/03/15/opinion/paul-krugman-aluminum-steel-trade-tariffs.html#commentsContainer.
2. Gordon H. Hanson, "Can Trade Work for Workers?", *Foreign Affairs*, maio-jun. 2021, https://www.foreignaffairs.com/articles/united-states/2021-04-20/can-trade-work-workers.
3. "Is It Time to Declare the End of Globalization?", *Financial Times*, 19 jul. 2019, https://www.ft.com/content/70bc7566-9bf2-11e9-9c06-a4640c9feebb.
4. "The Modern Era of Globalization Is in Danger", *Financial Times*, 24 maio 2020, https://www.ft.com/content/7b365844-9b75-11ea-adb1-529f96d8a00b.
5. "Insight: The Perils of De-Globalization", *Financial Times*, 21 jul. 2009, https://www.ft.com/content/4747bc08-75fc-11de-84c7-00144feabdc0.
6. Mark Landler, "The U.K.'s Gas Crisis Is a Brexit Crisis, Too", *The New York Times*, 28 set. 2021, https://www.nytimes.com/2021/09/28/world/europe/brexit-britain-fuel-johnson.html.

7. Marc Santora e Helene Bienvenu, "Secure in Hungary, Organ Readies for Battle with Brussels", *The New York Times*, 11 maio 2018, https://www.nytimes.com/2018/05/11/world/europe/hungary-victor-orban-immigration-europe.html?searchResultPosition=1.
8. Yavuz Arslan, Juan Contreras, Nikhil Patel e Chang Shu, "How Has Globalization Affected Emerging Market Economies?", BIS Papers n. 100, https://www.bis.org/publ/bppdf/bispap100_b_rh.pdf.
9. "Washington Consensus: EMs Are Actually Quite Keen", *Financial Times*, 6 nov. 2013, https://www.ft.com/content/f2c09e04-bf1c-3155-ba68-83c2e01f4a10.
10. Joseph E. Stiglitz, *Globalization and Its Discontents* (Nova York, W.W. Norton, 2002), p. 4.
11. Ibidem, p. 6.
12. "Remarks by Secretary of the Treasury Janet L. Yellen on Way Forward for the Global Economy", abr. 2022, https://home.treasury.gov/news/press-releases/jy0714.
13. "The Anglo-Saxon Ship Burial at Sutton Ho", The British Museum, https://www.britishmuseum.org/collection/death-and-memory/Anglo-Saxon-ship-burial-sutton-hoo.
14. "The Fordney-McCumber Tariff of 1922", Economic History Association, https://eh.net/encyclopedia/the-fordney-mccumber-tariff-of-1922/.
15. "Millions in Trade Lost As Result of Tariff Act", *El Paso Times*, 17 jun. 1931, p. 1.
16. Congressional Record Vol. 164, n. 40 (Câmara dos Representantes, 7 mar. 2018).
17. Gordon H. Hanson, "Can Trade Work for Workers?", *Foreign Affairs*, maio-jun. 2021, https://www.foreignaffairs.com/articles united-states/2021-04-20/can-trade-work-workers.
18. "President Donald J. Trump Is Confronting China's Unfair Trade Policies", White House Archives, 29 maio 2018, https://trumpwhitehouse.archives.gov/briefings-statements/president-Donald-j-trump-confronting-chinas-unfair-trade-policies/.
19. Charles Roxburgh, James Sanyika, Richard Dobbs e Jan Mischke, "Trading Myths: Addressing Misconceptions about Trade, Jobs, and Competitiveness", McKinsey & Company Report, 1º maio

2012, https://www.mckinsey.com/featured-insights/employment-and-growth/six-myths-about-trade.
20. Asher Schechter, "Globalization Has Contributed to Tearing Societies Apart", *Premarket, Booth School of Business da Universidade de Chicago*, 29 mar. 2018, https://promarket.org/2018/03/29/globalization-contributed-tearing-societies-apart/.
21. Finbarr Birmingham, "US-China Feud Is Accelerating the Biggest Shift in Trade Since the Cold War, Away from Globalization", *South China Morning Post*, 6 jul. 2019, https://www.scmp.com/economy/china-economy/article/3017358/us-china-trade-war-accelerating-biggest-shift-trade-cold-war.
22. Henry Paulsen, "Balkanizing Technology Will Backfire on the US", *Financial Times*, 25 jun. 2019, https://www.ft.com/content/0ed49b84-91c1-11e9-8ff4-699df1c62544.
23. Gordon H. Hanson, "Can Trade Work for Workers?", *Foreign Affairs*, maio-jun. 2021, https://www.foreignaffairs.com/articles/united-states/2021-04-20/can-trade-work-workers.

Capítulo 8
1. "The Return of the Machinery Question", *The Economist*, 25 jun. 2016, https://www.economist.com/special-report/2016/06/23/the-return-of-the-machinery-question.
2. Sarah Paynter, "First 3-D-Printed House for Sale Listed at $300K on Long Island", *New York Post*, 8 fev. 2021, https://nypost.com/2021/02/08/first-3d-printed-house-for-sale-listed-in-long-island-new-York/.
3. Aleksandar Furcula, "Dutch Queen and Robot Open 3D-printed Bridge in Amsterdam News", 15 jul. 2021, https://apnews.com/article/technology-europe-amsterdam-a37e034e02967886c2e0a64c17f34f3a.
4. "In the Age of AI", *Frontline*, PBS, 2 dez. 2019, https://www.youtube.com/watch?v=5dZ_lvDgevk, 3'55".
5. "Interview with Craig Smith, Host of Eye on AI podcast", *AI Today* (podcast), 8 set. 2021, 11'20".
6. Sylvia Smith, "Iambus: Is This the 21st Century's Answer to Mozart?", *BBC News*, 3 jan. 2013, https://www.bbc.com/news/technology-20889644.

7. Chantal Da Silva, "From a Hidden Picasso Nude to an Unfinished Beethoven, AI Uncovers Lost Art – and New Challenges", *NBC News*, 30 out. 2021, https://www.nbcnews.com/news/world/lost-picasso-unfinished-beethoven-ai-uncovers-lost-art-new-challenges-rcna2905.
8. Daniel Ren, "Peng Unveils Smart Robot Pony for Children", *South China Morning Post*, 7 set. 2021, https://www.scmp.com/business/companies/article/3147903/xpengs-nveils-smart-robot-pony-children-taking-it-step-closer?utm_source=copy_link&utm_medium=share_widget&utm_campaign=3147903.
9. Calum Chace, resenha de *A World without Work*, de Daniel Susskind, *Forbes*, 30 jan. 2020, https://www.forbes.com/sites/cognitiveworld/2020/01/30/a-world-without-work-by-daniel-susskind-a-book-review/?sh=66fa925d6dd7.
10. "The Return of the Machinery Question", *The Economist*, 25 jun. 2016, https://www.economist.com/special-report/2016/06/23/the-return-of-the-machinery-question.
11. "The Return of the Machinery Question", *The Economist*, 25 jun. 2016, https://www.economist.com/special-report/2016/06/23/the-return-of-the-machinery-question.
12. Ken Jennings, "The Obsolete Know-It-All", TEDX Seattle, 7 mar. 2013, https://youtu.be/DxBVxglKOVw, 9'10".
13. "Rosey the Robotic Maid", TV's Saturday Morning Cartoon Legacy: The Jetsons, https://www.youtube.com/watch?v=1pphyvgd7-k.
14. Dalvin Brown, "Why It Will Be Years before Robots Take Over Your Household Chores", *The Washington Post*, 23 mar. 2021, https://www.washingtonpost.com/technology/2021/03/23/future-robots-home-jetsons/.
15. Matthew Scherer, "Regulating Artificial Intelligence Systems", *Harvard Journal of Law and Technology* 29, n. 2, primavera 2016, p. 362, http://jolt.law.harvard.edu/articles/pdf/v29/29HarvJLTech353.pdf.
16. "Uber's Self-Driving Operator Charged over Fatal Crash", *BBC News*, 16 set. 2020, https://www.bbc.com/news/technology-54175359.
17. Dalvin Brown, "Why It Will Be Years before Robots Take Over Your Household Chores", *The Washington Post*, 23 mar. 2021,

https://www.washingtonpost.com/technology/2021/03/23/future-robots-home-jetsons/.

18. Jefferson Graham, "Flippy the Burger-Flipping Robot Is on a Break Already", *USA Today*, 7 mar. 2018, https://www.usatoday.com/story/tech/talkingtech/2018/03/07/flippy-burger-flipping-robot-break-already/405580002/.

19. "Cali Group Unveils CaliBurger 2.0 with Flippy", Total Food Service, 1º nov. 2019, https://totalfood.com/cali-group-unveils-caliburger-2-0-with-flippy/.

20. "FamilyMart Preps 1,000 Unmanned Stores in Japan by 2024", Nikkei Asia, 10 set. 2021, https://asia.nikkei.com/Business/Retail/FamilyMart-preps-1-000-unmanned-stores-in-Japan-by-2024?utm_campaign=GL_techAsia&utm_medium=email&utm_source=NA newsletter&utm content=article_link&del type=5&pubdate=20210916123000&seq_num=5&si=_MERGE_user_id_MERGE_.

21. "How Germany's Otto Uses Artificial Intelligence", *The Economist*, 12 abr. 2017.

22. John McCormick, "Retail Set to Overtake Banking in AI Spending", *Wall Street Journal*, 7 set. 2021, https://www.wsj.com/articles/retail-set-to-overtake-banking-in-ai-spending-11631007001?mod=searchresults_pos10&page=1.

23. John McCormick, "Retail Set to Overtake Banking in AI Spending", *Wall Street Journal*, 7 set. 2021, https://www.wsj.com/articles/retail-set-to-overtake-banking-in-ai-spending-11631007001?mod=searchresults_pos10&page=1.

24. *The New York Times Guide to Essential Knowledge* (Nova York, St. Martin's Press, 2011), p. 442.

25. Jessica Brain, "The Luddites", Historic UK, https://www.historic-uk.com/HistoryUK/HistoryofBritain/The-Luddites/.

26. "The Return of the Machinery Question", *The Economist*, 25 jun. 2016, https://www.economist.com/special-report/2016/06/23/the-return-of-the-machinery-question.

27. Karl Marx, *Capital*, trad.: Samuel Moore e Edward Aveling (Hertfordshire, Reino Unido, Wordsworth Classics of World

Literature, 2013), edição Kindle, p. 391, posição 8018. [Karl Marx, *O capital* (São Paulo: Boitempo, 2011).]

28. John Maynard Keynes, "Economic Possibilities for Our Grandchildren", em *Essays in Persuasion* (Nova York, W. W. Norton, 1963), p. 358-73, https://www.econ.yale.edu/smith/econ116a/keynes1.pdf.

29. Matthew Scherer, "Regulating Artificial Intelligence Systems: Risks, Challenges, Competencies, and Strategies", *Harvard Journal of Law & Technology* 29, n. 2, primavera 2016), https://papers.ssrn.com/sol3/papers.cfm?abstract_id=2609777.

30. Andrew Hodges, *Alan Turing: The Enigma* (Nova York, Simon and Schuster, 1983), p. 382.

31. *The New York Times Guide to Essential Knowledge* (Nova York, St. Martin's Press, 2011), p. 442.

32. Harley Shaiken, "A Robot Is After Your Job", *The New York Times*, 3 set. 1980, https://www.nytimes.com/1980/09/03/archives/a-robot-is-after-your-job-new-technology-isnt-a-panacea.html.

33. Timothy Taylor, "Automation and Job Loss: Leontief in 1982", *Conversable Economist* (blog), 22 ago. 2016, https://conversableeconomist.blogspot.com/2016/08/automation-and-job-loss-leontief-in-1982.html.

34. "Preparing for the Future of Artificial Intelligence", Gabinete Executivo da Presidência, National Science and Technology Council, out. 2016, https://obamawhitehouse.archives.gov/sites/default/files/whitehouse_files/microsites/ostp/NSTC/preparing_for_the_future_of_ai.pdf.

35. Yuval Harari, *Homo Deus: uma breve história do amanhã* (São Paulo: Companhia das Letras, 2016).

36. Josh Ye, Masha Borak e Orange Wang, "As China's Working Population Falls, Factories Turn to Machines to Pick Up the Slack", *South China Morning Post*, 27 maio 2021, https://www.scmp.com/tech/big-tech/article/3134920/chinas-working-population-falls-factories-turn-machines-pick-slack?utmsource=copylink&utmmedium=sharewidget&utm campaign =3134920.

37. Ariel Ezrachi e Maurice Stucke, "Artificial Intelligence & Collusion: When Computers Inhibit Competition", *University of Illinois Law Review*, vol. 2017, n. 5, p. 1775.

38. Steven Pearlstein, resenha de *The Second Machine Age,* por Erik Brynolfsson e Andrew McAfee, *The Washington Post,* 17 jan. 2014, https://www.washingtonpost.com/opinions/review-the-second-machine-age-by-erik-brynjolfsson-and-andrew-mcafee/2014/01/17/ace0611a-718c-11e3-8b3f-b1666705ca3b_story.html.
39. David Autour, "Are the Robots Taking Our Jobs?", Columbus Museum of Art, https://youtu.be/uNw3ik7g1Ss @ approx. 22:24.
40. Daniel Susskind, *A World without Work* (New York: Metropolitan Books, 2020), edição Kindle, p. 5, posição 268.
41. Robert Reich, "Why Automation Means We Need a New Economic Model", Fórum Econômico Mundial, 17 mar. 2015, https://www.weforum.org/agenda/2015/03/why-automation-means-we-need-a-new-economic-model/?utmcontent=buffere751d&utm_medium=social&utmsource=twitter.com&utm_campaign=buffer.
42. Daron Acemoglu e Pascual Restrepo, "Robots and Jobs: Evidence from US Labor Markets", *Journal of Political Economy* 128, n. 6, 22 abr. 2020, https://economics.mit.edu/files/19696.
43. Mustafa Suleyman, "Transformers Are the Future", jul. 2021.
44. "The Return of the Machinery Question", *The Economist,* 25 jun. 2016, https://www.economist.com/special-report/2016/06/23/the-return-of-the-machinery-question.
45. "List of Countries by Income Inequality", Wikipedia, https://en.wikipedia.org/wiki/List_of_countries_by_income_equality.
46. Daniel Susskind, *A World without Work* (Nova York, Metropolitan Books, 2020), edição Kindle, p. 138, posição 2608.
47. Yusuke Hinata, "China's Media Stars Caught in Harsh Spotlight of Inequality Drive", *Nikkei Asia,* 2 set. 2021, https://asia.nikkei.com/Business/Media-Entertainment/China-s-media-stars-caught-in-harsh-spotlight-of-inequality-drive.
48. Martin Ford, *Rise of the Robots* (Nova York, Basic Books, 2016), edição Kindle, p. 196, posição 3313.
49. Jerry Kaplan, "Humans Need Not Apply", apresentação no Google, 4 nov. 2015, https://www.youtube.com/watch?v=JiiP5ROnzw8, 43".
50. Yuval Noah Harari, *Homo Deus: A Brief History of Tomorrow,* cit., p. 322.

Capítulo 9

1. Graham Allison, *A caminho da guerra. Os Estados Unidos e a China conseguirão escapar da Armadilha de Tucídides?* (Rio de Janeiro, Intrínseca, 2020).
2. "Top 20 Ancient Chinese Inventions", https://china.usc.edu/sites/default/files/forums/Chinese%20Inventions.pdf.
3. "Grains and Soybeans Advance on News of Nixon's China Trip", *The New York Times*, 17 jul. 1971, p. 19, https://www.nytimes.com/1971/07/17/archives/grains-and-soybeans-advance-on-news-of-nixons-china-trip.html?searchResultPosition=5.
4. Max Frankel, "Nixon's China Goal: Genuine Diplomatic Turning Point", *The New York Times*, 23 jul. 1971, p. 2, https://www.nytimes.com/1971/07/23/archives/nixons-china-goal-genuine-diplomatic-turning-point.html?searchResultPosition=7.
5. "Nixon Objectives", *Greenfield Recorder*, 30 nov. 1971, https://newspaperarchive.com/other-articles-clipping-nov-30-1971-2748225/.
6. "Cold War II: Just How Dangerous Is China?", Uncommon Knowledge, The Hoover Institution, 9 abr. 2021, https://www.youtube.com/watch?v=E12r-37GZI0, 2°20".
7. Niall Ferguson, "Evergrande's Fall Shows How Xi Has Created a China Crisis", *Bloomberg*, 26 set. 2021, https://www.bloomberg.com/opinion/articles/2021-09-26/niall-ferguson-evergrande-is-a-victim-of-xi-jinping-s-china-crisis.
8. Thomas L. Friedman, "Congress, Angry at China, Moves to Impose Sanctions", *The New York Times*, 23 jun. 1989, https://wwww.nytimes.com/1989/06/23/world/congress-angry-at-china-moves-to-impose-sanctions.html?searchResultPosition=1.
9. John J. Mearsheimer, "The Inevitable Rivalry", *Foreign Affairs*, nov.-dez. 2021, https://www.foreignaffairs.com/articles/china/2021-10-19/inevitable-rivalry-cold-war.
10. Joseph Kahn, "World Trade Organization Admits China, Amid Doubts", *The New York Times*, 11 nov. 2001, https://timesmachine.nytimes.com/timesmachine/2001/11/11/141240.html?pageNumber=16.

11. Jeffrey Sachs, "China, the Game Changer", Columbia Business School, 3 ago. 2012, https://www.youtube.com/watch?v=8Ou5zPGBj5U, 6"41'.
12. Dambisa Moyo, "Is China the New Idol for Emerging Economies?", TED Global, jun. 2013, https://www.ted.com/talks/dambisa_moyo_is_china_the_new_idol_for_emerging_economies/transcript#t-143067.
13. "Cold War II: Just How Dangerous Is China?", Uncommon Knowledge, The Hoover Institution, 9 abr. 2021, https://www.youtube.com/watch?v=E12r-37GZI0@2:54.
14. Tom Mitchell, "The Chinese Control Revolution: The Maoist Echoes of Xi's Power Play", *Financial Times*, 6 set. 2021, https://www.ft.com/content/bacf9b6a-326b-4aa9-a8f6-2456921e61ec.
15. Kevin Rudd, "To Decouple or Not to Decouple", Asia Society Policy Institute, 4 nov. 2019, https://asiasociety.org/policy-institute/decouple-or-not-decouple.
16. "China", *The World Factbook*, https://www.cia.gov/the-world-factbook/countries/china/.
17. Ammar A. Malik et al., *Banking on the Belt and Road* (Williamsburg, VA, Aiddata at William & Mary, 29 set. 2021), https://www.aiddata.org/publications/banking-on-the-belt-and-road.
18. Frank Tang, "China Overtakes US as No. 1 in Buying Power, but Still Clings to Developing Status", *South China Morning Post*, 21 maio 2020, https://www.scmp.com/economy/china-economy/article/3085501/china-overtakes-us-no-1-buying-power-still-clings-developing.
19. John J. Mearsheimer, "The Inevitable Rivalry", *Foreign Affairs*, nov.-dez. 2021, https://www.foreignaffairs.com/articles/china/2021-10-19/inevitable-rivalry-cold-war.
20. Kevin Rudd, "The Avoidable War", Asia Society Policy Institute, 2021, https://asiasociety.org/sites/default/files/2021-02/AvoidableWarVol3_final.pdf.
21. John J. Mearsheimer, "The Inevitable Rivalry", *Foreign Affairs*, nov.-dez. 2021, https://www.foreignaffairs.com/articles/china/2021-10-19/inevitable-rivalry-cold-war.

22. "Cold War II – Just How Dangerous Is China?", Uncommon Knowledge, The Hoover Institution, 9 abr. 2021, https://www.youtube.com/watch?v=E12r-37GZI0.
23. "Century of Humiliation", Wikipedia, https://en.m.wikipedia.org/wiki/Century_of_humiliation.
24. Tom Mitchell, "The Chinese Control Revolution: The Maoist Echoes of Xi's Power Play", *Financial Times*, 6 set. 2021, https://www.ft.com/content/bacf9b6a-326b-4aa9-a8f6-2456921e61ec?shareType=nongift.
25. "What Happens When China Becomes Number One?", John F. Kennedy Jr. Forum, Harvard Kennedy School's Institute of Politics, 8 abr. 2015, https://www.youtube.com/watch?v=RO3izbn2o1s, 47'25".
26. Kevin Rudd, "The Avoidable War: The Decade of Living Dangerously: Navigating the Shoals of U.S.-China Relations", Asia Society Policy Institute, fev. 2021, p. 22, https://asiasociety.org/policy-institute/avoidable-war-decade-living-dangerously.
27. Fareed Zakaria. "The US and China's 'Cold Peace'", *Fareed Zakaria GPS*, CNN, 8 ago. 2021, https://www.cnn.com/videos/tv/2021/08/08/exp-gps-0808-fareeds-take.cnn, 1'20".
28. Cissy Zhou, "U.S.-China Decoupling", *South China Morning Post*, 16 set. 2021, https://www.scmp.com/economy/china-economy/article/3149027/us-china-decoupling-if-it-comes-down-us-bloc-vs-china-bloc.
29. Cissy Zhou, "US-China Decoupling", *South China Morning Post*, 16 set. 2021, https://www.scmp.com/economy/china-economy/article/3149027/us-china-decoupling-if-it-comes-down-us-bloc-vs-china-bloc.
30. Xinmei Shen, "China Drafts Tough Rules to Stop Data from Leaving Its Borders", *South China Morning Post*, 29 out. 2021, https://www.scmp.com/tech/policy/article/3154135/china-drafts-tough-rules-stop-data-leaving-its-borders-beijing-tightens?utm_medium=email&utm_source=cm&utm_campaign=enlz-today_international&utm_content=20211029&tpcc=enlz-today_international&UUID=6248c9f9-23d8-49ba-b0c9-c3aabf43a5e2&next_article_id=3154141&article_id_list=3154135,3154141,3154133,3154159,3154146,3154142,3154188,3

154156&tc=7&CMCampaignID=53c575cbc703d88c0f60cfbebf543364.

31. "China's Race for AI Supremacy", *Bloomberg*, 20 out. 2021, https://www.youtube.com/watch?v=zbzcZr_Nadc, 33".

32. "US Has Already Lost AI Fight to China", *Financial Times*, 10 out. 2021, https://www.ft.com/content/f939db9a-40af-4bd1-b67d-10492535f8e0.

33. "NATO to Expand Focus to Counter Rising China", *Financial Times*, 18 out. 2021, https://www.ft.com/content/0202ed6e-62d1-44b6-a61c-8b1278fcf31b.

34. "The Complex China Challenge", *Fareed Zakaria GPS*, CNN, 8 ago. 2021, https://www.cnn.com/videos/tv/2021/08/08/exp-gps-0808-fareeds-take.cnn,2'12".

35. "NATO to Expand Focus to Counter Rising China", *Financial Times*, https://www.ft.com/content/0202ed6e-62d1-44b6-a61c-8b1278fcf31b.

36. "Remarks as Prepared for Delivery of Ambassador Katerine tai Outlining the Biden-Harris Administration's 'New Approach to the U.S.-China Trade Relationship", Office of the United States Trade Representative, out. 2021, https://ustr.gov/about-us/policy-offices/press-office/speeches-and-remarks/2021/october/remarks-prepared-delivery-ambassador-katherine-tai-outlining-biden-harris-administrations-new.

37. "Competition without Catastrophe", *Foreign Affairs*, set.-out. 2019, https://www.foreignaffairs.com/articles/china/competition-with-china-without-catastrophe.

38. "The China Reckoning", *Foreign Affairs*, mar.-abr. 2018, https://www.foreignaffairs.com/articles/china/2018-02-13/china-reckoning.

39. Comentários do presidente Biden, 16 jun. 2021, https://www.whitehouse.gov/briefing-room/speeches-remarks/2021/06/16/remarks-by-president-biden-in-press-conference-4/.

40. "Full Text of Chinese President Xi Jinping's Message for China Pavilion of Expo 2020 Dubai", Xinua, 1º out. 2021, http://en.qstheory.cn/2021-10/04/c_665826.htm.

41. "The Avoidable War", Asia Society Policy Institute, 2021, p. 74, https://asiasociety.org/policy-institute/avoidable-war-decade-living-dangerously.
42. "The Avoidable War", Asia Society Policy Institute, 2021, https://asiasociety.org/sites/default/files/2021-02/AvoidableWarVol3_final.pdf.
43. "The Chinese Control Revolution: The Maoist Echoes of Xi's Power Play", *Financial Times*, 6 set. 2021, https://www.ft.com/content/bacf9b6a-326b-4aa9-a8f6-2456921e61ec?shareType=nongift.
44. "2034: A Novel of the Next World War", Penguin, 2021.
45. "Avoiding the Next Nuclear Arms Race", *Financial Times*, 22 out. 2021, https://www.ft.com/content/96d620a0-1825-4131-9cd2-21a3f0832b7d.
46. "Address by Xi Jinping at the Opening Ceremony of the Plenary Session of the Sixth Eastern Economic Forum", Xinua, 6 set. 2021, http://en.qstheory.cn/2021-09/06/c_657419.htm.
47. "The Most Dangerous Place on Earth", *The Economist*, 1º maio 2021, https://www.economist.com/leaders/2021/05/01/the-most-dangerous-place-on-earth.

Capítulo 10

1. "Sixth Assessment Report", Painel Internacional de Mudança Climática, 9 ago. 2021, https://www.ipcc.ch/report/ar6/wg1/downloads/report/IPCC_AR6_WGI_Headline_Statements.pdf.
2. Dana Nuccitelli, "Scientists Warned the US President about Global Warming 50 Years Ago Today", *Guardian*, 5 de novembro de 2015, https://www.theguardian.com/environment/climate-consensus-97-percent/2015/nov/05/scientists-warned-the-president-about-global-warming-50-years-ago-today.
3. William Nordhaus, "Climate Change: The Ultimate Challenge for Economics", The Nobel Foundation, 8 dez. 2018, https://www.nobelprize.org/prizes/economic-sciences/2018/nordhaus/lecture/.
4. Gernot Wagner e Martin L. Weitzman, *Climate Shock: The Economic Consequences of a Hotter Planet* (Princeton, New Jersey, Princeton University Press, 2015), edição Kindle, p. 6, posição 221.
5. "Coal 2021", IEA, dez. 2021, https://www.iea.org/reports/coal-2021.

6. "Why Do We Find It So Hard to Take Action on Climate Change?", *The Climate Question*, BBC, 19 dez. 2021, https://www.bbc.co.uk/programmes/w3ct2drl, 10'15".
7. "Progress Lacking across All Sectors to Limit Global Warming", press release, Climate Action Tracker, 28 out. 2021, https://climateactiontracker.org/press/release-progress-lagging-across-all-sectors-to-limit-warming-to-15-c-but-rapid-change-is-possible-finds-new-report/.
8. Daniel Glick, "The Big Thaw", *National Geographic*, https://www.nationalgeographic.com/environment/article/big-thaw.
9. Idem.
10. "Rising Seas Threaten Low-Lying Coastal Cities, 10% of World Population", Center for International Earth Science Information Network, Columbia Climate School, Universidade de Columbia, 25 out. 2019, https://news.climate.columbia.edu/2019/10/25/rising-seas-lw-lying-coastal-cities/.
11. Neil Newman, "From China to Europe, Being Ill Prepared for Floods Will Leave Us Soaked in Regret", *South China Morning Post*, 8 nov. 2021, https://www.scmp.com/week-asia/opinion/article/3155061/china-europe-being-ill-prepared-floods-will-leave-us-soaked?module=hard_link&pgtype=article; Chee Yik-wai, "Malaysia's Floods Are Asia's Latest Sign to Act on Climate Change", *South China Morning Post*, 4 jan. 2022, https://www.scmp.com/comment/opinion/article/3161856/malaysia-floods-are-asias-latest-sign-act-climate-change?utm_source=cm&utm_medium=txn&utm_campaign=enlz-NOT-Follow&utm_content=20220104&d=6248c9f9-23d8-49ba-b0c9-c3aabf43a5e2.
12. Proposta de orçamento operacional, cidade de Miami, ano fiscal 2019-2020, http://archive.miamigov.com/Budget/docs/FY20/OperatingBudget.pdf.
13. "Rising Sea Levels Will Put US Homes at Risk in Near Future", CBC News, 18 jun. 2018, https://www.youtube.com/watch?v=oXGtH_3_7e8&feature=youtu.be.
14. Joel Rose, "Post-Sandy Fixes to NYC Subways to Cost Billions", *All Things Considered*, NPR, 6 dez. 2012, https://www.npr.org/2012/12/06/166672858/post-sandy-fixes-to-nyc-subways-to-cost-billions.

15. "The 2004 Tsunami Wiped Away Towns with 'Mind-Boggling' Destruction", *History*, 18 set. 2020, https://www.history.com/news/deadliest-tsunami-2004-indian-ocean.
16. Bill McGuire, "How Climate Change Triggers Earthquakes, Tsunamis and Volcanoes", *Guardian*, 16 out. 2016, https://www.theguardian.com/world/2016/oct/16/climate-change-triggers-earthquakes-tsunamis-volcanoes.
17. Hal Brands, "China Is Running Out of Water and That's Scary", *Bloomberg*, 29 dez. 2021, https://www.bloomberg.com/opinion/articles/2021-12-29/china-s-water-shortage-is-scary-for-india-thailand-vietnam.
18. Entrevista de Patu Ndango com o autor.
19. "Extreme Weather Gets a Boost from Climate Change", EDF, https://www.edf.org/climate/climate-change-and-extreme-weather.
20. Claire Galofaro e John Raby, "On a Single Street, the Tornado Killed 7 Children", *Chicago Tribune*, 15 dez. 2021, https://www.chicagotribune.com/nation-world/ct-aud-nw-bowling-green-kentucky-tornado-20211215-4hyu3pv2tnaprcg4xhlcik2f5y-story.html.
21. Eddy Binford-Ross, "Salem and Oregon Set Records for Hottest Summer in Recorded History", *Statesman Journal*, 30 set. 2021, https://www.statesmanjournal.com/story/news/2021/09/30/summer-2021-hottest-record-oregon-salem/5903779001/.
22. Geoffrey Parker, *Global Crisis: War, Climate Change and Catastrophe in the Seventeenth Century* (New Haven, Yale University Press, 2014), https://www.amazon.com/Global-Crisis-Climate-Catastrophe-Seventeenth/dp/0300208634/ref=asc_df_0300208634/?tag=hyprod-20&linkCode=df0&hvadid=266173573147&hvpos=&hvnetw=g&hvrand=10483712355230085240&hvpone=&hvptwo=&hvqmt=&hvdev=c&hvdvcmdl=&hvlocint=&hvlocphy=9003238&hvtargid=pla-469631944739&psc=1.
23. Madhuri Karak, "Climate Change and Syria's Civil War", *JSTOR Daily*, 12 set. 2019, https://daily.jstor.org/climate-change-and-syrias-civil-war/.
24. "Climate Change Deprives 70% of Somalis of Safe Water", *Hiiraan Online*, 23 mar. 2021, https://www.hiiraan.com/news4/2021/

Mar/182062/_climate_change_deprives_70_of_somalis_of_safe_water.aspx.
25. Abrahm Lustgarten, "The Great Climate Migration", *The New York Times Magazine*, 23 jul. 2020, https://www.nytimes.com/interactive/2020/07/23/magazine/climate-migration.html.
26. "A 3oC World Has No Safe Place", *The Economist*, 24 jul. 2021, https://www.economist.com/leaders/2021/07/24/a-3degc-world-has-no-safe-place.
27. "IPCC Assessment of Climate Change Science Finds Many Changes are Irreversible", IISD/SDG Knowledge Hub, 10 ago. 2021, https://sdg.iisd.org/news/ipcc-assessment-of-climate-change-science-finds-many-changes-are-irreversible/.
28. "Financing Clean Energy Transitions in Emerging and Developing Economies", International Energy Agency, World Energy Investment 2021 Special Report, https://iea.blob.core.windows.net/assets/6756ccd2-0772-4ffd-85e4-b73428ff9c72/FinancingCleanEnergyTransitionsinEMDEs_WorldEnergyInvestment2021SpecialReport.pdf.
29. Jeffrey Ball, Angela Ortega Pastor, David Liou e Emily Dickey, "Hot Money: Illuminating the Financing of High Carbon Infrastructure in the Developing World", *science* 24, n. 11, 19 nov. 2021, https://www.sciencedirect.com/science/article/pii/S2589004221013274.
30. Aaron Bernstein, "Coronavirus, Climate Change, and the Environment", Harvard T. H. Chan School of Public Health, 14 jun. 2022, https://www.hsph.harvard.edu/c-change/subtopics/coronavirus-and-climate-change/.
31. Nicola Ranger, Olivier Mahul e Irene Monasterolo, "Managing the Financial Risks of Climate Change and Pandemics", *One Earth* 4, n. 10, 22 out. 2021, p. 1375--85, https://www.sciencedirect.com/science/article/abs/pii/S259033222100539X.
32. Kimberley R. Miner, Arwyn Edwards e Charles Miller, "Deep Frozen Arctic Microbes Are Waking Up", *Scientific American*, 20 nov. 2020, https://www.scientificamerican.com/article/deep-frozen-arctic-microbes-are-waking-up/?print=true.
33. "The Challenge", United Nations Economic Commission for Europe (Unece), https://unece.org/challenge#:~:text=Methane%20

is%20a%20powerful%20greenhouses,are%20due%20to%20human%20activities.
34. Frank Ackerman e Elizabeth A. Stanton, "The Cost of Climate Change", Global Development and Environment institute and Stockholm Environment Institute-US Center, Tufts University, maio 2008, p. 8, https://www.nrdc.org/sites/default/files/cost.pdf.
35. William D. Nordhaus, *The Spirit of Green* (Princeton, NJ, Princeton University Press, 2021), Edição Kindle, p. 277, posição 4716.
36. "Three Degrees of Global Warming Is Quite Plausible and Truly Disastrous", *The Economist*, 24 jul. 2021, https://www.economist.com/briefing/2021/07/24/three-degrees-of-global-warming-is-quite-plausible-and-truly-disastrous.
37. "Scaling Up Climate Adaptation Finance Must Be on the Table at UN COP26", United Nations Conference on Trade and Development (UNCTAD), 28 out. 2021, https://unctad.org/news/scaling-climate-adaptation-finance-must-be-table-un-cop26.
38. "Keynote Remarks by Secretary of the Treasury Janet L. Yellen at COP26 in Glasgow, Scotland at the Finance Day Opening Event", US Department of the Treasury, press release, 3 nov. 2021, https://home.treasury.gov/news/press-releases/jy0457.
39. Gernot Wagner, "Fear of Geoengineering Is Really Anxiety about Cutting Carbon", *Bloomberg*, 25 jun. 2021, https://www.bloomberg.com/news/articles/2021-06-25/fear-of-geoengineering-is-really-anxiety-about-cutting-carbon.
40. Justin Mikulka, "3 Key Dangers of Solar Geoengineering and Why Some Critics Urge a Global Ban", EcoWatch, 11 dez. 2018, https://www.ecowatch.com/solar-geoengineering-risks-climate-change-2623070339.html.
41. "Geoengineering Could Put 1bn People at Risk of Malaria: Study", The Business Standard, 23 maio 2022, https://www.tbsnews.net/bangladesh/health/geoengineering-could-put-1bn-people-risk-malaria-study-407502.
42. Tim O'Donnell, "Can Carbon Capture Technology Save the Planet?", *The Week*, 13 set. 2021, https://theweek.com/climate-change/1004669/can-carbon-capture-technology-save-the-planet.
43. The World Counts, https://www.theworldcounts.com/challenges/climate-change/global-warming/global-co2-emissions/story.

44. "Pathway to Critical and Formidable Goal of Net-Zero Emissions by 2050 Is Narrow but Brings Huge Benefits, According to IEA Special Report", press release, IEA, 18 maio 2021, https://www.iea.org/news/pathway-to-critical-and-formidable-goal-of-net-zero-emissions-by-2050-is-narrow-but-brings-huge-benefits.
45. "Renewable Energy", Center for Climate and Energy Solutions, https://www.c2es.org/content/renewable-energy.
46. "Ford Expands Climate Change Goals", press release, Ford Motor Co., 24 jun. 2020, https://media.ford.com/content/fordmedia/fna/us/en/news/2020/06/24/ford-expands-climate-change-goals.html.
47. "Carbon capture and Storage", Edison Electric Institute, https://www.eei.org/issuesandpolicy/environment/climate/Pages/carboncapandstor.aspx.
48. "During 2021, U.S. Retail Energy Prices Rose at Fastest Rate Since 2008", Today in Energy, U.S. Energy Information Administration, mar. 2022, https://www.eia.gov/todayinenergy/detail.php?id=51438.
49. "Today in Energy", US Energy Information Administration, 3 jan. 2022, https://www.eia.gov/todayinenergy/detail.php?id=50718.
50. Kristalina Georgieva, "Remarks of the Managing Director at the High-Level Dialogue on Energy", International Monetary Fund under the auspices of the UN General Assembly, 24 set. 2021, https://www.imf.org/en/News/Articles/2021/09/24/unga-high-level-dialogue-on-energy.
51. Ian Parry, "Putting a Price on Pollution", *IMF Finance & Development* 56, n. 4, dez. 2019, https://www.imf.org/external/pubs/ft/fandd/2019/12/the-case-for-carbon-taxation-and-putting-a-price-on-pollution-parry.htm.
52. William D. Nordhaus, *The Spirit of Green* (Princeton, NJ, Princeton University Press, 2021), edição Kindle, p. 280, posição 4765.
53. William Nordhaus, "The Spirit of Green: The Economics of Collisions and Contagions in a Crowded World" (Princeton, NJ, Princeton University Press, 2021), edição Kindle, p. 278.
54. Tariq Fancy, "Tariq Fancy on the Failure of Green Investing", *The Economist*, 4 nov. 2021, https://www.economist.com/by-invitation/2021/11/04/tariq-fancy-on-the-failure-of-green-investing-and-the-need-for-state-action.

55. "Tariq Fancy on the Failure of Green Investing and the Need for State Action", *The Economist*, 4 nov. 2021, https://www.economist.com/search?q=Tariq+Fancy+on+the+failure+of+green+investing+and+the+need+for+state+action.
56. Gernot Wagner e Martin L. Weitzman, *Climate Shock: The Economic Consequences of a Hotter Planet* (Princeton, NJ, Princeton University Press, 2015), edição Kindle, p. 56, posição 901.

Capítulo 11
1. "Global Trends 2040: A More Contested World", National Intelligence Council, mar. 2021, https://www.dni.gov/files/ODNI/documents/assessments/GlobalTrends_2040.pdf.
2. Ursula Henz e Colin Mills, "Social Class Origin and Assortative Mating in Britain, 1949-2010", *British Sociological Association* 52, n. 6, 12 set. 2017, https://journals.sagepub.com/doi/10.1177/0038038517726479#:~:text=Assortative%20mating%20is%20the%20tendency,level%20aspect%20of%20social%20inequality.
3. Walter Scheidel, *Violência e a história da desigualdade: da Idade da Pedra ao século XXI* (São Paulo, Companhia das Letras, 2020).
4. Kimberly Amadeo, "US Debt by President: By Dollar and Percentage", the balance, 7 fev. 2022, https://www.thebalance.com/us-debt-by-president-by-dollar-and-percent-3306296.
5. Tom Phillips, "Outrage as Bolsonaro Confirms Russia Trip Despite Ukraine Crisis", *The Economist*, 28 jan. 2022, https://www.theguardian.com/world/2022/jan/28/outrage-as-bolsonaro-confirms-russia-trip-despite-ukraine-crisis.
6. Anne Applebaum, "The Bad Guys Are Winning", *Atlantic*, 15 nov. 2021, https://www.theatlantic.com/magazine/archive/2021/12/the-autocrats-are-winning/620526/.
7. "Top Risks 2022", Eurasiagroup, https://www.eurasiagroup.net/issues/top-risks-2022.
8. Jonathan Stevenson e Steven Simon, "We Need to Think the Unthinkable about Our Country", *The New York Times*, 13 jan. 2022, https://www.nytimes.com/2022/01/13/opinion/january-6-civil-war.html?searchResultPosition=1.

9. "Will the US Have Another Civil War?", Zogby Poll, 4 fev. 2021, https://zogbyanalytics.com/news/997-the-zogby-poll-will-the-us-have-another-civil-war.
10. Spencer Boat-Lindell, "Is Civil War Looming, or Should We Calm Down?", *The New York Times*, 13 jan. 2022, https://www.nytimes.com/2022/01/13/opinion/civil-war-america.html.
11. Eric Schmidt e Jared Cohen, *The New Digital Age* (Nova York, Knopf, 2013).
12. Nouriel Roubini, "The Looming Stagflationary Debt Crisis", Project Syndicate, 30 jun. 2021, https://www.project-syndicate.org/commentary/stagflation-debt-crisis-2020s-by-nouriel-roubini-2021-06?barrier=accesspaylog.
13. Mark Hulbert, "The Good News Hidden in the Bond Market's 2021 Losses", *Market-Watch*, 7 jan. 2022, https://www.marketwatch.com/story/the-good-news-hidden-in-the-bond-markets-2021-losses-11641576769.
14. "S&P 500 PE Ratio – 90 Year Historical Chart", macrotrends, https://www.macrotrends.net/2577/sp-500-pe-ratio-price-to-earnings-chart.
15. Coral Murphy Marcos, "Stocks Fall, Swelling September's Losses", *The New York Times*, 30 set. 2021, https://www.nytimes.com/2021/09/30/business/us-stock-market-today.html.
16. Nouriel Roubini, "The Stagflation Threat Is Real", Project Syndicate, 30 ago. 2021, https://www.project-syndicate.org/commentary/mild-stagflation-is-here-and-could-persist-or-deepen-by-nouriel-roubini-2021-08?barrier=accesspaylog.
17. Nouriel Roubini, "Clouds over 2022", Project Syndicate, 29 dez. 2021, https://www.project-syndicate.org/commentary/economic-market-outlook-2022-by-nouriel-roubini-2021-12.

Capítulo 12

1. John Thornhill, "It Is Time to Bet Big on Fusion Energy", *Financial Times*, 18 nov. 2021, https://www.ft.com/content/af4a3478-cca3-4610-9325-615716f95a71.
2. "Global Trens 2040", National Intelligence Council, mar. 2021, https://www.dni.gov/files/ODNI/documents/assessments/GlobalTrends_2040.pdf.

Editora Planeta Brasil | 20 ANOS

Acreditamos nos livros

Este livro foi composto em Adobe Garamond Pro
e impresso pela Gráfica Santa Marta para a
Editora Planeta do Brasil em agosto de 2023.